Friedel Thiekötter

Studienräte in Weimar

Kriminalroman

Neues Literaturkontor

Die Deutsche Bibliothek - CIP-Einheitsaufnahme

Thiekötter, Friedel:
Studienräte in Weimar : Kriminalroman / Friedel Thiekötter.
Bielefeld ; Münster : Neues Literaturkontor, 1997
ISBN 3-920591-41-0

Lektorat: Dorothea Potthoff
Umschlaggestaltung: Maria Ritsche
Umschlagsatz: Satzbau GmbH, Bielefeld
Druck und Bindung: AJZ Druck GmbH, Bielefeld
Printed in Germany

ISBN 3-920591-41-0

Wie die meisten Menschen wußte Quinn beinahe nichts über Verbrechen. Er hatte nie jemanden ermordet, nie etwas gestohlen, und er kannte auch niemanden, der so etwas getan hatte. Er war nie in einem Polizeirevier gewesen, hatte nie einen Privatdetektiv kennengelernt, hatte nie mit einem Verbrecher gesprochen. Was er über diese Dinge wußte, hatte er aus Büchern, Filmen und Zeitungen erfahren. Er betrachtete das jedoch nicht als Handicap. Was ihn an den Geschichten, die er schrieb, interessierte, war nicht ihre Beziehung zur Welt, sondern zu anderen Geschichten...

(Paul Auster, Stadt aus Glas, 1985)

... Und anderen Figuren, die logen (d.Verf.)

I

Frau Schlitz-Vulpius in Weimar ist verheiratet mit Ramses dem Dritten

Nein. Bachblüten sind nicht Blüten am Bach.

Das behauptete wenigstens Frau Schlitz-Vulpius (in Chatain oder Henna), lächelte sanft und auch ein bißchen müde. Tat ein sanft strenges Lächeln, das keinen Widerspruch zuließ, auch plötzlich abbrach und einen demütig machte, hilflos. Die Bachblüten habe Mr. Bach gefunden (erfunden) in England.

Sie bezieht den Bachblüten-Extrakt direkt von der Bachmanufactory »Blütenträume« (aber nicht etwa »Knabenmorgenbachblütenträume«, wie dieses Weimarer Viertel vermuten lassen könnte). Das sei der geschützte deutsche Name, sagte die Frau, Mitte vierzig, und lächelte immer noch sanft und milde und auch ein bißchen abgespannt, was für sie augenscheinlich das Äußerste an Aggressivität bedeutete, deren sie fähig ist, die aber, wie schon angedeutet, nicht ohne konkrete Wirkung bleibt.

Eine solche Essenz unter die Zunge getropft: dann aber Holla!

Zu Milde und Müdigkeit gesellten sich schnell strahlende Augen, von denen man durchaus meinen könnte, sie möchten ihre strenge, sittsame Wahrheitsliebe mildern.

Dasselbe hatte auch Ramses der Dritte zu ihr gesagt, heute Nacht, als er sie besuchte, dabei aber keineswegs auf die Erfüllung der ehelichen Pflichten pochte und ihr sagte: Bachblüten, aber Holla! Da geht die Post ab! Und daß sie heute zu kaufen habe ein schwarzes Modellkleid, und zwar dringend bei »Charlotte«, links in der kleinen Gasse zwischen Goethe-Haus und dem Stadt-Anwesen derer von Stein.

Ramses der Dritte hat das Kleid genau beschrieben, schwarz, in Spitzen oder großen Strickmaschen.

Und Charles, der Mode-Boutique-Besitzer oder -Pächter oder -Geschäftsführer, holte tief Luft, hielt sie an und, als man schon somatische Komplikationen bei plötzlichem Schreck befürchten sollte, sagte er dann, es habe, Ramses sei Dank, (man glaubt es kaum, man kann es wirklich nicht glauben, wenn er es selbst nicht gesehen hätte!) gepaßt wie eine zweite Haut, wie die zweite Haut. Sagte Charles Lotter, von dem im übrigen nicht zu erfahren ist, ob sein Laden nicht doch etwa Teil einer westlichen Kette ist. Mit diesem Vergleich konnte Frau Schlitz-Vulpius sich aus mehreren Gründen ganz und gar nicht anfreunden, unter anderen, weil sie keine fremden Einlassungen zwischen sich und Ramses kommen lassen will.

»Auf jeden Fall«, sagte Lotter, »muß auch in Weimar Platz sein, ein Platz sein für Schönes und Gutes und Modisches oder wenigstens ehemals Modisches.« Charles wolle nicht sprechen von Ausgefallenem, sondern von zeitlos Tragbarem. Deswegen verkauft er Modellkleider aus zweiter Hand; westliche Mode, erschwinglich.

Ramses als Modeschöpfer oder Fachberater, das mag erstaunen. Sein nächtlicher Beirat und Tip an Frau Schlitz-Vulpius beweist aber doch eine gewisse Kennerschaft. Und über das frühe Ägypten als Hochkultur muß man - erst recht nicht im Hinblick auf weibliche Accessoires - kein Wort verlieren.

Frau Schmitt - ein wenig betagt, aber offensichtlich betucht und modebewußt - am Stock zwar, aber ohne Bachblüten eher rational aufklärerisch geneigt und vernunftbegabten Anschauungen durchaus nicht verschlossen - sagte, das sei wohl Frau Schlitz-Vulpius' Unterbewußtsein.

Die lächelte sanft beziehungsweise überhaupt nicht, kann Freud nicht ab und sagte nur: »Das wird's sein!« Und Tröger sah ihr zu, wie sie Frau Schmitt für eine ausgesprochen dumme Frau hielt, indem sie ihr müde und gar nicht erweckungsfreudig zustimmte. Frau Schlitz-Vulpius war keine Missionarin; in Talk-Shows hätte man sie sich nur schwerlich, dann aber aufgeschlossen und herzlich vorstellen können.

Von selbst kam sie auf Ramses den Dritten nicht immer wieder zurück, sondern Charles, dem augenscheinlich die zeitlich und räumlich weitreichenden Dimensionen geschäftlich günstig vorkamen. Er nannte seine Stammkundinnen fortwährend beim Namen und achtete streng darauf, daß auch Frau Schmitt dem Gespräch als Outsiderin nicht entgleite und sich nicht etwa ein verkaufshinderndes Karma entbreite. Auch die beiden Fremden - Tröger und Begleiterin, seine schwarzhaarige Altistin, - wurden einbezogen. So geschwind konnte Charles Lotter Publikum ausdehnen; nicht umsonst priesen die Damen allenthalben seine psychosoziale Kompetenz. Und also wagte Tröger, der junge Leiter einer münsterschen Detektei, der wahren Existenz von Ramses dem Dritten nachzufragen. Dermaßen verschlossen, dermaßen in ihrer Nachsicht eingeschlossen Frau Schlitz-Vulpius auch scheinen mochte, bereitwillig gab sie Auskunft.

Ramses - seine Frau ist sie gewesen (möglich auch, daß Frau Schlitz-Vulpius Gemahlin sagte) vor runden dreitausend Jahren - Ramses habe von ihr sechs Töchter empfangen. Deswegen sei es ihr verboten, von Ramses verboten - wahrscheinlich, dachte Tröger, um seine Exklusivität nicht zu gefährden -, in diesem Leben (Weimar, Ende unseres Jahrtausends) Kinder zu gebären. Das hat natürlich ihr jetziger Mann oder ihr jetziger gewesener Mann ganz und gar nicht verstehen wollen, da auch er - wie eben alle Männer, aller Jahrtausende - auf seine Einzelnheit und seine in Kindern sich darstellende Ewigkeit bedacht ist. Man hat sich eben auseinander..., wie das eben so geht, wenn eine Frau einen Teil ihrer Zeit und Zeitlosigkeit Ramses zugebilligt hat. Auf dessen Rat ging übrigens auch die Hinwendung zu den existenzbelebenden Bachblüten. Einfach unter die Zunge träufeln, und die Post geht ab.

Tröger war beruflich ans Fragen gewöhnt oder schmeichelte sich dessen, und die Expertin bei Bachblüten und Ramses gab nun doch (wenn auch widerstrebend, wie jemand, der genau weiß, daß er sich bei allem Wohlwollen, aller Milde nicht verständlich machen kann, man hat's, oder man hat's nicht) Auskunft über das real-transzendente Sein ihres fernen und doch so nächtlich-nahen Liebhabers und Gatten. Er ist eben da, ohne Sprechen und Sprache, ohne Antwort, ohne Sagen und Gesten, wie ein Gedanke oder eine Aureole.

»Wie ein Traum«, sagte Frau Schmitt und wurde nicht beachtet.

»Wie eine zweite Haut«, sagte Charles und wurde dankbar benickt: genau! so real und unwirklich zugleich!

Trögers polyglotte Altistin, sehr geschult an Brechts und Weills Songs, die ihr herb von der Zunge zu kommen pflegten, wie auch die glatteren russischen und französischen Lieder, blieb stumm, sah sich sichtlich skeptisch bei den ausrangierten, geänderten und gebügelten, immer noch kleidsamen Kleidern um. Nicht sehr kaufangeregt und im Gegensatz zu Tröger auch nicht sonderlich scharf aufs Zuhören.

Das aber kann Charles Lotter nun nicht gestatten. Außenseiter schaden dem Geschäft und würden auch Ramses nicht gefallen. Wo sie denn herkomme. Ach ja, mit einer Reisegesellschaft aus Münster, dem Westfälischen. Charles ist internationales Publikum mittlerweile gewohnt, verdankt es auch u.a. der kleinen, ehemals heftig begangenen Gasse zwischen Goethe und Frau von Stein.

Dort, auf diesen tiefen Spuren, waren Tröger und seine schöne Sängerin entlanggegangen und hatten die Boutique entdeckt. Beziehungsweise Frau Leibel, die Reiseleiterin der münsterschen Fahrgemeinde (sagte sie des öfteren dann und wann und betonte scherzend wie »Pfarrgemeinde«). Sie war ihnen auf Goethes und Charlottes Spuren entgegengekommen und hatte »die beiden« (sie betonte wie »Liebespaar«) auf die »hoch bemerkenswerte« Second-hand-Boutique gestoßen: vielleicht voll abgelegter Kleider der West-Frauen, deren Männer in die nahe am Bankrott sich bewegende Stadt abgeordnet worden waren; sagte sich Tröger. »Aber immerhin, es geht aufwärts mit dem deutschen Osten«, hatte die Leibel im Weitergehen festgestellt.

Tröger hatte nicht eintreten wollen. »Charlotte«, »Chez Charlette«, das hatte ihn allzu sehr an die Imbiß-Bude am Münsteraner Hauptbahnhof erinnert. Wo es allerdings der Legende nach die besten Fritten am Orte gab, nachts um halb drei. Langsam jedoch kam er aus dem Alter heraus, nächtliche Fritten-Häuschen im Vergleich zu sehen, wenn der Morgen schon graute und ihm davor. Wie auch seiner mehrsprachigen Altistin, die vielleicht deswegen schnurstracks die Boutique ehemaliger Mode betrat. Und dort fanden sie Charles, Frau Schmitt und Frau Schlitz-Vulpius.

Letztere erstellte nun einen neuen Beweis für die heilende Wirksamkeit der Bachblüten. Hier gab sie augenscheinlich leichter und freier Bescheid als über Ramses des Dritten flüchtige und wirkliche Existenz. An Frau Schlitz' Nichte vertrat sie Mutterstatt, und sie habe sich aufgeopfert in so mancher Situation, die sie nicht beschreiben wollte. Und obwohl ihre Nichte doch gern Tiernaturheilkunde studieren wolle, liebend gern, verbrachte sie Stunden über Stunden vor den neuen dreißig Fernsehprogrammen und war nicht zu finden am Schreibtisch und hinter Büchern, wo sie hingehörte, um sich der künftigen Tierhilfe studierend zu nähern. Da hatte Frau Schlitz-Vulpius zum Telefon gegriffen, und Ferntherapie sei wahrlich nicht ihr Ding, sondern taktiles Beieinander und Aug in Aug, Fingerspitze an Fingerspitze, daß die Ströme flössen, hatte ernst zur Nichte gesprochen, daß es aus sei mit den Bachblüten, daß sie nicht einen Tropfen mehr zum aufmunternden Verzehr bekomme, wenn nicht dieser Fernseher (übrigens mit integriertem Video-Recorder) aus bleibe. Und nun sitze die Nichte am Schreibtisch: ein schönes Bild! Und abschließend verschmitzt: Es gelte noch anzumerken, daß ihre kleine Verwandte unter dem machtvoll zärtlichen Einfluß der Tropfen die Woche zuvor an einem Tag drei Liebeserklärungen habe entgegennehmen können, unter ihnen die ihres biologisch anbauenden Eiermannes; die Dunkelziffer der stummen Bewerber also gar nicht eingerechnet.

Frau Schlitz warnte vor zügelloser Applikation in fortgeschrittenen Jahren, sagte aber nicht, was Ramses dazu meinte, zumal sie jetzt mit einem Mal starr auf die schöne Altistin fixiert war. Auf ihre Augen. Auf diese schönen dunklen Augen! Hatte sie gemurmelt. Sie war nähergetreten, hatte ihr ein Augenlid hochgezogen; und Staunen oder Schreck hielten die Sängerin reglos.

»Gehen Sie heute abend nicht aus dem Haus«, rief und raunte Frau Schlitz-Vulpius.

Charles jaulte auf. Frau Schmitt verließ den Laden. Tröger stand da. Die Altistin zwischen den Kleidern.

Draußen ging ein katholischer Priester vorbei. Was so gar nicht zur Gegend und zur Anspruchsfülle dieses Stadtteils passen wollte.

II

Auf nach Weimar

Bei Karl dem Großen im Himmel, was sind wir glücklich, daß Deutschland wieder wiedervereinigt oder wiedervereinigt oder vereinigt oder wie auch immer ist. Daß da an der innerdeutschen Grenze keine Vopos oder Grenzsoldaten oder was auch immer mehr stehen, die einem in die Koffer gucken und allzu gebrauchte Unterhosen finden (wie noch vor gar nicht langer Zeit - und das hatte allemal auch etwas Peinliches) oder einen alten »Spiegel« unter der Rückbank. Daß kein Stacheldraht mehr gespannt ist und kein Todesstreifen mehr Europa herzlos durchtrennt, keine Todesschüsse hallen und unmenschlich ans Ziel gelangen.

Wie zum Beispiel jetzt nicht mehr hier bei Wartha-Herleshausen. Mit Abstecher nach Eisenach und Gotha mit diesem netten kleinen Barocktheater, das wir so niedlich finden.

Busfahrt nach Weimar. Und das ist nach all den Jahren nun auch mal wirklich fällig gewesen. Nach all den Jahren der Vereinigung und den Jahren der gemeinsamen Freiheit. Da muß man doch mal rüberschauen, was die mit ihrer Freiheit, also unserer Freiheit denn so alles angefangen haben. Da gucken wir - ein fröhlicher Bus voll - doch mal nach, voller Interesse. Brechen aus dem Westfälischen auf und machen uns eine schöne Woche von Sonntag auf Sonntag. Lassen mal unsere engen Mauern hinter uns, brechen aus. Und es ist doch eigentlich eine Schande, daß wir nicht schon viel früher gen Osten, den unbekannten Osten uns aufgemacht haben. »Und sich aufmachen«, sagt Frau Doktor Franzen, »ist doch durchaus im zweifachen Sinne des Wortes zu verstehen.« Die meisten der Umsitzenden haben auch verstanden und nicken. Nicken dem zurückbleibenden Eisenach zu: Wer einen Bach zuwege bringt, dem können auch vierzig Jahre Sozialismus nichts anhaben. Schade nur, daß da keine Zeit mehr für die Wartburg war (und zwei unserer ältlichen Alt-68er hatten auch ernstlich gegen die Zuspitzung reaktionären Denkens trotz oder gerade wegen der vierzig Jahre voll leid- und hoffnungsvollem Sozialismus protestiert), aber wir wollen noch das niedliche Barocktheater in Gotha sehen und frühzeitig in Weimar eintreffen, damit wir auch vom ersten Tag noch etwas haben. Nicht wahr?

Wir, die fröhliche VHS aus dem westfälischen Münster, wir wollen Deutschland entdecken. Wurde ja auch verdammt Zeit, oder? »Mal nachgucken, was aus unserem Solidaritätszuschlag geworden ist!« brüllt Herr Doktor Franzen auf. Nein, nein, bestimmt nicht, er meint das nur im Spaß.

Und den haben wir hier zwischen Eisenach und Gotha (wo wir keine Angst mehr zu haben brauchen; Angst, daß uns da ein amtlicher Zivilist anhält und streng durch den Busgang blickt, wie noch vor Jahren; das ist ja nun endlich überstandene Vergangenheit). Wir wollen Deutschland mit Frohsinn entdecken. Wollen gar nicht nachtragend sein, in Gedanken daran, was das alles gekostet hat und noch kosten wird. Wenn man bedenke, daß uns das Ganze die gemeinsame europäische Währung kosten könne, wirft Herr Doktor Franzen, jetzt schon ernster, ein. Obwohl so ganz wohl ist ihm nicht dabei, daß man die Deutschmark so mir nichts dir nichts aufgebe. »Mir nichts dir nichts doch wohl nicht«, hält Frau Doktor Franzen entgegen. Sie denkt da tiefer als ihr Mann, obwohl auch der mit Geschichte und Kunstgeschichte ehemals in der Schule angefangen hat, dann aber kurz vor dem Referendarsexamen »einfach nicht mehr konnte« und sich dem Handwerklichen zuwandte. »Ein Glück war's ja!« sagt Frau Doktor Franzen immer mal wieder. Sie gab Geschichte und Kunstgeschichte nach einigen Jahren in der Schule auf, nachdem ihres Gatten Dentisten-Praxis so gut eingeschlagen hatte. Frau Doktor Franzen wird jetzt kurz vor Gotha ein wenig, unmerklich nervöser - sie hat das Kurzreferat über Schloß Friedenstein übernommen.

Schön, schön, schön. Aber es ist nicht alles Gold, was glänzt. Ganz und gar nicht. Und recht betrachtet, glänzt hier gar nicht so sehr viel. Recht betrachtet, schaut das alles eher grau aus, in den Nebenstraßen und Nebengassen. Hier in Gotha und, recht betrachtet, auch vorhin in Eisenach. Mein Gott, das Grau! Fast hat man den trüben Eindruck, daß all die glänzenden Renovierungen das Grau nur noch auffälliger machen. Recht betrachtet. Und recht betrachtet: Wie pfleglich hätte man das alles im Westfälischen behandelt. Da hätte man die Ärmel aufgekrempelt. Aber holla! Bei aller Bescheidenheit.

Im Bus bereiten wir uns auf Weimar vor. Wo Goethe ist und Schiller, da ist alles glänzend; da kannst du drauf wetten. Die Reiseführer werden ausgepackt und herumgereicht. Wir machen uns gegenseitig aufmerksam. Wir sind beileibe doch keine Trottel-Touristen. Da haben wir uns doch schon besser hergerichtet, sind schon zu Hause zu Weimar-, Goethe-, Schiller-, Liszt- und Bauhaus-Spezialisten geworden. Was es da alles gibt, das man unbedingt gelesen haben muß! Frau Doktor Franzen reicht ihrem Mann »Trunz' einmaliges kleines Werk 'Ein Tag aus Goethes Leben' - da mußt du mal reinschauen!«

Schräg hinter ihnen packt jemand einige Bände Gesammelte Werke des Bertelsmann Leserings hervor - der Angeber! Aber gelesen haben sollte man das eine oder andere schon, wenigstens mal durchgeblättert.

Jemand liest Zeitung. Und das ist auf den ersten Blick nun wirklich wenig zu verstehen. Da gibt es doch draußen in der unbekannten, leider Gottes uns noch unbekannten, nach all den langen Jahren uns immer noch unbekannten Landschaft soviel, doch soviel Schönes zu sehen, über das man ein ums andere Mal in Entzückensrufe ausbrechen müßte. Da vor uns die beiden Burgen links und rechts der Straße, die so gleich aussehen und deswegen so genannt werden. Die Gleichen! Unsere rührige Frau Leibel, die so gar nicht aussieht, wie sie heißt, spricht gerade darüber und erklärt. Dann läßt sie sich wieder neben Herrn Werning nieder, und beide sind erneut mitten in ihrem Gespräch über Lucas Cranach. Das sind Gesprächsthemen, die man in unserem Kreis schätzt und würdigt.

Aber wie gesagt, nur auf den ersten Blick verachtet man den Zeitungsleser allgemein beziehungsweise in seiner Sitzgegend. Denn auch er bildet sich gehörig fort, hat man erkannt, wenn man auf seine Schlagzeilen blickt. Und bald darauf wird der Zeitungsleser von dem einen oder anderen um einen Zeitungsteil gebeten. Zu recht: Sagen doch die Artikel Einschlägiges über Weimar selbst, nicht über das klassische, sondern über Derzeitiges. Und das ist ja nun wirklich nicht ohne Bedeutung. Unserem Kreis ist nicht nachzusagen, er sei lediglich im Alten und Vorvorderen versunken, obwohl man schon sagen muß, daß hier eindeutig die Schwerpunkte liegen, wo wir unser Wissen weiterzutreiben wünschen (ich sage nur Goethe, Schiller, Liszt und nun auch Cranach).

Weimar (dpa). Millionenstreit? Ein möglicher Millionenstreit um Kunstgüter der deutschen Klassik bahnt sich in Weimar an. Prinz Michael von Sachsen-Weimar und Eisenach erhebt nach einem Bericht der in Erfurt erscheinenden »Thüringer Allgemeinen« Ansprüche auf große Teile des Goethe- und Schiller-Archivs, der Anna-Amalia-Bibliothek und der Weimarer Kunstsammlungen. Hintergrund der Ansprüche ist das seit dem 1.12.94 gültige Entschädigungs- und Ausgleichsgesetz.

Das darf doch wohl nicht wahr sein! Da sind nun tatsächlich ganz besonders unsere beiden ältlichen (mein Gott, die werden immer älter), unsere beiden ältlichen Alt-68er empört und sprechen vom Eigentum des Volkes, das nicht und auf gar keinen Fall dem Adel zufallen dürfe. Wär' ja noch schöner! Und sie haben recht.

Und da muß man sich mal *das* anhören: Goethe oder die Müllabfuhr. Weimar ächzt unter der Last des Kulturerbes. Ein schwäbischer Sparkommissar soll die Schuldenstadt sanieren. Und was soll das erst 1999 werden, wenn die Stadt Kulturhauptstadt Europas werden wird? Wie soll die kleine Stadt von 62.000 Einwohnern das denn leisten und zudem noch den Schuldenberg von 400 Millionen abtragen? Müllabfuhr. Straßen. Brücken. Schulen. Sportstätten. Kindergärten. Und die Geburtenzahlen sinken drastisch. Das muß man sich mal vorstellen: Aus Geldmangel wurde beispielsweise die Rekonstruktion der mittelalterlichen Sternbrücke gestoppt. Nun stehen die Gerüste für die wunderschönen Bögen quasi so nackt da. Ach, dieses Foto von der Sternbrücke gleich neben dem Schloß ist einfach lamentabel!

Aber da müsse man auch mal bedenken, daß eine Koalition aus SPD und den Grünen da hause. Von der PDS toleriert! Und die könnten eben nicht mit Geld umgehen, das wisse man seit langem.

Nun, da will aber nun wirklich niemand, jetzt und in dieser Umgebung und in diesem Frohsinn, und das Wetter macht auch mit, über Politik streiten, obwohl unsere ältlichen Alt-68er sich bereits in ihren Sitzen aufrichten.

Dieses herrlich klare Herbstwetter.

Seit einigen Jahren spricht niemand mehr von Altweibersommer. Ist ja auch nicht allzu hübsch, dieser Ausdruck. Da sprechen wir lieber vom *indian summer* und freuen uns am verfärbten Laub.

Und hören viel lieber Frau Leibel und Herrn Werning zu, die den Lucas Cranach preisen. Das heißt natürlich alle beide, den Jüngeren und den Älteren. Erklärt Herr Werning. Er freut sich auf die Stadtkirche von Weimar (stimmt, auf die Herder-Kirche), auf das Altarbild von 1553, das früher dem Älteren zugesprochen wurde, aber nun für ein Hauptwerk des Jüngeren gilt, der es nach Entwürfen des Vaters vollendete. Eigentlich freut sich Herr Werning aber auf ein kleines Ölbild (Jesus in Gethsemani), das sich in der Sakristei befindet. Er senkt die Stimme: »Da müssen ja nicht gleich alle hinlaufen!« Frau Leibel hofft aber sehr, auf die kunsthistorische Exkursion mitgenommen zu werden. Jedenfalls wird niemand von beiden Frau Doktor Franzen etwas erzählen. Sagt sich Frau Leibel. Herr Werning murmelt längst vorsorglich über die Liegende Quellnymphe von 1518 leise: »Fontis Nimpha Sacri Somnum Ne Rumpe Quiesco.« Nicht immer ist Herr Werning ein leitender Buchhalter in unserer Stadt gewesen. Einige Jahre lang hat er unserer ehemaligen Jugend Latein beizubringen versucht; das ist lange her.

Und das Wetter macht mit!

Dann verweilen beide gemeinsam eine Zeit über dem Abdruck von »Adam und Eva« (1533).

Unsere zwei ältlichen Alt-68er haben sich die Zeitungen ausgeliehen. In der »Frankfurter Rundschau« verfolgen sie sonst regelmäßig die laufenden Notierungen ihrer Aktien. Heute nehmen sie sich die Zeit für das Feuilleton einer beliebigen Zeitung.

Schon eigentümlich, daß der pensionierte Privatdetektiv unseres Kreises so trüb dreinschaut. So trüb, daß man ihn gar nicht ansprechen und fragen möchte, warum er so trüb dreinschaue. Die Pensionierung müßte er doch längst überwunden haben, und seine Hinweise auf sein Alter sind in der letzten Zeit auch seltener geworden. Außerdem, was beklagt er sich? Über mangelnde Beschäftigung kann er wahrlich nicht klagen. Denn immer wieder kam es in den vergangenen Jahren zu kleinen, aber heftigen, man muß schon sagen, tätlichen Auseinandersetzungen mit tödlichem Ausgang. Was also beklagt er sich? Seine Tatkraft und

Kombinationsgabe waren jedesmal ausschlaggebend und wurden nach überstandenen Erschütterungen immer wieder hoch gelobt. Was also beklagt er sich? - Aber er beklagt sich ja gar nicht. - Jedoch sitzt er so da und schaut trübvoll zum Fenster hinaus in die Landschaft, die doch wohl eher ein Lächeln verdient hätte. Über den immer noch nicht gekürzten Solidaritätszuschlag hat man ihn auch nie klagen hören. Nun sitzt er da. Sein Kinn hängt energielos über dem breiten Kragen; seine Hände liegen schlaff auf dem Bauch wie bei einer älteren Westfälin, die in die Stadt fährt oder von ihren Kindern nach Hause aufs Land zurück, wo sie dann wieder bis Weihnachten auf die nächste Einladung warten muß. Ich bin sicher, würde man Kötterholz fragen, sagte er bloß: »Ich schaue hinaus und erhole mich vom Nichtstun. Das müßten Sie mal erleben, das Nichtstun, wenn draußen der Herbst loslegt, noch schöntut, aber bald kommen der Wind und der Frost.« Langsam und letztlich immer öfter wird Kötterholz zum Schöngeist. Was ihm fehlt, ist eine akkurate Gewalttat. - Aber, mein Gott, das wollen wir doch nicht hoffen, bei aller Liebe zu Kötterholz. Tröger könnte sich ein bißchen um ihn kümmern. Gerade jetzt. Ihm die trüben Gedanken (welche eigentlich?) verscheuchen.

Der aber sitzt mit seiner schönen, schwarzhaarigen Altistin auf der letzten Bank. Bei ihm ist von Trübsinn natürlich nicht die geringste Spur. Wahrlich nicht. Im Gegenteil. Sitzt da mit seiner schwarzen Sängerin und lacht und turtelt, als wären wir anderen, erst recht Kötterholz, gar nicht vorhanden. Da wäre ich auch sauer auf meinen Freund. Wenn der mich da so allein in der Mitte des Busses sitzen ließe. Aber ich bin sicher, würde man Kötterholz fragen, sagte der: »Aber ich bitte Sie, die Jugend muß ihren Auslauf haben und ihr Lachen.« Kötterholz ist so weise geworden, letzte Zeit.

Sein Nachfolger im Amt am münsterschen Prinzipalmarkt als Leiter der Detektei SUPERVISIO, also Tröger, meine ich, hat gewiß seine Verschnaufpause verdient, mal eine Woche ausspannen, mit seiner schwarzen Sängerin, die er anläßlich eines Hausmusikabends in unserem Kreis kennengelernt hat. Da hat's ihn richtig gepackt. Da hat's bei ihm richtig eingeschlagen. Ich weiß das. Ich war dabei. Und da kann natürlich bei so was schon mal die Freundschaft draufgehen. Und wieso fährt er dann mit Kötterholz? Aber damals hatte der gar nicht den Eindruck gemacht, er sei eifersüchtig. Wird er wohl auch nicht sein. Aber manchmal merkt man schon eine solche schmerzliche Veränderung, merkt es schon, wenn man auf einer kleinen Busfahrt allein, weil zu dritt, in seinem Bussitz hockt. Da wird's dann deutlich, daß drei nicht durch zwei teilbar ist. - Und Tröger Vorwürfe machen? Aber wieso denn? Das Leben trudelt die Menschen durcheinander. Was will man da klagen? Aber das tut Kötterholz ja auch gar nicht. Da ist er gar nicht der Typ für.

Tröger jedenfalls hat sich seine Erholung verdient. Nach all seinen Überwachungen und Überprüfungen in Geldsachen und Scheidungsfällen. Ein Wunder, daß der überhaupt noch an ein menschliches Zusammengehen glaubt und an ein Zusammenfinden auf der hinteren Sitzbank eines Busses auf der Fahrt nach Weimar. Manche Glückliche geraten nie aus der Pubertät.

Aber der alte Olympier und Theaterdirektor und Fürstenerzieher hat es uns doch allen vorgemacht. Das Leben, meine ich. Die Liebe, die nimmer aufhöret. - Leichter gesagt als gelebt. Nicht jeder hat die Gabe und das Geschick, eine aufgehörte Liebe mit einem Gedicht zu bedecken, das dann statt ihrer leuchtet.

Aber das Wetter macht mit.

Und jetzt geht ja auch Tröger durch den Busgang nach vorn, haut Kötterholz einen auf die Schulter, setzt sich neben ihn, sagt: »Alter!« Er freue sich auf das Abendgläschen mit ihm. - Ja, ja, aber was sind ein paar Minuten während einer langen Busreise. - Die schwarze Sängerin (Alt und spezialisiert auf Folk) ist eingenickt, zufrieden stupide wie ein dickliches Kind, das sie ja gar nicht ist.

Jemand liest in seinem Buch. Das heißt »Der Doppelmord von Ghisoni«. Und das darf doch nicht wahr sein! Liest da in einem Krimi auf der Fahrt nach Weimar!

Über Geschmack läßt sich eben doch streiten. Man betrachte den Buchumschlag: Frau mit geöffnetem Kleid und fast unverdecktem Busen liegt leidenschaftlich oder schmerzverzerrt an bloßer Männerbrust, die Arme hochgeworfen und die Achseln rasiert.

Auf dem Wege nach Weimar und Goethe vor sich! Der Alte sollte ihm die Lektüre aus der Hand schlagen. Da weine man bittere Tränen und verzweifle. Noch dazu gibt er freigebig von seinem Lesestoff ab (hinterhältig wie ein Dealer), zeigt die Seiten her, drängt sie den Umsitzenden auf und preist seinen »tollen Ethno-Krimi«.

Der Doppelmord von Ghisoni
(daß man nicht lache)
Die Liebe kann das schönste, aber auch das schlimmste Ding von der Welt sein, wenn das Leben die Paare zerreißt und die Rachsucht die Regie übernimmt und schließlich der Haß. Das ist der Weg, den, 45jährig, Louis Milelli ging. Als friedlicher Forstarbeiter lebt er in Vezzani auf Korsika. Er ist ein zurückhaltender Mann. Spricht wenig. Aber in sein Herz wird sich, nach der Verzweiflung, langsam der Haß einnisten. Er liebt seine Frau Annick. Sie haben zwei Söhne und eine Tochter. Und sie könnten ganz einfach glücklich sein. In der Sonne. Am Meer, das so blau ist. In der würzigen Luft von Korsika. Was könnte ihnen fehlen, wenn sie abends auf der Café-Terrasse sitzen, den Tag beenden und glücklich sind? Sie haben Arbeit und Auskommen. Leben dort, wo andere für viel Geld Urlaub machen. Die Arbeit macht Spaß, wenn man sie hat und für die Familie da ist. Die Kinder sind ihre Freude. Sie wissen,

für wen sie leben. Und die Kinder wissen, daß ihre Eltern sie lieben. Warum aber verfällt im Laufe der Jahre die Eintracht ihrer Herzen? Annick, 45 Jahre, kommt aus Lyon. Das ist eine große Stadt auf dem Festland, und da kennt sie sich aus mit den Zerstreuungen, manche auf der Insel meinen, mit den Vergnügungen, mit den Lüsten gar. Hier im Winter sind die Feste rar.
- Ich gehe noch mal zum Brunnen.
- Ich gehe zum Tanzfest.
- Ich gehe mit Carmen noch bummeln.
- Ich gehe mit Eulalie ins Gemeindehaus.
Louis ist es recht. Er ist müde, denn er hat gearbeitet; der Forst fordert Tribut, und der patron *ist streng. Louis genügt das Fernsehen. Und er sagt sich: »Sollen die vom Festland doch das Vergnügen suchen und trotzdem maulen.« Er spielt Boule, bis es dämmert.*
Eines Abends necken Carmen oder Eulalie und Annick Constantin am Nebentisch im Gemeindehaus (ach, Louis wird es noch verfluchen). So kindlich ist's am Anfang, so arglos am Anfang und keusch. Constantin Greco, 54 Jahre, Lastwagenfahrer; er arbeitet für das Unternehmen Luciani in Ghisonaccia. Auch er ist verheiratet und verläßt - Wochen drauf - seine Frau wegen Annick, die ihrerseits beschlossen hat, ihr Leben neu zu gestalten.

»Das sind Fakten!« ruft der Krimi-Leser. »Das ist die Wirklichkeit!« Mit dem Zeigefinger zeigt er auf die Stelle der Seite, die besonders wirklichkeitsnah ist. »Das ist Krimi, wie er sein soll: das letzte Reservat von Realismus!« Er zeigt wieder auf die Stelle, die beispielgebend ist. Eher traurig läßt er einfließen, daß er ein Germanistik-Studium hinter sich gebracht und eine karge kurze Zeit als Deutschlehrer - sozusagen in der Diaspora - gedient habe. Eigentlich - nostalgisch, so als ob er dem Schönen, Wahren, Guten nachtrauere und das Böse gewählt habe -, eigentlich mache er sich auf eine letzte Fahrt in die Klassik. Ihn interessiere nur mehr das Wirkliche. Finster, dürr sitzt er da; die halbe Lesebrille ist tief auf die Nasenspitze gerutscht. Ihn locke nicht mehr das schön Erdachte. Das Menschliche, das eigentlich Menschliche, ach so Menschliche sei das Verbrechen. Man schaue sich um! So ist er ein Versinkender, der ruft: »Ach, ich versinke, Menschheit!«

So mancher von uns - beim Hinausschauen, bei einem neuen, endlichen Versuch mit Deutschland - ist dabei, sein politisches Leben neu zu gestalten. Sagt es sich, wünscht und prophezeit es sich und blickt in die Landschaft der neuen Länder. Die beiden ältlichen Alt-68er haben es gewagt, tatkräftig gewagt, haben sich an die Wirklichkeit gemacht, haben das Pult des Politik-Lehrers vertauscht mit dem Redner-Pult bei SPD und den Grünen; sie fühlen sich wohl dabei, sie hätten nichts Besseres mit ihrem Leben tun können; wahrlich, sie bereuen ihn nicht, ihren Gang durch die Institutionen. Sie gestalten nun und tun etwas für die Gemeinschaft. Sind gut und fühlen sich so. Nun wollen sie in den neuen Bundesländern Recherchen treiben und vor so mancher Endzeit warnen, dem Sterben der Eichen zum Beispiel. Die Angst macht weniger Angst, nennt man sie Angst und steht man zusammen zueinander. Der Mensch, sagen sie, wolle abgeholt werden. Wolle gewarnt werden vor Rindern und Elektro-Smog. »Man muß«, sagen sie, »unterscheiden zwischen Gut und Böse und verantwortlich sein und die Menschen abholen, auch von wo sie nie waren, ja gerade von dort.«

Sein Leben neu gestalten. Nicht wie in Korsika von Mann zu Mann hüppen. Aber woher sollen die es besser wissen? Nicht mit Eulalie und Carmen die Mole entlang laufen und die hochseetüchtigen Motorboote bestaunen. Sondern die Tiefe denken.

Dabei kann die Klassik nicht schaden.

Dabei kann Goethe, denkt Frau Leibel, verdammt nicht schaden. Beim Wechsel des Lebens. Sie schaut auf Herrn Werning. Ohne ihn wäre die Fahrt gar nicht zustande gekommen. Ohne ihn säßen sie immer noch in Münster. Hinter den Glasscheiben des neuen VHS-Gebäudes. Hätte er nicht immer und immer gedrängt und auf die Notwendigkeit gewiesen, Deutschland zu entdecken. »Es wird Zeit«, hat er immer wieder gesagt, »dringend Zeit, sonst ist Deutschland nicht mehr Deutschland, sondern Deutschland, wie es sein wird - und das wird nicht das bessere Deutschland sein.« Frau Leibel als pädagogische Leiterin hat die Vorschläge der VHS-Hörer aufzunehmen, hat das Ohr an der Basis zu haben, die Wünsche der Basis aufzuspüren und in Realität zu verwandeln. »Herr Werning«, hat sie gesagt, »Herr Werning, wir machen die Fahrt. Wenn auch nur zwanzig sich melden.« Aber da sind fünfundzwanzig gekommen. Denn unser Kreis ist aufgeschlossen für Neues und Notwendiges, sei es Musik oder ein neues Deutschland.

Herr Werning, erinnert sich Frau Leibel, hat gestrahlt. Die Deutschen sind besser als ihr Ruf. Sie kümmern sich. Um die neuen Länder und die Klassik.

»Auf dann, reisen wir!« erinnert sie sich, hat Herr Werning gerufen, und sie erinnert sich nicht, daß ihr je eine solche Begeisterung entgegenstrahlte, seit sie ihren Posten als Studienrätin aufgab, um die pädagogische Leitung der münsterschen Volkshochschule zu übernehmen, seit sie also die strahlenden Kinderaugen gegen den stumpf-denkenden und nachdenkenden Blick der Erwachsenen, der immer etwas Unausgesprochenes in Reserve hält, eintauschte; und manchmal tut ihr der Tausch sehr leid, bis auf jenen Tag, als Herr Werning voller Reisepläne den Blick mit ihr tauschte. Seine Begeisterung war ihre Begeisterung geworden, seine Reise ihre Reise. Herr Werning hatte bald darauf von »unserem Ausflug« gesprochen, und das hat geklungen, wie wenn Herr von Goethe seinen Sekretär ins Haus von Stein mit einem Billet schickte.

»Selbstverständlich kommen wir mit«, hatten Frau Doktor und Herr Doktor Franzen gerufen, als sich alle drei an einem Mittwochabend kurz vor acht am Raum »Italienisch für Fortgeschrittene« trafen. Antonio hatte tief bedauert, sie nicht begleiten zu können (er ist Kursleiter für Italienisch, mit ganzem Herzen Italiener geblieben und westfälisch verheiratet), aber er müsse nach Padua zum Geburtstag seiner Mama, unaufschiebbar. Alle drei anderen haben ebenso bedauert: mit Antonio in die neuen Bundesländer, das wäre international geworden und gewiß lustig; da hätte man den Paduanern zeigen können, ganz diskret natürlich, wie man Zusammenkommen bewerkstelligt.

Am frühen Nachmittag werden alle ruhiger, sprechen weniger, schauen noch gespannter zu den Fenstern hinaus. Der Verkehr am Sonntag ist nicht dicht; das macht auch den Busfahrer heiter, der sich mittlerweile mit den ersten Busreihen angefreundet hat. Wir sind nicht dünkelhaft. - Das wird nun bald Weimar sein, und wir freuen uns noch einmal intensiver. Nur der Krimi-Leser liest und liest, als wolle er seine letzte Begegnung mit der Klassik hinauszögern und wegdrängen. Es ist nicht leicht, in seinem Leben vom Wahren, Schönen, Guten Abschied zu nehmen, als habe man sie nie geliebt.

Louis Milelli kann nicht akzeptieren, und das Fernsehen kann nicht verdrängen, daß die Mutter seiner drei Kinder sie solcherart verläßt. Er verflucht Gemeindehaus und Kai. Er versucht, sich mit Annick auszusprechen. Aber nichts bringt die junge Frau, seit Jahren Hausgehilfin in Ghisoni, um den eigenen Haushalt zu unterstützen, dazu, das Familienglück wieder instandzusetzen. Sie hat ihr Leben mit dem Mann, den jeder in Vezzani Loulou nennt, leid. Ergebene und freundliche Hausgehilfin bei Fremden, und nun liebt sie Constantin und verlangt die Scheidung von Loulou, die sie dann endlich bekommt. Das Glück ist vorbei. Die Kinder verstehen die Mutter nicht mehr.

Die beiden Liebenden finden einen Unterschlupf, ein kleines Verwalterhäuschen auf einem wunderschönen Besitztum in Ghisoni, ganz oben an der Straße zum Verde-Paß. Dort können sie unentgeltlich wohnen mit der einfachen Verpflichtung, das Haus des Besitzers, der auf dem Festland wohnt, zu hüten und die Pflanzen zu gießen. Dort wollen sie ihre Idylle genießen, fast ganz für sich allein; zurückgezogen auf ihr grünes Fleckchen, hoffen sie, friedlich ihre Tage zu verbringen, später zu heiraten. Aber das Schicksal entscheidet anders. Loulou vergißt nicht.

Wunderlich, von der Frau Leibel gesagt zu bekommen, jenseits der Straße nach Weimar hinein liege der Ilm-Park; wunderlich, dieses Gefühl, da sei etwas, etwas, das man sich ausgemalt hat, sich ausmalt, bald aber sehen soll, eben noch nicht vor Augen hat, das aber nichtsdestoweniger bereits *da* ist, ganz und gar da ist, seit Goethes Zeiten *da* ist, ihn und Charlotte von Stein gesehen hat, vor Augen hatte und diese die Wasser der Ilm, so als sei der Nachfahre nun beteiligt an den Unwandelbarkeiten der Natur und des vom Menschen Geschaffenen, von so außergewöhnlichen Menschen geschaffen, und daran habe man teil und könne es beschauen, als sei man dabei gewesen, als es entstand; Charlotte von Stein stünde da und der Geliebte, der oftmals auch Treulose; und das alles hier jenseits der Straße.

Tröger und seine schwarze Sängerin beschließen leise, gleich nach dem Einchecken im Russischen Hof diese Richtung zu nehmen, die Richtung auf den Frauenplan, zu Goethe, und dann links einzuschwenken in die Seifengasse in Richtung des Stein'schen Hauses. Dort werden sie Frau Leibel treffen, die sie hinweist auf Charles' Mode-Boutique, und dort wird Frau Schlitz-Vulpius ihnen berichten von Ramses dem Dritten.

O, die Begegnungen in Weimar werden gar wunderlich sein.

III

Zwischen Russischem Hof und Seifengasse (Weimarer Gänge)

ging unser Kreis in Grüppchen. Und man bewunderte ausgiebig und erklärte sich, wies einander auf Bemerkenswertes hin, was man gerade vor dem einen oder anderen bemerkt hatte und was der andere zu bemerken nicht verpassen sollte. Die Reiseführer wurden aus Jackentaschen oder Damentäschchen gezogen. Man blieb mitten auf der Straße stehen und schaute nach, gestikulierte Häuser hinauf und in die Himmelsrichtungen, wurde sich endlich lachend einig. Blieb wieder stehen (mitten unter einheimischen Spaziergängern, die vorbeiliefen und sich nicht kümmerten), wendete sich plötzlich um nach hinter einem Gehenden, stieß an Einwohner an und lächelte; so ungezwungen, so ausgelassen, nonchalant würde man in Münster nie durch die Straßen gehen. Hier war man Tourist und freute sich drüber. Die bunten Anoraks waren angezogen, die bequemen Anoraks, und das gab einem das Gefühl des entspannten Reisens; die vielen Anoraktaschen paßten zur Vielfältigkeit der Entdeckerlüste.

Zwischen zwei eher langweiligen Straßenzügen unterhielt man sich angeregt oder gar stürmisch begeistert über den Russischen Hof (da hatte die Leibel den richtigen Riecher gehabt - »Prima, Frau Leibel!«). Die Betten waren gut; der Fernseher lief ohne Streifen; alles war sauber, soweit man das auf den ersten Blick inspizieren konnte, aber ein prüfendes Auge in die Toilette genügt, sage ich Ihnen; und, wie gesagt, nichts zu beanstanden. Irgendein Berühmter war vor langer langer Zeit dort abgestiegen. Wahrscheinlich war es Liszt. Oder ein anderer russischer Komponist. (Da schüttelten aber doch einige von uns ehemaligen Lehrern energisch zürnend den Kopf.) Aber immerhin zu wissen, daß ein so berühmter Mensch, und jetzt wir! Da waren wir wieder mal wer und kannten uns aus.

»Wir können so bleiben!« rief jemand und schaute auf das Wittumspalais, fragte, was denn das heiße und sei, Wittumspalais. Herr Werning erklärte und schwenkte dann rechts ab zur Herder-Kirche. Frau Leibel, mitten in einer begeisterten Beschreibung der Anna Amalia, hatte nicht aufgepaßt und seine einsame Abkehr sich entgehen lassen. Für einige Minuten betrübte sie sich. Aber, ach, Männern muß man die Freiheit lassen, und die Woche hatte noch nicht einmal begonnen; es führten noch viele gemeinsame Wege zum Altarbild von 1553. Und den anderen Damen hätte nun tatsächlich etwas gefehlt, nichts von Anna Amalia gehört zu haben, die nun wirklich ihre liebe Not mit ihrem Carl August und Wolfgang Goethe hatte. Die nahmen sich ihre Freiheit, meine Herren, die nahmen sich ihre Freiheiten. Manch Mägdelein in Weimars Umgebung hat drüber zu berichten und, ach, zu klagen gewußt.

Auch Herr und Frau Doktor Franzen hatten sich kurz nach dem Goetheplatz vorm Russischen Hof selbständig gemacht. Machten sich auf zum Frauenplan, bogen dann aber ab, durch ein paar Gäßchen, als sie vor sich Tröger mit schwarzer Sängerin sahen. Herr und Frau Doktor Franzen wollten allein sein. Ihren Reichtum nicht so in aller Öffentlichkeit unseres Kreises zeigen. Denn, es mußte gesagt sein, bei aller Gebildetheit und Hinneigung zu ihm war das Ziel nicht das Goethe-Haus, sondern die Speisekarte des Weißen Schwans gleich nebenan. Sie wollten sich für den Abend schon ein bißchen Appetit anlesen: »Heute abend aber nun ohne Rücksicht auf die Kostenliste, da leisten wir uns etwas und auch das eine oder andere teure Fläschchen«, und das mußten die anderen ja nicht unbedingt merken. »Außerdem haben wir«, sagte Zahnarzt Franzen, »werden wir ja bald wirklich etwas zu feiern haben.« Er rückte näher an seine Frau. »Wenn das klappt, wenn das wirklich klappt, werden wir Geld haben für so manches Fläschchen mehr!« Er rückte noch näher heran, und beide taten geheimnisvoll beglückt, so als ob sie nicht wüßten, welch geheimer Erfolg ihnen entgegenblinzelte.- »Wir sind wer, und wir werden noch lange wer sein!«

Frau und Herr Doktor Franzen hatten heute abend einen guten Appetit auf knusprige Ente im Weißen Schwan. Und wenn sie bedachten, so in der Nachbarschaft von Familie Goethe, da war das schon etwas Besonderes. »Da soll es uns heute abend aber mal wieder an nichts fehlen.«

Tröger und seine Sängerin hatten gar nicht mitgekriegt, daß Franzens ihnen folgten beziehungsweise ihnen gar nicht mehr folgen wollten. Ließen sich nicht allzusehr und voll und ganz von der berühmten Gegend vereinnahmen. Ließen sich eher treiben, nachdem die Richtung einmal klar war und stimmte. Ob sie auf Goethes Spuren wandelten oder nicht, war ihnen zwar nicht gleichgültig, aber auch nicht so ungemein anrührend, daß sie dauernd drüberher dachten und sich drüberher machten. Sie waren miteinander auf nicht nebensächlichen Pfaden. Das genügte ihnen, sie hatten an sich zu denken und die Gegend in sich aufzunehmen. So wie ihnen die Gegend nicht gleichgültig war, waren sie sich selbst nicht gleichgültig. Sie spürten, daß sie etwas bedeuteten, sich selbst nämlich, und so paßte die bedeutende Umgegend zu ihnen.

»Weißt du was?« fragte Tröger. »Was?« fragte die schöne Sängerin. »Fast habe ich den Eindruck«, sagte Tröger, »dies ist der schönere Teil von Deutschland.« Und schön, dachte er, daß die Sängerin, dies liebe Geschöpf, anschließend schwieg und sich nicht über sein gekühltes Pathos amüsierte.

Auch Kötterholz hatte seine geheimen Freuden und Gänge. Er ging in den Park an der Ilm. Das Licht zwischen Nachmittag und Spätnachmittag nahm ihn auf, ging sanft mit ihm um; das Grün machte ihn friedlich und reichte bis an das südliche Ende. So allein zu gehen, so allein stehen zu bleiben, sich umzuschauen, in grünes Licht zu blicken, das hier und da hellrot und leuchtend braun sich änderte, dies gluckernde Wasser unter grauen Brücken, dieses Grau, das keine scharfen Grenzen hatte, sondern sich in Ecken verkroch, machten, daß er nichts dachte und voll von allem sind.

Dann dazu die Freuden des Wiedererkennens. Dahinten am Gegenhang im letzten Licht Goethes Gartenhaus, weiß gelb mit dem Spaliergerüst. Wiedererkannt von irgendwelchen Postkarten oder klassischen Ansichten. Ganz grün gerahmt. Jetzt stehst du vor dem berühmten Gartenhaus. Weißt es. Und denkst: Du stehst hier nicht irgendwo, sondern dort, wo Berühmten schon Grün, Grau und das Wasser geflossen ist.

Kötterholz war kein Kenner von Parklandschaften. Jedoch war er einmal während eines Kriminalfalls in bischöflichen Gärten ans Spazierengehen gekommen, auf der Spur eines mörderischen Gartenarchitekten. Mord- und andere Taten, die an sozialen Gefügen wackelten, zogen Bildung nach sich; nach Morden war er immer schlauer. So war dieser Park an der Ilm, kaum hatte er ihn betreten und als Landschaft ausgemacht, die der Fluß mit weiten Bögen zu einer Aue gespült hatte, ihm wie aus einer verschütteten Reminiszenz aufgestiegen; Kötterholz hatte sie erkannt und begrüßt wie eine alte Bekannte. Die Ilm hatte als gurgelndes Wasser kehlig geantwortet und die anderen Teile vorgestellt: das Gartenhaus (gerade eben), die Brücken, die weiten geschwungenen Wege, den Stern, die Sternbrücke, das Römische Haus, das Shakespeare-Denkmal. Über allem lag Geräumigkeit und Licht; das Dunkle war auf die rechte Uferseite gedrängt, so daß man, schritt man über den eiligen Fluß, sich klein, aber sofort aufgenommen fühlte in Ausgebreitetes und gleichzeitig Heimisches.

Als die Uhrzeit Graues auch ins Licht der großen Bäume trug, nahm Kötterholz unterhalb der Straße Am Horn auf der gegenüberliegenden Seite den Weg, der am Gartenhaus vorbeiführt, bog nach links und geriet auf den Stern, wo die Wege zusammentreffen. Kühle wollte er noch nicht wahrhaben, und er setzte sich auf eine unscheinbare Parkbank, die von einem Herrn Dr. Vulpius gestiftet worden war - etwa ein Nachfahre von Goethes Frau? Die Weimarer blieben also immer wieder unter sich, auch wenn sie Fremde und Zureisende einluden.

Tröger und Sängerin hatten mittlerweile, ein wenig schneller, als sie sich eingestehen wollten, die Seifengasse verlassen. Waren an dem Haus der Charlotte von Stein, achtloser, als sie sich eingestehen wollten, vorbeigegangen, weiter geradeaus in den Ilm-Park hinein. Auch auf sie übte die grüne Wiesen-Weite eine beruhigende Wirkung aus. Ihre Schritte wurden langsamer. Tröger legte seinen Arm auf die Schulter der Sängerin. »Schön«, sagte diese, und Tröger versuchte nicht zu erkennen, ob sie die Landschaft oder seine Zärtlichkeit meinte, wollte es auch gar nicht wissen, aus Angst, sie habe doch die Wiesen und die einzelnen Bäume gemeint.

Doch schienen es eher die Solitär-Bäume, denn die schöne Sängerin wies auf einen hin, mit ausgestrecktem Arm, sagte aber nichts, blieb einen Augenblick stehen, so daß Tröger, für den dieser Halt unvermittelt kam, seinen schützend gedachten Griff zu lösen gezwungen war. Die Sängerin war aber mit einem Schritt wieder neben ihm und knirschte etwas von der bescheuerten Jenseits-Tante mit ihrem nächtlichen Ramses. - Beide lachten auf. Und damit sollte es nun auch endlich genug sein.

Sie gelangten sofort auf die breite Mittelachse des Sterns. Mittlerweile war die Sonne verschwunden, so daß sie im Schatten beinahe den zusammengesunkenen Kötterholz übersehen hätten und er sie - zumal die beiden jungen Leute sich wieder, wohl auf Trögers Betreiben hin, eng zusammenhielten.

Dann sagte Kötterholz mit einemmal: »Na, da wollt ihr euch den schönen Ilm-Park auch nicht entgehen lassen!« Beide waren ehrlich erfreut, Kötterholz zu treffen, machten keine Bemerkungen über die malerische Einsamkeit seiner sitzenden Statur. Kötterholz seinerseits genoß die Freuden eines Erklärenden, der Bescheid weiß und erkannt hatte, daß die Ankommenden keine Ahnung hatten, wohin sie geraten waren. Kötterholz schaute die Sängerin genauer und durchdringender an, als ihre Bekannt- oder Freundschaft es eigentlich erlaubt hätte. Dann brummte er (sicher auch ärgerlich darüber, daß Trögers Freundin Ägyptisches allzu esoterisch in deutsche Auen pflanzte): »Da haben Sie doch den Detektiv gleich bei der Hand!« Wenn denn Mord- und Totschlag ihnen in die Nähe geraten sollten.

Tröger fand es einigermaßen unpassend, daß seine Rolle des beschützenden Liebhabers von einem Unbeteiligten in die eines Experten für kommende Kapitalverbrechen umgemünzt wurde. Aber seine entsprechende und zu schnelle Bemerkung: »Alles Humbug!«, so als ob er die ganze Zeit schon dies Ereignis nicht anders eingestuft hätte, stieß auf der Sängerin unwilliges Gebrumm und führte dann zu ihrer brüsken Abwendung.

Zwischendurch stellte Kötterholz, halb widerwillig, professionelle Fragen, etwa, ob sie denn die Anwesenden in Charles Lotters Laden gekannt hätten, ob sie ihnen bekannt vorgekommen seien und so weiter. Auch dieses Benehmen gefiel Tröger gar nicht. Denn von seinem ehemaligen und jetzt immerhin pensionierten Chef wollte er sich vor seiner Freundin nun auf jeden Fall nicht als Lehrling vorführen lassen, wenn schon, dann als Sachkundiger im klärenden Gespräch mit einem Kollegen.

Tröger befand sich also mitten in einem Gestrüpp aus widerstreitenden Gefühlen, die er zudem als völlig, aber wahrhaftig völlig überflüssig erachtete, von denen er aber nicht wußte, wie er sie auf ehrenhafte Art loswerde. So hatte er nicht mitgekriegt, daß Kötterholz längst an der Seite der Sängerin ging, daß sie schon mehrmals laut und im aufkommenden Nebel sehr deutlich hörbar aufgelacht hatten.

So trottete er (ihm fiel kein anderes Wort ein) eine ganze Weile hinter Freund und Freundin her, Richtung Russischer Hof, wo unsere Gruppe zu aller Zufriedenheit untergebracht war.

In der Halle des Hotels saß, immer noch von Klassik und Literatur Abschied nehmend, der Krimi-Leser. Er lockte sie mit gekrümmtem Finger. »Fakten, Fakten«, scheint er zu flüstern. Nicht dieses im Himmel erfundene, gefundene Zeugs! »Facts«, scheint er zu flüstern, »facts.« Wisprig und lockend.

Was genau passierte an dem Morgen dieses 17. Juli? Die Untersuchung, die jetzt beginnt, wird es später sicher an den Tag bringen. Das Wetter war schön. Die Insel roch herrlich, wie alle Besucher von ihr rühmen. Draußen vor der Felsküste blähten sich die Segel. Die großen weißen Schiffe schoben sich langsam durch das blaue Wasser von Genua herüber. Wie gelang es Louis Milelli, auf das Anwesen zu gelangen, ohne gehört zu werden? Wußte er, daß die Herrschaft aus der Toskana erst für das folgende Wochenende angesagt war? Gab es einen Wortwechsel vor dem Mord? Hat er ohne Vorwarnung geschossen, als Constantin sich im Wohnraum des kleinen Nebengebäudes aufgehalten haben soll? »Er suchte bestimmt sein Angelgerät«, sagte man später Hauptmann Lhôtelier während der Mannschaftsbesprechung, »diesen Montag hatte er frei.« Man hatte die Utensilien unter der Couch gefunden. - Ja, war denn Loulou überhaupt da? - Wer weiß? - Ja, war es Loulou denn überhaupt? - Wer soll das wissen?
Wo sind denn nun verdammt noch mal die Tatsachen? Was, wie hat Constantin seine Freundin genannt? So? Schäfchen? - Das bestätigten auch die Arbeitskollegen und

erinnerten sich an zahlreiche Gespräche am Arbeitsplatz nach den Wochenenden. - »Was hat denn das für eine Beweiskraft?« rief Hauptmann Lhôtelier. - Hat's jemand an diesem Morgen gehört, einfach so oder zärtlich oder ersterbend? Tatsachen, aber vernünftige, also brauchbare, nicht irgendwelche!
Sicher ist nur, jemand war, mit einem Jagdgewehr ausgerüstet, eingedrungen, auch in den Wohnraum. Das war aus der verschossenen und verstreut liegenden Munition zu schließen. - Wieso war es Louis Roger Milelli? - Ja, wer denn sonst? - Fakten! - Mit einem Jagdgewehr auf einem Privatgrundstück, mein Gott! - Fakt ist, der Mörder kam mit Hintergedanken. - Na, immerhin etwas! Fakt ist, ein erster Gewehrschuß trifft Constantin in den Hals und durchschlägt eine Schlagader. Der Tod tritt praktisch gleichzeitig mit dem Schuß ein. Der Unglückliche blutet buchstäblich aus. Man findet ihn am Boden im Garten, auf der Seite liegend mit angezogenen Knien.
Wer hat denn nun den Schuß gehört? - Hauptmann Lhôtelier wird ungeduldig. - Und wer erzählt hier dauernd was von Angelgerät? - Und wer redet hier dauernd von Schäfchen? Wieso eigentlich Schäfchen? Was soll das?

Kötterholz, Tröger und die Folk-Sängerin hörten schon so gut wie gar nicht mehr hin. Sie waren, mehr oder weniger, der Klassik wegen hier, vielleicht auch nur, um mal davon gehört zu haben, um eine Ahnung davon zu kriegen, warum alle Welt hier darauf versessen war, obwohl man mittlerweile Kötterholz mehr und mehr zutraut, Klassisches nachdenklich und weise zu mögen.

Sie wandten sich also vom Lesenden und Werbenden wortlos ab. Für Krimis gab es einen »Tatort«, und der war jetzt nicht hier oder in der Nähe.

Sie verabschiedeten sich knapp und angeregt für kurze Zeit voneinander. So wie man das in einer Hotelhalle tut. Verabredeten sich untereinander für später zum Essen, nachdem sie sich »frisch gemacht« hätten. Ein halbes Stündchen, nicht länger. Sie würden schon was Hübsches finden; »es ist ja noch früh am Abend«.

Sie fanden etwas Hübsches, etwas sehr Hübsches, um was Kleines, was Leichtes zu essen, nach den Fahrt- und Wegstrapazen grad das Richtige bei einem Fläschchen. Tröger sah es gar nicht mal so ungern, daß die schöne, junge Sängerin, *seine* schöne junge Altistin alle Scheu vor Kötterholz verlor, ihn sogar töchterlich zu necken verstand, ohne daß ihn das beleidigte, im Gegenteil, er blühte auf vor Stolz. - Man blieb nicht sehr lange. Behagliche Hotelzimmer lokken, aus unterschiedlichen Gründen.

Auch Franzens kamen früh heim. Herr Franzen ging am Empfang den Schlüssel holen, Frau Franzen ging schon voraus: Fahrt, Fußwege, Entenbrust (zart und knusprig), das Fläschchen hatten ihr »die Füße platt gemacht«, rief sie belustigt über die Schulter zurück und bedachte nicht, daß sie ohne Schlüssel schließlich vor der Tür stehen würde. Immer noch glucksend vom eigenen Witz, stieg sie aus dem Aufzug und ging in Richtung Nummer 415. Weiter hinten im Gang hörte sie es flüstern und blieb stehen, lugte dann um die Ecke. Fakt war, sie hatte die Stimmen erkannt. Herr Werning stand halb in seiner Zimmertür, Frau Leibel vor ihm. Das geflüsterte Wort trug sich leicht und teppichgedämpft durch den Flur fort. Herr Werning sagte: »Schlaf gut, mein Schäfchen.« Dann beugten sich beide Gestalten vor. Herr Werning zog sich zurück und schloß seine Tür. Frau Leibel verschwand in ihrer Nummer 418. Daß dies ihr Zimmer war, das herauszufinden war für Frau Franzen nicht schwer gewesen; es fiel nicht auf, sich nach der Zimmernummer seiner Reiseleiterin an der Rezeption zu erkundigen - für alle Fälle.

Nun stand Frau Franzen gelähmt an der Ecke, bis sie hinter sich den Aufzug steigen hörte: ihr Mann!!

IV

Weimarer Vortrag und Ausflüge

Frau Leibel - alles was recht ist - hatte nun schlechterdings an alles gedacht.

An die Geruhsamkeit der Nacht durch Intervention beim Empfang. An ein ausgiebiges, ballaststoffreiches Frühstück, aber mit Rührei (in einem ausführlichen Briefwechsel mit der Leitung des Hauses). An Blümchen auf den Zimmern. An einfühlsame Reisebegleiter. Und eben auch an einen sachkundigen Vortrag am späten Vormittag des ersten ganztägigen Tages. So würde unsere Gruppe nicht der staatlichen Zuschüsse verlustig gehen, die bei staatsbürgerlicher Unterweisung flössen, meinte wenigstens Frau Leibel, man werde ja sehen; Herr Werning wagte zu zweifeln, wenn auch zurückhaltend.

Auf jeden Fall, kurz nach elf am Montagmorgen erschien Herr Friedschaff, stellvertretender Baudezernent der Stadt, Mitglied von Bündnis 90/Die Grünen, nicht, wie man hätte meinen können, im selbstgestrickten Zweireiher oder im grauschleirig gewaschenen, also verwaschenen, aber wenigstens chemiefreien und also sauberen Pullover, sondern selbstbewußt mit schickem Schlips auf Sonnenblumenbasis, lächelnd und Hände reichend. Mehrfach versicherte er Frau Leibel, daß es ganz toll sei, uns hier »in unserem Städtchen« begrüßen zu dürfen. Frau Leibel, wie in internationalen diplomatischen Geschäften zu Hause, griff den Ball sofort auf, indem sie sagte und lächelte: »In Ihrer kleinen, aber hochberühmten Stadt«. Nun aber ließ es Herr Friedschaff sich nicht nehmen, von Annette von Droste-Hülshoff aus dem Westfälischen zu schwärmen. Da hätten die Westfalen doch ein viel leuchtenderes Zeichen für eine rechtverstandene Frauenbewegung gesetzt. Er wirkte ein bißchen irritiert, als er merkte, daß sein Schlüsselwort von den Westfalen gar nicht mal beseligt aufgenommen und durch etliche Metaphern und Metonymien gejagt wurde. »Ach ja, unsere Annette«, sagte Frau Leibel bloß, »wenn wir die nicht hätten.«

Herr Friedschaff hatte wohl einsehen müssen, daß westfälische Stimmen und Sturheiten nicht einfach einzufangen waren: Er wurde sachlich und ging »medias in res«. Zu seinem Glück beging er nicht den Fehler, dies zu übersetzen. Westfalen glauben zu leicht, nicht für voll genommen zu werden, besonders wenn sie andere Landstriche durchstreifen.

Herr Friedschaff war bereits mittendrin und beklagte, daß man die Bürde auf sich genommen habe, 1999 Kulturhauptstadt Europas zu sein. Das koste. Denn es gelte, die alte Bausubstanz zu stärken und zu richten. Aufzubauen. Zu restaurieren. Erst kürzlich seien ihre Sorgen durch die Presse gegangen. Und gottseidank, kann man da nur sagen. »Wir brauchen jede Unterstützung.«

Frau Doktor Franzen nickte und hielt die Hände, Innenflächen gegeneinander, klatschbereit. Dann aber zögerte sie doch, mit ihrem Applaus zu beginnen, wußte nicht, ob dies der Platz und der Ort sei. Zwar saß man an kleinen Tischen, die nach vorn, den großen Fenstern zu, orientiert waren, aber man möge doch beileibe nicht diese Veranstaltung mit einem Theaterstück verwechseln. Frau Doktor Franzen klatschte nicht. Auch deswegen nicht, weil Herr Werning die Hand erhoben hatte, was Herrn Friedschaff dazu veranlaßte, freudestrahlend darauf hinzuweisen, daß man dieses Meeting nicht mit einem Vortrag verwechseln möge, man dürfe den Redner durchaus unterbrechen, dankbar sei er geradezu dafür; er wies auffordernd auf Herrn Werning, der immer noch aufzeigte.

Aber da müsse man doch, sagte Herr Werning und stand auf. Da müsse man doch, und er meinte mit Fingerzeig auf Herrn Friedschaff die Weimarer Stadtversammlung. Da müsse man doch (Herr Werning war doch ein wenig nervös und brauchte ein paar ähnliche Anfänge nacheinander) versuchen, aus EU-Mitteln, eben EU-Mittel anzuzapfen versuchen.

Herr Friedschaff lächelte, dankte für die Anregung, nickte und stimmte immer wieder zu. Wie wahr! Und im Grunde tue man aber nichts anderes. Die Mittel des Landes Thüringen. Die Mittel des Bundes.

»Aber.« Herr Werning war wieder aufgestanden, nachdem er sich bei den Worten von Friedschaff gesetzt hatte. »Aber«, sagte er und benötigte wieder ein paar Anläufe, »aber da müsse man (Blick zu Friedschaff) mal ein bißchen Druck oder auch eine Menge Druck...«, meinte er.

Da konnte Frau Doktor Franzen nun nicht umhin und klatschte laut, wenn auch sehr vereinzelt.

Dann sprach Herr Friedschaff schnell, so als ob er nicht gern von Druckmachen rede, von Goethe und der Müllabfuhr, das sei durch die Presse gegangen, von den Kosten also, im allgemeinen und in griffiger Quintessenz: Kultur kostet mehr, als sie bringt.

Werning: »Ja, so ist das. Aber wie machen verdammt denn das die Franzosen?« - Das fragte sich mit einemmal nun jeder.

»Wir sind praktisch pleite.«

Herr Friedschaff führte einiges über das Freibad im besonderen aus. Alles in die Kultur zu stecken auf Kosten der Einrichtungen der Gemeinschaft, das sei den Weimarern nicht zuzumuten. Alle, er betone, alle müßten sich beteiligen. Alle Deutschen. Um mal ganz pathetisch zu werden. - Dann ließ er aber doch nicht den Hut rumgehen, wie viele von uns befürchtet hatten. Wir waren jedoch im Osten, das spürten nun alle, und gar nicht mehr ganz frohsinnig.

Aber gut, daß uns das gesagt wurde. Daß man mal mehr weiß von diesen wirklichen Problemen, von denen man auch mal erzählen muß, wenn wir wieder zu Hause sind.

Im Anschluß an seine Ausführungen glaubte sich Herr Friedschaff unter Freunden, und er sagte zu Frau Leibel: »Bin ja nur froh, daß niemand über die Koalition der SPD mit den Grünen gefragt hat und über die Zusammenarbeit mit der PDS.« Er lachte wieder. Frau Leibel, erst am Anfang ihrer diplomatischen Erfahrungen, mochte sich nun gut vorstellen, daß diese gute Dauerlaune den Politikern zugehörte wie Animateuren auf Mallorca.

Herr Doktor Franzen hatte zum Schluß auch ausgiebig geklatscht, war auf Herrn Friedschaff zugeeilt, hatte ihm die Hand geschüttelt; die abendlichen Nachrichten-Bilder bleiben auch im kleineren politischen Kreise nicht ohne Folgen und Nachbilder. Dabei hatte er seine Frau aus den Augen verloren. Das fiel ihm vorläufig allerdings nicht auf. Auch hatte er sich mit Herrn Friedschaff ein wenig zurückgezogen.

Frau Franzen ebenso, allerdings in die Halle und nicht mit Herrn Friedschaff. Dort stand sie, sah Herr Werning hinter einer (jedoch allzu) schmalen Säule. Stand da und wartete nicht lange. Komische Leute, dachte Werning und bemühte sich angestrengt, seiner rassistischen Spontanreaktion Herr zu werden. Dunkel (Haare, Gesicht und Augenbrauen), richtiggehend dunkel und die Haare glatt wie geleckt oder pomadisiert, aber so ausländisch schmierig. Waren die drei.

Die Frau und die drei Männer sprachen miteinander, aber nicht lange. Frau Doktor Franzen ließ die Männer gehen und schaute sich dann um, als suche sie ihren Mann. Niemand der vier hatte auch nur gelächelt. Sie tat so, als suche sie ihren Mann. Die drei dunklen Männer waren längst durch eine nahe Tür verschwunden. Dann sah sie Werning in einiger Entfernung, nicht weit vom Empfang, kam freudestrahlend auf ihn zu.

»Nicht schlecht, der Vortrag«, sagte Frau Franzen. Herr Werning dachte nur noch kurz an die drei ausländischen

Mitbürger. Sicher nur eine schnelle Auskunft über irgendwelche Öffnungszeiten. Denn nun sagte Frau Franzen zu Herrn Werning: »Bist ja ganz groß rausgekommen mit deinen sachkundigen Einwürfen. Da sieht man, daß du Ahnung hast.«

»Mußt du unbedingt deinen Mann suchen?« fragte Werning. »Jetzt unbedingt«, antwortete Frau Franzen, »wir finden sicher noch die Zeit und ein Plätzchen für uns.«

Dann suchte sie ihren Mann doch nicht mehr, fand ihn aber am Eingang mit der Drehtür, die so schön nach irgendeinem Howard-Johnson-Hotel in irgendeiner amerikanischen Landgegend aussah - an dieser Tür, wo wir uns alle trafen. Der Bus sollte uns nach Tiefurt abholen. Wieder lobten wir Frau Leibel, als er pünktlich vor der Tür hielt. Diese Frau überließ nichts dem Zufall.

Tiefurt ist auch ein schöner Park.

Frau Leibels kurze, aber sehr informativen und besonders auch gefeilten, ja nachgerade geschliffenen Erläuterungen, ausreichend und bestimmt nicht langweilig, hintergründig gar, begannen gleich hinter dem Hotel, damit man sich im schönen Park einfach so ergehen könne, unaufgehalten von Erklärungen während des schönen Spazierganges.

Anna Amalias (ja, der Herzogin-Mutter, der mit der tollen Bibliothek, und überhaupt so kunstbeflissen), Anna Amalias Sommerresidenz; es war die Zeit, an einem Dorfrand sommers in einer schlichten Bleibe zu rustizieren zwecks Beförderung der Fröhlichkeit und der guten Laune. Man malte, sang und rezitierte, stickte und strickte, stichelte an Tapisserien. Im Liebhabertheater traten alle als Schäferinnen und Schäfer auf. Ach, Goethes wonnigliche »Fischerin«, welch holde Wonne! Arkadien an der Ilm: Weisheit, Empfindung, Ingenium und Genie.

Alle waren gespannt.

Aber dann wieder auch ein bißchen enttäuscht. Die Schlichtheit war tatsächlich Schlichtheit und das Schlichte nicht herzoglich schlicht, was uns Heutigen den Atem rauben könnte, wie zum Beispiel auch im Anblick der münsterländischen Wasserburgen. Das Überblickbare hier wurde leicht überblickt. Ein bißchen Ernüchterung also schon. Aber man fühlte sich rasch heimisch, so daß man nicht ständig sich in der Verpflichtung sah, in Verzückungen auszubrechen und anderen davon mitzuteilen.

Herr Werning ging an Frau Leibels Seite, und Frau Leibel dankte Herrn Werning, daß er die Gruppe, sozusagen stellvertretend, interessiert an Weimarer profanen Problemen gezeigt hatte, eben beim Vortrag. Herr Werning wollte davon natürlich nichts wissen. Lachend wehrte Frau Leibel ab, als er erklärte, daß, hätte er gewußt, daß er ihr damit eine Freude bereitete, er noch ausführlicher geworden wäre. Nur ja nicht, vielleicht hätte das den Herrn stellvertretenden Baudezernenten der Stadt in Verlegenheit und aus dem Konzept gebracht.

Wie gesagt, Herr Werning galt als kunstliebender Buchhalter, und wahrlich, er galt es nicht nur, er war es fürwahr, auch hier in Tiefurts Gärten. Blickend und sich wundernd, angeregt und kluge Querverweise ziehend. Zwischen hier und Sanssouci etwa.

Für den weiteren Nachmittag, das Programm sah weitsichtig und wohltuend Freizeit vor, hatte er sich einen ersten Gang zur Herder-Kirche vorgenommen. »Ach, Cranach«, sagte leise Frau Leibel und verständig, so als wolle sie Werning nicht in seinem Vorgenuß stören, in stillem Bangen aber auch, er könne sie nicht zur Begleitung auffordern.

»Ja, ja«, sagte Werning, »aber weißgott nicht oder nicht nur des Jüngeren Altarbildes wegen (wie gesagt von 1553 und in der Kirche selbst), das kennt ja jeder.« Sein Ziel war des Älteren kleines Bild in der Sakristei.

»Hoffentlich ist die auch offen«, sagte Frau Leibel.

Er werde schon reinkommen, sagte Herr Werning, und Frau Leibel hatte so auf ein »Wir« gehofft.

»Jesus in Gethsemani«, sagte Herr Werning. Im ersten Augenblick meinte Frau Leibel, Herr Werning habe sie gemeint und damit trefflich und sensibel ihr Gefühl erkannt. Dann erinnerte sie sich, daß das kleine Ölbild so heiße und Wernings Gedanken schon weit weg bei Cranach dem Älteren weilten. Kunstliebschaft konnte tatsächlich auch strapaziös sein und - grausam.

»Nein, nicht der große Drei-Teiler im Altarraum, den kennt ja jeder. Das Altarbild ist doch nach den Plänen des Älteren von Cranach dem Jüngeren vollendet worden, der im Grunde nur der Handlanger in seines Vaters Werkstatt gewesen ist.«

Frau Leibel hörte schon gar nicht mehr hin. Zwar hatte die Woche längst drängend begonnen. Aber es war noch reichlich Zeit. Eine ganze Woche geht nicht so schnell vorbei, auch wenn sie freudig erregt herbeigewünscht worden war. Frau Leibel besaß - glücklicherweise - die Gabe, sich auch in schwierigen Augenblicken bei Glück zu halten, oder sagen wir besser: bei nicht allzu trübsinnig-schickseligen Empfindungen.

»Haben wir Hunger?« fragte Frau Leibel Herrn Werning.

Wir an der Frittenbude. Zugegeben, ein kleiner Stilbruch; aber wir hatten Hunger, so den kleinen Hunger zwischendurch. Das Laufen an der frischen Luft ist man ja gar nicht mehr gewohnt, das Auf-den-Beinen-Sein. Und zu mehreren schmeckt's halt besser. Ist schon immer so gewesen. Aber schön ist der Park, und schön war er gewesen, der Spaziergang; ein kleines Juwel, der Park, und lustig die kleine Knöchelspielerin aus der Werkstatt von M.G. Klauer um 1790, sagte Frau Leibel, wie sie da so zierlich über das Balkongeländer schaut, die Spielerin, wie in sich versunken.

Dann wollten wir weiter, wieder durch Weimar auf eigenen Füßen laufen, eigene Entdeckungen machen. Das war gestern ein solcher Spaß gewesen. Und das zeichnet uns ja auch aus: die Eigeninitiative, die Flexibilität, dies Schauen in die Welt mit offenen Augen, mit den eigenen offenen Augen. Dann und wann hatten wir uns schon gesagt, daß wir so richtige Touristen eigentlich gar nicht seien.

Herr Werning schaute auf die Uhr, und Frau Leibel drängte andeutungsweise zur Eile. Herr und Frau Doktor Franzen schienen sich mal wieder absetzen zu wollen, taten es aber erst erneut am Russischen Hof, wie auch Herr Werning, der sofort verschwand. Es war kurz vor drei. Frau Leibel sah auf die Uhr. Merkte Frau Franzen aus den Augenwinkeln, als sie sich bei ihrem Mann einhakte.

»Warum er so allein loszieht?«
»Gestern auch schon.«
»Da geht er los und so allein.«
»Wenn er doch will.«
»Er will mit seiner Kunst allein sein.«
»Könnt' ich nicht.«
»Aber schon erstaunlich, dieser Mann.«
»So gar kein Buchhalter.«
»Aber so allein losziehn!«
»Möcht' ich ja nicht tun.«
»So gar kein Buchhalter.«
»Und so belesen.«

In Grüppchen standen Unentschlossene noch vor der Drehtür. Frau Leibel war es gar nicht recht, daß all ihre Sätze und Anspielungen auf sie gerichtet waren. So als ob es Fragen seien. Fragen, auf die sie nun antworten müsse. Wenn sie überhaupt Antworten gewußt hätte, wäre ihr das genauso zuwider gewesen. Ehrlich gesagt, die Woche begann ihr immer schneller, auch unnützer zu verfließen.

Frau Leibel lächelte. Die anderen nahmen es auf, als wisse sie etwas, wolle es aber nicht sagen. Jeder dachte, daß sie es wohl gesagt oder angedeutet hätte, wären die anderen nicht dabei gewesen. So als sei jeder einzelne von ihnen der heimliche und umso vertrautere Gesprächspartner. »Ist doch klar, daß sie vor all denen nichts sagt.« Frau Leibel lächelte, als ob sie über Werning noch mehr wisse, einfach mehr wissen müsse, und ging durch die Drehtür ins Hotel.

Tröger und Kötterholz standen abseits und schwiegen. Kötterholz dachte wie zufällig an Trögers schwarze Sängerin, erinnerte aber nicht an Frau Schlitz-Vulpius' düstere Prophezeiungen und an ihren Hausarrest gegen die schöne Altistin, um Schlimmes zu verhüten. An ihren dunklen Blick in schöne Augen. An ihren Kassandra-Ruf. Daran sollte nicht mehr gedacht sein. Er machte nicht darauf aufmerksam, daß die schönäugige Sängerin sich um einen Tag vertat, wenn sie nun im Hause blieb.

Es war selten, daß Kötterholz und Tröger die Sätze und die Frotzeleien ausgingen. Und so glaubten sie nun, der eine habe irgendwas zu verbergen oder der andere dürfe nicht allzu heftig in die Gedanken des anderen eindringen. Sie vermißten den gegenseitigen Spott, und die Stille kam ihnen verdammt lang vor.

»Du langweilst dich?« fragte Tröger, und das war das Äußerste, was er sich zutraute als Angriff auf Kötterholz' Intimität.

»Wie kommst du da drauf?«

Tröger hätte diese Frage genau zu beantworten gewußt. Er schwieg. Es wurde ihm immer unbehaglicher. Noch hatte er die Wahl. Er konnte auf Berufliches umschwenken. Den Mangel an beruflichen Themen beklagen oder darauf bestehen, daß solche in ihrem Urlaub auf gar keinen Fall hochkämen, jetzt, wo sie zum erstenmal außer-kriminell miteinander Zeit verbrachten. - Aber das taten sie ja gar nicht.

Die schwarze Sängerin gab an der Volkshochschule Abendkurse in russischem und latein-amerikanischem Folk, und eines Abends war sie bei Tröger vorbeigekommen - auf einen Schluck nach zehn, nach dem Kurs: »Mein Gott, warum müssen die alle singen wollen?« hatte Tröger dramatisch schauspielernd aufgeschrien, was für eine wunderbare Idee es aber sei, die ihm da gerade komme, nämlich mal rauszufahren, mal weiter weg und zusammen; die Leibel und der Werning planten da so eine tolle Fahrt nach Weimar.

O, prima!

Tröger und die schwarze Sängerin befanden sich noch in ihrem Anfangsstadium; da war noch kein Gedanke an Karibik oder New York. »O, prima und wir ganz allein.« Ein schickes kleines Hotel »für uns ganz allein«. Das wäre wie ein Überfall gewesen oder eine Jugendherbergsfahrt und lächerlich. So hatte es fast selbstverständlich geklungen, auch Kötterholz zu fragen. Der war einverstanden gewesen, da er nicht einmal von einem Anfangsstadium etwas mitgekriegt hatte. Aber ein kurzes Stocken war da schon gewesen, als Tröger gesagt hatte: »Du kennst doch die süße Maus, die tolle Sängerin. Wir haben sie schon mal gehört - erinnerst du dich? - auf diesem Hausmusikabend an irgendeinem Geburtstag. Die will mit.«

Kötterholz fehlte der Sinn für jegliche Art Seelendramatik. Er hatte gelacht. »Tröger, mit dir zusammen in die Klassik, das wird ein Abenteuerurlaub.«

Nun standen sie da, und es fiel ihnen auf, mit einemmal, aber auch im Bus hin und wieder, daß sie kaum Zeit miteinander hatten.

»Dann laß uns doch ein bißchen gehen«, sagte Kötterholz.

Tröger wußte nicht, ob er froh sein sollte, daß sich die Situation so herkömmlich auflöste, oder verärgert, daß sich der Chef nicht dazu bequemte, nach dem Wohlergehen der Altistin zu fragen.

Kötterholz hätte sich eher die Zunge abgebissen. Der Junge sollte doch wissen, was er tat, sollte doch wissen, mit wem er lieber den Nachmittag (vielleicht sogar den Abend?) verbrachte, mit seiner Liebschaft oder mit ihm, dem Ältlichen, der ihm mehr als dreißig Jahre voranlief.

Sie sollten doch wissen, was sie wollten, die Jungen. Er hatte genug an Leben und an Leben verlebt. Er brauchte nicht das ihre. Wär' ja noch schöner, wenn er sie beneidete, um ihre Gunst sich bemühte, als wäre er allein.

Sie gingen über den Goetheplatz, ihre Schultern stießen aneinander, und lachten. Sie sprachen durcheinander. Über all die Kriminal-Fälle, die wohl oder übel, eher wohl, auf sie warten mußten.

»Erinnerst du dich noch an den Mord mit dem Orchestrion?«

»Hammerklavier!«

»Nein, Orchestrion!«

V

Weimarer Kunstraub

So hatte uns der zweite Tag ein wenig auseinander geführt, besonders am Abend waren wir auseinander gelaufen, war uns am Morgen des dritten Tages beim Frühstück aufgegangen. Das mußte gekittet werden, da mußten wir uns als Gemeinschaft wiederherstellen. So sprach nun alles durcheinander, ein wenig heftig und durchdringend, ein wenig zu laut für die Frühe des Tages. Alle aber redeten zum selben Thema: Was habt ihr denn gestern abend so gemacht?

Nur Kötterholz und Tröger redeten nicht aufeinander ein, warteten still, aber stillvergnügt auf ihren Kaffee. Solche direkten intensiven intimen Bezüge wie gestern (ohne

Vorbereitung und Absicht, so Knall auf Fall) ziehen oft Beschämungen nach sich, die dann durch Gerede verdeckt werden, als seien sie nicht da, die Unsicherheiten, obwohl beide sie umso deutlicher spüren. Diese Scham war bei Kötterholz und Tröger ausgeblieben, sowohl am Nachmittag und Abend, als auch nun, am Morgen danach. Darauf waren sie stolz, obgleich sie nie auf den Gedanken gekommen wären, auch nur einen Satz darüber zu reden. - Zumal die schwarze Sängerin wieder aufgetaucht war und etwas über ihren Kreislauf hauchte.

Nur der Krimi-Leser war wieder an seinem Realo-Ethno-Krimi. Aber er verhält sich still, wirbt nicht für die Lektüre; diese besonders realistisch-eindringliche Passage hat ihn im Bann.

Wo befand sich in diese Augenblick Annick? Wahrscheinlich in einem anderen Zimmer, denn sie hat noch Zeit zur Flucht, flieht, flieht, ihr Ex-Gatte läuft hinter ihr her und schießt, schießt, trifft sie in den Rücken, nahe der Achsel, mehrmals. Sie ist auf dem Weg nach oben zur Gitterpforte, die auf die Straße zum Verde-Paß führt.
Die Gewehrschüsse werden von zwei jungen Campern, die ihre Zelte unterhalb der Besitzung aufgeschlagen haben, gegen acht Uhr abends gehört. Aber sie meinen, es mit Jägern zu tun zu haben und stören sich nicht weiter daran. Gegen acht Uhr morgens wird eine Nachbarin den Körper der Unglücklichen finden, auf dem Bauch liegend, die Arme weggestreckt, in einer Lache aus Blut.

Wir reden und reden, und wie schön Weimar doch sei und des Anreisens wohl wert.

Nur Herr Werning ist noch nicht da. Aber der wird ja noch kommen.

Und dann kommt er, ein wenig bleicher als sonst, mit einer Zeitung in der Hand, steuert seltsam indezent, seltsam ungezügelt direkt auf Frau Leibel zu und reicht ihr die Zeitung quer über den Tisch. Er achtet nicht auf die drei

Tischgenossen, weder auf die aufgeschlagenen Eier noch auf verstrichene Leberwurst oder empfindliche Butter. - Frau Leibel ahnt Heikles und schaut in die Zeitung, hat Mühe beim Auffinden des einschlägigen Artikels, schaut und sagt: »Oh« und schaut Werning eine ganze Weile an. Der läßt sich - schwer - auf einen Sessel sinken, ohne darauf zu achten, ob dieser auch zu einem Tisch mit noch unbenutztem Frühstücksgedeck gehört. »Oh«, wiederholt Frau Leibel, wie auch ihre Nachbarn sagen, die nun anschließend zu dieser Zeitung gegriffen haben und schauen und dann auf Herrn Werning schauen, von dem ja nun jedermann wußte, wie sehr er auf Cranachs »Jesus in Gethsemani« abfuhr und wie sehr er darauf aus war, ihn zu sehen, gestern nachmittag nach diesem eindrucksvollen Spaziergang in Tiefurt. Ihn nur zu sehen?

Ja. Wir sind eine wirkliche Gemeinschaft. Wir achten aufeinander. Diese wenigen, halblauten, gar nicht dramatisch, wenn auch spontan vorgetragenen »Oh« bewirkten schon in wenigen Sekunden eine vollkommene Stille im Saal; man fokussierte Werning. Der da saß, ganz erschüttert. Nicht einmal Frau Leibel blickte er mehr an.

Frau Doktor Franzens gedämpftes, unter diesen Gegebenheiten jedoch überlautes »Was ist denn eigentlich?« wirkte schlecht plaziert, nachgerade dümmlich und so unendlich unsensibel.

Dann sagte Herr Werning: »Ich war es nicht!«, nicht laut, nicht empört, sondern leidend, in sich gekehrt, aber dadurch aussagekräftiger, glaubwürdiger, schlimmer, man hätte sagen können: künstlerisch präziser.

Und wieder Frau Doktor Franzens Ungeschick, laut: »Was war er nicht?«

»Der Kunsträuber, mein Gott!« Frau Leibel rief es laut in den Saal, ungestüm und bebend. Um Frau Franzen zur Ruhe zu bringen?

Aber dieser empörte Ruf auf alle gestellten und nicht gestellten Fragen war wie ein Zeichen, das sie setzte, ein Zeichen, das wir anderen dankbar aufnahmen, und teilnehmendes Gemurmel erhob sich, schlug teilnehmend über dem armselig Sitzenden zusammen, nahm den armen Herrn Werning auf, schützend. Natürlich schützend! Was denn sonst?

Cranachs kleines Ölbild aus Sakristei der Herder-Kirche gestohlen.

So lautete die Schlagzeile auf Seite zwei. Wußten wir nach wenigen Augenblicken alle. Die einen hatten die Zeitung den anderen weitergereicht. Oder die einen hatten den anderen die Schlagzeile weitergesagt, und die hatten weitergesagt. Den ganzen Artikel hatten nur wenige (nach dem Frühstück) gelesen. Es stehe auch nichts weiter mehr drin, hatte Frau Leibel versichert, aber niemand hatte sie lesen gesehen.

Der Krimi-Leser gab die Zeitung schnell weiter, ohne aufzuschaun.

Aber wir sind auch eine lustige Gemeinschaft:

»Werning, hast du's unter der Matratze?«
»Dafür hast du also das Lederköfferchen mit.«
»Wieviel Schweigegeld gibt das in die Kegel-Kasse?«
»Wann setzt du dich zur Ruhe?«

Genau das tat er ja nicht, sondern rutschte betrübt und fahrig auf dem Stuhl hin und her. Oder er winkte ab, leidend und lächelnd.

Aber unsere lustigen Zurufe waren tatsächlich Zurufe und bewiesen doch nur, wie weitab wir waren von der Annahme, Werning könnte tatsächlich der Täter sein. Lustig und anarchisch waren all unsere lauten Kommentare, die wir so gut aus unseren Mittelstufenklassen von früher her kannten.

»Da tust du aber einen aus.«

»Stehst du schon in Verhandlungen?«
»Mit der Mafia? Mit dem Vatikan?«

Auch Kötterholz und Tröger lachten. Und der scherzige Tumult hatte der Sängerin Kreislauf gutgetan, denn sie jubelte ihren beiden Detektiven zu: »Jetzt seid ihr an der Reihe, meine Herren!«

»Jetzt bist du dran, Chef«, rief Tröger.
»Keiner verläßt den Saal!« Kötterholz schmunzelte.

Alle hatten ihr Frühstück voller Appetit wieder aufgenommen. »Aber es ist doch wirklich nichts!« rief Frau Leibel Herrn Werning hinüber. Herr Werning bekam keinen Bissen runter. »Trink ein bißchen Tee!« rief Frau Leibel. »Iß ein Knäcke mit Butter! Das tut gut!«

Tröger war nun doch aufmerksamer geworden. »Er wittert einen Fall für sein Büro«, sagte Kötterholz zur Sängerin, grinste, »er ist immer im Geschäft, der Jung-Dynamiker.« Die Sängerin hatte ihren Kreislauf vergessen. »Er ist so tüchtig!« rief sie zwischen zwei Bissen.

Tröger hatte beobachtet. »Er kriegt keinen Bissen runter.« - »Wer?« - »Werning.«

Kötterholz breitete behäbig, aber sein Bauch hüpfte vor Vergnügen, einige Theorien aus. Erstens: Werning fühlt sich zu recht verdächtigt. Oder zweitens: Der Raub seines geliebten Kunstwerkes geht ihm nahe. Oder drittens: Er fühlt sein geliebtes Kunstwerk gefährdet durch räuberische und also unsachgemäße Behandlung.

»Ich geh' mal zu ihm rüber«, sagte Tröger.
»Er ist so sensibel«, sagte seine Sängerin und meinte Tröger.
»So geschäftstüchtig«, sagte Kötterholz.

Selbstverständlich ging Tröger die Sache, wenn man so sagen darf, geschickter an als sensibel oder geschäftsmäßig. Da wollte er erstmal zuhören oder bei Bedarf mit Rat und Tat beistehen, wenn Werning es wolle. Wollte er?

»Aber verflucht, ich habe das kleine Ding doch nicht mal gesehen!« Werning war wieder aufgekratzter, fähig zur Wut, blitzender. Kurz nach drei sei er an der Herder-Kirche gewesen und habe feststellen müssen, daß das Gebäude schon geschlossen gewesen sei und wohl erst recht die Sakristei. »Elf bis zwölf, vierzehn bis fünfzehn«, sagte er, und Tröger verstand; außergewöhnliche Öffnungszeiten, leicht zu überprüfen. Nicht den kleinsten Blick habe er werfen dürfen auf sein kleines Kunstwerk. Tröger störte nun doch dieses Possessivpronomen, hörte aber weiter zu. Aber Werning schwieg.

Tröger fragte (Schweigen bringt einen Fall selten weiter. - War dies ein Fall?), Tröger fragte, ob denn das Ding wirklich so wertvoll sei. »Weiß ich nicht«, sagte Werning. »Kunst läßt sich schwer einschätzen. Außerdem, weil so bekannt, sicher unverkäuflich.«

Wie es denn aussehe.

Nein, der konnte der Täter nicht sein; er war das Opfer! Tröger spürte es in wenigen Augenblicken: Werning straffte sich auf seinem Stuhl, nahe dem Frühstückstisch, der neu gedeckt worden war, aber von ihm ungenutzt blieb. Er schaute auf und Tröger direkt ins Gesicht. Er wurde lebhaft, schüttelte seine Apathie weg. Fast war es Tröger, als wolle er zu einem Brötchen greifen. Gottlob ließ er es, zu wenig hätte dies zum Verhalten eines Opfers gepaßt.

»Ah, dieses wunderschöne niedliche kleine Kleinod«, sagte Werning, wiegte den Kopf, und sein volles braunes Haar kam sanft in wogende Bewegung. »Dies kleine Bild hat es mir angetan. Nur seinetwegen letztlich bin ich in Weimar.« Er stockte. Er stockte ruckartig.

»Das Licht ist das Außergewöhnliche. Das Außergewöhnliche auch bei Cranach dem Älteren. So ungewöhnlich in seinem Werk auch, weil nicht gleichmäßig, gleichsam flächig verteilt, sondern dramatisch bewegt und gelenkt. Rechts, seitlich von der Mitte, die Zypresse, dunkel und spitz zulaufend. Darunter kauern die Jünger, ein geduckter Menschen-Hügel. Sie blicken nach links auf Jesus, der hoch aufgerichtet ist, eine Lichtgestalt, hell, fast in Weiß mit seinen groben Gewändern. So bildet er über den gekauerten Jüngern ein senkrechtes Pendant zur Zypresse, aufragend und hell, Lichtgestalt, gegenüber der dunklen Zypresse, hoch schlank dunkel. Jesus als klarer Kontrapunkt zum Baum; und über die geduckten Jünger hinweg im Halbschatten, neben der düsteren Zypresse, die ganz und gar dunkle Gestalt, rechts der Zypresse. Ganz dunkel, ja schwarz, eine menschliche Gestalt, aufrecht stehend, aber gebückt, ja gedrungen. Das ist Judas. Das Licht fließt nach links zu Jesus, heller werdend, und vom Baum nach rechts auf Judas ins Nachtschwarze. So geht das Licht vom Lichten ins Dunkel, in Leserichtung von Hell in Schwarz. Als habe Cranach Rembrandts Lichtgefühl vorweggeahnt. Von links nach rechts ins Schwarze. Das ist der Realismus bei Cranach, wissen Sie. Das wollte ich mir ansehen, real, nicht als kopiertes Abbild, und kam vor verschlossene Türen.«

Werning war nun endgültig dabei, sich ein Brötchen zu schmieren, mit Butter, und Schinken drauf zu legen mit raschen Fingern. Tröger kamen Zweifel an seiner Opferschaft.

Nicht, daß sich der Detektiv nun ein Bild von dem Bild hätte machen können, dafür war er auch zu wenig bibelfest und kunstbewandert. Aber er hatte einen Eindruck von Werning, der ihm vorher kaum aufgefallen war oder eben höchstens als Organisator, ein guter, aber eben nur als solcher. So allerdings stellte er sich Kunstsammler vor: fest und redend, zu anderen redend und in sich selbst hinein, nach außen und nach innen. Jedenfalls hatte er so Kollegen reden hören, die in anderen höheren Kreisen beschäftigt waren und im Auftrag von Kulturdezernenten oder Proktologen hinter Kunstfälschern her. Er hatte nie mit diesen Fachgenossen tauschen wollen, zuviel Verständnisarbeit, zuviel Aufregung und Fachwissen. Auch jetzt nicht. Und so ließ er Werning allein bei Schinken und Brötchen.

»Ist er's?« fragte Kötterholz. Tröger hatte keine Antwort, zog die Schultern hoch.

»Aber geholfen hast du ihm, das sieht man.« Auch aus der Entfernung erkannte man Wernings plötzlichen Appetit. Eher peinlich anzusehen.

Kötterholz kannte Trögers Helfersyndrom, fand es aber immer auf weibliche Mitmenschen bezogen und somit recht suspekt. Er erinnerte sich. Tröger hatte ihn um Mithilfe gebeten, in irgendeinem Fall außerhalb der Stadt. »Machen wir uns einen schönen Tag!« Einen, der nun alles andere als schön war. Die Luft war naßkalt, und der Himmel konnte sich zwischen Regen und Schnee nicht entscheiden. Sie hatten die Bahn genommen, nachdem Tröger tags zuvor den Wetterbericht gehört und Kötterholz angerufen hatte. Sie standen gegen zehn auf dem Bahnsteig und froren. Neben ihnen an der Bank froren zwei junge Frauen, nicht sehr hübsch (was am Wetter liegen konnte), fast hilfesuchend stöhnten sie nach heißem Kaffee. Tröger hatte es mitbekommen, und schon war er mit seiner Hilfe zur Stelle. Erst schienen sie unwirsch, angesprochen zu werden, auch darüber, daß jemand ihrem Gespräch gelauscht hatte. Lehnten ab und lehnten noch mal ab. Tröger bot sich an und bot sich an, zum Stand in der Halle zu laufen. »Aber das ist doch wirklich keine Tat!« War schon auf dem Weg, und die Mädchen wußten im ersten Moment nicht, wo sie hinschauen sollten, zumal Kötterholz nicht weit entfernt stand. Ihr Zug wurde angekündigt, als der junge Helfer mit zwei Bechern den Bahnsteig hochgestürmt kam. Die Damen lächelten: manchmal lohnte es, sich ansprechen zu lassen. Tröger wehrte ihr Geld ab, wehrte noch mal ab. Kötterholz drängte ihn in den Zug. Dann blickte er sich um und sah die Damen an der Bank (erstens) auf einen anderen Zug warten und (zweitens) sich ausschütten vor Lachen.

Und das bezog sich eindeutig auf Tröger, da konnten sie Kötterholz nichts vormachen, dafür war ihre Blickrichtung zu unmißverständlich. Im Zugabteil sah Kötterholz Trögers zufriedene Miene; er sagte ihm also nichts von dem, wofür die Damen ihn augenscheinlich hielten.

Eine Bagatelle! Klar. - Aber Kötterholz war ärgerlich. Auf die Damen sowieso. Die wahrscheinlich wie selbstverständlich Trögers Hilfe vorausgesetzt hatten, obwohl sie anders taten; aber das gehörte dazu, auch daß sie sich dann erkenntlich zeigten mit einem Lächeln und mit der Annahme seines Geschenkes; das gehörte dazu; aber sich dann ausschütten wollen vor Lachen über soviel altmodische Ritterlichkeit in naßkalter Kälte. Und erst recht ärgerte er sich über Tröger, den Idioten. Der sich auf zwei Unbekannte stürzte, mit seiner altmodischen Ritterlichkeit und eiligen Hilfsbereitschaft stürzte, nur weil es Damen in knackigem Alter waren, so allein, so schutzbedürftig. Wahrscheinlich hätte er ihnen einen Tausender zugesteckt, sobald eine von ihnen auch nur einen Schluchzer von sich gegeben hätte. Dann hätte er natürlich keinen Tausender bei sich gehabt und Kötterholz um einen gebeten. Und der (»ich Idiot«) hätte ganz gewiß sein sämtliches Reisegeld zusammengekratzt. Und so war Kötterholz letztlich nur ärgerlich auf sich selbst.

Und also nun auf Werning, der eben auf sie zutrat, wahrscheinlich um sich zu bedanken.

Werning benahm sich männlich, also mißgestimmt, also arrogant. - Damit sie sich nicht mißverstünden, sagte Werning und blickte Tröger an. Er danke für die augenscheinlich angetragene Hilfe, aber da er selbstverständlich mit der ganzen Angelegenheit nicht das mindeste zu tun habe, bitte er ihn, Tröger, von jedem weiteren Beistand abzusehen, so gut er auch sicher gemeint sei. Obwohl er absolut nicht sicher sei - hier wurde Herr Werning sehr deutlich -, ob nicht gerade Trögers ostentativ vorgetragene

Hilfe genau das Gegenteil bedeute, nämlich daß der Detektiv ihn in Verdachte habe, schlicht in Verdacht wie einen kleinen Gauner; und dagegen verwahre er sich doch sehr. Damit ging er. Tröger zuckte mit den Schultern und lachte laut, so daß es Werning noch hören mußte. Lachte, so daß nun Kötterholz wieder ärgerlich werden mußte. Bei den Damen auf dem Bahnsteig hätte der junge Galan sich anders benommen.

»Wäre doch ein schöner kleiner Fall gewesen, so nebenher«, sagte Tröger. »Helfen und Geldverdienen, das zeichnet einen guten Menschen aus.« Kötterholz aber wußte nun endgültig, worin für Tröger der Unterschied zwischen Frau und Mann bestand. Der hatte seinen Arm um seine Sängerin gelegt. Kötterholz war aufgestanden.

Er ging Werning nach, aber ohne jede Absicht. Dann wurde er von Frau Doktor Franzen überholt, aber nicht beachtet. Sie folgte Werning, legte sanft ihre Hand an seinen Oberarm. Werning fuhr erschreckt um, lächelte dann schnell, als er Frau Franzen erkannte. »Nun nimm dir das mal nicht so zu Herzen«, sagte sie, »die Leute wissen doch gar nicht, was sie da sagen.« - »Es ist nicht wegen der Leute, die können mir verdammt gestohlen bleiben. Aber das Bild. Das Bild! Wo kann es bloß sein - in diesem Augenblick. So allein.«

Frau Doktor Franzens Hand wurde noch mitfühlender. »Du bist nicht der Täter, das spüre ich genau.« Ihre Stimme klang rauh und zärtlich, eine Mischung, der man nicht widerstehen könne, dachte sich Kötterholz. »Warum zum Teufel sollte ich es gewesen sein?« Werning riß seinen Oberarm aus ihrer sanften Hand. »Etwa um es mir in einen Banksafe zu stellen? Bin ich ein verrückter reicher Japaner?« Frau Doktor Franzen begütigte lang anhaltend: »Nun, nun.« Werning widerstrebte nicht, und beide gingen nun nebeneinander.

Die Halle bevölkerte sich nach dem Frühstück. Aber Werning und Frau Franzen bewegten sich ganz für sich allein. Niemand außer ihnen schien da. Werning war näher gerückt. Er nickte und lächelte Frau Franzen zu. In diesem Augenblick ging Kötterholz an ihnen vorbei, und er hörte deutlich die Verabredung: »Um vier am Stern - vor den Büschen.« Kötterholz achtete nicht weiter darauf.

Kurzurlaube sind dazu da, sich heimlich zu verabreden. Da ist man außer Haus, sozusagen auf neutralem Boden, zugleich aber Mitglied einer Gesellschaft, fühlt sich beaufsichtigt, muß also das heimliche Prickeln, das Schaudern des Geheimnisses nicht versäumen und ist gleichzeitig sicher in der Fremde, selbst wenn der Ehepartner stets nicht weit entfernt ist. Wäre man leidend, spräche man von Kurschatten.

Kötterholz war nicht leidend. Deswegen schloß er sich gut aufgelegt dem allgemeinen Ausflug nach Schloß Belvedere an, südlich von Weimar. »Sehr zu empfehlen, wird immer gern genommen!« hatte Frau Leibel gesagt.

Kötterholz schmunzelte: Herr Werning und Frau Doktor Franzen fehlten. Und er allein kannte den Grund. Aber auch Herr Doktor Franzen war nicht anwesend. Da wußte er die Ursache nicht, war jedoch weit davon entfernt, sich Gedanken zu machen.

Die erholte Sängerin und Tröger hatten sich von Kötterholz zu einem Spaziergang verabschiedet. Der alte Mann hatte sich nicht an Frau Leibels Werbungen beteiligt, die den jungen Leuten den Schloßpark von Belvedere zum Wandeln anpries, in dem »schon Goethe an so mancher Hand und in so mancher lauen Nacht mit Blick auf Weimar« usw.

»Auf, auf in den Bus, ihr Lieben!«

Kötterholz fiel eine gewisse Unruhe an ihr auf, die er sich nicht erklären konnte. Es hatte doch alles bisher wunderbar geklappt.

VI

Weimarer Polizei (1)

Das sagten beim Frühstück am nächsten Morgen auch alle, bis die beiden fremden Herren eintraten und um Ruhe baten. Hinter ihnen wurde Frau Leibel sichtbar - mit verheultem Gesicht. Komisch!

Etwa noch ein Vortrag? Aber war das schon ein ausreichender Grund zum Weinen?

Die Herren stellten sich vor: Herr Trousseau und Herr Schwerte, Kommissar und Inspektor der hiesigen Kriminalpolizei. Was soll das denn? - Ob uns schon aufgefallen sei, daß Herr Werning fehle. - Das noch nicht. Aber jetzt, wo er es sagt.

Gestern ist er auch schon zu spät gekommen. Hat er keinen Hunger? Hat er's am Magen?

Die beiden Polizisten jedenfalls behaupteten etwas anderes, etwas Unglaubliches, etwas Unerhörtes, »das kann doch nicht wahr sein«; die meisten aber sagten kein Wort. Zu ungeheuerlich war es. Herr Werning sei gestern abend gefunden worden, erhängt unter der Sternbrücke.

(Hat er sich mit seinem Dealer gestritten, als er sein Bildchen verhökern wollte? So fragte niemand. Niemandem war nach Scherzen zumute.)

So mancher fand sich nach einer Weile im richtigen Leben dann doch wieder zurecht: »Sternbrücke, was ist das?« - »Diese alte Brücke da, im Park an der Ilm.« - »Was macht Werning dort?« - »Der ist doch immer allein weggegangen. Wer weiß wohin?«

Frau Leibel hatte aufgeschluchzt, und alle schwiegen wieder.

Nach einer Zeit der Totenstille und der Anteilnahme - die beiden Herren benahmen sich ausgesprochen korrekt -

machten uns die Weimarer Polizisten mit ihrem weiteren Vorgehen vertraut: Alles sei reine Formsache (diesen Satz kannten die meisten aus ihrem häuslichen Abendprogramm), aber sie müßten alle nach ihren Kenntnissen und letzten Zusammentreffen mit Herrn Werning befragen.

Uns kamen doch langsam die Gewissensnöte hoch. Nein. Nein. So war das alles doch nicht gemeint gewesen. Die Sätze waren Scherze gewesen, Scherze unter Freunden. Niemand hat ernstlich behaupten wollen, daß Werning den Garten Gethsemani geklaut habe. Wie kann man sich Scherze derart zu Herzen nehmen? Wie konnte Werning nur an die Ernsthaftigkeit unserer Zurufe geglaubt haben? - Ist doch absurd.

Aber da kann man mal sehen, wie Scherz und Satire zu tieferer Bedeutung gelangen in sensiblen Gemütern, auch wenn sie einem gar nicht so erscheinen wollen.

Mit einem Schlag waren uns die Ferienfreuden vergangen, kann ich Ihnen sagen. Niemand stand vom Frühstückstisch auf, niemand auch frühstückte weiter, als bis er gekommen war, bis die Herren uns zu sich baten. Aber was konnten wir schon sagen?

Frau Leibel, kaum fähig, diese Situation organisatorisch in den Griff zu bekommen, hatte es dennoch fertig gebracht, die Polizisten und unsere sozusagen hauseigenen Detektive schnell zusammenzubringen. Da könne doch sicher der eine dem anderen helfen. Herr Kötterholz und Herr Tröger seien bestens vertraut mit der Gruppe und mit den gruppendynamischen Gegebenheiten. Das nahmen Kötterholz und Tröger zwar weniger an, und auch die Weimarer Polizisten zeigten im ersten Augenblick wenig Neigung, Ratschläge entgegenzunehmen. Die beiden Privatdetektive fühlten sich unangenehm, wußten, was Polizisten im allgemeinen von solchen Berufsgenossen hielten. Auf keinen Fall verspürten die zwei Westfalen irgendeine Verlockung, westliches Knowhow hervorzuheben. Das sagten sie auch den beiden

Kriminalbeamten sofort, stünden ihnen aber selbstverständlich zu Auskünften jedweder Art zur Verfügung. Die Gesichter der Weimarer hellten sich auf, aber das wäre sicher auch der Fall gewesen, hätten sie Dienst in irgendeiner westfälischen Kleinstadt getan.

Warum Werning Selbstmord begangen habe? Mein Gott, darauf wußte nun wirklich niemand eine Antwort.

Alle jetzt offiziös und offiziell beteiligten Personen waren bemüht, ein West/Ost-Gefälle erst gar nicht aufkommen zu lassen, eher eine Entspannung herbeizuführen, aber auch nicht allzu deutlich, damit niemand auf den Gedanken komme, es gäbe dies. Inspektor Schwerte zum Beispiel tat es, indem er von seiner westfälischen Abstammung berichtete, stolz wie ein Amerikaner, der nach ersten Worten schon dem Gegenüber von seinem halbdeutschen oder halbirischen Großvater kundtut. Herrn Schwertes Vater war bereits in den 50er Jahren als westfälischer Kommunist aus Ahlen in die DDR eingereist, hatte es aber da doch nur bis zum Lokomotivführer gebracht. Besondere Aufstiegsmöglichkeiten hatten sich dem Sohn auch nicht eröffnet, obwohl der Vater immer und immer wieder an den Sozialismus geglaubt habe, fest und streitsüchtig gegenüber dem weniger gläubigen Sohn.

Schön, diese Vertrauen schaffende Ossi-Wessi-Atmosphäre, eben dadurch, daß es sie so gar nicht gab, daß niemand sie aufbrachte, daß niemand sie auch erwartete beziehungsweise jeder sie zu erwarten vermied.

Herr Trousseau ließ sich mit seiner Abstammung nicht lumpen. Bei seinem Namen blieb ihm auch gar nichts anderes übrig. Ähnlich mußte sich lange Zeit wohl auch de Maizière gefühlt haben oder Fontane vor langer Zeit. Kötterholz und Tröger kamen sich nachgerade nackt, abstammungslos vor, wußten nichts von ihrer Vorkommenschaft. Kötterholz hätte allenfalls von seinen Ahnen aus dem Sauerländischen berichten können. Er tat es, und Herr

Schwerte setzte zu einer ost/westlichen Verbrüderung an, die die Peinlichkeit streifte, aber in herzlichem Gelächter verlief.

Herr Trousseau war natürlich hugenottischer Abstammung; sie reichte unfehlbar Jahrhunderte zurück. »Jetzt bin ich Ossi«, lachte er. Aber welch ein Schicksal: diese Abstammung und dieser Zustand!

Eine solche herzlich schöne sauerländisch-münsterländisch-westfälisch-südfranzösische Gemengelage freute alle. Da macht sich so mancher tiefe Gedanken über multikulturelles Zusammenleben, *sie* aber praktizierten es, einfach so; schade nur, daß erst ein bedauerlicher Unglücksfall sie zusammenführen mußte, ein Glas thüringisch-sächsischen Weines wäre doch viel angenehmer und angemessener gewesen.

Die schöne deutsche Annäherung hielt alle vier nicht vom Arbeiten ab; im Gegenteil, sie gab Auftrieb. Und das möchten mal andere Völker von sich behaupten. Bereitwillig und froher Laune gaben die beiden Weimarer Auskunft, von der sie allerdings selbst nicht wußten, was damit anzufangen sei.

Charles Lotter, Besitzer oder Geschäftsführer der Secondhand-Boutique in der Seifengasse, hat die Angewohnheit, später am Abend im Park an der Ilm noch seinen Hund auszuführen. Einen widerlichen Köter, der eigentlich verboten gehört. »Ein Pit-Bull«, sagte Trousseau und verstand nur zu gut die Wut seines Kollegen. Auf den Mann scharf gemacht. Schwerte fügte hinzu: »Nicht die Hunde tragen da die Schuld, sondern die Herrchen.« Und dieses sei ein besonders komisches Exemplar von Hundeherrchen.

Hinter den Männern stand die schönäugige Altistin in der zweiten Reihe. (Das ist, hört man, durchaus kein Zufall!) und rief: »Aber den kennen wir doch. Chez Charlette! Ramses der Dritte!« Die beiden Polizisten verstanden kein

Wort. »Welcher Ramses?« - »Ach, nur so. Wir waren da mal in dem Geschäft. Ohne rechte Kaufabsichten.«

Auf den Mann scharf gemacht, und der Besitzer behauptet, er brauche das Vieh zu seinem Schutz, wenn er nachts in den Park geht. Und warum geht man nachts in den Park? Müßte er nachts in den Park gehen, wenn er keinen Hund hätte? Warum hat er also einen Hund? Zu welchem Schutz? Das fragt sich Schwerte.

Charles ist den »Stern« in südlicher Richtung gegangen, hat sich ein wenig auf das Schloß zu gehalten und ist dann unter die Sternbrücke geraten. Der Hund hat da wie wild gebellt und gejault, am Riemen gerissen. Charles hat sich ein wenig geängstigt, um sich geschaut, dann aber mit einemmal zum Himmel hoch, sprich zum Brückenbogen. Gegen den hellen Himmel hat er dann die Gestalt hängen sehen. Vom Brückenrand herab und leblos. Charles nannte sich später selbst ein aufgescheuchtes Huhn, ist dann nach Schrecksekunden zum nächsten Telefonhäuschen geflattert. Schwerte hatte Dienst und ist umgehend gekommen. Charles mit dem nervösen Hund an der Leine hat abseits vom Tatort gestanden, mit dem Rücken zur Sternbrücke, zitternd wie sein Hund, aber vor Angst, und er wollte schnell nach Hause. Aufgeregt hat seine Stimme in den obersten Tönen gelegen. »Reichlich tuntig!« sagte Schwerte und mußte nun ausgiebig lachen.

An dem ganzen Fall schien ihn eigentlich nur der Pit-Bull aufzuregen. Dies Viehzeug sei nun wirklich eine Gefahr. Aber, wie gesagt, nicht die Hunde tragen die Verantwortung - wie auch? -, sondern die Besitzer. Und dieser erst recht! »Was wagt der sich abends noch aus dem Haus?« Solle er doch in seiner Hütte bleiben - er meinte den Besitzer Charles -, wenn er Angst hat. Frauen gehen auch nicht mehr so ohne weiteres nachts auf die Straße. Aber diese Sorte Mann habe vor allem und jedem Angst, berechtigt oder unberechtigt, und Schwerte fragt sich, wieso eigentlich. Er möchte sehen, wer den anfaßt, auch nachts, auch wenn's stockduster ist. Himmel, mit der Wende gibt's immer mehr komische Typen. Wenn sie wüßten, wen er meint. Schwerte fragt sich und die anderen, ob das denn sein muß, ob der Kapitalismus denn notwendigerweise Sumpfblüten treibe.

»Farbenfroh ist es doch«, sagte Tröger. Schwerte fühlt sich auf den Arm genommen, als ob seine Gedanken über Weltverläufe nach dem Fall der Mauer nicht ernst genommen würden. Tröger hatte Mühe, ihn von bloßer Scherzerei seinerseits zu überzeugen.

»Und wißt ihr«, rief er, »wißt ihr, wie Charles' Hund heißt? Ihr kommt nicht drauf: Pêche! Wegen des seidigen Fells, sagt Charles, 'wie eine Pfirsichhaut'. Das muß man sich mal vorstellen!« Schwerte wollte sich ausschütten vor Lachen. »Das muß man sich mal vorstellen. Wenn man denn mal nachts über den Ilm-Auen den Ruf: Pêche! Pêche! hört, so befindet man sich nicht auf einem provenzalischen Wochenmarkt, sondern mitten in einem deutschen Park. Das muß man sich mal vor Augen halten!«

Als lediger Mode-Boutique-Besitzer sei man allen Vorurteilen ausgesetzt, hatte Charles Lotter gemeint. Schwule-Klatschen sei eine beliebte Freizeitbeschäftigung junger Glatzen. Dann ist er nach Hause gegangen, gar nicht mehr aufgeregt, eher müde.

Die Befragung der Gruppe durch den Kommissar und seinen Inspektor hatte nichts gebracht als ein löcheriges Zeitgerüst. Alle Angaben verschwammen in Mutmaßungen, und dies Unbestimmbare wollte zum geraden, aufrechten Herrn Werning so gar nicht passen. Die Polizisten zuckten die Schultern und wollten die Obduktion abwarten. Dann jedoch werden sie auf der Stelle die beiden westlichen Kollegen informieren. Da könne man den Fall noch einmal durchgehen.

Ich kann mir nicht helfen, alle hier in diesem Frühstückszimmer des Russischen Hofes kommen mir weniger aufrichtig vor als der gradlinige Herr Werning. Kötterholz zum Beispiel, von allen gepriesen als ehrlicher alter Knabe, auf den man zählen kann in allen Bedrängnissen und Unwägbarkeiten, Kötterholz ist in den letzten Minuten zu schweigsam gewesen. Er hat nicht alles gesagt, was er weiß. Andererseits mag man nicht glauben, daß er eines billigen Sieges über die ostdeutsche Polizei wegen wichtige Tatsachen verschweigt. Aber warum sagt er nicht, daß er gehört hat, wie sich Werning und Frau Doktor Franzen für den Nachmittag des Tattages verabredeten: »um vier Uhr vor den Büschen am Stern«? Man muß ihm jedoch zugute halten, daß er nun da sitzt in der Hotelhalle, in einer bequemen Sitzgruppe aus Leder und sehr sehr nachdenklich dreinschaut. Dann scheint er einen Entschluß gefaßt zu haben. Er schiebt sich auf die äußerste Kante des Sessels und versucht auf die Beine zu kommen, hat den Blick auf die Drehtür gerichtet, in der Trousseau und Schwerte gerade verschwinden wollen. Möchte sich Kötterholz nun von einem schlechten Gewissen befreien?

In dem Augenblick kam Frau Franzen vorbei, lächelte Kötterholz zu und setzte sich vor ihn auf die Ledercouch, auch sie offenbar mit Entschlüssen beschäftigt, auch sie sichtlich um Aufrichtigkeiten bemüht. Kötterholz sank zurück.

Beide lassen einleitende Kommentare weg. Daß das, was hier geschehen ist, schlimm genug ist, weiß jeder.

Frau Franzen steuerte ihr Ziel (Aufrichtigkeit) direkt an und sagte, blickte Kötterholz groß und direkt an: »Sie haben uns gestern recht aufmerksam beobachtet.«

»Wen?« fragte Kötterholz und schien wieder nicht ganz ehrlich zu sein. Vielleicht indes verfolgte er eine Strategie, und das erschien wie Lüge; so verbogen müssen Männer schon sein, die Tag für Tag mit Verbrechen und Verbrechern zu tun haben.

»Aber kommen Sie«, sagte Frau Franzen, »mich und Herrn Werning meine ich. Sie haben doch hinter uns gestanden, als ich mich mit Herrn Werning gestern nachmittag im Park an der Ilm verabredet habe.«

»Um vier vor den Büschen am Stern«, vervollständigte Kötterholz und schien von Frau Franzens Geständnis nicht gerade erbaut.

»Das alles ist ein bißchen schwierig«, sagte Frau Franzen, »mein Mann muß nicht unbedingt davon wissen.« Nach einer Pause. »Das habe ich dem Kommissar von der Weimarer Polizei vorhin auch gesagt.«

Jetzt war Kötterholz doch erstaunt. »Sie haben darüber mit Trousseau gesprochen?« - »Ja sicher. Es ist besser, ehrlich zu sein, sonst gerät man noch in unnötigen und ungerechten Verdacht.«

Wohl wahr. Hatte also Trousseau nicht alles gesagt, hinterhältig, wie der nun wohl war, allem Anschein zum Trotz. Wollte den Sieg an die Fahnen der Polizei der Neuen Länder heften. Tut gut zu wissen, daß man nun auch nicht mehr alles zu sagen braucht, was man weiß. Aber was weiß man schon?

»Und was tat Werning nach dem Rendezvous oder Tête-à-tête?« - »Es war nur ein kleines Picknick. Na, was tat er wohl schon? Er ging nach Hause, ins Hotel. Hat er wenigstens gesagt.«

Hm.

»Von mir erfährt Ihr Mann nichts«, sagte Kötterholz, und Frau Doktor Franzen bedankte sich kurz, stand auf und verschwand in den oberen Stockwerken.

Der Fall ist also noch nicht gelöst, sagte sich Kötterholz. Er gestand sich zum erstenmal während der Ereignisse ein, daß er an Selbstmord nicht glaubte.

Auch Charles Lotter saß tief nachdenklich auf seinem Sofa. Er hatte die Boutique diesen Morgen geschlossen gehalten, saß da und hielt seinen Kopf zwischen den Händen. Pêche lag vor ihm auf dem Teppich, und niemand sah ihm den Kampfhund an. Das war auch Lotters geringstes Problem. Er hatte die Nacht kaum geschlafen, immer wieder war ihm die hängende Gestalt vor Augen getreten, war dies nun bildlich möglich oder nicht. Warum geschahen immer wieder ihm solche Schrecknisse? Warum ist ihm kein einfaches, durchblickbares Leben möglich? Er haßte Turbulenzen, die seine Tage immer wieder durcheinander brachten. Wie so oft wollte er nicht begreifen, warum es ihm nicht vergönnt war, an der Seite eines geliebten Menschen (schließlich war das eine stehende Redewendung und damit durchaus gängig) friedlich in der Küche zu stehen, einen Salat und ein Omelett zu machen, wie andere Hausfrauen auch, wovon der andere dann sagte, wie lecker es ihm schmecke. Aus dem Geschäft hoch kommen, einen lieben Anderen spüren und so wohnen, wie alle es tun, geliebt, versorgt, liebend, sorgend. Und sonntags einen Ausflug.

Kötterholz war nun doch aufgestanden, sah jenseits der Halle Tröger mit Freundin stehen und ging auf sie zu. Auch sie hatten Lotter im Gespräch, das heißt, zum Thema, das heißt, eher am Rande, und die Schöne sagte gerade zu ihrem Begleiter: »Daß du es nicht einsehen willst, die Schlitz-Vulpius hat doch Richtiges geweissagt.«

Tröger lachte natürlich, aber so ganz und gar wagte er es nicht, lauthals und voller Fröhlichkeit Esoterisches von sich zu schütteln wie Pêche Nässe von seinem zarten Fell, das gerade in diesem Augenblick von Charles gedankenlos gestreichelt wurde.

»Gut, Ramses der Dritte hat sich geirrt, oder Frau Schlitz-Vulpius hat schlaftrunken nicht richtig zugehört. Es ist ihr zuzutrauen, denn allzu aufmerksam geht sie nicht durchs Leben. Die beiden haben sich in Geschlecht und Person getäuscht. Na und? Aber eben nicht in der Touristen-Gruppe! Das stimmte nun wirklich.«

Tröger schaute Kötterholz flehentlich an. Der sagte nichts. Stimmt, um zwei Tage haben sich Ramses und seine diesseitige Gattin vertan. Aber seit Delphi'schen Tagen weiß jeder Gebildete von der Mehrdeutigkeit der Orakel.

»Vielleicht weiß Frau Schlitz-Vulpius noch mehr, schaut noch intensiver, weil weiblich begabt, voraus.«

Kötterholz ging.

Alle Veranstaltungen für den heutigen Tag waren abgesagt.

Charles Lotter starrte immer noch sanft brütend und sein Leben beklagend auf seinen Kampfhund, der friedlich unter seinen Händen sich räkelte. Charlette würde seinen Lebenskampf wohl nie bestehen, geschweige denn siegreich. Die Boutique blieb geschlossen.

VII

Weimarer Untersuchung

Und wieder beginnt der Tag im Frühstücksraum. Natürlich ist die Stimmung gedrückt; aber das Leben geht weiter. In unseren Reihen Selbstmord - wären übrigens in unserem Kreis andere Worte nicht gemäßer? Selbsttötung, Hand an sich legen, Suizid, auf eigene Faust hinübergehen? - dies in unseren Reihen, das trifft alle und hat zügelnde Wirkung.

Trousseau und Schwerte erwarteten nichts mehr von dieser versammelten Mannschaft und wandten sich direkt an Kötterholz und Tröger, ein wenig leger, ein wenig gewichtig. Als Kriminalpolizei hatten sie Männer zu sein, an denen das Leben mit allen Facetten, mit allen Ungeheuerlichkeiten vorbeigegangen war, dem sie entgegentraten, aufmerksam und gleichmütig. Sie beobachteten die Regungen des Menschlichen genau, vermuteten beides auch von den Kollegen. So war man unter sich; nichts war ihnen fremd.

Trousseau und Schwerte kamen mit dem Ergebnis der Obduktion. Sie zogen Kötterholz und Tröger in eine unbeobachtete Ecke der Empfangshalle. Ein wenig entfernt von ihnen zogen die drei dunklen ausländischen Mitbürger vorbei, unbeachtet.

»Das ging aber schnell«, sagte Tröger.

»Was glauben Sie denn?« antwortete Schwerte, und man spürte heraus, daß er empfindlich reagierte, wenn man der hiesigen Polizei weniger zutraute, als sie leistete, zu leisten imstande war. Tröger sagte nichts darauf, und Kötterholz war erleichtert.

»Ohne Zweifel Gift«, sagte Trousseau.

»Was? Nun mal ganz langsam!« Tröger staunte und machte kein Hehl daraus, obwohl Staunen der Anfang der Philosophie und nicht der Kriminalistik ist. Trousseau genoß Trögers Reaktion. Der Weimarer schwieg eine ganze Weile, schaute bedenklich drein; Schwerte grinste ungeniert.

»Mit anderen Worten: Werning mißtraut *einer* Todesart, und um ganz sicher zu gehen, nimmt er Gift und hängt sich anschließend auf. Denn umgekehrt geht ja schlecht. Da muß er es ja verdammt eilig gehabt haben.« Tröger war es dringend, alles auf einen schnellen Punkt zu bringen. Die forensische Abteilung in seinem Gehirn arbeitete sichtlich wie wild.

»Taxin«, sagte Trousseau. »Was ist das?« fragte Tröger. »Ein narkotisch wirkendes Alkaloid«, sagte Trousseau, als ob das zu seinem täglichen Vokabular gehörte. »Also rein mit der Narkose und bum und weg? - Vielleicht hat er nur zu viel gesoffen.« - »So schnell wirkt dieses Gift nicht. Es kommt erst zu Erbrechen und Durchfall.« Trousseau ersparte sich und den anderen Einzelheiten, sprach kurz von eindeutigen Spuren. »Dann ergeben sich Herzstörungen, Herzsensationen, schließlich Atemlähmung.«

»Und wie kommt ein Atemgelähmter unter die Brücke? Oder wie narkotisiert sich ein Erhängter?« Tröger immer noch aufgeregt.

»Eben«, sagte Kötterholz, »das will uns der Herr Kommissar ja gerade mitteilen.«

»Daß nämlich«, auch Schwerte genoß die Belehrung, »kein Selbstmord vorliegen kann.«

Pause, und Tröger schwieg, zeigte aber keine Spur von Beleidigtsein; er arbeitete bereits an Mordtheorien, stellte Personen nebeneinander, verglich Zusammenhänge: wer mit wem, Liebe oder Geld; er blieb seiner Theorie treu, daß es außerhalb von Liebe und Geld kein Mordmotiv gebe.

Die schönäugige Altistin dachte einstweilen nichts respektive nichts Bestimmtes, auch nicht, daß in diesem Augenblick die Ferien vorbei waren, aber schon stand sie abseits der sich jetzt ausbreitenden Tätigkeit der vier Profi-Verfolger und Jäger. Groß- und schönäugig ließ sie sich offensichtlich von der Witterungserregung der Männer anstecken, denn sie trommelte mit den dezent lackierten Fingernägeln auf den Lederbezug der geschmackvollen Sitzgruppe; aber andere Beweggründe ihrerseits waren nicht auszuschließen. Niemandem des Sonderkommandos Ost/West aber schien das der Aufmerksamkeit wert. Typisch!

Tags zuvor hatten Trousseau und Schwerte nur einen kurzen Blick in Wernings Zimmer geworfen. Nun, da die Voraussetzungen und Verdächte sich geändert hatten, nun, da die Fremdeinwirkung offenkundig war und der Täter noch frei herumlief, was für einen Kriminalisten gottlob ein unerträglicher Gedanke war, nun hatten sie schnell die fürchterliche Einbildung, sie hätten etwas zu tun und aufzudecken versäumt, was demzufolge umgehend nachgeholt werden mußte.

Zimmer Nr. 420 sah aus wie alle Hotelzimmer in Gebrauch (was zu diesem Zeitpunkt hier selbstverständlich gar nicht mehr den Tatsachen entsprach). Auf jeden Fall zeigte sich auf den ersten Blick, daß Werning nicht unbedingt der ordentliche Mensch war, für den die gesamte Reisegruppe ihn gehalten haben mochte. Tröger versuchte sofort Nägel mit Köppen: »Hier ist schon nach was gesucht worden. - Nach was?«

Trousseau behielt den klareren Blick und machte sie darauf aufmerksam, daß dies kein Chaos des Durchwühlens und des Suchens war, wonach auch immer, nein, daß diese Unordnung Ordnungen des Wohnens aufwies. So lag der Stadtplan auf dem Kopfkissen und nicht unter dem Bett. Die Hose war auf Bügelfalte über den Schreibtischstuhl gelegt und ringelte sich nicht über dem Papierkorb. Die Zahnpastatube befand sich im Waschbecken und nicht neben der Gardine unter der Heizung. Und außerdem, das Lederköfferchen stand völlig unberührt, wie es schien, im Kleiderschrank, unauffällig versteckt und deswegen umso deutlicher. Schwerte hatte es bereits in der Hand. Nach ein paar geübten Griffen schnappte es auf. Niemand sagte, daß er den Garten Gethsemani erwartete; niemand aber auch wäre erstaunt gewesen, wenn Schwerte ihn hervorgezogen hätte. Alle vier verhielten sich professionell, also keinen beziehungsweise allen Überraschungen gewärtig, aber sie beugten sich doch vor. Ein Haufen Papier kam ans Licht.

Tröger: »Eigentümliches Reisegepäck.« In der Tat. Da waren sich alle einig, besonders nach erster Prüfung: weitere Stadtpläne (»na gut«), aber auch Gemarkungspläne, Topographisches ohne jegliches touristisches Interesse (»ach ne«), der Liegeplan Am Horn, »oberhalb des Ilm-Parkes«, Liegeplan Wahlstraße samt Kegelbrücke (»fast so berühmt wie die Sternbrücke« - »da schau an«), Liegeplan Jenaer Straße einschließlich der Altenburg, Grundstücksplan der Leibnizallee.

»Nun?« Trousseau fragte Schwerte. Der antwortete: »Kommt mir bekannt vor.« Beide hielten sich noch zurück. Kötterholz drängte sie nicht zu Erklärungen. Außerdem erklärten sich die weiteren Papiere selbst: Briefschaften einer Hotelkette tauchten auf, Bebauungswünsche, Umbauvorschläge, unwirsche Anmahnungen, finanzielle Zusagen, weder mit Absender noch Adressaten.

»... ist uns besonders unbegreiflich, warum der Weimarer Stadtrat sich unseren Angeboten widersetzt, angesichts der Tatsache, daß die Hilton-Kette eine Bebauung Belvedere Allee 25 bereits vor Jahren zugesprochen und der Hapimag AG ein Grundstück am Historischen Friedhof zugesichert wurde.«

Trousseau: »Und?«
Schwerte: »Grundstücksspekulation.«
Tröger: »Ach, der ehrbare Herr Werning.«
Kötterholz: »Man guckt den Leuten nur vor die Stirn.«

Motiv geklärt. Fall abgeschlossen. Der Fall ist ein Mord.

Tröger: »Das Motiv ist natürlich Geld.«
Kötterholz: »Wie immer hast du recht.«
Tröger: »Wie immer gebührt der Jugend der Siegeskranz.«
Kötterholz: »Wie immer hat die Jugend ein großes Maul.«

Trousseau und Schwerte wunderten sich vielleicht über den direkten Ton, aber sie schickten sich eben zu Erklärungen an, als ein neues Dokument auftauchte, ein Brief (in Kopie), gerichtet an Herrn Dr. Franzen; Absender war das Büro Schneider, WI, Weimarer Immobilie.

Beide Teams, das Weimarer und das westfälische, waren ungeübt in der Arbeit zu viert. Plötzlich mußte alles erklärt, mußten Ost-West-Eigenarten höflich und diplomatisch sanft aus dem Weg geräumt werden. Nichts war mehr selbstverständlich und von vornherein klar. Witzeleien mußten vorab bedacht werden. Witz und Vorsicht vertragen sich nicht. Überlegungen schaden der

Spontaneität. Mithin: Wer mit Vorsicht zu Werke geht, schädigt die Erkenntnis; bei vier Leuten sind mindestens zwei zuviel.

Doch in diesem Augenblick klappte die Zusammenarbeit. Die Weimarer kannten den Herrn Schneider zur Genüge: ortsansässiger Bodenkäufer. Die Westfalen kannten (mehr oder minder ausführlich) den Zahnarzt Dr. Franzen. Die Verbindung Franzen/Schneider blieb, auch für die nächsten Minuten, erstaunlich genug. Der Fall bekam mehrere Ecken und Stützpfeiler, ohne jedoch der Aufklärung zu helfen, die noch vor einigen Augenblicken möglich schien. Also: Werning - Dr. Franzen - Schneider - Stadtrat - Hotel-Kette.

Tröger: »Da gibt's Arbeit.«

Die Weimarer setzten endgültig zu Erklärungen an. Da flatterte ein Zettel vom Aktenköfferchen aufs zerknautschte Bettlaken: »Geld von D1, Liebe von D2, D1 zu Schn., D2 an mich. Und ein bißchen *Wechsel*geld von D1.«

»Klingt wie Wanderwege im Sauerland«, sagte Kötterholz. »Oder ein Schachspiel des Unheils«, sagte Tröger. Kötterholz, der daran denken mußte, wie sehr sein Freund und Kollege schon den mystischen Ränken und Ranken der schönen Sängerin nachhing, lachte und empfing den bitteren Blick eines Kriminalisten, dem man nicht zutrauen will, daß er Geheimnis und Sachlichkeit zusammenbringt und gleichzeitig auseinander hält wie Pädagogen, die an der Quadratur des erzieherischen Kreises kranken und nicht gewärtigen wollen, wie überflüssig ihre Bemühungen sind und wie dämlich.

Die beiden Polizisten waren mehr auf Sachlichkeit und Systematik aus. »Fassen wir doch mal zusammen.« Denn ein Überblick ergab, daß mit dem Auffund des Köfferchens alle Geheimnisse des Zimmers entdeckt waren.

Schwerte zählte auf: Lagepläne, Interesse einer Hotel-Kette, Brief Büro Schneider, worin Franzen mitgeteilt wird, daß die Stadtversammlung Weimar Schwierigkeiten mache betreffend ins Auge genommener Grundstücke beziehungsweise markanter Gebäude (das konnten die beiden Kriminalisten der Stadt bestätigen; sie waren natürlich auch kommunalpolitisch auf dem laufenden) - und dann dieser komische Zettel: Wanderwege, Schachspiel oder Verbrecher-Code.

»Da fragen wir doch sofort den Franzen«, sagte Tröger.
»O immer eifernde Jugend«, sagte Kötterholz und fand damit Distanz in klassischem Versmaß.
»Was haben wir in der Hand? Wieso ist der Franzen verdächtig und wessen?« fragte Trousseau. »Vielleicht ist er schlicht auf den Schneider reingefallen.«
»Warum nicht *die* Franzen?« Kötterholz ließ das Allgemein-Menschliche nicht aus den Augen, ein Part, der sonst Tröger zukam.
»Zumal«, Trousseau guckte ganz unschuldig, »zumal wir wissen, daß die Franzen mit Werning im Park verabredet war.« Kötterholz hatte von diesem Aspekt der Angelegenheit vorher Tröger berichtet. So wurde ein offener Krach vermieden, der von seiten des jungen Detektivs lautstark ausgefallen wäre; nun verzog der nur das Gesicht.

Schwerte übernahm das Praktische: »Ihr übernehmt die Gruppe, wir die Leute aus der Stadt, zunächst folglich Schneider.«

»Es ist selbstverständlich lächerlich, sich Gedanken über Schachspiele und Wanderwege zu machen«, sagte Tröger und hatte recht. Kötterholz machte sich Sorgen, daß der Junge offensichtlich seinen Witz verloren hatte und alles Mögliche ernst nahm. - Aber wer ist D1 und wer D2?

»Das versucht ihr doch mal rauszubekommen«, sagte Trousseau und identifizierte versuchsweise Schn. als Schneider. »Bravo!« stimmten die anderen zu.

»Das versucht ihr dann rauszukriegen«, sagte Kötterholz. Womit also die Aufgabenverteilung »eher informell« erledigt war. Schwerte brauste auf, unerwartet für die Wessis; aber nach einer Weile kamen sie drauf. Kötterholz solle jetzt nicht noch mit dem »ganzen Stasi-Scheiß« um die Ecke kommen, er wenigstens sehe hier »keinen informellen Mitarbeiter«! (»ach so! Entschuldigung! War nicht so gemeint!« - und das stimmte, denn solche Zusammenhänge zu denken konnte man Westdeutschen tatsächlich nicht zutrauen.)

Dann saßen sie in der Bar und tranken jeder einen Kaffee. Immer noch verheult, schlich sich Frau Leibel heran, fühlte sich von Trögers Frage, ob Werning Schachspieler gewesen sei, auf den Arm genommen und schlich wieder davon. Die Gruppe hatte sich verlaufen - wer weiß wohin. Wahrscheinlich ins Städtchen, allzu lang wollte man sich durch Tod und Vergängnis nicht in der Ferienstimmung beeinträchtigen lassen. Eine Woche ist schnell vorbei.

»D1 auf D2«, murmelte Tröger, »das ergibt auch keinen geheimen Sinn, glaub' ich, etwa eine Chiffre.«

»Vielleicht ist es ein Weg auf dem Stadtplan und zeigt uns eine geheime Figur«, sagte Kötterholz, glaubte ohne Zweifel selbst nicht dran, und als Aufmunterung war das erst recht nicht brauchbar. Ein Schnittmuster vielleicht?

Die Weimarer Polizisten machten sich auf den Weg. Man werde ganz sicher in Kontakt bleiben, sich gegenseitig informieren, den/die Franzen dürfe man selbstredend nicht aus den Augen lassen, aber keinesfalls warnen, ein bißchen auf den Zahn fühlen vielleicht. Wenn das bloß bei einem Dentisten nicht auf Schwierigkeiten stößt!

Als Trousseau und Schwerte gegangen waren, kam aus irgendeiner Ecke Frau Leibel hervor. Sie hatte sich ein wenig zurecht gemacht, ein bißchen was aufgelegt, die Spuren des Trübsinns getuscht. Einige Zeit sagten alle nichts. Dann sagte Frau Leibel, sie habe lange über

Trögers Frage nach Wernings Schachspiel nachgedacht. Sie bemerkte nicht Kötterholz' bösen Blick auf Tröger; der aber sehr wohl. Sie habe tatsächlich einmal mit Werning in einer stillen Stunde Schach gespielt, in einer stillen Ecke des VHS-Gebäudes, und habe sich noch gewundert, daß Werning plötzlich aufgegeben habe, in einer durchaus nicht aussichtslosen Position. »Entschuldigung, meine Liebe, aber das Spiel ist mir zu mühselig und macht nervös.« Und sie habe noch lachend angemerkt, daß es sich doch für einen Buchhalter gehöre, am Schachspiel Gefallen zu finden. »Ach, meine Liebe«, habe Werning gesagt, und ihre Hochachtung sei sprunghaft gestiegen, »ach, meine Liebe, das Leben eines Buchhalters hat andere belebende Höhepunkte und Tiefen, die erregen.«

Dann schwiegen sie wieder, die drei in der Hotelbar, und nippten am Kaffee, Frau Leibel an ihrem Kognak, obwohl sie »normalerweise nie um diese Zeit auch nur ein Tröpfchen...«

Je mehr der winzige Kognak zur Neige ging, desto heftiger kam Frau Leibel auf das Leben zu sprechen, also auf den Tod. Da habe noch eben dieser lebendige Mann so lebendig neben einem auf einem Sitz oder Stuhl gesessen, sei neben einem durch einen Park gegangen voller Kunstgedanken und Öffnungszeiten, und jetzt, mit einemmal, Frau Leibel fiel kein anderes Wort ein: diese Leere.

Tröger wurde ein weiteres Schweigen zuviel. Er fragte: »Und Sie? Spielen Sie gerne Schach?«

»Leidenschaftlich«, sagte Frau Leibel und ging.

VIII

Weimar, Korsika und die Mafia

Andererseits sollte man nicht annehmen, daß diese schlimmen Ereignisse an der Gruppe spurenlos vorbeigingen, daß dies alles den einzelnen nicht betroffen machte, ihn nicht Trauer und Wut spüren ließe.

Unser öffentliches Ferienleben hatte sich aus der Halle hinaus verlagert. Nach dem Frühstück blieb man nicht mehr lange beieinander. Man ging sich, Vergnügen suchend, aus dem Wege. Vielleicht lag dahinter der Wunsch, die Distraktionen zu verbergen, die doch so gar nicht passen wollten in diese Tage des sanften Gedenkens an Herrn Werning. Die Dezenz forderte außerdem, Frau Leibels Weg nicht zu kreuzen. Man mochte ihre Trauer nicht stören, mochte aber auch nicht andauernd das eigene Lachen kontrollieren. Kurz: so ganz und gar wollte man sich die Ferien nicht vermiesen lassen.

Alles in allem meisterte die Gruppe die gewiß nicht alltägliche Situation durchaus souverän, indem man in Gruppen die eigenen verschlungenen Stadtpfade ging, das Frühstück als freundliches Plenum pflichtschuldigst absolvierte und dann den Tag aufgeteilt, getrennt genoß.

Frau Leibel schien das recht. So behielt ihre Trauer den königlichen Stellenwert, der ihr zukam, unangetastet, unerreichbar von unten, also von uns nicht beschmutzbar. Frau Leibels ganze Haltung forderte die Einhaltung der gemäßen Trauergrade.

Natürlich beobachtete Kötterholz sie. Das hatte einerseits mit seiner Aufgabe als Kriminalist zu tun, andererseits aber auch mit seiner aufrechten Anteilnahme und mit der Bewunderung für die schöne Ausschließlichkeit, die die Trauernde zu Recht für sich in Anspruch nahm. Ohne Zweifel: Frau Leibel begriff sich in erhabenem Aufschwung zu griechischer Größe und in vielleicht angeborener Trauerfähigkeit; ihre Trauerarbeit fiel wahrlich vorbildlich aus.

Und Frau Doktor Franzen? Kötterholz beobachtete auch sie genau, ohne daß ihm Auffälliges in den Gedanken haftete. Herr und Frau Franzen wurden kaum gesehen. Wechselten hier einen Satz und dort ein freundliches Wort, schienen ansonsten eher beschäftigt, ohne daß Kötterholz an irgendwelchen Geheimnissen hätte Anstoß nehmen können oder auch nur an Überraschungen, die kriminalistisch auszuwerten gewesen wären.

Einzig der Krimi-Leser behauptete seinen Platz in der Hotel-Lobby. Sein Abschied von der klassischen Literatur geriet nachgerade exzessiv. Immer noch ging er mit seiner realistischen Lektüre die Leute an. Aber mittlerweile betrachtete man ihn als das, was er wohl war: ein literarischer Wegelagerer, der aber nicht nahm, sondern geben wollte und deswegen nur noch unerträglicher war. Nehmen ist eben seliger denn geben. Aber das Aufgehen in seine korsische Mord- und Liebesgeschichte war ergreifend kindlich, wie Kinder sich in Märchen wiederfinden. Er schien die Literatur durch Verbrechen pur ersetzt zu haben und das Verbrechen durch die eigene Seele, die sich in aller Reinheit mit dem Realen verband. Die Erzählung hatte ihm zu sich selbst verholfen. Und was kann man Höheres von Geschichten behaupten oder gar verlangen! Welche größere, liebevollere Aufgabe mag denn sonst der Literatur eignen, als dem eigenen Verbrechen auf der Spur zu sein! Und so befand sich denn der Krimi-Leser wieder in urtümlichen klassischen Gefilden, ohne es auch nur zu ahnen.

Die Untersuchungsbeamten, angeführt von Hauptmann Lhôtelier, Kommandant der Kompanie von Ghisonaccia, begreifen schnell, was vor sich gegangen ist. Auf der Stelle begeben sie sich zur Wohnung des Ex-Gatten von Annick, zu Louis Milelli in Vezzani, um ihn zu verhören. Er arbeitet nicht, weil er unter Depressionen leidet. Er ist krank geschrieben. Er gesteht sofort.

Jetzt aber mal ehrlich gesagt: Niemandem war so recht nach Krimi zumute, nach Kriminalitäten aus zweiter Hand, nach Literatur, nach Leben aus zweiter Hand. Da konnte man sich doch nur mal umschauen. Da gab's doch Kriminelles mehr, als man Bedarf hatte, zumal in den Ferien. Da mußte man doch froh sein, wenn die lieben Nächsten noch gesund auf den Füßen standen, noch heil aus der Haut lächelten, daß da niemandem das Leben um die Ohren flog wie vorgestern Werning das seine augenscheinlich und so plötzlich und unerwartet. Geradezu unschön, da sitzt dann da so jemand in der Eingangshalle vom Russischen Hof und versenkt sich in ein korsisches Eifersuchtsdrama, als säße er in der Oper.

Gegen die Abschaffung der klassischen Literatur und der Literatur überhaupt hatten die beiden Alt-68er nun wirklich nichts einzuwenden, wirklich nicht, auch wenn man das in dieser Stadt und während dieses Ausfluges nicht gerade ausposaunen mußte. Hier und da gab es ja noch Wähler, die durch Erinnerungen an radikaleWandzeitungen und finale Endsetzungen von kreativ Erzähltem zu erschrecken waren (obwohl das auch erst einmal zu belegen wäre: Es gibt mehr 68er, als man glaubt oder fürchtet). Aber klassische Dichtung nun durch trivial Kriminales zu ersetzen war in diesen Zeiten nur allzu dämlich. In diesen Zeiten, die nach Lösungen und Erlösungen schrien, nach Kämpfen gegen Frankreich oder Shell. Wo es gegen ein Heer von Feinden zu gewinnen galt - der Umwelt zuliebe. Besonders hier im Osten, in dem die Achtung vor Natur und Lebenswelt, dem Getier und dem deutschen Wald wahrlich nicht ausgeprägt war. Hier, wo man glücklich missionarisch tätig sein konnte, ja mußte. In Missionarsstellung lauern konnte, um den unbedarften Wählerinnen und Wählern das wesentliche Glück beizubringen. Pädagoge, der/die man war, mußte man die Augen aufhalten.

Schließlich hatte man den Beruf nicht aufgegeben (nur verlagert), damit alles beim Alten bliebe, sondern damit man den eigenen Jugendträumen treu bleibe, über das eigene Alter hinaus und immerdar. Dies mußte die permanente deutsche Revolution bleiben, im Weltreich der Träume. Was man mit zwanzig angefangen hatte, war selig mit sechzig zu beenden. Ein Leben lang Revolutionär oder ein Leben lang Pfadfinder mit all den täglichen guten Taten! Da mochte man keinen großen Unterschied ausmachen.

Wir alle waren Lehrer gewesen und wußten, was anderen guttat.

So träumten die beiden Alt-68er von Spruchbändern auf dem Weimarer Marktplatz, dem schönen: bunt und aufgeschlossen, ernst und endgültig. Literatur hatte direkt zum Volk zu sprechen, über alle thüringischen Bratwürste hinweg. Das Leben ist ein Stadtteilfest.

So wollten sie sich sofort an die Arbeit machen. Schrecklich ist der Tod, der Tod so nahebei ist etwas Schreckliches. Schrecklicher aber noch in Empfindungen zu verharren, statt Zeichen zu setzen in die Wirklichkeit hinein. Beide brachen auf, eilig in die Zukunft hinein. Auf dem Weg zum Marktplatz formulierten sie bereits an den überdauernden Sprüchen, die soviel mehr wert und Mehrwert waren als Geschichten zur Vergeudung der eigenen Seele. Ihr Herz hüpfte. Mao war nicht tot, wenigstens nicht in Deutschland. Herr Werning sollte nicht vergeblich gestorben sein.

Tröger und Kötterholz wußten nicht recht, wo sie ansetzen sollten. Wußten nicht recht, wem sie welche Fragen stellen mußten, um zu irgendwelchen Ergebnissen zu gelangen, damit sie den beiden Weimarer Kriminalisten imponieren könnten: He, ihr! So wird's gemacht!

»Möchte doch gern wissen, wer die Leute sind, die da dauernd herumscharwenzeln«, sagte er zu Kötterholz, und das klang, als ob er etwas sagte, um den Mund aufzutun, um Kötterholz zu beweisen, daß er arbeite. Kötterholz folgte seinem Blick und landete an der Rezeption beim Ansichtskartenständer, wo die drei schwarzhaarigen Männer sich kindisch um Karten bemühten, sie drehten und wendeten und den Ständer kreisen ließen, und dann steckten sie die Karten doch wieder an ihren Platz, als seien sie zu teuer. Der Mann am Empfang zeigte keine Regung; er hatte das Ergebnis vorausgeahnt.

»Wir sind im Russischen Hof«, antwortete Kötterholz, und seine Antwort sollte so klingen, als wolle er Tröger beweisen, daß er mitarbeite.

»Und?«

»Da kann es sich doch nur um die Russen-Mafia handeln.«

Tröger verzog das Gesicht. Solche Scherze kamen ihm unprofessionell vor.

»Dann solltest du aufpassen, daß sie keine Ansichtskarten klauen.«

Es drängte Tröger an die Arbeit. Herumsitzen nach dem Tathergang, so tun, als sei nichts geschehen, als sitze Werning noch mitten unter ihnen, das kam ihm widersinnig vor. Als vertue er seine Zeit als Tourist im Ledersessel einer Hotel-Lobby. Und daß er es ja tat, machte ihn rasend.

Kötterholz hatte ähnliche Gedanken. Er spürte den Drang, zumindest einen wesentlichen Satz zu sagen. Einen Satz, der sie vorwärts brächte.

Die drei Männer waren wieder verschwunden. Tröger stand auf und ging zum Empfangsherrn, wechselte mit ihm ein paar Worte. Kötterholz blieb sitzen. Beide spielten das Verhörspiel, und Kötterholz wußte, Tröger würde zurückkommen und so tun, als habe er etwas ermittelt. Der Empfangsherr schüttelte den Kopf, schien eher mürrisch als ergeben-hilfsbereit oder höflich-ergeben, überheblich-dienstbar. Dann kam Tröger zurück.

»Entweder kommen sie aus Berlin oder aus Moskau«, sagte er.

Kötterholz fragte nicht nach, erfuhr aber nach einigen Momenten, in denen Tröger auf seine Frage lauerte, daß sie Stammgäste und einmal im Monat auf Durchreise seien, entweder auf dem Wege nach Moskau oder auf dem Wege nach Berlin. Der Empfangsherr wisse nicht anzugeben, in welchen Geschäften sie unterwegs seien. Übrigens müsse es nicht gerade Moskau, es könne auch Warschau sein.

»Und das machen wir jetzt mit allen Hotelgästen so?« fragte Kötterholz unleidlich.

»Dann wissen wir wenigstens, woher die alle kommen.«

»Und was wissen wir dann?«

Das Gespräch war zäh wie ihr Vorwärtskommen. Nichts drängte, und auf jede Minute kam's an. Also gingen sie zum Tatort.

»Meinetwegen auch zum vermeintlichen Tatort«, sagte Kötterholz, als er sah, wie Tröger wieder das Gesicht verzog.

Beim Hinausgehen kam ihnen zwar noch nicht die Dämmerung entgegen, aber die Sonnenstrahlen machten sich sichtbar auf den Heimweg. Eigentümlich lautlos, eigentümlich in sich eingezwängt schob sich eine kleine Gruppe aus unserer Reisegesellschaft durch die Drehtür. Kötterholz und Tröger machten ein paar freundliche Bemerkungen, blieben aber ohne Antwort. Sie schnappten einige Sätze auf, in denen das Wort »Tod« vorkam. Das ließ sie an den armen Herrn Werning denken und an ihren Job, an den sie so ganz und gar zögerlich nur herankamen. Dann aber merkten sie, daß es sich nicht um ihren hauseigenen Tod drehte, sondern die wenigen Bedrückten gerade von einem Ausflug, Abstecher, Besuch in Buchenwald zurückkamen und bekümmert waren. Es fiel auf, daß niemand sagte, sie seien bedrückt. Niemand sprach von seiner Befindlichkeit und sagte, er sei betroffen. Schlimm (auch dies sagte niemand), daß ein Besuch in unserem deutschen Weimar immer gleichzeitig ein Besuch in Buchenwald war, freiwillig zwar, von niemandem erzwungen zwar, aber es gibt augenscheinlich keinen freien Heimweg, keine ungezwungene Rückkehr, ohne über das windige Feld von Buchenwald geblickt zu haben. Dann steht der Eindruck fest und will nicht weichen, wie vielleicht eine Überlandfahrt zwischen Jena und Auerstedt. Dieses mehrgeschossige Fabrikgebäude (so und nicht anders schaut es aus und bleibt in Erinnerung) haftet als Eindruck, windig, grau; und es ist schlimm, daß der Besucher genau weiß, daß dieses Gebäude (hinten rechts in der Ecke eines weiten, windigen Feldes) ein Eindruck ist, als Eindruck bleibt und daß jeder weiß, daß es nicht bloß ein Eindruck sein dürfte, sondern etwas Aufjaulendes, das still im Innern verharrt und da sitzen bleibt wie eine böse Katze und da sitzen bleibt und nicht weichen will und sich hingeduckt hat und da sitzen bleibt (grau und vom Wind gepackt). Die kleine Gruppe drängt sich in die Hotelhalle und spricht nicht viel, obwohl jeder das Bedürfnis spürt, lauthals Empörtes zu artikulieren, wovon er aber weiß, daß es als Ausdruck zu wenig ist, notwendigerweise, da es ja dafür gar kein Handwerkszeug gibt, um das festgehockte Bild zu bearbeiten, es sich zurechtzumachen, damit es das eigene und heimisch-vertraute Bild wird, das einem nichts anhaben kann. Niemand möchte da stehn als einer, den die Blödigkeit stumm macht, sondern mit einem Aufschrei reagieren, wie es Menschen so tun, um die Seele zu glätten und aufzuräumen. Aber jeder weiß nun, daß dieses graue Fabrikgebäude (hinten rechts auf dem weiten windigen Feld) für ihn nun ein Aufhocker ist wie ein Biest an mittelalterlichen Kathedralen, das nicht mehr von der Schulter weicht, aber eben nicht schöne, aufrüttelnde Kunst ist, nicht Geformtes ist, dem der Künstler die Aufgabe gegeben hat, die Seele aufzuwühlen und sie zu reinigen (hier gibt's nichts zu reinigen); ein Aufhocker ist, aber ein Fabrikgebäude und nichts anderes als gerade dieses ist und deswegen aufhockt, nicht ein Symbol und feines Zeichen, sondern sinnlos und ein graues Gebäude, das Menschen gesehen hat, die aufjaulten oder weinten.

Jemand sagte zu Kötterholz oder Tröger, sie seien gerade in Buchenwald gewesen. Dann sagte er nichts mehr, und alle waren froh; denn alles Weitere war das Falscheste, was er hätte sagen können, und er wußte es.

Es ist absurd, in der Nähe von Buchenwald einen Mörder zu suchen, aber keineswegs barbarisch. Die Möglichkeiten, menschlich zu handeln, werden jedoch immer geringer.

Die mittelalterlichen Wasserspeier an den Domen sind scheußliche Bilder, und deswegen lieben wir sie. Aber wehe, die Bilder sind graue Gebäude und keine Symbole, sondern ehemals mit Sinn und Funktion bedacht, die nun da stehen und von uns Betrachtern vergeblich um Sinn angebettelt werden.

Wir können nicht reden, und wir können nicht aufhören zu reden. Uns hockt jemand auf, der verlangt von uns zu sprechen und zu schweigen, gleichzeitig. Er wird wütend, wenn wir das eine tun und das andere lassen. Er wird ungeduldig, wenn wir reglos sind und wenn wir in den Erinnerungen zappeln. Das Schlimmste aber ist, daß wir immer nur von uns reden und schweigen können. Die Insassen aber, die geschlagenen und getöteten Insassen aber, die grauen, umwindeten Menschen schauen starr und ungerührt auf uns. Und das ist kein Altarbild, und wird nie eines sein.

IX

Weimarer Hundegebell

Alles Licht versammelte sich in Grau und Grün und Braun zu einem lauen Herbstabend. Tröger und Kötterholz kraxelten auf der Sternbrücke zwischen den Bauteilen herum. Sie hatten vorher gewußt, daß die Stadt aus Geldmangel die Renovierung hatte stoppen müssen. Aber es war ihnen unklar gewesen, daß so etwas dermaßen abrupt geht: Geld aus, und alles bleibt liegen, wo es ist. Die Maurerkellen lagen da, die schwarzen Plastikeimer und die Latten für die Gerüste. Mörtelreste klebten, unbrauchbar geworden, in den Behältnissen, krustig grau. Die Maurer waren auf und davon, als hätten sie gerade erst gehört, daß hier für sie der Monatslohn nicht mehr zu holen war. Wahrscheinlich standen sie nun seit Wochen für eine Wohnungsbaugesellschaft vor irgendwelchen Fassaden und Platten, um sie winterfest zu machen.

»Na und?« sagte Tröger. »Würdest du hier weitermachen, ohne Aussicht auf Geld am Ende des Monats?«

»Natürlich nicht«, antwortete Kötterholz, »trotzdem darf man doch klagen über die Unzulänglichkeit alles Menschlichen.«

Sie schauten die Brückenbögen hinunter in die Ilm: gurgelndes Wasser und Bauschutt, Holzverschalungen, die sich lösten.

»So kann doch unsere Klassik nicht vergammeln«, sagte er.

»So verrottet unsere Vergangenheit«, sagte Tröger.

»Um unsere Vergangenheit allein ist es nicht schade«, sagte Kötterholz, »aber um unsere Klassik.«

Den Unterschied zwischen unserer Klassik und unserer Vergangenheit besprachen sie nicht. Aber es war ihnen schon klar, daß da ein Unterschied bestand.

Sie sahen, genau auf der Mitte der Brücke, ein/zwei Quadratmeter mit weiß-rotem Plastikband abgeteilt und schlossen daraus, daß er hier gehangen haben mußte. Kötterholz blickte zwischen den Bögen ins Wasser hinunter, als ob es da etwas zu sehen gäbe. Dann schaute er von oben in den Park hinein, wo es dunkler wurde.

Warum hängt ein westfälischer Buchhalter zwischen Ilm und Brückenkrone im Park an der Ilm zu Weimar? Genau das sei die Frage, sagte Tröger. Aber hier war die Antwort ebensowenig zu finden wie in der Ledergarnitur des Russischen Hofes.

Tröger stieß mit dem Fuß gegen eine Kelle, und es schepperte. Kötterholz machte eine Bewegung, als ob er im Nachdenken gestört worden sei. Tröger lachte.

Seitlich rechts der Sternbrücke begann die Sonne zu verschwinden. Kötterholz blickte ihr nach. »Was sollen diese Papiere in seinem Koffer?« fragte er und beobachtete Tröger, der nun seinerseits ins Wasser blickte.

»Die wollen Grund und Boden hier kaufen. Das ist klar.« Tröger bewegte ein loses Brett, das unter ihm schwankte. Vor gar nicht langer Zeit hing hier Werning, der Grund und Boden kaufen wollte oder der von jemandem beauftragt war, Grund und Boden zu kaufen.

»Wer die?«

»Schneider ist beteiligt, Franzen und Werning. Soviel steht fest. Franzen hat Verbindung zu Schneider, der sicher zu Hotels und Bauketten und Werning augenscheinlich zu allen.«

»Da kommen wir westdeutschen Geschäftchen auf die Spur. Da wird gekauft und verkauft. Manche wollen kaufen und manche nicht verkaufen.« Kötterholz war sich bewußt, daß er nicht ohne weiteres diesen Geschäften nachgraben, nicht so ohne weiteres den Irrwegen des Kapitals folgen konnte, obwohl doch bei diesem Stand der Dinge der Fluß des

Geldes klar war: Wessis in Goldgräberstimmung kaufen, was es zu kaufen gibt zwischen Kegel- und Sternbrücke, zwischen Wahl- und Jenaer Straße und an der Leibnizallee. Und die Hotels greifen dann zu, nachdem Liegenschaftsamt und Baudezernat zugesagt haben, die Hände unschuldig reiben, da sie ja nicht an Konzerne verkauft haben, sondern an biedere Leute aus dem Westfälischen. Wie kommt ein westfälischer Zahnarzt an Weimarischen Baugrund in klassischer Lage?

»Woher soll ich das wissen?« sagte Tröger.

»Ich hätte früher die Ehescheidungen nicht hassen sollen«, sagte Kötterholz. »Wer in die Immobilien gerät, lernt Ehekriege lieben.«

»Wenn du ins Philosophische driftest«, sagte Tröger, »fängt es an, mich zu graulen. Unser Geschäft ist die Zwischenmenschlichkeit. Und da muß man erst einmal den Unterschied zwischen Liebe und Geschäft klären.«

Kötterholz war drauf und dran, die schwarze Sängerin ins Kalkül zu ziehen. (»Da werd' ich doch mal deine Freundin drüber befragen.«) Aber er ließ es. Tröger sollte seine eigenen Wege gehen, seinen eigenen Lauf tun. Kötterholz kam das Allgemein-Menschliche nun allmählich bescheuert vor.

Nach einer Weile im Zwielicht setzte Kötterholz wieder an, sozusagen, um das Ganze mal vor seinen inneren Schreibtisch zu bekommen. »Da alle diese Papierchen sich bei Werning befunden haben, ist es doch zumindest nicht ausgeschlossen, daß er als Vermittler oder Mittler seine Funktion und vielleicht bezahlte Aufgabe hatte. Herr Doktor Franzen will kaufen, aber es nicht laut werden lassen, daß er seinen Besitz mehren will. Vielleicht, weil er seine Plomben, Brücken, Zähnchen und Gebißchen aus schattigen Quellen bezieht, aus den dubiosen Reichen des Zwischenhandels, mein Gott, oder sonst woher aus Unversteuertem, dunklen Papierchen im Banktresor. Woher soll ich es wissen? Ich bin doch kein Hai, weder Geld-, noch Boden-, ich weiß doch nicht, wie man zu Steuerlosem kommt und wie es sich vervielfältigt. Vielleicht hat er eine Kusine mütterlicherseits in Kolumbien wohnen oder einen Großvater in der Bronx. Das sind nicht meine Kreise, diese Kreise. Meine Kenntnisse stammen von der zweiten Seite der Frankfurter Rundschau.«

Tröger aber konnte sich vorstellen, daß bei manchen Transaktionen ein Vermittler von praktischem Wert war. Wieso aber gerade der lautere, seinetwegen auch weniger lautere Werning? Dem mußte man noch nachspüren. Tröger blieb bei seiner Auffassung, daß man zudem dem Herrn Doktor noch schlicht auf den Nerv gehen sollte, nicht nur des schönen Bildes wegen, daß man ihm also schlicht auf den Zahn fühlen müsse. Die direkte Methode demnach und nicht das verschrobene Alt-Männer-Getue. Hart am Ball bleiben. Nicht daß Tröger eine besonders sportliche Haltung an den Tag zu legen wünschte; aber das alles ging ihm zu langsam voran.

»Also Schwarzgeld trifft auf Schwarzhandel. Was gibt es da großartig zu überlegen? Bücher prüfen und zack!«

»Die meisten Papierchen liegen da ohne Absender und Adressaten. Doktor Franzen leugnet natürlich alles ab. Das wäre es dann für ihn, und wir stehen dumm da. Der hat die graue Weste und wir den Schwarzen Peter. Er leugnet ab und fährt mit uns allen vergnügt nach Münster zurück, freut sich an der Landschaft, ärgert sich ein bißchen über ein verlorenes Geschäftchen und versucht es in Erfurt oder Jena erneut.«

Es müsse also eine Verbindung zwischen Werning und Schneider geben, sagte Tröger. - »So ist es, liebwerter Kompagnon«, sagte Kötterholz. Das Zwielicht aus dem Westen verdunkelte sich.

Hin und wieder stolperten sie über Baugerümpel, standen da am Rande der baufälligen Brücke und guckten ins

Wasser. - Ein schöner Herbstabend. Tröger dachte an seine schöne Sängerin; in ihm lagen Zärtlichkeit und Jagdgetümmel im Widerstreit. Kötterholz versuchte es dagegen mit Abgeklärtheit.

»Deine Abgeklärtheit«, sagte Tröger, »geht mir auf den Zeiger.«

»Solange es nicht andere Teile betrifft.«

Der Park war still geworden. Das Wasser unter ihnen machte die Stille noch deutlicher. »Was für eine stille Klassik, diese Klassik«, sagte Kötterholz. Es war nicht von der Hand zu weisen, daß er Tröger ärgern wollte.

Aus dem Wassergegurgel hob sich Gemurmel ab, das zu ihnen herauf drang, das näher kam und sich auch gar nicht, so schien es, verstecken wollte. Im Gegenteil, zwei Stimmen stritten sich.

»Ich bleibe dabei, es war eine dämliche Idee, diesen dämlichen Werning mit hineinzunehmen, als ob er ein Finanzgenie gewesen wäre.«
»Er hat gute Arbeit geleistet, diskrete Arbeit.«

Zweierlei wurde sofort klar: Die Stimmen hatten mit ihrem Fall zu tun, und die beiden Sprecher wußten, daß Werning tot war. Tröger und Kötterholz hielten sich vollkommen still, natürlich, wie auch sonst, schauten sich an, das heißt, sie spürten in der Dunkelheit, wie der eine den anderen anblickte, und wußten, daß sie die Stimmen kannten. Die eine von beiden ganz genau, obwohl sie den kürzeren Satz gesprochen hatte: Herr Doktor Franzen, der an seiner Meinung und an seinem Gehilfen Werning festhielt.

Die andere Stimme war nicht die von Schneider, denn den hatten sie noch nie reden gehört, und so konnte sie ihnen nicht bekannt vorkommen.

Sie hielten sich weiter still, und die bekannte fremde Stimme wurde unter ihnen lauter. Die beiden Personen standen nun im mittleren Bogen, der Ärgerliche schnappte:

»Da oben hat er richtig gehangen, und wir sind ein Problem los.« Tröger und Kötterholz spürten, wie der Sprecher bei diesen Worten nach oben gucken mußte, und zuckten vom Brückenrand zurück. Irgendeine Maurerkelle klirrte nicht. Sie hatten Glück gehabt und standen nun erstarrt.

»Dafür haben wir die Polizei auf dem Leib.«
»Wieso *wir*?«
»Mich bringt keiner mit Ihrem Werning in Verbindung.«
»Es ist leicht, alles abzustreiten.«
»Ich hatte gedacht, westliches Knowhow sei gefestigter, souveräner, und nun hab' ich es mit Dilettanten zu tun, mit westlichen Dilettanten!«

Es ergab sich eine Pause. Doktor Franzen war augenscheinlich in seiner Ehre gekränkt und sein Gegenüber zornig und nicht bereit, dem Geschäftspartner eine Brücke zu schlagen, über die er gehen könnte, um sein Gesicht zu wahren. - Ein etwas gewagtes Bild, an diesem Ort aber nicht unpassend.

Immer noch Stille.

»Die Papiere sind fast alle anonym beziehungsweise unverfänglich, nicht auf uns zu beziehen, hat er mir wenigstens gesagt.«
»Und deshalb sind Sie so sicher? Himmel, Ihre Naivität, meinetwegen Unbescholtenheit, ist nicht zu überbieten. Ihr Mann war ein Plapperhans. Montagmorgen mußte er mir dauernd dazwischenfaseln. Gelder von der EU, daß ich nicht lache. Nur um als Kenner dazustehen!«

Wieder spürten Kötterholz und Tröger, daß sie sich anschauten, oder die Schatten hatten noch ausreichend Licht, daß die Drehung der Köpfe sichtbar war: Das war der ehrenwerte Herr Friedschaff, stellvertretender Baudezernent, der noch fehlende Steg zwischen Kapital und Angebot, zwischen West und Ost, zwischen Grün und Schwarz, den beiden Partnern Geld und Grund, wie geschaffen füreinander, zwischen den Best- und Besserverdienenden.

Nein, nein, es klirrte keine Maurerkelle. Die Situation brach nicht zusammen. Es ergab sich kein theatralisches Tohuwabohu, keine Schüsse bellten durch die Nacht von unten nach oben, keine Leiche fiel handlungstreibend ins gurgelnde Wasser.

Die Stimmen unter der Brücke wurden sich langsam einig. Die einzige Möglichkeit in dieser heiklen Lage sei, sich nicht zu rühren. Der stellvertretende Baudezernent soll in aller Stille weiter nach einem schönen Gelände Ausschau halten, seine Fraktion durch Redlichkeit einlullen, ihr peu à peu beibringen, wie gut es doch für die Stadt ist, ein renommiertes Hotel in den Mauern zu beherbergen. Herrn Doktor Franzens Geld liegt bereit und ist locker, wird den richtigen Kanal oder anderen Wasserweg zu Friedschaff finden. Alles klar, oder? Die Fraktion macht überhaupt keinen Ärger, denn alles verläuft unbeachtet im Flußsand, um im Bild zu bleiben.

Beide lachten, und das klang abschließend und schurkenhaft versöhnlich. Wenn nicht da noch Franzen an Friedschaffs Angriff zu knabbern gehabt hätte: Werning war der richtige Mann. Da kann Friedschaff versichert sein. Wer ihnen da mit diesem dämlichen Mord in die Quere gekommen war, Franzen weiß es nicht, sagt er. Aber auf jeden Fall möchte er den Täter erwürgen. So leicht sind Geschäfte nun auch wieder nicht abzuwickeln! Oder? - Herr Friedschaff schwieg, war aber bereits befriedigt genug, Franzen aussprechen zu lassen. Es hatte wenig Sinn, war sogar schädlich, Franzen die Möglichkeit zu nehmen, nicht völlig als Verlierer dazustehen. - »Schon gut«, sagte Herr Friedschaff friedlich.

Flußabwärts aus Richtung Tiefurt war Hundegebell zu hören und hallte unterhalb der Jenaer Straße wider. Ein friedlicher Abend, fast wie auf dem Lande.

Werning, sagte Doktor Franzen, sei eindeutig der geeignete Mann gewesen: seine Verbindungen in Münster, von seiner

Verbindung zu seinem, Doktor Franzens Haus ganz zu schweigen, mit anderen Worten: er habe vollstes Vertrauen zu ihm. »... gehabt«, verbesserte Friedschaff süffisant. Schließlich kenne sich Werning seit Jahren in seinen Finanzen und häuslichen Verhältnissen aus. Und er habe Beziehungen zu Weimar, zu Weimarer Familien. Er könne sagen, was er wolle - Friedschaff sagte aber nichts -, das sei in beiden Städten, die nicht gerade Weltstädte seien, nicht wahr, ein nicht zu unterschätzender geschäftlicher Vorteil, vielleicht überhaupt eine Voraussetzung. Wernings Mutter stamme aus Weimar, wie er wisse. Die Familien Werning und Schneider kennten sich, kannten sich von Mutters Seite her aus der Zeit vor dem Kriege, und er könne sagen, was er wolle - Friedschaff sagte immer noch nichts -, das seien tragfähige geschäftliche Plattformen.

Schneider sei ein heikler und gescheiter Mann, und man könne noch nicht abschätzen, wie er auf den Mord reagiere. Sagte nun endlich Friedschaff. Schließlich habe er schon öfters mit ihm zu tun gehabt. Schließlich brauche man ihn. Schließlich könne er nicht selbst in den geschäftlichen Vordergrund treten. Oder?

Ach, da schau an; Kötterholz und Tröger drehten wieder die Köpfe zueinander. Zwar waren die Schatten dunkler geworden. Aber ihre Bewegungen waren eindeutig. Erstaunlich auch, daß beide, Friedschaff und Franzen, von einem Mord ausgingen. obwohl sie, wie es schien, keine Ahnung hatten, wer der Täter sein könnte; Kötterholz und Tröger auch nicht.

Das Gespräch unter dem Bogen hatte sich offensichtlich verlagert. Es hallte nicht mehr so sehr herauf. Die beiden Männer mußten wohl unter der Brücke hervor ins Freie getreten sein.

Das Hundegebell war näher gekommen, war auch wütender geworden, obwohl die Männerstimme, die nun beruhigend auf den Hund einsprach, noch keinesfalls nervös klang.

Aber der Hund hatte ein Ziel, das war deutlich zu hören. Und nun rief die Männerstimme hinter ihm her, besorgt, dringend. Unterhalb der Brücke wurden die Männer aufgeregter. Friedschaff laut: »Verdammt, Charles' Biest hat sich losgerissen!« Tröger flüsterte Kötterholz ins Ohr: »Charles Lotter!« Kötterholz nickte.

»Charles, halt deine Töle zurück!«
Franzen: »Um Himmels willen!«
Charles: »Nicht bewegen! Dann tut er nichts. - Pêche! Pêche! - Der Hund tut nichts. Er ist ganz friedlich. Nur nicht bewegen!«

Der Hund war unter dem Brückenbogen eingetroffen. Franzen und Friedschaff gaben keinen Laut von sich. Der Hund knurrte aus dem Rachen heraus. Das klang böse. Charles war eingetroffen. »Pêche! Pêche!«

»Charlette, ich hab's dir tausendmal gesagt. Dieses Mistvieh ist gemeingefährlich!«

Der Hund nahm Friedschaffs Schreien als Angriff. Sein Knurren löste sich böse aus dem Maul.

»Pêche!« - So, als ob Charles schon selbst nicht mehr daran glaubte, den Hund zurückhalten zu können.

»Er springt!« schrie Franzen. Und dann knallte der Schuß. Und dann schrie Charles. Und dann gurgelte das Wasser weiter, aber es konnte auch der Hund sein.

Charles Lotter jaulte auf. Und dann wurden seine Laute zum Schluchzen. Friedschaff schrie: »Ich hab's dir gesagt. Immer wieder.«

Kötterholz und Tröger hatten sich über den Brückenrand gebeugt. Es schepperten ein paar Maurerutensilien. Aber das unterdrückte Getümmel unter ihnen war so intensiv und anhaltend, daß niemand unter der Brücke darauf zu achten schien. Kötterholz hielt Tröger zurück, der drauf und dran war hinunterzuklettern. Aber um *was* zu tun?

Charles schluchzte weiter. Von oben war im Bodenschatten am Fluß nichts Deutliches zu erkennen. Aber die Szenerie war eindeutig, klang eindeutig. Ein Schatten machte sich flußaufwärts davon. Es mußte Doktor Franzen sein, denn Friedschaff schimpfte immer noch auf Charles ein, versuchte sich nach einigen Sätzen in amtlicher Sprache: »Du weißt genau, daß du gehalten bist, deinen Hund an der Leine zu führen. Und einen Maulkorb trägt er auch nicht.«

Friedschaffs Stimme entfernte sich. Charles schluchzte weiter. Kötterholz kannte Trögers Helfersyndrom und hielt ihn vorsorglich am Ärmel zurück, obwohl er nicht zu sagen gewußt hätte, warum er unerkannt bleiben wollte.

»Wir lassen uns das Maul nicht verbieten«, antwortete Charles verspätet und zu leise.

Zwei Schatten waren schon weiter weg. Charles war ganz leise geworden. Sein Gewimmer war ganz klein und hilflos. Ein Schatten schleppte gebückt einen Schatten weg und verschwand zwischen den Büschen.

Kötterholz und Tröger fanden zur normalen Lautstärke zurück. Tröger sagte: »Da sind wir aber froh, daß wir oben gestanden sind.«

X

Weimarer Unterhaltungen

Tröger war in Kötterholz' Zimmer gekommen. Mittlerweile ging es auf Mitternacht zu. Aber keiner von beiden hätte schlafen können, wenn sie die Vorfälle des Abends nicht noch beredet, hin- und hergeschwenkt, abgetastet hätten.

Tröger versuchte es mit einer Quintessenz mit anschließender Frage: »Ein ach! so sanfter Schwuler mit einem Killerhund und ein grüner Tierfreund als Hundekiller. Da paßt doch die Welt nicht mehr zusammen!«

»Warum sollte die Welt zusammenpassen?« antwortete Kötterholz, und das klang weiser als beabsichtigt. Damit aber waren die philosophischen Grundlagen ausreichend gelegt. Kötterholz kam auf die Papiere zurück. Handfestes, jenseits aller menschlichen Konstellationen und Zusammenballungen. Schluß und endlich: Herr Doktor Franzen wollte ein Grundstück in Weimar kaufen, weil schön und billig - mit welchem Geld auch immer - und wollte es an eine Hotelkette - an welche auch immer - weiter verscherbeln. Dreh bei der ganzen Sache waren die Verbindungen, also Schneider und Friedschaff, die augenscheinlich schon über genügend Erfahrungen in Zusammenarbeit verfügten.

»Wäre zu schön gewesen, wenn einer von unseren Spaziergängern heute abend uns einen Täternamen geflüstert hätte. Aber die wußten es wohl wirklich nicht.«

»Werning mit Gift im Bauch und Schlinge um den Hals. Aber eine Bedeutung hat sein Tod doch.«

»Du hast die Gabe, dermaßen zusammenzufassen, daß nichts mehr zusammenpaßt«, sagte Kötterholz.

»Erklär mir den komischen Zettel mit den Sauerländischen Wanderwegen!« Kötterholz zog seine Abschrift aus der Jackentasche und gab sie Tröger. Der las noch einmal: »Geld von D1, Liebe von D2, D1 zu Schn., D2 an mich. Und ein bißchen *Wechsel*geld von D1.« Dann sagte er: »Ein putziges Liebesblatt. Als ob er einen Merkzettel gebraucht habe. Als ob er mit seinen Lieben nicht durcheinander kommen wollte.«

»Und mit seinen finanziellen Transaktionen. Dem Wechselgeld. Genauer: *Wechsel*geld. Was meint ein Westler wohl, wenn er von *Wechsel*geld spricht?«

»Geheimnisvolle Zettel gehörten in einem ehrbaren Handlungsverlauf ebenso verboten wie anonyme Anrufe oder Doppelgänger im Nebel.«

Vielleicht vom korsischen Krimi-Leser infiziert, war Tröger poetologisch eindeutig auf Realismus festgelegt. Gut so; Kötterholz konnte Märchen nicht ausstehen. Liebesgeschichten gehörten eindeutig zur Märchengattung.

»Wieso eigentlich geheimnisvoll?« fragte sich Tröger laut. »Das Geld kommt eindeutig, wissen wir seit heute abend, vom Zahnarzt, also D1.«

»Und warum nicht F1?« Kötterholz wollte mitmachen beim Spiel.

»Weil Werning in seinem Beruf sicher schon mal was von Verschlüsselung gehört hat. Auf jeden Fall ist D2 die Frau, die gelernte Kunsthistorikerin...«

»... der«, fuhr Kötterholz fort, »Werning den Garten Gethsemani zum Geschenk machen wollte, als zarte Anspielung auf den wundersamen Garten im Sauerland, wo sie so manche wundersame Stunde...«

»... etwa zum Hochzeitstag...«

»... den er damit vergessen machen wollte.«

»Auf daß eines Tages die Frau den Mann *wechsle*!«

»Wozu der erste dem zweiten ein Handgeld gäbe!«

»Also nix mit Wende und Wechsel und Wessifaxen?«

»Meine Mordtheorie basiert stets auf Liebesschwüren«, sagte Tröger.

»Wir neigen zu Übertreibungen«, sagte Kötterholz.

Sie bemühten sich um Normalmaß:

»Werning liebte also Frau Zahnarzt?«

»Auf dem Zettel steht's umgekehrt«, sagte Kötterholz.

»Stimmt.«

Die Geld- und Liebesströme waren also in ihren Verläufen, Strudeln und Untiefen erkannt. Trotzdem mochten Kötterholz und Tröger noch kein Ende finden. Das lag sicher an ihrer klassischen, das heißt handwerklich korrekten Ausbildung. Ohne Täter und Motiv gab es nichts an kriminalistischer Handhabe, ja fast nicht einmal einen Fall, wenn da nicht der Tote liegen respektive hängen würde beziehungsweise gehangen hätte oder wie auch immer.

»Tote stören nur.«
»Tote stören immer.«
In die Stille hinein klopfte es an der Zimmertür. In der Nacht wollte Kötterholz wohl nicht laut »Herein!« rufen. Er stand vom Bett auf und ging zur Tür.

»Ich suche euch seit Stunden!«

Die schöne Sängerin stand in der Tür mit einem Fläschchen in der Hand und begann - natürlich, in dieser Situation und in dieser Personenzusammensetzung, zwei Männer und eine Frau - mit einem Vorwurf.

Kötterholz hätte am liebsten gesagt: Ach, dich hatten wir völlig vergessen. Aber er wußte nicht, ob er für beide gesprochen hätte, und wenn, so fand er, gehörte dies zu den Aufgaben eines jugendlichen Liebhabers; er sagte nichts. Tröger gab ebensowenig etwas von sich. Die schöne Sängerin begann das Fläschchen aufzumachen, und ihre Augen suchten bereits nach den unvermeidlichen Zahnputzgläsern. Gern hätte Kötterholz allzu sanft darauf aufmerksam gemacht, daß sie nicht in einer Jugendherberge seien und aus dem Alter bereits (aber derbe!) heraus, als ihm zu Bewußtsein kam, daß die junge Schöne gerade eine solche Atmosphäre zu schaffen suchte, ganz vom erotischen Zauber ehemaliger Klassenfahrten gefangen. Stimmt genau: Sie gickerte leise, was aber auch von einem vorangegangenen Fläschchen herrühren mochte.

Kötterholz schwieg. Tröger schwieg. Ihre situativen Umstände hatten sich jedenfalls grundlegend geändert. Die Schöne merkte nichts und ließ sich neben Kötterholz lang auf dessen Bett plumpsen. Alle nahmen die Gläser, und niemand wunderte sich, daß es im Badezimmer davon drei gab. - Es müssen nicht alle Geheimnisse einer Nacht geklärt werden.

Eines aber wollte die Altistin in dieser Nacht gelöst haben, und zwar endgültig: das von Ramses dem Dritten! - Die beiden Detektive tranken in langen Zügen, jedoch nur noch wenig bereit, Klärendes beizutragen.

Ja, und da war da noch was an diesem Tag geschehen! Die schöne Sängerin ahmte ein dunkles Opernrezitativ nach, was ihr ausnehmend gut gelang. - Was denn?

Wie gesagt, hatte die Altistin den ganzen Nachmittag und den Abend nach dem Essen (sie habe *allein* ausgehen müssen!) nach den beiden Männern Ausschau im Hotel und in der Umgebung gehalten. Das Ergebnis sei nur allzu bekannt und betrüblich und, bitte, nicht zu wiederholen. *Allein* in einem vernachlässigten Restaurant! Auch heutzutage bei gestärktem Selbstbewußtsein sei das für eine Frau eine Zumutung, eine Tortur. Kötterholz dachte an seine vereinsamten Abendessen (und Frühstücke und Mittagessen) und versuchte, weniger glasig auszusehen. Die Altistin wurde von der Aktualität eingeholt und brach dieses Kapitel ab. Da hat sie vor dem Hotel (wie gesagt, nach dem Essen *allein*) Frau Doktor Franzen an sich vorbei laufen, ja laufen gesehen; sie hatte einen Schal vors Gesicht gepreßt, und ein Schluchzer ist auch zu hören gewesen.

Die beiden Detektive, sie konnten das Kombinieren nicht lassen, dachten an Charlette; heute heulte alle Welt. Besonders die Damen.

Die Altistin hat dann allein (Blick zu Tröger, der doch tatsächlich daraufhin mit der einen Schulter zuckte, welch ein Wagnis!) in der Empfangshalle gesessen. Frau Doktor Franzen ist dann nach etwa einer halben Stunde zurückgekommen, in Begleitung dreier ausländisch anmutender Männer.

Wieso Ausländer?
Glatte schwarze Haare. Wie pomadig.

Frau Doktor Franzen hatte nicht mehr geweint. Aber sie war sichtlich angeschlagen gewesen. - Wie? - Also niedergedrückt. Die Altistin sagte, daß sie auch gern *verheult* sagen würde, wenn das nicht so weibisch klänge beziehungsweise von ihnen natürlich so aufgefaßt würde, also unweiblich, also unfraulich.

»Sie hat ihren Mann gesucht«, sagte Tröger.

»Deswegen weint man nicht«, sagte die Altistin mit der ganzen Kraft ihrer Erfahrung. Tröger schwieg, und Kötterholz sagte sowieso nichts. Manche Sätze hat der Zeitgeist mittlerweile mit der Gewalt eines Axioms ausgestattet.

Und schließlich sei das schon das zweite Mal passiert. - Was? - Eine verheulte Frau Franzen. Gleich am ersten Abend habe sie sie in der Nähe ihres Zimmers Nummer 415 gesehen. Werning habe übrigens 420, wie sie ja wohl wüßten. - Ja, sicher. - Die Tür von 420 habe sie klacken gehört. Frau Franzen habe an der Flurecke gestanden und aufgestöhnt. Ein Wort habe die Altistin genau gehört, nämlich »Schäfchen«.

»Schäfchen? Was soll das denn?«

Woher soll die Altistin das wissen?

Wer hat das gesagt? Eine Frauenstimme? Eine Männerstimme? - Frauenstimme. Eindeutig. - Wieso? Also die Franzen? Die Altistin hat keine Ahnung. Aber wer sonst? Sie meint jedenfalls, das könne wichtig sein: Seufzen, Weinen, Türenklacken und »Schäfchen«.

»Das hat die Franzen gesagt?«

»Ja doch!«

»Na und?«

Wieder zuckte Tröger mit der Schulter, diesmal sogar noch entschiedener, sagte etwas von der allgemeinen, universalen femininen Durchsanftung dieser Welt, die mittlerweile Frauenweinen zu einem relevanten Indiz in einem Mordfall mache. Er sei gewohnt, sich an Tatsachen zu halten, gedenke nicht, diese Gewohnheit aufzugeben.

Da haben wir es, hätte unter alltäglichen Umständen die Sängerin gesagt, das Weinen einer Frau wird nicht als Tatsache und Realität gewertet; der Mann bestimmt, was als Fakt zu gelten hat. Nun aber fragte sie, schon ganz im männlichen Geschäft des Recherchierens gefangen: »Und die dunklen Herren?«

»Sie sucht Trost und ihren Mann«, sagte Tröger; er wurde immer kühner, während Kötterholz sich vor der Gefahr bewahrte, von dunklen Frauen zu sprechen.

»Offenbar Russen.« Die polyglotte schwarze Altistin hatte immer noch einen Trumpf im Ärmel; fast gelassen spielte sie ihn aus. »Ich habe sie reden gehört.«

Erst jetzt, wo ihre zufälligen Recherchen (falls sie überhaupt so zu benennen waren) und die Beobachtungen der tätigen Sängerin sich zusammenfanden, schienen die beiden Männer sich zu einer ansteigenden Aufmerksamkeit bekennen zu wollen. - Aber immer noch nicht waren sie bereit, von Herrn Doktor Franzen samt Begleitung zu sprechen und von Charlette und von ihrem (seinem?) Hund. Tröger wollte Kötterholz den Vortritt lassen, aber Kötterholz war sich sicher, daß Tröger später im Doppelbett sowieso alles ausplaudern würde. Wieviel Staatsgeheimnisse mochten wohl schon einen solchen Weg gegangen sein.

Die schöne Sängerin hätte: »Typisch !« gesagt: »Typisch, wie Männer hinter dem Berg halten. Wissen ist Herrschaftswissen!«

»Auf jeden Fall haben sie sich ihrer angenommen.«
»Wer wessen?«
»Die Russen sich der Franzen.«

Tröger stellte die Vermutung auf, daß offenbar die russische Seele oder Sääle mit schnellen Schritten auf dem

Weg der Vereinigung mit der deutschen fraulichen Sanftheit sei.

Tröger, das war nach den gekonnten Erkenntnissen deiner Freundin eben unschön. Die Altistin mit ihrem russischen Rüstzeug konnte darüber nicht lachen. Kötterholz auch nicht, weswegen Tröger lauthals weiter vermutete, daß die sauerländische Sääle mit der russischen intensiv verwandt sein müsse. Tröger war betrunken.

Die schöne Sängerin (in ihrer Verachtung noch schöner werdend) nannte Tröger unerträglich, der lediglich in seinem Machismo eine erfolgreiche Detektivin auf eigenen Füßen nicht ertragen könne.

Das saß: Tröger brummelte nur noch, und Kötterholz mahnte ein bißchen Sanftheit und Verständnis an. Die Altistin räkelte sich daraufhin auf seinem Bett; Tröger war dann endgültig ernsthaft sauer.

Niemandem war aufgefallen, daß sie über Ramses den Dritten überhaupt nicht mehr geredet hatten.

XI

Weimarer Boutique

Dazu hätten sie am nächsten Morgen eigentlich ausgiebig Zeit gehabt. Denn auch Frau Schlitz-Vulpius war anwesend. Aber sie war gerade nicht dabei, ihre nächtlichen Ereignisse mit Ramses dem Dritten auszuplaudern, sondern herzlich und sanft darum bemüht, Charles Lotter zu trösten.

Was für ein feiner Hund sein Pêche gewesen sei. Man habe ihn nur richtig gekannt haben müssen. Was für ein feines Fell. Und so gepflegt. Wie sanft er doch gewesen sei. Richtig betrachtet. Kampfhund! Da müsse sie aber lachen. Aber Frau Schlitz-Vulpius lachte selbstredend nicht, sondern zog Charles an ihren Busen. Der ließ sich sinken in Schmerz und Gewoge. Ganz aufgehoben in Zärtlichkeit und Freundschaft, eher selten geworden in seinem Leben. Frau Schlitz-Vulpius ließ nicht nach in ihrem milden Umgang, so daß man Ramses den Dritten sehr wohl verstehen konnte und Frau Schlitz-Vulpius' Ex-Gatten umso weniger.

Charles hatte vergessen, daß er in seinem Laden stand, und zwar des Verkaufens wegen. Er ließ sich fallen und gleiten, hatte an Frau Schlitz-Vulpius zu kindlicher Trauer zurückgefunden, zur Süße des Trostes mütterlicherseits. Frau Schlitz-Vulpius schaute abwechselnd zur Decke und auf Charles' nasses Gesicht. Leise sagte sie: »Laß dich los! Weine! Laß alles aus dir heraus.« Er tat es. Er tat es. Setzte immer wieder von neuem an, so daß die Umstehenden nicht zu sagen vermocht hätten, ob dies die Gewalt des Schmerzes oder der Urmütterlichkeit sei, sozusagen das Ur-Schluchzen, wie es den Ur-Schrei gab, den man ja auch so kreatürlich aus sich herauslassen muß, wie die Wut, den Haß und die Liebe.

Sie saßen oder standen da: die Schlitz-Vulpius in ihrer Wohltätigkeit, Charles in seinem Selbstvergessen und wahrscheinlich so glücklich wie lange nicht mehr. Sein Jagdhund war in die ewigen Jagdgründe entschwunden und tat in diesem Zustand seinem Herrchen wohler als jemals in seinem aktiven schnappenden Leben oder in den wenigen ruhigen Minuten auf dem Teppich mit seines Herrn Tätscheln im Genick. Tröger und Kötterholz hielten sich abseits. Tröger in seiner männlichen, also unmenschlichen Scham gab vor, daß er intensiv nach einem Kleid Ausschau halte, und es wäre ihm sichtlich wohler gewesen, vor einem CD-Ständer zu stehen, womöglich mit Heavy-Metal-Music oder seinetwegen auch mit Rudi-Schuricke-Revivals. Kötterholz' Alter machte diesen schamloser; er schaute direkt auf die Pietá vor ihm, und er war nicht geneigt, männliche Härte zu spielen, um irgendwelche Rollen zu erfüllen. Mittlerweile konnte er sich so geben, daß Leben und Sichgeben in Übereinstimmung kamen. Aber dennoch war er nicht gewillt, seine reflexive Distanz aufzugeben, ein letzter Rest von maskuliner starrer Härte.

Außerdem konnte sich ja niemand sicher sein, ob hier ein Mann weinte in den Armen einer Frau.

Die schwarzhaarige Altistin, halbwegs zwischen Tröger und Kötterholz auf Mitleidsposten, konnte sich nicht entschließen, ob sie sich kritisch aufgeklärt oder tief weiblich geben sollte, und stand eher wie unbeteiligt und blöde. Aber wer sie gut kannte (aber Tröger stak ja abgewandt in den Kleidern), hätte gerührt bemerkt, wie ihre ausgestreckte und von Zeit zu Zeit immer wieder dem Weinenden entgegengehaltene Hand zitterte.

Charles kam schließlich aus tiefsten Gründen zurück, zurück von den Müttern, schaute orgasmusglasig um sich und lächelte. Es war schauerlich anzusehen, wie er langsam wieder aus Kindheit und Frauengegend in Männlichkeit zurückfand und von dort aus zum devoten und gleichzeitig überheblichen Substitutengesicht einer westlichen Ladenkette. - Die Welt hatte ihn wieder, und es war nicht gut für ihn und sie nicht die beste aller Welten.

Da Kötterholz daran zweifelte, daß Trögers Aufenthalt ihm guttue oder nur gerade noch bequem sei, holte er ihn aus den Kleidern hervor. Die Altistin bemerkte nun endlich ihre ausgefahrene Hand und verschwand dort, woher Tröger gerade kam. Charles stand jetzt aufrecht im Laden - halb Chef, halb Trauerhold, aber sichtlich gewachsen am Schmerz und im Ansehen der anwesenden Damen.

Ramses sei gewiß stolz auf ihn; aber Frau Schlitz-Vulpius versäumte zu sagen, warum. Derzeit brauchte Charles keine Referenzen, sondern war aufgerichtet da, Manns genug. Kötterholz erklärte ihm kurz den Grund ihrer Anwesenheit, und daß sie am vorangegangenen Abend bei dem Hundemord im Park zugegen gewesen waren. Beim Satz vom

Hundemord straffte sich Charles noch mehr und schien plötzlich zielgerichtet; »da können Sie ja gegen den Friedschaff als Zeugen auftreten«.

Das ging Tröger zu schnell, und er fragte dazwischen, wo denn eigentlich seine Bekanntschaft mit Friedschaff herrühre. Charles tat das leicht ab. Der Herr Baudezernent sei häufiger mal im Laden gewesen. Charles habe sich so seine Gedanken gemacht, da er bald herausgefunden habe (Hat das Friedschaff selbst gesagt? Hat es in den Zeitungen gestanden?), daß er alleinstehend sei. Einige Sekunden lächelte Charles, offensichtlich über das Wort »alleinstehend«. Nein, er habe Friedschaff nicht nachspioniert. Warum auch? Wahrscheinlich habe es Friedschaff wohl selbst gesagt, so nebenher, im Gespräch. Nein, ausgegangen seien sie nie einmal, warum auch, besonders nicht, nachdem Friedschaff immer häufiger betont habe, er suche ein schönes, extravagantes Kleid für seine Freundin. An dieser Stelle gab Charles zu, daß er daraufhin fast völlig jedes Interesse verloren habe, geschäftlich natürlich nicht, da des Kunden Freundin augenscheinlich einen großen Mangel an schönen, extravaganten Kleidern gehabt habe. Friedschaff war ein guter Kunde gewesen. Die Freundin hat Charles nie gesehen. Friedschaff hatte die Kleidergrößen im Kopf. Mehrmals hat er betont, sie habe ungefähr seine Maße. Charlette lachte leise über diese hinter dicken Gardinen so kleiderwütigen Gurken.

Tröger forschte dem nicht weiter nach, und das Gespräch geriet leicht ins Stocken. Charles wollte auch gar nicht friedlich über seinen Kunden reden und forderte Tröger und Kötterholz noch einmal auf, ihm als Zeugen zu dienen, um dieser Bestie - gemeint war zweifellos der Baudezernent - der gerechten Strafe zuzuführen. Tröger erinnerte Charles daran und erntete strafende Blicke seitens der Schlitz-Vulpius, daß er verpflichtet gewesen war, Pêche an der Leine zu führen, mit einem Maulkorb zu versehen. Einerseits war Charles dankbar dafür, daß sein Hund mit

Namen genannt wurde. Andererseits war er sichtlich ernüchtert in seinem Zorn, den sein öffentlicher Schmerz so imposant gemacht hatte. Charles' neugewonnene, wenn auch vielleicht nur kurzzeitige Würde zeigte sich in der Antwort auf Trögers Frage, warum er denn überhaupt sich einen Kampfhund gehalten habe. Ob er schon mal, fragte der dagegen, was von Schwulenklatschen gehört habe. Darin lag öffentliches Auftreten und Bekenntnis und Gegenattacke. Kötterholz mahnte »Tröger!«, und die schwarze Altistin erschien aus den Kleidern.

Vielleicht war das der Schlitz-Vulpius zuviel an Beichtigung. Vielleicht hatte sie aber auch sowieso nichts mitbekommen und schwamm noch in Muttergefühlen. »Ach«, sagte sie, »der gute Ramses hat so einen Gefallen gefunden an Goethe. Sie sind richtige Freunde geworden.« - Nein, sowas! - So habe er ihm vorgeschlagen, den West-östlichen Divan auch auf den Südosten auszudehnen, also auch auf Ägyptisches. Goethe sei gar nicht abgeneigt gewesen. Ob das nicht das Allerneueste sei. Ja, ja, Ramses' kultureller Geschmack und Weitblick! Überhaupt herrsche da im Anderen, dem Jenseitigen ein supertolles Einvernehmen: Goethe, Bach und der Großherzog, Nietzsche und Liszt und das Bauhaus, Wieland und Herder nicht zu vergessen und auch nicht Harry Graf Kessler, den eigentlich schon Vergessenen (man vergleiche den Aufsatz von Friedell). Frau Schlitz-Vulpius hatte durch den Umgang mit Ramses sichtlich Bildung gewonnen. Sie wußte Bescheid und lächelte über das Erstaunen in den Gesichtern. *Le tout Weimar* im Himmel, ach, das muß herrlich sein und so bildend. Schon das Ohr an der Tür zum Jenseits zu haben - Ramses sei Dank - ist ein solches Privileg, das einen klein und ergeben mache. (Davon allerdings merkte man wenig.) Von Goethe zu hören und von Charlotte, wenn auch aus zweiter Hand beziehungsweise Mund, welch' ein Glück!

Alles in allem war die Aufmerksamkeit der höflichen Anwesenden nicht sehr beträchtlich, auch nicht, was die nun folgenden Themen anlangte, die die Jenseits-Kluge anschnitt: Goethe und die Mode (hier hätte eigentlich Charles von Berufs wegen achtsamer sein sollen) oder Goethe und die Kunst, Nietzsche und der Jugendstil, eben *le tout Weimar*!

Die Altistin hatte sich aus den Kleidern gewickelt. Schritt direkt auf die Beredte zu. Tröger fürchtete Lautstarkes, ging ihr ein paar Schritte entgegen. Aber die junge Frau griff sich den nächsten zierlichen Sessel und sank darauf nieder. So etwas wie Verblüffung stand in ihrem Gesicht. Nach einer Weile schaute sie zu Frau Schlitz-Vulpius hoch und fragte leise: »Glauben Sie eigentlich an alles, was Sie sagen?« Die Wissende blickte kurz hinüber und ging dann hinaus. Die Türglocke wurde hörbar, aber nicht beachtet.

Charles steckte immer noch im einseitigen Streit mit Friedschaff und wußte zu diesem Zeitpunkt nicht, wie das alles gekommen war, er meinte das Zerwürfnis oder die Entfremdung (aber nah beieinander seien sie ja nun wirklich nie gewesen). Es war plötzlich ein Brief eingetroffen, von Amts wegen und unterschrieben von Friedschaff, man gedenke von Amts wegen just dieses Haus unter Denkmalschutz zu stellen, an dem doch Goethe so oft vorbeigegangen sei auf dem Wege zu seiner Charlotte (und Charles sagte: »Dabei ist die doch verheiratet gewesen!«, als sei das ein Argument unter aufgeklärten Bürgern; aber ihm war mittlerweile wohl jedes Zeugnis gegen Friedschaff recht).

»Was das für das Geschäft bedeutet«, rief Charles, »das kann man sich ja denken!«

Das war Kötterholz im Moment nicht klar, aber Charles sagte es zur Sicherheit gleich hinterher und ohne zu stokken, da es ihm so oft durch den Kopf gegangen sein mochte. Die Firma plane eine Renovierung, insbesondere eine Erweiterung des Geschäftes. Zwar ein schöner Lohn für Charles' Arbeit. Aber er sei doch nicht sein eigener Herr und abhängig von der westdeutschen Zentrale. Immerhin möglich, daß sie ihm einen Geschäftsführer vor die Nase knallten. Eine Erweiterung sei also gar nicht in seinem Sinn, würde er doch viel lieber in seinem kleinen Lädchen sein eigener Herr sein. Aber womöglich machten die sonst ganz dicht, wenn eine Erweiterung nicht gelänge. Und nun das Amt mit seinen Denkmalschutzplänen. Das bedeutet Auflagen über Auflagen in dieser Gegend. »Denkmalschutz bedeutet Schutz von alten Steinen, sicher nicht Sicherheit für die arbeitende Bevölkerung.«

Das alles war natürlich eine Schikane von Friedschaff. Eindeutig. Und eindeutig steckte der Friedschaff mit seinen Konsorten dahinter, mit ihren Bau- und Bodenspekulationen. Dafür waren sie bekannt. Wollten wahrscheinlich die ganze Gasse zu einer Kneipenzeile machen, hier in der Gegend, wo die Touristen einander durch die Straßen schieben. Hier ist eine Kneipe eine Goldgrube, rustikal im Stil irgendeiner Zeit, besonders für die, die dahinter steckten, also Friedschaff und Konsorten.

Bei dem Stichwort »Spekulation« hatte Kötterholz aufgemerkt, auch Tröger drehte sich um und fragte nach Einzelheiten. Aber Genaueres wußte Charles nicht. Eben nur das, was man sich so erzählte, was man aufschnappte beim Verkauf. Aber das sei eine Menge und mehr als genug, meinte Charles und schien mit einemmal erschöpft; die große Wut wich der Ermüdung, er sah zermürbt aus.

Aber wie aufs Kennwort, das Kötterholz schon hochgetrieben hatte, ging die Türglocke, und hereintrat Friedschaff. Alert stand er da, verhielt knapp vor der Tür, sozusagen um seinen Bezirk, seinen Beritt mit den Augen abzustecken. Dann trat er, immer noch lächelnd, ein selbstsicherer Handelsvertreter, auf dessen Laufplan eigentlich größere, feinere, einträglichere Läden stehen, vor Charles. Er streckte lächelnd, offen seine Hand in dessen Richtung aus. Das brachte den natürlich völlig durcheinander. Er übersah die Hand und zitterte.

Schon begann Friedschaff zu reden.

Der Tod des Hundes ist sicher zu beklagen. Wie überhaupt der Tod eines jeglichen Lebewesens zu beklagen ist. Sie von den Grünen haben seit je für das Leben alles Lebendigen schlechthin bereitgestanden, haben es mit lodernden Lettern auf ihre Fahnen geschrieben. Deswegen ist dieser Unfall - er bittet darum - als ein Mißverständnis zu begreifen, bedauerlich, schmerzlich gewiß und im Grunde unbegreiflich, wirklich unbegreiflich. Aber seine Nerven haben geflattert, seine Nerven haben die Situation nicht durchgestanden. Jeder erwartet vom Politiker, daß er in jeder Situation seine Nerven zähme. Aber als der Hund so vor ihm stand und die Zähne fletschte, da hat Friedschaff einfach die Nerven verloren und seine Pistole gezogen, und das ist natürlich unverzeihlich. Sie sind angetreten - Herr Friedschaff ringt die Hände -, allen Lebewesen den ihnen zukommenden Lebensraum zu verschaffen. Auch Pêche. Und Pêche ist ein schöner starker Hund gewesen. Wie bedauerlich traurig das Leben doch ist. Ein Zucken der Nerven löscht ein Lebewesen aus. Ein Leben zudem, das so geliebt wurde.

Herr Friedschaff machte eine Pause, die an so echt trauriger Stelle plaziert war, daß man sie für ausgezeichnet gespielt hätte halten können; echte Trauer, die den Laden flutete. Schon länger hatte Herr Friedschaff das Taschentuch in der Hand, zögerte jedoch, es zu benutzen. Denn es ist unprofessionell und sinnlos, echte Trauer noch durch ein Zeichen übertrumpfen zu wollen.

Charles war sowieso schon erledigt. Seine Wut hatte ihn restlos aufgebraucht, sie stand ihm nicht mehr zur Verfügung, jetzt im Angesicht des Widersachers, wo er sie so dringend nötig gehabt hätte. Charles hockte da auf seinem Sesselchen. Alle noch Anwesenden - Tröger, Kötterholz, die Altistin - hätten ihm so sehr noch ausreichende Rage gewünscht, den Eindringling hinter die Tür zu setzen, obwohl sie sich auch nicht vollkommen der Demut und Aufrichtigkeit des Herrn Friedschaff entziehen konnten. Mein Gott, auch ein Mann mit Pistole hat ein Recht auf schüttere Nerven. Ausgelaugt von Fraktionssitzungen und Diskussionen um das allgemeine Wohl, bis zum Kragen voll von Empfängen und guten Worten. Man muß aufpassen auf seine widrigen Gefühle, ob sie nicht jemanden zu Unrecht treffen, der alles tut, den Schaden und Herzensschaden wieder ins Gute und Gütige zu lenken.

Das tat nun Herr Friedschaff, nachdem er sich unauffällig geschneuzt hatte.

Wahrlich, der Schaden ist nicht wiedergutzumachen. Charles - Friedschaff griff zum äußersten Mittel und sagte: Charles - darf nicht glauben, daß er auch nur andeute, daß das möglich sei. Aber Charles darf ihm die Möglichkeit nicht nehmen, Teilnehmer an seiner Trauer zu sein, wie die *grande dame* der deutschen Trauerarbeit wegweise. Was Charles denn von einem großen starken japanischen Tosa hält? Seidiges Kurzhaar. Herr Friedschaff kennt da einen Züchter, - grundehrlicher Mann!

Der stellvertretende Baudezernent zuckte zurück. Er merkte, er war zu weit zu schnell vorgegangen. Charles fuhr hoch, und das Gespräch, Friedschaffs Ansprache geriet ins Stocken.

Nein, nein, der stellvertretende Baudezernent und Sprecher seiner Fraktion in Bau- und Wohnungsfragen will damit natürlich nicht, »in keinsterweise« andeuten, daß Pêche ersetzbar ist oder nur sein könnte. Aber wenn man nun, in Anbetracht des nicht mehr rückgängig zu machenden Geschehenen, die Augen fest auf die Zukunft richtet, und anderes bleibt dem politisch denkenden Menschen gar nicht übrig, so könnte doch Charles, wenn nicht heute, so doch in naher, kommender Zeit ins Auge fassen, einen anderen

Hund liebzugewinnen, - vielleicht. - Japanische Tosa sind noch gefährlicher als Pit-Bulls, falls das ein Trost sein kann.

Charles atmete einmal tief und nahm Friedschaff in den Blick. Schmeißt er den Politiker jetzt endlich raus? Charles ist noch viel zu erregt. Kaum bekommt er den Satz fertig, daß er über all das noch nachdenken müsse.

Dann kommt Friedschaff nahezu blitzhaft eine Idee. Das mit dem Denkmalschutz des Hauses und der ganzen Gasse sei von Amts wegen nur mal so angedacht worden, sei beileibe nichts Festes. Vielleicht habe ein übereifriger Mitarbeiter die Angelegenheit zu endgültig ausgedrückt. Schließlich kann man über alles reden.

Charles ist von Gefühlen und endlosen Vorschlägen, von eigenen, noch wenig endgültigen und gar nicht ausgesprochenen Entschließungen so gebeutelt, daß er wieder in sich gesunken ist, von allem und jedem formbar. Häufig sieht man im Fernsehen solcherart Verhöre, aber in Wirklichkeit? Friedschaff muß nun die Sache festklopfen, muß auch die Zeugenschaft der anderen nutzen, ohne durch Eilfertigkeit aufzufallen. Deswegen sagt er wie nebenher, Charles müsse dann aber auch versprechen, die Angelegenheit, »also das mit Pêche«, nicht an die große Glocke zu hängen respektive zu schweigen; den Vergleich »wie ein Grab« hält er im letzten Augenblick zurück. Schließlich kann man über alles schweigen.

Nickt Charles? Es ist nicht auszumachen. Auch Friedschaff gelingt es nicht, irgendeine Zuckung in Charles' Gesicht als Zustimmung zu deuten, für die er die anderen als Zeugen anrufen könnte. - Er wendet sich ab. Es gelingt ihm allerdings, mit Eindringlichkeit und Unverbindlichkeit gleichzeitig den Laden anzufüllen.

Es tut ihm aufrichtig leid. Aber er muß nun dringend in eine Fraktionssitzung, dringend und geheim. Aber er würde sich aufrichtig freuen, wenn sie alle heute abend im »Schwan« sich einfänden.

Tröger und Kötterholz lehnen fast im gleichen Augenblick ab. Charles hat offenbar gar nichts mitbekommen. Die Detektive sichern aber zu, daß sie abends im »Schwan« auftauchen werden, vorausgesetzt auf eigene Kappe und Rechnung. Friedschaff lächelt; er ist nicht die Spur beleidigt. Aber schon ist er auch verschwunden. Von der Tür her weht noch der Ruf, daß er sich freue.

Puh.

»Der möchte nicht in seiner Haut stecken«, sagte dann Tröger. »Das sehen die Parteifreunde gar nicht gern, einen Grünen, der einen Hund erschießt.«
»Schlechte Presse«, nickte Kötterholz.
»Ein Grüner, der den Hund eines Schwulen erschießt, das haben die auch nicht gern an den Hacken.«
»Na, Gott sei Dank«, sagte die Sängerin.
»Wird von der Presse erst gar nicht aufgenommen«, sagte Kötterholz.
»Sicher haben die Grünen einen Parteitagssonderbeschluß, betreffend die Kampfhunde im öffentlichen Leben.«
»Auf jeden Fall liebt Friedschaff Charles weniger, als er tut«, fügte Kötterholz hinzu.
»Typisch schwuler Selbsthaß«, sagte Tröger. »Dabei macht sich das in der Modebranche doch ausgesprochen gut. Da sind die Damen unter sich.«
»Wo du nicht überall Bescheid weißt.« Die Dame Altistin schien mürrisch; das machte sie sympathisch.
»Da kann sich die frauliche Zartheit austoben.« Tröger ließ nicht locker.
»Manchmal ist Tröger unerträglich.« Die Sängerin wandte sich auffällig sichtbar an Kötterholz. Tröger war das Maß abhanden gekommen: »Da gibt's keinen Penisneid.« Da mußte Charles aber lachen, was alle drei nicht recht

verstehen konnten. »Keine Phallokratie.« Da lachte Charles noch mehr. »Keine Angst.«

Kötterholz faßte in dem Sinne zusammen, daß der Herr stellvertretende Baudezernent Charles auf die sanfte Tour zu erpressen versuche. »Bleibt somit die Frage, ob der sich läßt.« - Sie sprachen weiter, als ob Charles gar nicht anwesend sei. Niemand kam auf den Gedanken, ihn einfach zu fragen; er kauerte doch nebenan auf seinem Sesselchen.

»Vielleicht läßt er sich ja gern erpressen«, sagte Tröger und lachte bei diesem Ausflug in die Küchen- und Gebrauchspsychologie. Die Altistin schien sich ihren Teil zu denken, - aber welchen? Alle drei gingen hinaus. In sich gekehrt, aber aufmerksam saß Charles noch lange da.

*

Und wer zum Teufel hatte nun Werning umgebracht?

XII

Weimarer »Schwan« / Mein lieber Schwan!

Freitags abends ist der »Schwan« in Weimar überfüllt. Zwar sind die Tagestouristen abgefahren, aber die Übernachtenden, die Wohlgelittenen finden sich im »Schwan« ein. Im Schatten Goethes, im Schatten des Geistes dem Leibe Gutes zu tun, wie ja auch der Altmeister selbst, ist Wohlbefinden der höheren Art. Da genießt man rundum. Da genießt man rundum, allround und ganzheitlich, sozusagen harmonisch, in dem vollen Bewußtsein, dem Körper körperlich Geist zuzuführen.

Freitags abends ist der »Schwan« besetzt. Aber Friedschaff war schon da und hatte einen schönen Tisch belegt, vielleicht auch vorbestellt, vielleicht war er Stammgast. Vielleicht war er freitags abends immer hier. Als nächster traf Charles ein. Friedschaff schien nicht verwundert oder

hielt sich zurück mit Bemerkungen, wohlweislich, wie wir wissen. Politiker pflegen überraschende Situationen mit Zurückhaltung auszusitzen, wie wir ebenso wissen. Charles sagte nichts; Friedschaff dagegen kam ohne große Scham auf den Punkt und nutzte die Situation, mit Charles allein zu sein, aus.
Das mit dem Hund. Und?

Charles nickte. Friedschaff lächelte. »Prima.« Und keine großen Glocken? Charles schüttelte den Kopf. Friedschaff legte seine Hand auf Charles' Hand; der zog sie nicht zurück. Friedschaff hatte auch schon einen Namen für den neuen gefährlichen Hund: Melba. Charles schaute ganz kurz auf, war noch unentschieden in seinem Gesichtsausdruck, und gottseidank kamen in diesem Augenblick die anderen herein und standen am Tisch.

»Wir sind uns einig«, sagte Friedschaff, wies auf Charles, machte eine Geste, die besagte, er wünsche nicht mehr, auf diesen Punkt zurückzukommen. Der Hund habe auch bereits einen Namen.

Charles schaute wieder hoch. Dann sagte er: »Hauptsache, es ist kein deutscher Schäferhund.« Diese Bemerkung klang fremd; niemand kam auf den Gedanken, hier, im Blickbann des Berges, Buchenwald ins Gespräch zu bringen. Vielleicht hatte Charles darauf gehofft, schwieg aber; das tat er am liebsten.

»Dann ist ja alles in Ordnung«, sagte Kötterholz, »und wir können Pêche vergessen.« Vielleicht hatte Charles den Tonfall des Alten kapiert, denn er schaute nicht hoch. Mittlerweile saßen alle am Tisch. Der Kellner war noch nicht erschienen. Ins Friedschaffsche Lächeln hinein erzählte Kötterholz, wie sie, Tröger und er, Pêches Tod von der Sternbrücke herab miterlebt hatten. Friedschaff wurde unruhig und lächelte kaum noch, dann gar nicht mehr, als Kötterholz Herrn Doktor Franzen ins Spiel brachte, der dann auch samt Gemahlin eintrat und zwei Tische weiter hinter ihnen Platz nahm.

Diese neue Situation raubte allen vorerst die Gesprächigkeit.

Der Kellner kam. Sie bestellten quer über die Karte und überließen Friedschaff die Weinauswahl. Der fühlte sich weder geehrt, noch machte er eine große Sache daraus, schloß sich (kleinlaut) dem Vorschlag des Kellners an. Alle horchten möglichst unauffällig in Richtung der Franzens. Alle kriegten mit, wie Frau Doktor Franzen, seltsam tonlos, »das knusprige Entlein« verlangte. Nein, trotz Wortwahl, sie befand sich nicht im Reich der Märchen. Dann plötzlich schauten alle hoch und grüßten sich, indem sie die Oberkörper vorbeugten, zurückhaltend, sofern möglich, aber freundlich, als ob sie gerade jetzt erst bemerkt hätten, daß die anderen auch anwesend waren: holla, welch ein Zufall!

»Also«, sagte Kötterholz, und gemeint war Friedschaff. Der alte Detektiv war augenscheinlich gewillt, das Heft in die Hand zu nehmen. Erstaunlich genug.

Ja, gut. Schließlich hat er nichts zu verbergen. Herr Friedschaff gab zu, Herrn Doktor Franzen zu kennen. Was gibt es da eigentlich zuzugeben? Er fragte sich und die anderen allerdings, was das denn Herrn Kötterholz angehe, von dem er allerdings gehört habe, daß er und auch Herr Tröger Privatdetektive seien; umso mehr interessiere ihn die Antwort auf seine Frage. Kötterholz wies auf den bislang noch nicht geklärten Tod des Reisekameraden Werning hin. Dann freilich müsse Friedschaff wissen, was er, Friedschaff, mit all dem zu tun habe. Das aber genau wollte Kötterholz von Friedschaff wissen. Und es entstand eine Pause. Verhöre waren Kötterholz' Art nicht.

Andererseits war der Politiker nicht wütend zu bekommen. Er begann ruhig mit seinem Hors-d'Œuvre und hatte nicht vor, Kötterholz seine Geschäftsverbindungen offenzulegen.

Der stellte somit sachlich fest, daß klar sei, es handle sich um Geschäftsverbindungen. - Und um was für Geschäftsverbindungen, wenn man fragen dürfe. - Man dürfe nicht. - »Bau und Boden«, sagte Charles, und Friedschaff stellte nicht in Abrede. Woher solle er wissen, was Werning mit diesen Interessen zu schaffen habe. Und was das Büro Schneider anlange, so solle er das Büro Schneider befragen oder am besten Schneider selbst. Friedschaff hatte wenig Lust, Objekt eines Verhörs zu sein. Kötterholz machte den Vorschlag, sich zum Subjekt zu mausern. Herr Friedschaff verwahrte sich gegen den Ausdruck »Subjekt«.

Die Franzens waren auf dem Weg an ihren Tisch und rückten zwei Stühle heran. »Am Essen «, meinte Frau Doktor Franzen, »merkt man immer noch, daß wir im Osten sind.«

»Das letzte knusprige Entlein vor ein paar Tagen haben Sie sehr gelobt«, sagte die Sängerin. Damit war auch der Ost-West-Konflikt abgehandelt. Die Franzens hatten wohl gemeint, an einen lustigen Tisch zu geraten, waren aber sofort von der muffligen Stimmung vereinnahmt, für die Friedschaff sich entschuldigte. Ja, sie wurde von Herrn Dr. Franzen heftig verstärkt, als ihm Friedschaff kurz erklärte, daß ihr Gespräch unter der Sternbrücke ungebetene Zeugen gehabt hatte; er blickte in die Runde.

Tröger war schon ein eigentümlicher Mensch: Je mehr die Atmosphäre mürrisch sank, desto freier wurde seine Miene. Als niemand mehr etwas sagte, sagte er: »Wir wollen doch Herrn Werning nicht vergessen.« Er meinte dies im Hinblick auf Friedschaffs Meldung an Herrn Franzen. Aber es war Frau Doktor Franzen, die zusammenzuckte und einen Seufzer ausstieß und auf ihren Mann blickte. Tröger kam ein hintertückischer Gedanke (von dem Kötterholz später, als sie allein waren, sagte: »Ein Volltreffer!«), und er fuhr fort: »Er war so sensibel. Schäfchen, hätte er gesagt, die Geschäfte laufen so gut.«

Frau Doktor Franzen brach zusammen.

Sie tat dies auf völlig undramatische Weise, im ersten Augenblick beinahe unbemerkt. Sie legte ihre Fäuste vor sich auf den Tisch (er war mittlerweile abgeräumt worden, und nur der Digestiv stand noch da; Herr Friedschaff hatte den seinen bereits runtergekippt mit saurer Miene), legte die Fäuste vor sich auf den Tisch und senkte den Kopf darauf. Dann schüttelte es sie, und sie schluchzte. Herr Franzen schaute indigniert, schämte sich offenbar vor den anderen, die ihrerseits auch nicht wußten, wie sie sich verhalten sollten. Natürlich wollten sie mit ihren Tröstungen auch dem Gatten nicht vorgreifen. Unbegreiflicherweise zögerte der immer noch. Und immer noch. Dann umfaßte er seine Frau bei den Schultern und sagte, an die Anwesenden gewandt: »Wir haben Herrn Werning gut gekannt.«

Das wußten nun ja bereits alle. Die Erklärung kam ihnen nicht ausreichend vor, und so blieben sie steif da sitzen; es fiel ihnen keine Lösung der Situation ein. Herrn Franzen auch nicht. Frau Franzen schüttelte es weiter. Die Nebentische begannen schon aufmerksam zu werden. Der Kellner, auf neue Aufträge vorbereitet oder auf den Zuruf »Bitte, die Rechnung!«, zog sich hastig zurück. Frau Franzen weinte leise.

Herr Franzen sagte: »Ich glaube, wir gehen besser.« Niemand rührte sich, zumal man nicht wußte, an wen diese Aufforderung gerichtet war. Tröger kippte nun auch seinen Schnaps. Die Sängerin versuchte, ihren Cappuccino sehr leise auf die Untertasse zu stellen. Kötterholz hüstelte und Friedschaff auch.

Immer noch war niemandem eine Auflösung der fortschreitenden Peinlichkeit eingefallen, als Frau Franzen ihren Kopf hob. Zur Überraschung der Tischgesellschaft war ihr Gesicht tränenlos. Dann sagte sie: »Sie müssen das verstehen, der Tod von Herrn Werning geht uns sehr nahe. Wir waren sehr eng mit ihm befreundet. Oft war er Gast in unserem Ferienhaus, schön gelegen am Hang des Möhnesees, in Völlinghausen. Wenn Sie mal Zeit haben. Wenn Sie mal vorbeikommen. Sie sind herzlich eingeladen. Herr Werning hat die Gegend sehr genossen. Er wanderte so gern mit uns über den Höhenweg hinter unserem Haus und ging so gern dann talwärts mit uns zum See. Den ersten grünen Frühlingsflor hatte er so gern und die Krokusse und die Narzissen auf unserer Wiese, wenn alles sprießt, vorausgesetzt, das Wetter ist danach.«

Frau Franzen sprach sehr langsam, nicht hektisch wie im Schock oder um etwas zu verbergen. Aber wie in einer lieben Erinnerung. Trotzdem stutzten alle wegen des anhaltenden Flusses ihrer Rede, und im ersten Moment konnte niemand sich den gehäuften Gebrauch ihres »wir« und »uns« erklären. Dann blickten sie auf Herrn Franzen. Der nickte. Das paßte am allerwenigsten zur Situation.

Die Sängerin versuchte es von Frau zu Frau. »Schon kürzlich«, sagte sie zu Frau Franzen, und von der ersten Solidarität getragen, lächelte die, »schon kürzlich schienen Sie so gequält, so überaus leidend, im Hotel, als die drei dunklen Männer sich dann um Sie bemühten.«

Als Tröstung gedacht, als frauliche Sanftheit angeboten, wirkten diese Worte als neuerlicher Schock. Frau Franzens Fäuste legten sich wieder auf den Tisch und Frau Franzens Kopf auf diese; der Kellner wieder auf mürrischem Rückzug. Die Sängerin legte ihre Fingerspitzen auf die Lippen. Diese Wirkung hatte sie nicht gewollt. Frau Franzens Zuckungen wurden allmählich von allen als Krankheitssymptome genommen. Die arme Frau! Die Tischgesellschaft war ratlos. Die Nachbartische, während der Rede der Frau Doktor Franzen wieder beruhigt, schreckten erneut auf. Die Lösung der Sachlage war mißlungen. Die Sängerin hatte immer noch ihre Fingerspitzen auf den Lippen. Herr Doktor Franzen sagte: »Wir hatten Herrn Werning wahrhaftig sehr gern, und wir wanderten in der Tat sehr gern durch die Berge des Sauerlandes«, obwohl nun tatsächlich niemand mehr einen Zusammenhang von Lage und Gesagtem erkennen konnte. Wenn überhaupt, hätte man jetzt lieber etwas über die schwarzen Herren gewußt. Bei bestehender Notlage sprich tunlichst über rätselhafte Dritte; das entspannt.

Herr Friedschaff hatte einen zweiten Verdauer bestellt, indem er einfach in Richtung Kellner schnipste, der sofort Bescheid wußte: den lokalen Schnaps. Im Suff war Herr Friedschaff eher bodenständig, weniger exotisch, wie ebenso in den von ihm bevorzugten Geschäften, obwohl er prinzipiell durchaus bereit war, das Spekulationsfeld auszuweiten beziehungsweise den Kundenstamm. Das alles sagte er selbstredend nicht, sondern er pflegte in öffentlicher Rede auf seine Verankerung im neuen Osten zu verweisen: »Nein, nein«, sagte er häufig, er habe nicht vor, in die Bundespolitik zu gehen (obwohl er sich durchaus zutraute, dann den Menschen draußen im Lande mit Rat und Hilfe beizustehen). Er blieb, wo er war; und mancher bedauerte das, so zum Beispiel Charles. Aber der hatte sich völlig zurückgezogen; das alles ging ihn nichts an.

Friedschaff schaute auf die Uhr. Nein, viel gab dieser Abend doch nicht mehr her.

Tröger, der alte Fuchs und Aufpasser: »Haben Sie noch eine Verabredung?«

»Nein, aber es ist Zeit für uns alle, oder?«

Frau Franzen war still geworden und anzeichenlos. So konnte es gut sein, daß Tröger seine Frage gar nicht als Angriff auf Friedschaff verstand, sondern als Handreichung an alle, die peinliche, emotional gespannte Szene aufzulösen. Jedenfalls blickte seine Sängerin ihn an, fast dankbar, meinte man zu erkennen. An der Auslösung waren beide schließlich nicht unbeteiligt. Es bleibt die Frage, ob Kötterholz' Einschätzung als »Volltreffer« zu folgen war; eine gewisse Herzlosigkeit lag auf jeden Fall darin.

Die Dankbarkeit der Sängerin an Tröger, den Kreis zu zerstreuen, schien durchaus begreifbar.

Als Frau Franzen sich dann bewegte, einte die anderen nur *ein* Wunsch: »Bitte nicht!« Aber sie hatte längst keine Kraft mehr. Weder zu Bewegungen noch zu Bewegtheiten. Sie schaute ihren Mann an; sie wollte nach Hause. Weit weg nach Hause. Aber Herr Doktor Franzen konnte seiner Gattin Völlinghausen am Möhnesee hier und jetzt nicht beschaffen. Ratlos saß er da. Bliebe noch zu überlegen, ob diese Bewegungsunlust auf die öffentliche Offenbarung seiner Geschäfte oder auf die Verbundenheit mit dem Seelenzustand seiner Frau zurückzuführen war. So kam es, daß das Ehepaar immer noch immobil am Tisch saß, als die anderen längst den Mantelständer umstanden. Sie warteten noch ein Weilchen und wollten nicht unhöflich sein, gingen dann aber doch, als Friedschaff sagte: »Die wollen bestimmt noch allein sein.« Obwohl niemand ihm ein solches Zartgefühl zutraute.

XIII

Weimarer Abend

Draußen führte Kötterholz Tröger ein bißchen abseits und sagte leise: »Volltreffer!«

Dann fiel der Schuß.

Unglaublich, daß Charles neben dem Kampfhund (den allerdings jetzt nicht mehr) auch eine Pistole besaß. Einer solchen Hochrüstung hielt ihn niemand für fähig. Nun mußte man schaudernd zur Kenntnis nehmen, der Kerl war gefährlich und bis an die Zähne bewaffnet.

Er stand da zwischen Restaurant und Goethe-Haus, hatte die Pistole noch, wie auf offener Szene, mit der rechten

Hand von sich gestreckt, als wolle Werther Albert niedermachen.

Kötterholz und Tröger stürzen auf ihn; Charles machte keine Gegenwehr, als sie ihm das Mordwerkzeug entrangen. Er keuchte und schaute in die Dunkelheit. Bewegungslos. Aus dem Restaurant drangen Stimmen, lauter als für ein gutes Haus zumutbar.

Vor dem Eingang lag Friedschaff. Durch die Straßen drängten bereits die Sirenen der aufmerksamen Polizei, herbeigeholt von aufmerksamen Bürgern. Aus dem Restaurant drangen aufmerksame Bürger, erregter und hektischer als für ein gutes Haus erträglich und geschäftsfördernd. Unter ihnen die Franzens. Mit großen, weil schreckerfüllten Augen beide, wie gelähmt auch, als habe Ferdinand Luise vergiftet und sie stünden nun da und warteten auf den Tod und Luise habe gerade eben erst davon erfahren. Möglich auch, daß Dr. Franzen an seine Geschäfte dachte, die sich von diesem Schlag kaum erholen würden. Andererseits, eine solche Hartherzigkeit sollte man einem Menschen nicht ohne genauen Grund anhängen. Frau Franzen konnte einem wahrhaft leid tun. Diese Herzsensationen innerhalb weniger Minuten sind nur schwer durchzustehen; und sie stand sie kaum durch.

Die Sirenen drängen näher.

Aus dem ersten Auto stieg Trousseau. Der Lage mangelte es nicht an krimineller Eindeutigkeit, und er winkte seine Begleitung auf Charles. Der wurde in ein zweites Auto gedrückt (immer noch kein Satz, kein Aufschrei, kein Aufbegehren). Trousseau beugte sich über Friedschaff, als ob dem noch ein letztes Wort zu entlocken sei. Das Ergebnis war unmißverständlich, so kurz auch die Untersuchung war. Trousseau, jetzt begleitet von Schwerte, wandte sich an die Privatdetektive, die aber auch noch dabei waren, ihre Gedanken und möglichen Schlüsse zu ordnen beziehungsweise überhaupt zu solchen zu gelangen.

Trousseaus Beamte begannen zu vermessen, aufzuzeichnen, zu fotografieren und deckten die Leiche zu.

»Himmel«, sagte Tröger, »warum müssen Schwule immer so emotionsgeladen übertreiben?«
»Du sprichst, als ob du Ahnung hättest«, sagte seine Sängerin.

Die Leute verliefen sich immer noch nicht.

*

Auf dem Heimweg ins Hotel wollte sich Tröger noch einmal an der Psyche von Charles Lotter versuchen. Aber die schöne Sängerin und auch Kötterholz winkten genervt ab. Der Alte machte klar, daß sie mit dem Fall Friedschaff/Charles/Pêche nichts, »aber auch gar nichts« zu tun hatten. »Die Kollegen von der Weimarer Polizei werden keine Schwierigkeiten haben, Gründe und Hintergründe aufzudecken«, sagte er. Damit schien auch Tröger jede Lust auf weiteren Tiefsinn verloren zu haben. Aber der Herr Franzen hänge doch mittendrin, zumindest als Zeuge für den Hundemord. »Und damit auch wir.«

Nun gut, aber wer zum Teufel ist Wernings Mörder?

Niemand hätte zu sagen gewußt, was daran gut sein sollte. Der Fall hatte sich zusehends verlagert. Am wenigsten war Kötterholz damit zufrieden. Er liebte überschaubare Hergänge. Jetzt versuchte er es mit Systematik.

Die Spekulationsbeziehungen sind ein Fakt. - Richtig. - Daran ist zunächst einmal nichts Ungesetzliches. - Richtig. Wäre aber genauestens nachzuprüfen. Und jetzt nach dem Tode von Friedschaff nicht gerade einfach. - Vielleicht plaudert Charles vor Gericht einiges aus. - Was kann der schon aufdecken! Der weiß doch nichts. - Bleibt der Herr Schneider. Den wollen die Weimarer Kollegen übernehmen. - Damit ist aber nun eine Verbindung zu Werning geschaffen, dessen Mutter Weimarer - Weimarerin - Weimaraner - Weimaranerin war. - Ein Weimaraner ist ein

Hund! - Nicht schon wieder! - Die also in Weimar zu Hause war.

Also zurück zu Werning und seinen Kontakten und seinen Papieren. »Selbst hat er sich jedenfalls nicht umgebracht.« Gift nehmen und sich aufhängen, das übersteigt die Kraft eines einzelnen Lebens. - Eben.

Damit also zurück zu Frau Doktor Franzen und ihrer Psyche. Tröger wollte an diesem Abend von Volltreffern nichts mehr hören. Kötterholz blieb somit rein sachlich.

»Die übernehme ich«, sagte er.

Es ging natürlich auch um das Abstecken von Betätigungsfeldern und selbständigen Aufgaben, um das Abstecken von Verantwortlichkeiten, auf die die Politiker so scharf sind. Aber Tröger hatte gute Gründe, auch Frau Leibel nicht aus den Augen zu lassen. Ihr Verhältnis zu Werning war schon in der Volkshochschule als ein Verhältnis mit Werning deutlich geworden. So spielten münstersche Affinitäten engerer Art bis nach Weimar hinein. Wie das Leben halt zu sein pflegt. Tröger kam sich forsch, aber unwohl vor, als er die Leibel für sich forderte.

»Die Männer teilen sich die Welt auf, indem sie sich die Frauen aufteilen.« Die Altistin schien niedergeschlagen; sollte ihr dieser Gedanke zu einem Bonmot geronnen sein, so allenfalls unabsichtlich.

Als sie im Hotel angekommen waren, zögerten sie eine Weile zwischen Aufzug und Bar. Zu weiterem Nachdenken hatten sie nach den Ereignissen keine Lust mehr. Andererseits wollte niemand den Abend trübsinnig beschließen. Hingegen gab es nicht den geringsten Anlaß, diesen Tag heiter ausklingen zu lassen.

Dann standen sie immer noch da. Dann gingen sie zum Aufzug.

XIV

Weimarer Verhör (1)

Ein solcher Draufgänger, wie er, noch ganz junger Mann, häufig zu sein vorgab, war Tröger nun auch nicht. Er respektierte auf jeden Fall den Schmerz und zögerte, in Leidvolles und Inneres vorzudringen, zumal er sich dort nicht auskannte und auch nicht auskennen wollte. Ganz im Gegensatz zu Zeitgewohnheiten dieser Läufte hatte er eine sympathische Scheu davor, in anderen Seelen zu kramen, anderen über die Seele zu latschen. Er achtete dagegen auch tunlichst darauf, daß ihm niemand seine Psyche freundschaftlich überstülpte, als sei Freundschaft nichts anderes als die dringliche Übergabe eigener Gläubigkeiten und fordernder Herzensgüten; diese Helfer leiden es nicht, wenn man ihnen sagte: Bleib mir vom Leib! - Oder sie können es gar nicht glauben.

Wie dem auch sei, Tröger mußte mit Frau Leibel sprechen.

Seit Donnerstag hatte er von ihr nichts mehr mitgekriegt, hatte sie kaum gesehen, wußte nicht, welche Nöte von ihrem Schmerz nach zwei Tagen noch übrig waren. Jetzt war Samstag; tagsdrauf wollte man abreisen - nach diesen nicht nur schönen Tagen.

Von der Reisegesellschaft als reisender Gruppe war nichts mehr da. Das lag natürlich an Frau Leibel. Sie hatte nicht mehr zu gemeinsamen Verrichtungen aufgerufen, nach den Frühstücken, mit der gewohnten Heiterkeit und zusammenführenden Herzlichkeit sowieso nicht. Aber diese Abkehr so ganz und gar, diese Weggewandtheit und dieses Insichgekehrte, das ließ schon auf innere Zerstörungen schließen. So war Tröger nichts weniger als angetan von der Aussicht, auf sie eingehen zu müssen, hatte er doch vorgestern gesehen, zu was für einer Abruptheit die freundliche Frau fähig war, mitleidende Damen zu verscheuchen, so sehr, daß von diesen keine sich mehr getraute, Herzwärme anzubieten. Es fiel ihnen schwer, aber auch sie hatten sich daran zu gewöhnen, daß liebevoller Zuspruch nichts weiter als lästig sein konnte für denjenigen, auf den er unaufgefordert niederkam. Dabei war er so gut gemeint.

Wie verhielt sich demnach Tröger jetzt in dieser heiklen Mission, er, der doch durchaus aufdringlich sein konnte, vor Innerem aber zurückschreckte wie vor Niemandsland, nicht zuletzt, weil dieses Gebiet so wenig an sicherem Tatbestand bot?

Wir alle frühstückten natürlich immer noch zusammen, hatten auch den kurzzeitigen Versuch aufgegeben, Trauergesellschaft zu sein. Die meisten nutzten den gemeinsamen Morgenkaffee als Tauschbörse für Unternehmungen in Klein- und Kleinstgruppen. Einzeln wollte schließlich niemand gehen. Als Einzelgänger mochte niemand gelten. Das hat den Ruch, ausgestoßen zu sein. Jedermann machte das Beste aus sich und seinem Ferienzustand. Wer weiß, wann man wieder herkam! Uns war die Ferienstimmung nicht so ganz abhanden gekommen. So gut kannten die meisten von uns Herrn Werning ja auch gar nicht.

Aber Frau Leibel - ja, leid tat sie uns schon. Ihr Leid, so abgrundtief, aber auch wiederum unverständlich in seinem Ausmaß. Vielleicht übertrieben? Ihr Stolz, so hocherhoben. Niemand, so schaute sie sich um, erreichte ihre Trauergröße. Am wenigsten Frau Doktor Franzen.

Tröger ließ Frau Leibel nicht aus den Augen. Versteckt natürlich, und eigentlich nur von seiner Sängerin bemerkt und beobachtet. Frau Leibel saß nicht allein, selbstverständlich nicht. Sie wurde nicht geschnitten, warum auch? Sie nahm teil an den Tischgesprächen (die dann gewiß gedämpfter geführt wurden), jedoch nicht an den Verabredungen. Nach ein paar Absagen hatte man es aufgegeben. Trauer macht einsam; das ist zu respektieren. Wir taten es.

Das Frühstück ging zu Ende. Die schwarze Sängerin wollte bis gegen Mittag die Stadt durchstreifen, ein letztes Mal, auf der Suche auch nach einigen Geschenken, sagte sie Tröger. Der kam nicht einmal auf die Frage, für wen die seien. So sehr war er schon bei seinem Gespräch mit Frau Leibel, von dem er immer noch nicht wußte, wie er es einfädeln sollte.

»Ja, tschüß, bis gegen eins hier.«

Tröger sprach Frau Leibel dann an der Tür zum Frühstücksraum an. Sie lächelte bitter, aber auch verklärt, nicht so sehr auf ein weltliches Gespräch bedacht, aber freundlich der fast schon abgeschriebenen Welt gegenüber, die jetzt auf sie zutrat und sagte: »Könnten wir uns nicht drüben für ein paar Minuten in das Eis-Café setzen?« Ein wenig erstaunt willigte sie ein. Sie schien einige Momente lang erst einmal Wort und Ort in ihre Gedanken und ihre Welt weit außerhalb zurückholen zu müssen.

Tröger nahm ein gemischtes Eis, Frau Leibel einen Bananen-Milch-Mix. Er mußte sich und seinen Beruf ja nicht vorstellen. Damit hatte er aber auch keine Möglichkeit, belanglos und unverkrampft einzuführen in Unterhaltung und Problem. Frau Leibel war sofort klar, daß Trögers Frage nach den Vorbereitungen der Fahrt mit Wernings Tod zusammenhängen sollte. Franzen und Werning hätten zu diesem Ausflug nach Weimar aufgerufen und dann gedrängt. Dieser Vorschlag sei auf ihre begeisterte Zustimmung gestoßen. Tröger spürte mit Verwunderung, wie genau und klar sie nicht nur ihre Worte wog, sondern auch die Konstellation der Beteiligten. Wenn da ein Verdacht dem Reisevorschlag entspringen konnte, dann sollte er auf mehrere Personen verteilt sein, am besten und zum Großteil auf sie selbst. Sie hatte sich fest vorgenommen, Leiden zu tragen, wo immer und wie immer es auftrat. Der Schmerz machte sie empfänglich für Schuld; Werning sollte in strahlenderem Licht erscheinen. Tröger erkannte gleich die Schwierigkeit seiner Aufgabe, aus der Leibel »was rauszuholen«.

Von Geschäften zwischen Werning und Franzen wußte sie nichts. Woher auch? Aber daß er häufig in das Haus des Zahnarztehepaares am Möhnesee eingeladen war. - Ja, natürlich. Warum auch nicht? - Bei der letzten Frage, die selbstredend keine Frage war, senkte sich Frau Leibels Stimme, so daß Tröger nicht recht wußte, auf welche Tatsache sich ihr »Warum auch nicht?« bezog, auf die häufigen Einladungen oder auf Frau Leibels Wissen darum. Sie selbst ging nicht weiter auf den Möhnesee ein, sondern schwenkte ins Weimarische. Ihre gemeinsame Bewunderung für die deutsche Klassik habe sie angetrieben (in grobem Gegensatz, wie wir wissen, zum Krimi-Leser). »Zumal ja«, sagte Tröger, »Frau Doktor Franzen eine gelernte Kunsthistorikerin ist.« Somit hatte er ihr hinterhältig Weimar als Ausweich genommen, und Frau Leibel schlürfte, beleidigt oder kummervoll, an ihrem Bananen-Split.

Ob sie vom Tod Friedschaffs gehört hat. Ja, sie, Frau Leibel.
Vom wem?
Das sei doch Gesprächsthema gewesen, eben beim Frühstück.
Frau Doktor Franzen ist ganz verstört gewesen, die Ärmste.
Aber doch nicht wegen Friedschaff. Aber warum dann denn bloß?
Da fragt Tröger Frau Leibel zuviel. Sie kennt sie ja kaum. Nie zum Beispiel ist sie bei den Franzens im Sauerland eingeladen gewesen. Im Seelenleben der Frau Doktor Franzen kennt sie sich nicht aus. Ein kultiviertes Haus. Nun ja.

Tröger stellte dann seine überflüssige Frage ganz direkt. Frau Leibel schaute ihn nur an. Schien zu nicken. »Natürlich sind wir einander zugetan gewesen.« Er, Werning natürlich, sei ein großartiger Mensch gewesen. Die Vorbereitung der Reise, zusammen mit ihm, hat soviel

Freude gemacht und innere Befriedigung erzeugt. Nachdem die Reise feststand, hat sich Herr Doktor Franzen ja gar nicht mehr beteiligt. Und eigentlich hat es da noch mehr Spaß gemacht. Frau Leibel lächelte in die Ferne.

Tröger setzte seinen Blick genau und kam auf das Gefühlsleben der Franzen zurück. Frau Leibel kannte sich da immer noch nicht aus, zuckte aber, als Tröger in groben Zügen den Ablauf des gestrigen Abends schilderte, besonders als er den Kosenamen »Schäfchen« erwähnte und wie nebenher fragte, wer denn nun wen so genannt habe. Woher soll Frau Leibel das wissen?
Mein Gott, sie weiß doch, daß Werning mit der Frau was hatte! - Herr Franzen auch. - Ach, nee? - Aber sicher!

Ohne Zweifel!

War wohl eine sehr tolerante Ehe? - Ist sie das nicht mehr?

Woher sollten beide das wissen? Man schaut den Menschen nur vor die Stirn.

Dann sagte Frau Leibel nach einer Weile, in der Tröger eifrig nach Fortsetzung suchte: »Herr Werning hat *mich* Schäfchen genannt!«. Woher dies plötzliche Bekenntnis? Eifersucht? Besitzanspruch? Angst?

Frau Leibel war längst fortgefahren: »Ich weiß, das ist nicht gerade eine neueste Erfindung oder gar Wortschöpfung im kreativsten Sinn. Aber es war unser Name, unsere Erkennungsmelodie. Dieses Wort paßte zu uns. Wir waren glücklich.« Nun weinte Frau Leibel doch (vielleicht im eigenen Rausch von Volksmusik - aber wer kann das von einem anderen schon sagen?).

Tröger kam sich hintertückisch vor, als er sich - wieder ganz direkt - danach erkundigte, warum denn Frau Franzen bei Erwähnung eines fremden Liebeswortes so aufgeschreckt sei.

Woher soll Frau Leibel das wissen?

Ja. Gewiß. Woher soll sie das wissen. Sie war nie im Sauerland. Sie kann sich deshalb nicht vorstellen, Herr Werning habe auch Frau Franzen mit ihrem Namen (*ihrem* Namen!) ausgezeichnet. Undenkbar, daß er einen, *den* einen Namen auf zwei Frauen aufgeteilt hat. Frau Leibel *und* Frau Franzen; das konnte sich Frau Leibel überhaupt nicht vorstellen. Aber daß am sauerländischen Kamin Herr Werning die Gastgeberin so benannt hat, während Herr Doktor Franzen die Scheite nachlegte, so daß das Feuer hoch aufprasselte, das wiederum konnte sich Tröger nur schwer ausmalen. Aber vielleicht waren sie zwischen Mittag und Nachmittag, zur Zeit des ehemännlichen Mittagschlafes, zusammen zum See aufgebrochen, hatten den wunderschönen Südweg am See genommen; und Herr Werning hat »Schäfchen« zu Frau Doktor Franzen gesagt, wiederholt und immer wieder und am folgenden Wochenende auch. Das konnte Tröger sehr gut zusammenbringen.

Jetzt benahm er sich zurückhaltend, wie es seine Art nicht war, und sagte davon nichts der traurigen Frau Leibel, die jedoch auch wußte, was sie der Schicklichkeit schuldete, und zu weinen aufgehört hatte, aber ihr Bananen-Getränk nicht mehr anrührte. Verwässert war es durch soviele Tränen.

Tröger dankte für das Gespräch, und Frau Leibel versicherte, für weitere Auskünfte ihm zur Verfügung zu stehen. An der Tür nannte sie Frau Franzen ein widerlich besitzergreifendes Weibstück.

XV

Weimarer Verhör (2)

Als Kötterholz gefragt hatte (ebenso nach dem Frühstück), hatte Frau Doktor Franzen auf Stilvollem bestanden. Im ersten Schreck hatte er geglaubt, sie werde die Fürstengruft vorschlagen. Das tat sie nicht. Wahrscheinlich war sie nicht darauf gekommen.

Sie schien übrigens wieder einigermaßen hergestellt. Manchmal lächelte sie, manchmal überkam sie gar der Schalk. Es mochte wohl eine geruhsame Nacht gewesen sein. Vielleicht hatten sich Herr und Frau Doktor Franzen ausgesprochen, ihre Seele gereinigt, sich noch einmal ausgesprochen und waren dann eingeschlafen, in der mehr oder minder schönen Gewißheit, daß der Tod einen Teil ihrer Nöte gelöscht hatte. Von Geständnissen konnte selbstverständlich nicht die Rede sein, es sei denn von denen ihrer inständigen Seele. Aber wer von ihnen dem neuen Glück und dem überlegten Tod auf die Sprünge geholfen hatte, davon sprachen sie nicht. Wie auch? Das eine ahnte vom anderen, hatte es dies nun selbst in die Hand genommen oder auch nicht.

Kötterholz hatte auch keine Ahnung, hatte noch kurz Trögers Bericht entgegengenommen, bevor er zum Goethe-Haus aufbrach, und war mit seinem jungen Kollegen der Ansicht, daß Frau Leibel aus dem Mörderrennen ausgeschieden war - so voll vergeistigt, wie sie war, und so voller Haß gegen Frau Franzen; die letztere aber lebte noch. Kötterholz schickte also, nach Maßgabe des Erkenntnisstandes, Tröger hinter Herrn Doktor Franzen her, zwecks Beschattung (»Kein Zugriff!«); sicher ist sicher.

Wie gesagt, hatte sich Frau Doktor Franzen Stilvolles gewünscht, und schalkhaft hatte sie Goethes Remise (oder Garage oder Stall) als Ort des, sagen wir, Rendezvous anempfohlen. Kötterholz hatte zugestimmt; hatte keine genauen Forderungen an Stil und Romantik; auch Schillers Küche (um nun endlich diesen Meister einzubringen) wäre ihm recht gewesen oder die von Mac Donald's irgendwo.

Nun stand er in der dunklen Remise unter dem Hause des Meisters, begrüßte Frau Franzen und fragte: »Warum nicht das Gartenhäuschen?« - »Unsere Sache gehört ins Zwielicht«, antwortete sie abgründig. - O ha? - Aber es war ein Scherz gewesen.

Nacheinander aber schlug Kötterholz Lichtvolleres aus:
- Rundgang durchs Goethe-Haus
- Betrachtung von Goethes Kutsche
- gemeinsame Lektüre von Trunz' »Ein Tag aus Goethes Leben« und von kurzen Passagen aus Manns »Lotte in Weimar«.

Ihm kam die Zahnarztfrau zu aufgekratzt, zu widersprüchlich vor. Außerdem hatte er den Spaß an Tat und Aufklärung und Drumherum längst und besonders jetzt verloren.

Sie standen im Halblicht neben Goethes Kutsche. Besucher kamen nicht vorbei, was eigentümlich genug war, oder es ging auf die Schließung der Gedenkstätte zu. Frau Doktor Franzen hatte Kötterholz untergehakt und sagte: »Goethe fühlte sich eines jeden Verbrechens für fähig.«

Sie hatte also selbst angefangen. Kötterholz war erleichtert und auch verwundert: Entweder war sie nachlässig oder selbstsicher oder hatte den Verstand verloren. Es konnte ihm recht sein. Er setzte nach.

»Ach«, sagte Frau Franzen, »wir haben den Südweg so geliebt, den Südweg am Rande des Sees entlang. Das Knakken und Knistern der Scheite, und wir zu dritt vor dem Kamin.«

Zu dritt?

»Nun ja.« Frau Franzen strahlte Kötterholz ein ganz offenes Gesicht entgegen. »Auch zu zweit. Und den Südweg am

See meistens zu zweit.« Franzen sei fußfaul. Meist ist er vertieft in seine Aufstellungen, Zahlen und Korrespondenzen. Dafür hat er am Möhnesee im schönen Haus die meiste Ruhe.

»Ach, im Frühling die Krokusse«, fuhr Frau Franzen fort, »die Krokusse auf der Wiese, die Narzissen und Osterglocken, wie sie unberührt auf der Wiese stehn. Niemand darf sie brechen. Bis sie welken. Von selbst vergehn. Ende April.«

Natürlich hat Frau Franzen Herrn Werning geliebt. Aber dezent. Aber schüchtern. Der Zahnarzt steckte in seinen Büchern und verzweigten Geschäften. Das war ja auch der Zweck gewesen, weswegen Werning ungezählte Male ins schöne Landhaus eingeladen war, welche Gelegenheit Werning aus dargelegten Gründen gerne ergriff. Frau Franzen störte nie die Geschäfte der Männer. Ihr Mann im Gegenzug (ob bewußt oder aus Trottelei) störte nie die langen Spaziergänge der beiden. Ob er etwas geahnt habe? Frau Franzen glaubt es nicht. Ihre Ehe ist weitoffen für alle Realitäten, und Werning war diskret und geschäftstüchtig, also beiden Gatten willkommen. Und sanft war er und klug. Über Kunst mit ihm zu reden beim Gang durch die Natur war so welthaltig. Vor der Drüggelter Kapelle stehen, diesem romanischen Kleinod am See, und einfach nur schweigen, das war so nah am Sinn.

Herr Werning hat Frau Franzen immer »Schäfchen« genannt. Beileibe keine großartige Erfindung, das wußte die Franzen auch, keine Ein-Wort-Dichtung, aber so weich in Wortlaut und Empfindung.

Sie standen in der Dämmerung des Raumes neben Goethes Kutsche. Kötterholz wunderte sich, daß er nicht nervös wurde, weder durch die allmähliche Dämmernähe noch durch alles verdeckende Sätze, die sich häuften. Er hatte keine Lust auf referierte Liebeszustände. Er ließ Frau Franzen in ihren Erinnerungen und jetzigen Anwendungen allein. Einen Gang durchs schöne Goethe-Haus schlug er nochmals aus, mochte er kulturell auch noch so ertragreich sein.

Sie sei eine leidenschaftliche Frau und kunstbegehrlich. - Soweit, so gut und schlußendlich zur Erklärung ihrer tragisch verlaufenen Liebe.

Nur ganz kurz ging Frau Doktor Franzen auf die Situation ein, die Kötterholz schon aus der Erzählung der schönen Sängerin kannte: Frau Franzens Name, Liebesname »Schäfchen« vor der fremden Hoteltür Nr. 420. Ihre einzige und alleinige Liebesinschrift ins Herz plötzlich für zwei. Das hat sie schwer getroffen und betroffen gemacht. Sie hat lange da gestanden, an der Ecke im dämmrigen langen Hotelflur, und hat lange geweint.

*

Mittlerweile hat Tröger Doktor Franzen entdeckt. In der Hotelhalle natürlich, wo alles augenscheinlich seinen Ausgang zu nehmen scheint. Er geht ihm durch die Drehtür in einigem Abstand hinterher. Seine Sängerin begleitet ihn und findet ihre Unternehmung spannend. Die letzte Woche hat sie jedoch auch nachdenklich gemacht über Schuld und Liebe, wovon schon ihre rauchigen Lieder sagen. Die Wirklichkeit kommt ihr aber so reimlos vor.

Sie beschatten also. Gehen nach. Der Altistin kommt das spannend, aber auch obszön vor. Nach einigen Kreuzungen nordwärts weicht die Spannung dem Gefühl, aufdringlich zu sein, indezent einzudringen in was auch immer.

Dr. Franzen scheint also nichts zu verbergen zu haben, wenn dies aus der Richtung, besser: aus den Richtungen, besser: den Richtungsänderungen ablesbar ist. Oder er will Verfolgungen vermeiden. Oder er schreibt geheime Zeichen in Weimars Stadtplan. Sie gehen allgemein nordwärts, das ist ungefähr dem Goethe-Haus zu. Tröger sagt das Irene, seiner schönen Altistin, und fügt hinzu, daß ihn das beunruhige, denn da trifft sich Kötterholz mit der Zahnarztfrau. Das besorgt ihn, denn Privatdetektive glauben nicht an Zufälle, nicht nur weil sie häufig schon als Gotteslästerungen gekennzeichnet worden waren. Irene hat sich eingehakt. »Das ist die perfekte Tarnung«, sagt Tröger. Irene bleibt trotzdem eingehakt.

Links und rechts den Gassen nach, wie sie krumm verlaufen. Die Menschenströme sind versickert. Manchmal bleibt der Doktor vor einem kleinen Laden stehen und betrachtet wahrscheinlich Antiquitäten. Irene und Tröger müssen dann den Abstand größer werden lassen, sagt Tröger zu Irene. »Bin gespannt, wo wir landen«, sagt Tröger.

*

Kötterholz konnte das gut verstehen. Trotzdem lehnte er abermals einen Besichtigungsgang durchs Goethe-Haus ab. Er ließ sich nicht ablenken und fragte Frau Franzen nach den drei dunklen Männern. Sie gab durch Blick und Achselzucken bekannt, daß sie nicht verstehe, worauf er hinauswolle.

Kötterholz ging gewiß nicht ihre Männerbekanntschaften durch. Sagte er. Frau Franzen hatte gewiß nichts zu verbergen. Sagte sie. Sie seien Bekannte ihres Mannes. Aus Rußland. Also was? Auf der Durchreise von Berlin nach Moskau. Warum macht man dann so lange, immerhin eine Woche lang, Zwischenstation in Weimar? - Woher soll Frau Franzen das denn wissen. Sie hat die Männer halt, sozusagen gezwungenermaßen, durch ihren Mann kennengelernt. So what?

Kötterholz fehlten genaue Recherchen. Herr Doktor Franzen war nie mit den drei dunklen Männern im Foyer des Hotels gesehen worden. - Na und? - Kötterholz wurde allmählich ärgerlich, denn Frau Franzen hatte ja recht mit ihrer Antwort. - So what?

Er betrachtete Goethes Kutsche, dachte daran, daß der Meister die alternde Lotte mit eben dieser abgeholt habe vom Theater. Waren sie ins Gartenhäuschen gefahren? Hatten sie einen Spaziergang durch den Park gemacht? Hatten der Ilm zugehört, rauschen, rauschen, rauschen?

Er wollte den romantischen Weg nicht weitergehen, keinen Spiegel der Seele aufstellen. Er fragte schlicht, aber betont nach ihrem Rendezvous mit Werning im Park am Donnerstag nachmittag. »Da lebte Herr Werning noch!« Kötterholz hatte die Stimme gehoben, sehr gehoben, denn, wie gesagt, er war ärgerlich geworden. Frau Franzen erschrak: All die Namen umschwirrten sie noch, Wernings Name, des Gatten Name, ihr Name »Schäfchen« geteilt durch zwei. Sie schaute auf Goethes Kutsche, dachte an Lotte, die im hohen Alter noch mit dem Meister hatte fahren dürfen, an die Ungerechtigkeit der Welt, an den Südweg mit Werning am See entlang. Wie lange hielt sie dies noch durch? Der dritte Vorschlag zu einem Gang durchs Haus des Meisters blieb im Halse ihr stecken.

*

Mittlerweile gehen sie durch die verwinkelten, pittoresken, dunklen Gassen westlich der Herder-Kirche. Tröger ist zufrieden darüber, daß Doktor Franzen immer noch nicht bemerkt hat, daß er verfolgt wird. Seine Schritte erwecken den Anschein, als würden sie zielgerichteter. An der Ecke liegt eine Kneipe. Dort geht er hinein. Tröger hat nun das Problem, auch weiterhin unauffällig zu bleiben. Also hält er Irene zurück, die eigentümlich unbekümmert, als habe sie den Zweck ihrer Beschattung vergessen, Doktor Franzen sofort folgen will. Sie warten fünf Minuten auf der gegenüberliegenden Straßenseite, dann gehen sie Franzen nach.

Die Wirtschaft gibt sich nicht den mindesten Anschein des Rustikalen, will nicht ländlich aus der Gegend stammen, hat nichts Thüringisches vor. Aber wahrscheinlich hat sie die köstliche Blutwurst im Angebot. Hinten in der Ecke sitzt Doktor Franzen. Tröger und Irene sind am Tresen stehen geblieben und bestellen zwei Bier. Sie unterhalten sich, um nicht aufzufallen, aber auch nicht zu laut, um nicht aufzufallen, über Goethe und Herder, was in dieser Umgebung nicht unauffällig bleiben kann. Der Wirt hat schon viele komische Vögel in seiner Kneipe gehabt; er ist aufgeschlossen und sagt: »Ja, ja, unsere Stadt ist bemerkenswert.« Er ist stolz und greift in sein höheres Vokabular. Tröger fühlt sich entdeckt und wechselt das Thema. Nicht nur die Stadt sei vorzüglich, sondern auch das Bier. Das geriet plump, bemerkt er. Es ist ihm aber gleich. Warum sollen sich nicht verrückte Touristen in diese Kneipe verlaufen? Er sieht, wie beiläufig, zu Franzen hinüber. Der sitzt da, und neben ihm sitzen die drei dunklen Russen. Sie unterhalten sich. Aber ihr Gespräch dringt nicht bis an den Tresen.

Irene bleibt stumm. Tröger bemerkt es nicht. Er ist ganz auf Franzen fixiert, obwohl er nichts hört. Er hat Glück: Franzen schaut nicht herüber und erkennt sie. Wie wäre ein solches Zusammentreffen zu erklären? Von beiden Seiten. Ein »Hallo! Was für ein Zufall!« wäre nicht ausreichend gewesen, noch irgend etwas zu verbergen. Tröger hat keine Zeit, darüber nachzudenken, denn Doktor Franzen greift in die Brusttasche seines Jacketts und holt einen dickeren Umschlag heraus, reicht ihn über den Tisch. Einer der drei Russen greift zu und ruft nach vier neuen Bier. Der Wirt hinter dem Tresen murmelt Tröger und Irene zu: »Sollen doch zu Hause bleiben, die Iwans, hier werden sie nicht mehr gebraucht.« Doktor Franzen steht bereits neben dem Tisch, beugt sich, vertraulich Abschied nehmend, darüber; aber ein Bier wird wohl übrig bleiben, oder die Russen bleiben noch länger. Tröger wirft Kleingeld auf den Tresen und schiebt Irene zur Tür.

Draußen geht er schnell um die nächste Ecke, hält Irene bei der Hand und zieht sie; aber auch das ist eine perfekte

Tarnung. Vor dem Herder-Denkmal vor der Herder-Kirche halten sie an. Tröger ist befriedigt und sagt: »Sieh mal an! Ein bilaterales Geschäftchen!« Irene hat keine Lust mehr an der Detektiv-Arbeit, und sie gehen ins Hotel zurück.

Sie warten auf Kötterholz. Trinken noch ein Bier, das ihnen der Kellner aufs Beistelltischchen stellt. Sie reden kaum. Dann sagt Tröger: »Ach Irene, du siehst müde aus.«

*

Kötterholz half mit keinem Wort Frau Franzen aus ihrer Beklemmung. Sie standen neben der Goethe-Kutsche, und sie konnte nicht mehr. »Nun ist es zuviel«, sagte sie.

Immer noch kam kein Tourist in die Kutschengarage. Sie standen allein. Kötterholz hörte zu:

Wie verabredet trafen sich Frau Franzen und Herr Werning am Stern im Park. Werning lachend, strahlend. Frau Franzen eher gedrückt. Aber ein Gedanke nur an die nächtliche Situation im Hotel, ein Gedanke nur an den Doppelnamen ließ alle schönen Blicke und Augenblicke am Möhnesee in Racheglut tauchen. Wie gezwungen trieb sie alle herrlichen Umstände in ihrer Schrecklichkeit und Ferne sich vor die Augen. Es mußte, es konnte nicht anders mehr sein, es mußte enden als finaler Kuß.

Frau Franzen hatte ein reichhaltiges Picknick vorbereitet und in einem rustikal dezenten Korb mitgebracht und auch eine Decke. Sie saßen dann am Stern vor den Eibe-Büschen. Herr Werning aß vom Lachs und lobte ihn sehr. Frau Franzen nahm nur wenig zu sich und bot immer wieder vom köstlichen Tee an. Herr Werning lobte den köstlichen Tee. Ein wenig fremd mundete er, aber köstlich. Vielleicht ein bißchen herb.

Zwischendurch spielte Frau Franzen am Eibe-Busch, beschäftigte sich mit den Früchten der Eibe, klaubte wie spielerisch und gedankenverloren die Kerne heraus. »Bist du nervös, Schäfchen?« lächelte Herr Werning. »Aber nein«, sagte Frau Franzen, »ich spiele nur gern mit den Eibe-Kernen.« - »Wie schön es hier ist«, sagte Herr Werning in die weggleitende Sonne und nahm vom Tee. Frau Franzen goß nach, zerrieb auf einem Stein, als sei es eine zufällige Handlung oder gehöre zur Tee-Zeremonie dieser Gegend, mit ihrem Diamant-Ring den spielend freigelegten Eibe-Kern. Herr Werning nahm vom Tee und von der kalten Entenbrust (»wie köstlich, wie knusprig, wie zart«). Frau Franzen gab weitere Eibe-Kern-Brösel in die Teekanne; Herr Werning achtete nicht darauf. O hätte er's nur getan! »Es schmeckt und ist so lecker«, sagte Herr Werning, »fremdartig, aber wohlschmeckend« und schlug seinen Arm um ihre Schulter; er schaute ihr in die Augen. Sie kam ihm eigentümlich starr vor, so wenig hingebungsvoll, so weggewandt. Deswegen bedankte er sich ausführlicher für den schönen Nachmittag, das schöne Picknick, den belebenden Orvieto Classico jetzt - auch der etwas fremd im Geschmack, besonders im Nachklang und Schwänzchen. Aber das Sprechen fiel ihm bereits schwer, obwohl er dem Wein noch nicht sehr zugesprochen hatte und er doch einiges vertragen konnte, wie sie beide wußten. Sie schaute ihm prüfend in die Augen, die absonderlich starr waren. Motorisch schon ein wenig träge, griff er zielunsicher nach dem schief auf der Decke stehenden Glas, als könne man Trunkenheit durch Trunkenheit bekämpfen. Das Glas kippte um, und der Orvieto, *grand cru* von der besseren Traube, ergoß sich. Er schien es nicht zu bemerken. Frau Doktor Franzens naturwissenschaftliche Entdeckerfreude war erwacht. Sie staunte, daß tatsächlich alle Symptome auftraten, die ihr die Frau des Apothekers aus dem münsterschen Rotary-Club geschildert hatte, als sie die Freundin verdeckt nach der Eibe, nach der *taxus baccata* gefragt hatte, vorschützend einen Biologie-Test ihres Ältesten kurz vor dem Abitur. Erstaunlich, wie die Natur bedachtbar vorherzusehen war, verglichen mit ihrem eigenen wissenschaftlichen Gegenstand, der bildenden

Kunst: wieviele Überraschungen bei Cranach zum Beispiel, wieviel Verblüffung und Verwirrung im Vergleich zur absehbaren lebenden, noch lebenden Natur vor ihr. Sie war sich nicht im klaren, was wem vorzuziehen war - rein wissenschaftlich gesehen.

»Du hast sie geliebt?« fragte sie, aber es war unklar, ob Werning nickte oder kraftlos mit dem Kopfe wackelte.

»Vielleicht war's der Fisch«, sagte sie und wollte beruhigen; dies Übermaß an körperlicher Sensation ekelte eher.

Sie mußte sich beeilen, wollte sie Werning noch bei Bewußtsein wissen lassen, warum er nun sterbe. Er griff sich ans Herz, und sein Atem ging schwer. »Du hast sie Schäfchen genannt«, sagte sie und schaute strafend, aber auch mit einem Rest von Sanftheit; denn der Tod, der langsam schreitende, löscht die Wut, den Haß; auch dies war Frau Franzen neu und seltsam. Sie vergaß alle anderen Sätze des Grolls und der rasenden Rache, die sie dem Geliebten ein Stück weit noch hatte auf das letzte Stück Lebensweg geben wollen. Sein Blick hatte sich nun in dem Ihren festgemacht, festgekrallt. Sie wußte jetzt, er hatte verstanden; es genügte, es war genug.

Die Schatten des Eibenstrauches breiteten sich bereits über Decke und Picknick. Sie gab das Zeichen. Denn die Apotheker-Frau, damit der Sohn der Freundin auch ja nichts Falsches antworte, hatte noch hinzugefügt, die Eibe töte langsam, bacchantisch, narkotisch und, Frau Franzen hoffte es nun, euphorisch; dies sollte ihr letzter Dienst an ihrer Liebe sein.

Sie gab das Zeichen hinüber zum Weg jenseits der Eiben, ließ sanft den Geliebten ins Gras gleiten, der heftig nach Luft rang, sich wehrte, mit der rechten Hand das Herz rieb. Von Euphorie leider keine Spur. Schon winkte sie drängender, panischer, während sie die Picknickreste zusammenschob und in die Decke schlug.

Heftiger noch gab sie den drei dunklen Männern das verabredete Zeichen. Werning schien endgültig begriffen zu haben, daß es ihm ans Leben ging, denn er streckte die Hand zu ihr aus; ob in feindlicher Absicht, ob in ultimativer Zärtlichkeit, war nicht zu durchschauen. Aus dem Schatten hob sie sich ins Helle, ein vergebliches Bemühn, zu was auch immer. Frau Franzen eilte fort. Ihre Liebe war zu mächtig, als daß sie hätte mitansehen können das Ende: wie die drei dunklen Männer Werning an Schultern und Beinen packten. Das hätte zu mächtig ihre Seele bedrängt, wäre vielleicht als Trauma auf immer haften geblieben und hätte ihre Träume vergällt. Sie wollte Werning in Erinnerung behalten, wie er seine Hand nach ihr ausstreckte - als Liebesgruß! Sie schleppte den Deckensack in die Eiben-Büsche und schaute sich nicht mehr um.

Am nächsten Morgen war bekanntlich der Frühstücksraum voll der Nachricht, Herr Werning sei erhängt unter der Sternbrücke gefunden worden.

Frau Franzen atmete tief neben der Goethe-Kutsche. Kötterholz rang nicht nach Worten, sondern schwieg. Er überlegte, ob bei Frau Doktor Franzen wohl Fluchtgefahr bestand, ob er Trousseau und Schwerte alarmieren mußte. Aber nein, die Frau war nicht auf dem Sprung und auf der Flucht. Im Gegenteil, sie schob sich näher an Kötterholz heran. Was ihm natürlich auch nicht recht war.

»Wir sollten gehen«, sagte er.

Sie gingen unter Goethes Residenz- und Wohntrakt durch. Nein, Meister, dies ist keine Tragödie, sondern gewöhnlich, verslos: Der Blankvers würde sich sträuben, zu Recht.

Der Weg zum Russischen Hof ward ihnen lang, Kötterholz zumindest, und schweigsam geriet er ihnen. Nur einmal Frau Franzen: »Muß ich jetzt eigentlich noch die Russen-Mafia bezahlen?« Kötterholz antwortete, da müsse er erst bei der Weimarer Kriminalpolizei nachfragen.

Frau Franzen zeigte keine Reaktion. Im Hotel ging sie direkt auf ihr Zimmer.

*

Kötterholz und Tröger saßen dann noch anschließend gemeinsam in der Bar, in einer hinteren Ecke, tranken Bier am Mittag und rauchten, damit die Gedanken auf angenehme Weise sich verteilten und die Kalamitäten nicht zu aufdringlich wurden.

Denn die gab es durchaus noch. Zwar hatte Frau Doktor Franzen gestanden, so wäre Triumph durchaus nicht abwegig. Warum sollte sie gegen sich lügen? Sie hatte Werning geliebt. Bis zum Letzten. Da war kein Zweifel möglich. Aber Herr Franzen? Welche Rolle spielte der? Warum gab er den durchreisenden Russen Geld, die doch von der Gemahlin angeheuert worden waren, den Geliebten unter die Sternbrücke zu hängen? Soweit konnten Zugewinn- und Gütergemeinschaft doch nicht gehen.

»Eine vorbildliche Ehe«, meinte Tröger. Kötterholz schaute nur auf, machte die Stirn kraus oder hinderte sie nicht. Tröger setzte zu neuer Beweisführung an. »Fakt ist demnach«, Tröger schien dieses Wort liebgewonnen zu haben, »Fakt ist, Frau Franzen tötet und läßt töten und überläßt nichts dem zufälligen Mißlingen. Aus Eifersucht!« Tröger konnte es nicht lassen, seine Lieblingstheorie betreffend Mord in diesem moribunden Wettstreit zu favorisieren. Nun gut, er hat ja recht, dachte Kötterholz, nur mußte der junge Kollege ihm noch die vorbildliche Ehe erklären. Herr Franzen bezahlt die Russen. Nunmehr auch ein Fakt und wahr von Augenschein. Wieso aber stecken Gemahl und Gemahlin unter einer Decke, wenn es um den Geliebten der Gattin geht?

»Ganz einfach«, sagte Tröger, und langsam verging ihm jeder Trübsinn, denn sich bestätigende Theorien beleben den Geist. »Franzen läßt seine Frau einfach gewähren, bestärkt sie vielleicht sogar mit kleinen Bemerkungen, wie zufällig hingestreut. Denn daß er von der Liebschaft wußte, dürfte außer Frage stehen. Oder? Am Möhnesee hält man, auch über Geschäfte gebeugt, nicht nur über Gebisse, die Augen offen. Die Abende am Kamin, ein Glas guten Weines in der Hand, haben ihre eigenen Blicke in die Augen aller und ihre eigenen Bewegungen zueinander.«

»Theorien«, sagte Kötterholz.
»Verdammt passende«, sagte Tröger.

Hat Werning dann mit seiner Eroberung, mit der Leibel geprahlt? Warum sollte er? Hat er mit der zweiten Liebschaft die erste vorm Gatten vertuschen wollen? Eine reizvolle Annahme und logisch. (»Spielte der Werning nicht auch Schach? - Nein, das war die Leibel! - Schade.«) Auf jeden Fall mal angenommen, der Franzen weiß von der Liebschaft seiner Frau, des Werning mit seiner Frau und von der Eifersucht seiner Gattin auf Werning.

»Bißchen viele Annahmen auf einmal«, sagte Kötterholz. Tröger hört ihm nicht mehr zu. Plötzlich geht ihm alles so leicht durch den Kopf. Theorien beflügeln auch. Und Bier am Mittag.

»Er benutzt seine eigene Frau als Tatwaffe gegen den Nebenbuhler, indem er sie an ihrer tatkräftigen Eifersucht nicht hindert. So wird er zum Killer des Liebhabers seiner Frau mittels eigener Frau.«

Kötterholz hat verstanden: »Ach, und rettet so seine Ehe! - Wirklich eine vorbildliche Ehe.«

Das Lächeln auf Trögers Gesicht Befriedigung zu nennen wäre untertrieben gewesen.

»Und die Russen?« fragte Kötterholz. »Wieso kommt die Franzen dazu, Geschäftspartner ihres Mannes als Mordgehilfen zu engagieren. Es müssen wohl dunkle Geschäfte sein, und die Frau weiß davon. Und der Gatte bezahlt die Helfershelfer wie Geschäftsfreunde. Allerdings in deiner dunklen Kneipe. - Gar viele dunkle Symbole.«

»Fragen wir ihn selbst«, sagte Tröger und wies mit der Hand auf den Bartresen; Doktor Franzen setzte sich gerade auf einen Hocker. Tröger war schon aufgestanden, und Kötterholz sah ihn neben Franzen mit einladenden Gesten.

Franzen lächelte ganz unverkrampft, als er an ihrem Tisch saß. Tröger verlor keine Zeit. Dann lächelte Franzen nicht mehr. Was sie das überhaupt angehe. Aber die Hauptsache war, Tröger sagte das ganz offen, er wollte endlich zum Schluß kommen, »die Hauptsache ist«, daß er nicht bestreite, »den Russen Geld rübergeschoben zu haben.«

»Eine geschäftliche Angelegenheit.« - Na, da schau einer an!

»Welche Geschäfte?«
»Ich bin Ihnen keine Rechenschaft schuldig.«

Und alle Sätze, die in eine solche Gelegenheit gehören.

»Natürlich wußte meine Frau von den Russen. Sie kennt sie aber nicht. Wir pflegen keinen gesellschaftlichen Umgang mit ihnen.«

Aber er wolle die Wahrheit sagen - na, da schau einer an! - nun da sie ja schon einmal wüßten, daß er geschäftliche Relationen mit Friedschaff anleiern und mit Schneider geschäftlich in Verbindung treten wollte, nun da sie's wüßten, sage er es: er habe kein rechtes Vertrauen zu Schneider gewonnen, und Friedschaff rede zuviel, auf jeden Fall habe er die Russen engagiert, um vor Überraschungen sicher zu sein (wer lasse sich schon gern übers Ohr hauen), um eine gewisse Sicherheit zu haben bei vielleicht gewalttätigen, er spreche das offen aus, gewalttätigen Gegebenheiten, auch um dem Geschäft eine genügende Hurtigkeit im Verlauf zu verleihen. Zwischendurch habe er ihnen nun ein bißchen Geld zugeschoben, damit die Laune und das Engagement erhalten bleibe. Das Geschäft müsse noch heute festgeklopft werden. Morgen sei schließlich Abreisetag.

Später, als Herr Franzen schon auf sein Doppelzimmer gegangen war - Warum nimmt ein reicher Mann ein schlichtes Doppelzimmer und keine Suite im »Elephanten«? Warum zieht er mit einer mittelständischen Reisegruppe los? »Um seine Geschäfte zu kaschieren«, sagte Kötterholz. »Warum so umständlich? Warum nicht über die Treuhand? Da wäscht die eine die andere«, sagte Tröger, als Franzen schon auf sein Doppelzimmer gegangen war - später also, sagte Tröger: »Daß Frau Franzen die Russen kannte, wissen wir, also daß der Franzen lügt; aber warum?« - »Vielleicht weiß er nicht, daß sie sie kannte. Eine wahrhaft vorbildliche Ehe! Sie hat sie gesehen und Rückschlüsse gezogen, als sie mit dem Gatten bei einer geschäftlichen Besprechung saßen in einer Ecke mit Beistelltischchen«, sagte Kötterholz. »Und dann hat sie sie engagiert; zwei Geschäftchen mit einer Familie für die Russen - die haben Familiensinn.« - »Und jetzt bezahlt der Gatte das Geschäft seiner Frau, von dem er doch gar nichts weiß?«

Geschäfte sind nun mal kompliziert und in der kommunikativen Abfolge sehr sehr sensibel.

Ob Herr Doktor Franzen denn nicht wisse (sagte Tröger), daß seine Frau mit Hilfe seiner Russen Werning umgebracht habe. Deswegen sei er, Franzen, mit dem Geld übergekommen am Resopaltischchen in der kleinen Kneipe an der Ecke nahe der Herder-Kirche. Und billig waren die bestimmt nicht, keinesfalls vom Haushaltsgeld zu bezahlen, auch bei großzügiger Haushaltsführung nicht, die Lücken lasse für Seitensprünge.

An dieser Stelle war Herr Doktor Franzen nun vom Tisch aufgestanden, hatte nichts mehr gesagt und war auf sein Doppelzimmer gegangen. Tröger begab sich nach oben zu Irene, Kötterholz nach oben allein ins Bett.

XVI

Weimarer Gefängnis

Es war nicht Mitleid, es war nicht Neugier, nicht kriminalistischer Tatendrang - an *diesem* Mord gab es nichts mehr aufzuklären -, was Kötterholz zu Besuch ins Weimarer Gefängnis brachte, am frühen Nachmittag und nach kaum einer Überlegung. Irene war mitgekommen. Beide waren sich mit zwei Sätzen einig, daß das sein müsse beim freundlichen Umgang mit Menschen, die es gegenwärtig nicht bequem haben. Wie Charles. Beide sprachen nicht über ihre Betroffenheit, kamen auch nicht auf die Idee, daß sie eine solche gar hätten. Sie schwiegen und erinnerten sich daran, daß auch Charles meist geschwiegen hatte.

Damit war es dann auch vorbei, als sie in den Warteraum des Untersuchungsgefängnisses traten und sofort von Frau Schlitz-Vulpius geortet wurden, die auf sie zukam, freudestrahlend.

Frau Schlitz-Vulpius, die treue Seele - dies nannte sie ihrerseits als Grund für ihre Anwesenheit »an diesem düsteren Ort«, »an dem heiligen Ort« -, Frau Schlitz-Vulpius kam ihn »zu retten«, ihm von seiner Rettung zu sagen. »Ist gerettet!« rief sie. »Sagt Ramses.« Und diese gute Nachricht wolle sie nun dem lieben Charles übermitteln, damit er sich keine Sorgen mache. »Alles wird gut!«

Kötterholz grübelte weiter. Auf einen Gefangenen zu warten ist nun wahrlich ein trübsinniges Geschäft. Warum wartet man überhaupt? Sind Gefangene so beschäftigt (mit sich selbst, mit den Verhören, ihrem Rechtsanwalt, mit dem Prozeß), daß sie unabkömmlich sind, daß der Besuch von außen stört, er besser zu Hause geblieben wäre: Und diesen Wunsch hatte Kötterholz nun wahrlich tatsächlich. Wie sollte er ein Gespräch überhaupt beginnen? Das Wetter konnte bestimmt kein Interesse abverlangen. Die Frage nach dem Motiv klang zu kriminalistisch, zu professionell, zu nah an der Sache im Sinne von Kasus, als daß sie nicht beleidigend gewesen wäre. Kötterholz schielte zur Tür gegenüber, durch die Charles aller Erwartung nach kommen mußte. Kötterholz hätte Grüße bestellen wollen - aber von wem?

Lächelt man einer älteren Dame beim Reden zu, so ist das nie wiedergutzumachen. Frau Schlitz-Vulpius hatte Irene mit Beschlag belegt. Natürlich komme die Rettung mit Ramses, dem Treuen, und deswegen habe sie ja diese Pflicht auf sich genommen, hier zu sein. Andererseits konnte Irene ihre Bewunderung nicht unterdrücken, daß Frau Schlitz-Vulpius sich ins Gefängnis aufgemacht hatte, doch wohl kein leichter Gang für die Kundin, wenn auch gute Kundin einer Mode-Boutique. Sie kam, um eine frohe Botschaft von Jenseits zu bringen für einen Menschen, der nichts anderes mehr hatte als diese, egal, ob glaubhaft oder von Wissenden belächelt. Vielleicht auch ist dies das Einzige, das man einem anderen zukommen lassen kann.

Ramses sei der einzige Mensch, dem sie vertraue. Irene legte ihre Hand auf den Oberarm der Frau. Heute am ganz frühen Morgen sei er außergewöhnlich zärtlich zu ihr gewesen und habe sie zärtlich »Schäfchen« genannt. Irene zuckte zurück. Wieder begann Übernatürliches nach ihr zu greifen. »Ein altmodisches Wort«, sagte Frau Schlitz-Vulpius, von dem sie nicht wisse, ob es einfach lieb gemeint gewesen sei oder als Kompliment.

Kötterholz hatte mitgehört, lachte aber nicht, sondern fragte ernsthaft, ob sie etwas von Eiben im alten Ägypten wisse und ob man es benutzt habe als Gift zur Schwächung von Herz und Lunge, etwa zur Dezimierung eines Herrscherhauses.

Frau Schlitz-Vulpius starrte Kötterholz an.

Der war schon wieder versunken in ein Gespräch, das er noch gar nicht hatte, in das bevorstehende Gespräch mit

Charles Lotter, dem Gefangenen, der ihm doch sagen solle, warum er sein eigenes Leben so durcheinander gebracht, indem er den Friedschaff erschossen hatte. Melba nennt man selbstverständlich keinen Hund, dessen geliebter Vorgänger Pêche hieß, sei beider Fell auch noch so sanft. Aber war das ein Mordgrund?

Frau Schlitz-Vulpius starrte Kötterholz an. Warum er so plötzlich auf Eibe komme. Wieder zuckte Irene. - So plötzlich nun auch wieder nicht. - Heute am frühen Morgen habe Ramses - mit einemmal zurückgeschreckt aus seinen Zärtlichkeiten - von der Eibe, der *taxus*, gesprochen, wie sehr sie lähme und einem Herrschergeschlecht gefährlich sei. Nicht sehr gebräuchlich als Todesmittel sei sie im Alt-Ägyptischen, aber dann und wann durchaus verfüglich. Frau Schlitz-Vulpius hatte - ein wenig durcheinander und denkend an Unheil, wie häufiger in letzter Zeit (Blick auf Irene, die zuckende) - sie hatte gleich nach dem Erwachen (wenn man eine Rückkehr aus Ramses' Armen ein Erwachen nennen kann) beim wissenden Herodot nachgeschlagen; der berichte nichts von Eibe-Giften im Alten Ägypten. Sie müsse dringend Ramses befragen in der kommenden Nacht. Mit Charles jedenfalls könne das alles nichts zu tun haben, denn dem sei Rettung versprochen.

Frau Schlitz-Vulpius hatte sich allmählich aus ihrem starren, seherischen Redeschwall befreit. Schaute Kötterholz jetzt mit offener Bewunderung an. Er habe ein feines Sensorium fürs Spirituale, wie er da soeben auf die Eibe gekommen sei, nachdem Ramses seltsame Andeutungen gemacht habe, bevor er ganz plötzlich aus ihrer Traum-Aura verschwunden sei. Von Herodot könne es Kötterholz ja nicht haben. Ob er öfter schon mal Kontakte zum Drüben gehabt habe, so ganz spontan und überwältigend.

Kötterholz mochte der himmlisch Begabten nun nicht sagen, daß ihr Gewährsmann reichlich verspätet mit seiner Sagung und Wahrsagung war, als daß sie noch verhindernd hätte wirksam sein können. Er hatte keine Lust aufs Jenseits. Jenseits von Jenseits war er nie gewesen; weder gezogen noch geschoben noch hinsinkend. Diese Reise lockte ihn nicht. Im selben Augenblick vergaß er das Grübeln sowohl über Gefilde jenseits des Hades (oder wie bei den Alten Ägyptern dieser Wasserweg auch heißen mochte) als auch über die Realität, die derzeit ein Gefängnis war. Denn die Tür gegenüber - Irene schaute starr - öffnete sich. Charles stand da. Schaute in den Raum. Die drei Besucher erhoben sich. Sagten nichts. Stürzten nicht auf ihn zu. Auch Frau Schlitz-Vulpius nicht, obwohl doch mit froher Botschaft.

Charles stand und schwieg. So hatte er es immer gehalten. Wie sollte man da ein gutes Gespräch beginnen?

XVII

Weimarer Polizei (2)

Entweder war der Krimi-Leser ein langsamer, bedächtiger Leser (was der Erfahrung deutlich widerspricht), oder der Krimi war ein umfangreiches Buch (was der Erfahrung noch deutlicher widerspricht). Auf jeden Fall saß er am späten Nachmittag wieder im Foyer und las. Viel konnte er von Weimar nicht gesehen haben. Aber das war der Sinn seiner Reise, wollte er sich die Klassik doch austreiben, wohl gar mit Beelzebub und korsischen Leidenschaften. Sein missionarisches Drängen auf die Mitreisenden, eher erpicht auf faßbare und touristisch begehbare Realität (die Häuser, Gärten und Gehwege von Goethe, Herder, Schiller, Wieland, Liszt und *le tout Weimar*), war erheblich zurückgegangen. Er hielt den anderen nicht mehr sein Buch unter die Nase und pries die Wirklichkeit, die er dafür ansah.

Die Untersuchungsbeamten, angeführt von Hauptmann Lhôtelier, Kommandant der schnellen Eingreiftruppe von Ghisonaccia, begriffen rasch, was vor sich gegangen war. Auf der Stelle begaben sie sich zur Wohnung des Ex-Gatten von Annick, Louis Milelli in Vezzani, um ihn zu verhören. Der arbeitete seit Tagen nicht, weil er unter Depressionen litt; er war krank geschrieben. Er gestand sofort.

Trousseau und Schwerte traten herein. Kötterholz und Tröger freuten sich aufrichtig. Nicht um mit ihren aufklärerischen Erfolgen zu prahlen. Gar so viel gab es da ja auch nicht. Jedenfalls war es ihnen bislang nicht gelungen, Herrn und Frau Franzens Taten, Zusammenarbeiten, Eifersüchte und erst recht nicht ihr Eheleben zu zergliedern und zu durchforschen. Gestanden die *beiden* den Mord mit unterschiedlichen Tatwaffen, zu unterschiedlichen Zeiten, mit unterschiedlichen Alibis und Handlangern, so waren sie von keinem Gericht zu belangen. Die Detektive stellten sich vor, die Franzens säßen bei Champagner auf ihrem Zimmer und lachten oder säßen vor einem knusprigen Entlein und grinsten. Aber warum sollten sie? Bis jetzt hatten sie offensichtlich noch kein Geschäftchen festgeklopft. Das bestätigten lachend Trousseau und Schwerte: »So leicht kann man unseren Osten doch nicht aufkaufen und verscherbeln.« Alle belachten dann das drollige Possessivpronomen: Wem gehörte denn nun was? Und in welchem Grundbuch stand's verzeichnet für die Nachgeborenen?

»Wunderbar, daß Sie uns vor der Abreise noch einmal besuchen«, sagte Kötterholz, »wir hätten uns auf jeden Fall auch noch gemeldet.«

»Am dienstfreien Samstagnachmittag«, rief Tröger, »das weiß man zu schätzen.«

Trousseau winkte ab. Die beiden Weimarer Polizisten wollten den Besuch offenbar menschlich niedriger hängen. Andererseits nichts Offizielles daraus machen, schon gar keinen Bericht. Wie sieht das aus? Zwei Polizisten zur

Berichterstattung bei zwei Privatdetektiven aus den alten Bundesländern.

»Also mehr ein halboffizieller Freundschafts- und Abschiedsbesuch. Nicht wahr?«

Kötterholz und Tröger, wie um ihre westliche Abkunft niedriger zu hängen, gestanden auch Rückschläge ein. Natürlich hatten sie sich an der Rezeption sofort nach den dunklen Herren erkundigt. Die waren abgereist am frühen Morgen. Offenkundig war Franzens Geld in der Kneipe doch kein Zwischensümmchen gewesen, sondern eine glatte Auszahlung.

Die Detektive berichteten ausführlich von ihren Gesprächen mit Frau Leibel, Frau Franzen und Herrn Franzen und vom erlauschten Gespräch unter der Brücke. Trousseau und Schwerte gaben eingehend Rapport über ihre Begegnung mit Schneider. Er hatte sie einen Tag warten lassen nach der gemeinsamen Durchsuchung von Wernings Zimmer am Donnerstag.

»Geschäftsmann Typ Wiesel, dieser Mensch«, sagte Schwerte.

Nicht eigentlich unangenehm. Aber Menschen, die dauernd mehrere Dinge gleichzeitig in der Mache haben, sind unerträglich. Da fühlt man sich so daneben, so nebensächlich, überflüssig und dienstbar; das ist selbstverständlich der Sinn der Sache. Wahrscheinlich hatte Schneider sich das bei seinen Ost-West-Kontakten längst antrainiert und verinnerlicht; darauf angesprochen, hätte er sich vermutlich entschuldigt und vom Computer-Bildschirm weggeblickt, aber nur um einen gewichtigen Ordner aufzuschlagen. Er telefonierte, klapperte auf der Tastatur, rief nach Unterlagen unter F und W, rief ins Nebenzimmer, dessen Tür offenstand, nach Kaffee: »Frau Flugscharr, ein Kaffee für die Herren!« Frau Flugscharr brachte den Kaffee und drei Kognak, stellte sich als Assistentin der Geschäftsleitung vor, blieb aber nicht im Zimmer. Gewiß spielten die beiden

Großraumbüro. Ein netter Zug vom Chef, wenn er die junge Frau weder als Assistentin noch als Sekretärin behandelte, und Kaffeekochen tat sie bestimmt gern, oder es stand im Vertrag.

Wie gesagt, Herr Schneider ließ die Klackerei und Bildschirmbetrachtungen, rief Frau Flugscharr nach Kaffee, ließ das Telefon flötentönen, machte ein paar Unterschriften auf den Papieren in der Unterschriftenmappe, rief Frau Flugscharr zu, sie solle die Wochenendangebote in den Zeitungen ausschneiden und ordnen und den Fotografen zur Jenaer Straße schicken, sie wisse schon, bat die Herren Polizisten Platz zu nehmen, er sei gleich soweit, lachte, tippte mit dem Finger auf den Anzeigenteil einer Zeitung, »Der hat seine Butzenscheibenbude immer noch drin!«, sagte, er stehe den Herren zur vollsten Verfügung, indem er auf sie zukam und sagte: »Die kriegt der nie los!«

Was gibt's denn?
Die gefundenen Zettel in Wernings Zimmer etc. ...
Na und?
Ob er Werning kenne.
Klar doch.
Und?
Was und?

»Ach, gehen Sie mir doch weg mit diesem münsterschen Buchhalter mit seinem Zahnarzt«, sagte Schneider und wurde ruhiger. »Die wissen doch nicht, was sie wollen, die beiden, und wollen das große Geschäft. Wissen alles und wissen alles besser. Ehemalige Studienräte wahrscheinlich!« Die Polizisten lachten, ließen sich aber nicht abwimmeln.

»Eigentümliche Papiere!«

Er wisse nicht, was der Buchhalter und münstersche Möchtegernunternehmer da aufgeschrieben habe. Die Polizisten wußten es im Grunde auch nicht, soviel jedenfalls doch, als daß es sich um lukrative Örtchen drehe. Herr Schneider hatte sich nichts vorzuwerfen. Er hatte ein paar Angebote gemacht, gute Angebote, halbwegs gute. Aber die Westfalen wollten nicht nur große Geschäfte, sondern auch Schnäppchen. »In unserer schönen Stadt.«

Die drei Herren lachten wieder, denn sie wußten Bescheid. Herr Schneider aber merkte verwundert, daß die beiden Kriminalisten keinerlei Anstalten machten aufzustehen und zu gehen. Schwerte glaubte nicht an eine branchenübliche Geschäftsverbindung, die nicht recht klappte, immerhin war der eine Geschäftsfreund (»Freund? Bei Ihnen piept's wohl!«) unter der schönen Sternbrücke im schönen Park leblos, leblos baumelnd usw. ...

Eigentümlich war, daß Schneider offenbar bereits Bescheid wußte, daß er folglich auch darüber hätte Bescheid wissen müssen, warum die Polizisten ihn besuchten: Schneider gab zu, von Wernings Tod von Doktor Franzen erfahren zu haben, Anruf Mittwoch mittag.

Er sagte es und wollte es gleich drauf durch eine Geste rückgängig machen, vergeblich, er sagte: »Was geht es mich an, wenn die Kunden sich gegenseitig plattmachen.«

Das ließ die Polizisten dermaßen ins Fragen geraten, daß Frau Flugscharr mit drei neuen Kognaks auftauchte und Herr Schneider mit dem Zugreifen nicht lange wartete. Nun blieb die Assistentin der Geschäftsleitung neben ihrem Chef stehen. Niemand wußte, wozu sie zur Hand sein sollte.

Herr Schneider hatte sich immer noch nichts vorzuwerfen. Frau Flugscharr warf den Kopf in den Nacken und strich mit beiden Mittelfingern auf beiden Seiten ihre Haare hinter die Ohren.

Es waren immer nur kurze Besuche gewesen der Herren Franzen und Werning, am Montag und am Dienstag, Besuche zwischendurch, auch mal Telefonate. »Die beiden wollten doch tatsächlich ihre Reisegruppe nicht vernachlässigen!« Schneider und die junge Frau Flugscharr wollten sich ausschütten, brachen aber abrupt ab. Mittwoch mittag war dann Herr Werning allein zurückgekommen. Hatte was von ihren beiden Familien geredet, an die sich Schneider aber kaum mehr erinnern konnte. Flüchtig, sehr flüchtig. Schließlich hatten sie andere Sorgen damals, hier in Weimar, hier im Osten, als Verbindung zu haben zu Bekannten im Westen. »Da gab's was auf die Finger!« Die beiden Weimarer Polizisten nickten, gaben ihre Aufmerksamkeit aber nicht auf, so daß Schneider fortfahren mußte.

»Also kurz und gut, Werning bot mir das Geld von Franzen an für ein halbwegs gutes Angebot, wollte Franzen umgehen und hatte schon alles gedeichselt mit der Frau.« Mit der Frau Doktor Franzen, die Schneider aber nicht kannte, nie gesehen hatte, »das können Sie mir glauben!«

Kurz und gut, solche Geschäfte, sagte Schneider, seien ihm zu heiß. Schneider brauchte verläßliche Partner. Heißes Geld war ihm augenscheinlich zu heiß. »Womit er wahrscheinlich meinte«, sagte Trousseau, »daß ihm das Geld zu heiß ist, das er nicht selber verschoben hat.«

»Kurz und gut! Das wär's dann!« rief Kötterholz.

Er schaute Tröger an. »Die Liebe«, rief er, »die Liebe ist nur ein Vorwand!« Tröger zuckte die Schultern.

Wie um Tröger nicht als Verlierer dastehn zu lassen, wie um die Gleichwertigkeit von Geld und Liebe in ihrer kriminellen Potenz herauszustellen, ging Kötterholz an die Auflösung »unseres kleinen Wanderweg- oder Schnittmusterrätsels«, des bei Werning gefundenen Zettels D1/D2: »Das Geld kam von Herrn Dr. Franzen, klar, die Liebe von Frau Dr. Franzen. Wie schön für Herrn Werning! Er brachte den Herrn Doktor - D1 - zu Schn., also zu Schneider, oder er band sie finanziell zusammen. Die Frau - D2 - ging an ihn und auch ein bißchen Geld für seine Vermittlerdienste in seinen Ost-West-Wechselgeschäften nach der Wende. Nur verschwiegen hat er uns auf seinem Zettelchen, daß er mit Franzens Geld und seiner Frau eigene Wege gehen wollte. Wahrscheinlich auf und davon.«

»Es wird Zeit, daß wir uns mit dem Zahnarztehepaar beschäftigen«, sagte Trousseau.

Frau Flugscharr war mit ihren Tassen und Gläsern ins Nebenzimmer abgängig. Herr Schneider hatte sich halb aus dem Sessel erhoben. Trousseau und Schwerte hatten ihren heißen Verdacht und verabschiedeten sich von Schneider. Nun wisse er immer noch nicht, warum sie gekommen seien, sagte er. Nein, seitdem hatte er von der Familie Franzen nichts mehr gehört. Zum Glück, habe er gesagt. »Mit sowas mache ich keine Geschäfte.« Heute, gerade am Morgen hatten die beiden Polizisten noch einmal angerufen. Schneider schien gedrückt, hatte vom Tod Friedschaffs am Abend zuvor gehört. »Dem sterben die Geschäftspartner weg«, sagte Schwerte.

Den beiden gefiel Kötterholz' Theorie.

»Mittlerweile ist es wohl mehr als eine Theorie«, sagte der, und Tröger nickte: Wie konnte es im Osten schon anders sein, als daß Geschäft und Liebe sich vermengten, wenn die Wessis mitmengten; der wahre Osten hielt noch die wahren Tragödien bereit, obwohl im Fall Lotter/Friedschaff eine Menge westliche Dekadenz hochspülte: Seit Caligula waren ihm die Schwulen unverständlich, seit Hadrian entschieden zu kitschig. Tröger kannte natürlich die Namen nicht und dachte nur Entsprechendes, das aber entsprechend intensiv. Hier gipfelte der Kitsch im Leiden um einen Hund, einen scharfen dazu. Und wenn *der* nicht mehr war, mußte eine Pistole her. Statt sich im Leben einzurichten wie jeder andere mit seinen Leiden auch. Ihm fiel nichts Genaueres als »Leiden« ein; er hatte Sehnsucht nach Irene.

Tröger hatte die Nase voll von all dieser Nachkarterei, von der kriminalistischen Nachlese, dem Verbrecherkehraus; wie gesagt, er hatte Sehnsucht nach Irene.

»Also zeigt sich«, sagte er, und das sollte aufs Ende weisen, »daß die West-Investigation mal wieder ihren Drang zum Erfolg bewiesen hat.«

»Was?« rief Schwerte.

»Wir sind froh, von euch lernen zu dürfen«, Trousseau spielte den Geknickten und Gelehrigen, den noch nicht ganz ausgereiften Angelernten. »Aber ihr müßt das verstehen: Verbrechen in diesem Sinne kannten wir damals nicht, als die DDR hier noch Vaterland war.«

Da lachten aber alle, wie in den amerikanischen Soaps, direkt in die Kamera hinein.

»Bleibt ja noch ein bißchen was zu tun für euch.« Kötterholz konnte kein Ende finden, in der Angst, dies könnte vielleicht sein letzter Fall gewesen sein.

»Wieso? Aber was denn?«

Da müssen die Franzens sichergestellt werden: Die beiden Weimarer werden mal höflich anklopfen, versprechen sie. - Lachen.

Da muß der Deckensack mit dem mörderischen Picknick der Frau Franzen aus dem Eiben-Gebüsch gefischt werden, weil drinnen noch wichtige Beweise verborgen und gerichtsverwertbar sind. - Lachen.

Und da muß der Kunstraub in der Herder-Kirche aufgeklärt werden. Nicht die kleinste Spur war aufgetaucht. Aber man war sich fast schon einig, daß hierfür die Russen-Mafia geradezustehen hatte. Aber wen sollte man beschatten? In welchen Löchern nachstochern? Zwischen Brest-Litowsk und Wladiwostok. Ob nun Weiß- oder ein anderes Rußland. Und von Amtshilfe irgendeiner russischen Behörde bestimmt keine Spur. Da wurden dann alle vier wieder ernst und gewichtig. Verbrechen schweißt halt zusammen, schweißt Ost und West zusammen. Immerhin.

»Russen rücken keine Kunstwerke raus. Soviel ist sicher.« Russen lieben schöne Dinge. Da waren sich alle einig. Besonders den Schatz des Priamos, der ja eigentlich den Türken gehört. Oder den Griechen? Aber welchen Griechen? - Lachen.

Kötterholz setzte eins drauf:
Da muß dringend die Schlitz-Vulpius observiert werden. Die mit ihrer Ramses-*connection* brütet über universale Verbrechen und nennt es Esoterik.

»Ehe ihr noch die *scientology*-Leute in ihren Geschäften und Steuer-Kämpfen bemüht«, will Kötterholz lieber nach oben gehen und wünscht einen guten Abend, der jetzt angebrochen sei.

»Wenigstens einer von uns, der mit sich was anzufangen weiß.«

Aber so ist es ja doch auch wieder nicht.

»Die Schlitz-Vulpius kriegt Schwerte als Bewacher. Dem kann das Jenseits nur guttun.«

Trousseau, Schwerte, Tröger, Kötterholz (von links nach rechts) lachen fröhlich und lauthals in die Kamera.

XVIII

Von Weimar ins Westfälische

Die Abreise hatten sich alle anders vorgestellt. Viel fröhlicher. Viel frohgemuter. Aber so muß es wohl sein mit einem Toten im Gepäck. Nicht wortwörtlich natürlich. Da taten die Bestatter und Überführer ihre Arbeit. (War eigentlich Wernings Familie, von der man so gar nichts wußte, benachrichtigt?) Frau Leibel hat es sich bestimmt nicht nehmen lassen, alles in ihre Ordnung zu bringen.

Es stimmt: Unsere Reisegemeinschaft machte einen lädierten, arg dezimierten Eindruck. Neben Werning fehlte auch die Familie Franzen, zumindest war sie nirgends zu sehen. Manches hatte sich wie üblich beim letzten Frühstück rumgesprochen. Aber aus Pietät und Rücksicht fragte niemand, wenigstens nicht laut.

Frau Leibel stand am Bus und lächelte, lächelte in unsere Reisegruppe hinein. Dann und wann fragte sie, ob man denn eine schöne und erfüllte Woche gehabt habe, womit sie natürlich hinterrücks ausdrückte, daß eine solche ihr ja aus bekannten Gründen nicht beschieden gewesen sei. Sie lächelte trotzdem, ein ernstes Lächeln, das sie sich abzwang, ein Lächeln *spes contra spem*, wie die Heiligen sagen, und so darauf bedacht, innere Freude *trotzallem* rundum zu spenden, was allen anderen genau diese nahm. Aber das gerade wollte Frau Leibel nicht. Wollte dagegen, daß alle anderen sähen, sie möchte ihnen nicht die Freude verderben. So kam ein Trauergemisch zustande, das am ehesten einem protestantischen Heroismus nahekam, gepaart mit westfälischer Dickköpfigkeit, die nicht abließ von Selbstqual und Züchtigung jedweder Ausgelassenheit, die einer Heimfahrt doch sonst wohl zukommt.

Aber die Rückfahrt kriegen wir auch noch zustande.

Man behandelte die Leibel mit der Scham, die man einer trauernden Witwe entgegenbringt. Das fiel eigentlich umso leichter, als Werning unverheiratet gewesen war. Einer bloßen Geliebten gegenüber hätte man sich sicher ins nächste Mauseloch verkrochen. Der erlaubten trauernden Liebe jedoch erbrachte man Reverenz, Scham zwar, aber Hochachtung. - Darf man sagen, Frau Leibel genoß es? - Sicher hatte sie sich auf diesen morgendlichen Buseinstieg in Gedanken vorbereitet. Sicher war ihr von Reisegefährtinnen bedeutet worden, daß sie sich das doch nicht antun solle, meine Liebe. Einfach hinten in den Bus einsteigen und für den Rest der Fahrt verschwinden. Aber Frau Leibel kannte Pflichterfüllung und Herzensgüte und beider schwierige Konjunktion. Das einzige, was ihr in diesem Leben noch blieb, war, ein Beispiel zu geben, wie man sich selbst hintanstellt, der nicht zu gefährdenden Freude der anderen zuliebe. Die lächelten traurig zurück, als ob sie dankbar seien. Aber genau das verlangte Frau Leibel ihnen ab.

Feige, wie er war, stieg Kötterholz hinter ihrem Rücken ein. Irene und Tröger, ohne mutig sein zu wollen, murmelten und wußten selbst nicht was.

»Ach, ja«, sagte die Leibel drauf und griff Irene an den Unterarm, so, als ob sie sage: Meine Liebe, möge Ihnen mein Schicksal erspart bleiben; Sie stehen noch so jung im Leben, und in Ihrem Alter hätte ich auch nicht gedacht, daß mich das Schicksal (Gott, HErr, GOtt der HErr, das LEBEN) so prüfen werde.

Alles einsteigen, rief niemand. Und der Bus fuhr ab. Weimar, ich muß dich lassen.

Eines jedoch mußte man der Trauernden zubilligen: Zu einem konnte man sie nun nicht zwingen (niemand auch tat es), daß sie sich in den vorderen Bussitz setze, der der Reiseleitung vorbehalten war. Der erinnerte sie zu sehr an den Sitz neben Werning. Damals vor langer Zeit. - Da, wie gesagt und miterlebt, ein gewisser Schwund eingetreten war, blieben noch Plätze übrig. Und das traf sich gut.

Die Sitze der Franzens zum Beispiel. Niemand saß bislang dort, und noch niemand hatte zu fragen gewagt, wo die denn steckten. Kötterholz tat, als ob ihn das nichts angehe, steckte eine Hand unter das Doppelkinn und legte den Kopf gegen die Rückenlehne. Der wollte doch wohl nicht einschlafen! Die busliche Öffentlichkeit hatte ein Recht auf Information! Eigentümlich nur, daß der sonst so kregele Tröger den Mund hielt. Eigentümlich auch, daß seine Liebe zu Irene (ein wunderliches Geschöpf) den Ausflug überstanden hatte. Bei Trögers allbekannter Flatterhaftigkeit. Die Sängerin tat den Mund auch nicht auf.

Sind denn hier alle verstummt? Ja, zum Teufel, sind wir hier denn auf einer Beerdigung?

Und ein bißchen Spaß auf der Beerdigung wäre ja wohl auch nicht zuviel verlangt. Oder?

Beziehungsweise auf der Busfahrt.

Die beiden Alt-68er waren schon der Meinung, daß man in aller Stille das Innere der Frau Leibel zur Ruhe kommen lassen solle. Das fand Kötterholz auch, der hinter ihnen saß (Irene und Tröger übrigens neben ihm jenseits des Busganges); aber wie sie es sagten, die beiden Ex-Lehrer, mit diesem pastoralen Hauch in der Stimme, dem missionarischen Psycho-Eifer, -Geifer: man müsse den Menschen abholen in seiner Trauer, um ihn dort nicht allein zu lassen; Trauerarbeit eben, bei der es zu helfen gelte; überhaupt helfen und auf keinen Fall allein lassen. Soziales Lernen sei angesagt, soziale Kompetenz zu erwerben. Und das sei die Aufgabe ihrer Politiker-Generation: soziales Lernen lehren. Die beiden Bundestagsabgeordneten waren befriedigt, mal wieder eine Mission skizziert zu haben.

Man war sich einig: Der Mensch ist gut. - Fragt sich nur: wozu?

Sie müsse natürlich spüren - gemeint war Frau Leibel -, müsse natürlich spüren, daß sie nicht allein sei in ihrem Alleinsein.

Nein, es hatte sich nichts geändert in diesem Bus. Selbst ein dritter und vierter Mord in nächster Nähe würde nichts ändern an dieser Liebe zum Nächsten. Zum Allerentferntesten, beim Heiligen Nietzsche, das könnte sich Kötterholz allenfalls vorstellen; aber diese Affenliebe zum Menschen? Da ballern sie, die irrsten Nationalisten, in Luft und Fleisch, je nach dem, welchen Kanal man abends eingeschaltet hat, behütet Kinder in Kasernen, läßt sie das Ballern üben, und die inländischen Bubis zerschlagen Ausländer in Detmolds Fußgängerzone. Die Sanften verstehn alles! Und reden drüber, bereden die Sachlage, meinen Seelenlage, nämlich die eigene, und reden und nennen das Bösartige nicht das Bösartige. Unter der Straßendecke, über die der Castor rollt, haben die Friedlichen den Sprengstoff versteckt. Dies ist die Friedfertigkeit allüberall, also Weihnachten allzeit und Menschen, die guten Willens sind; Wohlgefallen auf Erden. Selbst wenn die Erde, was sie nicht ist - man muß es ins Gedächtnis rufen -, nur von Hirten bevölkert wäre, würden diese Pittbulls haben und sich mit Spaten erschlagen.

Irene lehnte sich an Tröger, sie hatte Sehnsucht, Sehnsucht nicht zuletzt nach ihrer Stimme, also nach ihrer Musik. Möglich, daß sie nicht mehr ihre Karriere erlebte, auch nicht mit diesem Rauch in der Stimme. Auch träumte sie davon, etwas zu tun, für die Gesellschaft etwas zu tun, also für die Kleinen und Jüngsten, damit die zu ihrer eigenen Stimme fänden und das Singen liebten, also den Weg ins Freie und Friedlichere, kurzum: Was Tröger davon halte, wenn Irene Musiklehrerin würde. Tröger war unmusikalisch und sagte nichts, kuschelte sich stattdessen an ihren Busen, was einige Verrenkungen notwendig machte, da sie ja schon an dem seinen lehnte.

Der Leibel aus ihrem Tief helfen, der Frau das Gefühl der Gemeinschaft geben, ihr aufhelfen, sie aufheben, ja fast schon im Hegelschen Sinne - so wird der Marx auf den Hegel gestellt; sich kümmern.

»Deutschland, halt's Maul«, murmelte Kötterholz und tat, als ob er schlafen wolle. Die Alt-68er taten, als hätten sie ihn nicht verstanden, redeten weiter von möglichen guten Taten.

Den besten Part in unserem Bus hatte immer noch der Krimi-Leser erwischt. Er las in seinem Sessel. Was ist das Busgeraune gegen reale korsische Leidenschaften? Wirklich, wirklich, unklassisch und so menschlich.

Finale Lektüre

In Ghisoni schlossen sich fast zur gleichen Zeit die Türen der beiden Ambulanzen, der Totenambulanzen, hinter den Körpern der unglücklichen Opfer, die zum Leichenschauhaus des Hospitals von Bastia gebracht wurden, wo man sofort die Autopsien durchführte. Der Täter saß in Untersuchungshaft.

Frau Lemée, stellvertretende Staatsanwältin der Republik, kam sofort, zusammen mit dem Kommandanten Gravel, Polizeioffizier der Gendarmerie von Bastia, an den Tatort. Am Platze wurden die Untersuchungen, zusammen mit den Brigaden von Ghisoni, Ghisonaccia, Vezzani, Bastia und Ajaccio, in Angriff genommen.

In Ghisoni, wo das Paar bekannt und geachtet war, steht man unter Schock. »Sie waren zurückhaltend und freundlich, was für ein trauriges Ende!« sagten uns einige Personen. »Natürlich wußten wir genau, daß der ehemalige Mann der jungen Frau es nicht verkraften konnte, daß sie ihn verlassen hat, aber von da bis zum Mord an den beiden und auf diese Weise, das hätten wir uns nicht vorstellen können.«

In Ghisoni kannten alle »Greco« seit Jahren. Er kam regelmäßig durchs Dorf am Steuer seines Lasters, kündigte seine Durchfahrt durch ein langes Hupzeichen an. In seinem Betrieb war er unentbehrlich, ein Mann, in den man völliges Vertrauen setzte. Niemand konnte besser als er eine Ladung Holz stapeln und den Tücken der Straße ausweichen. - Das Schicksal hat es gewollt, daß er den Tod fand, zusammen mit seiner Gefährtin, die er gewählt hatte und die er liebevoll »Schäfchen« nannte, mit der er in diesem Dorf leben wollte, das er so sehr liebte und wo er sich doch zu Hause fühlte.

Neues Literaturkontor

Vom gleichen Autor im gleichen Verlag:

Friedel Thiekötter
Cembalist am Glockenseil
Kriminalroman.
ISBN 3-920591-25-9

Mord im Sauerland! Warum starb der erfolgreiche Musiker Wolfgang O. auf so skurrile Weise? War seine schöne Schwägerin nur eine selbstlose Bewunderin seiner Kunst? Und welche Rolle spielt der Autohändler, der sein Imperium durch zuviel Musisches bedroht sieht?

Zwei Detektive in der Provinz. Friedel Thiekötter, mehrfach ausgezeichneter Prosa- und Hörspielautor, gelingt es auch in diesem Roman wieder »besonders eindringlich, Atmosphäre und Spannung zu vermitteln« (Westdeutsche Allgemeine Zeitung).

Friedel Thiekötter
Der Nabel
Kriminalroman.
ISBN 3-920591-32-1

Warum bringt der Nabel der Bauchtänzerin Louise einen Freundeskreis von soeben ihren Fünfzigsten feiernden, gut situierten Alt-68ern aus der Fassung?

Und warum wird der Autor nicht müde, friedliche Bürger, die doch nur ihren Vorgarten pflegen oder sich um die bischöflichen Gärten verdient machen möchten, als des Mordes verdächtig darzustellen?

So viele Fragen an ein so ungleiches Paar von Detektiven, wie Kötterholz und Tröger es sind.

Neues Literaturkontor

Impressum

Detlef Krell
Erzgebirge und Sächsisches Vogtland

erschienen im
REISE KNOW-HOW Verlag Peter Rump GmbH
Osnabrücker Str. 79, 33649 Bielefeld

1. Auflage 2012

Gestaltung
Umschlag: G. Pawlak, P. Rump (Layout); M. Luck (Realisierung)
Inhalt: G. Pawlak (Layout); M. Luck (Realisierung)
Karten: C. Raisin; der Verlag
Fotos: Detlef Krell (dk); Maxi Krell (mk); Tourismusverband Erzgebirge (te); Lothar Sprenger (ls); Zinnkammern Pöhla (zp); Tourismusverband Vogtland/Mathias Wetzel (tv); Bergbaumuseum Oelsnitz (bo); Dieter Knoblauch, Theater Annaberg-Buchholz (dik)
Titelfoto: D. Krell (Wilde Weißeritz bei Rehefeld-Zaunhaus im Osterzgebirge)

Lektorat: M. Luck

Druck und Bindung: Wilhelm & Adam, Heusenstamm

ISBN 978-3-8317-2196-2
Printed in Germany

Dieses Buch ist erhältlich in jeder Buchhandlung Deutschlands, der Schweiz, Österreichs, Belgiens und der Niederlande. Bitte informieren Sie Ihren Buchhändler über folgende Bezugsadressen:

Deutschland
Prolit GmbH, Postfach 9, D-35461 Fernwald (Annerod) sowie alle Barsortimente
Schweiz
AVA Verlagsauslieferung AG, Postfach 27, CH-8910 Affoltern
Österreich
Mohr Morawa Buchvertrieb GmbH, Sulzengasse 2, A-1230 Wien
Niederlande, Belgien
Willems Adventure, www.willemsadventure.nl

Wer im Buchhandel trotzdem kein Glück hat, bekommt unsere Bücher auch über den
Büchershop im Internet: www.reise-know-how.de

Wir freuen uns über Kritik, Kommentare und Verbesserungsvorschläge, gern auch per E-Mail an info@reise-know-how.de.

Detlef Krell

Erzgebirge und Sächsisches Vogtland

„O Arzgebirg, wie bist du schie,
mit deine Wälder, ihr Wiesen, Barg on Tol,
in Winter weiß, in Sommer grü.
O Arzgebirg, wie bist du schie!“
Anton Günther (erzgebirgischer Mundartdichter)

erz017 Foto: dk

erz018 Foto: dk

Vorwort

„Alles kommt vom Bergbau her", ist ein geflügeltes Wort im Erzgebirge, dieser einzigartigen **Kulturlandschaft in Westsachsen,** die wie keine andere in Europa geprägt wurde vom **Erzbergbau.** Dieser steckt schon im Namen des Gebirges. Noch im 11. Jahrhundert war es ein Urwald im Meißener Land, der als „Miriquidi", Dunkel- oder Schwarzwald, benannt gewesen sein soll und von der Leipzig und Prag verbindenden Alten Salzstraße durchquert wurde. Dem „Berggeschrei" im 12. und 15. Jahrhundert folgten Menschen aus vielen Orten Mitteleuropas. Siedlungen entstanden und Städte. Sachsen wurde reich – und das Weihnachtsfest erzgebirgisch: Ebenso wie für seine sanften Berge, die Schaubergwerke und den Wintersport ist das Erzgebirge als das **„Weihnachtsland"** bekannt. Wenn die bis über tausend Meter hohen Bergrücken unter der Schneedecke ruhen, in den Fenstern der weit gestreuten Häuser an den Hängen die Kerzen der Schwibbögen angezündet werden, in den Städtchen festliche Bergparaden aufziehen und beim „Hutzenobnd" die Schnitzer und die Klöpplerinnen die alten Lieder singen und Geschichten erzählen, wird diese lebendige Volkskultur auch für die zahlreichen Gäste erlebbar.

Der **Winter** verlässt nur zögernd dieses reizende Land, wo die Leute sich's mit ihm doch gut eingerichtet haben: Raachermannel schnitzen, Pyramiden bauen, Schneemauern aufschippen an Weg und Steg, wintersportliche Olympiamedaillen gewinnen und alle Welt auf die Hänge und Loipen locken. Kräuterliköre destillieren und die Dampflokomotiven fotogen über die Gleise zwischen tief verschneiten Bergen schicken ... So treu und malerisch der Winter ist zwischen Kahle-, Fichtel- und Auersberg, so einladend ist das Erzgebirge auch zu den anderen Jahreszeiten. Blumenbunte Wiesen und klare Bäche, waldumsäumte Talsperren, Hochmoore und Berggipfel, Burgen und Schlösser verheißen unerschöpfliche **Wandergebiete.** Darin gibt es immer wieder auch Zeugnisse der Bergbaugeschichte zu entdecken. In den Schaubergwerken unter Tage ist das Wetter ohnehin nicht von Bedeutung, dort hält sich die Temperatur bei 8 bis 11 Grad Celsius, und auch die Luftfeuchtigkeit bleibt konstant. In einigen Stollen geht es zwanzig, dreißig Meter in den Berg hinein, in manchen mehrere Hundert, zu den Pöhlaer Zinnkammern drei Kilometer. Im Schacht „Reiche Zeche" im Freiberger Besucherbergwerk kann man bei einer fünfstündigen Führung unter Tage sechs Jahrhunderte Bergbau erleben.

Ihren kulturgeschichtlichen Reichtum zeigen die Erzgebirger auch in vielfältigen **Museen.** Eine solche Fülle in einer kleinstädtisch-dörflich geprägten Landschaft dürfte es wohl kaum noch einmal geben. Darunter sind bedeutende alte Sammlungen wie die terra mineralia in Freiberg, das Erzgebirgische Spielzeugmuseum Seiffen und das Erzgebirgsmuseum Annaberg-Buchholz, aber auch solche liebenswerten Häuser wie das Nussknackermuseum Neuhausen, das Suppenmuseum Neudorf und das Sächsische Brauereimuseum Rechenberg-Bienenmühle. In Johanngeorgenstadt, Bad Schlema und andernorts wird an die drastischen Folgen des sowjetischen Uranerzabbaus erinnert, an die Leistung der Menschen in den Urangruben und die Folgen für ihre Gesundheit und die Umwelt.

Dieser Reiseführer folgt einer Auswahl der interessantesten und schönsten Wander- und Radfahrwege sowie der Sächsischen Silberstraße quer durch das Erzgebirge. Er verweilt in den sehenswerten Städten, wie der Berg- und Universitätsstadt Freiberg, die im Jahr 2012 ihr 850-jähriges Bestehen feiert, der Bergstadt Annaberg-Buchholz, der Barockstadt Schneeberg und der „Perle des Erzgebirges", Schwarzenberg, und er führt an bezaubernde Landschaftsorte im Naturpark Erzgebirge/Vogtland. Besucht werden auch das sächsische Vogtland mit der Spitzen-Stadt Plauen, dem Musikwinkel um Klingenthal, den historischen Badekurorten und den größten Ziegelbrücken der Welt sowie das böhmische Erzgebirge mit den uralten Bergstädten Krupka (Graupen), Jáchymov (Joachimsthal) und Horní Blatná (Bergstadt Platten).

Die Menschen im Erzgebirge haben europäische Wissenschafts-, Technik- und Kulturgeschichte geschrieben. Hier hat der Universalgelehrte der Renaissance, *Georgius Agricola,* mit seinem Werk „De re metallica" den Bergbau als Hochtechnologie begründet. Wichtigste Denkfabrik heute ist die Technische Universität Bergakademie Freiberg. Sie ist die am längsten bestehende montanwissenschaftliche Hochschule der Welt, heute mit über 5000 Studierenden. Hochtechnologieunternehmen sind im Erzgebirge ebenso angesiedelt wie kleine und mittelständische Firmen in der Tradition des Maschinen- und Fahrzeugbaus, aber auch die Handwerksbetriebe der unverwechselbaren erzgebirgischen Volkskunst. Ein Gebirgsland mitten im Umbruch. Auch darauf, auf die Zukunft des Erzgebirges, möchte dieses Buch neugierig machen.

Glück auf! *Detlef Krell*

Inhalt

Karten

In den Kopfzeilen wird auf die jeweils passende Karte verwiesen.

Exkurse

Hinweis: Die **Internet- und E-Mail-Adressen** im Buch können – bedingt durch den Zeilenumbruch – so getrennt werden, dass ein Trennstrich erscheint, der nicht zur Adresse gehören muss!

Hinweise zur Benutzung dieses Buches

Gliederung

Nach grundsätzlichen praktischen Reiseinformationen (**„Praktische Reisetipps A–Z“**) und einer Einführung in Landschaft und Geschichte des Erzgebirges und Sächsischen Vogtlandes (**„Land und Leute“**) werden in jeweils einem Kapitel die **Regionen des Erzgebirges von Ost nach West** vorgestellt (das Osterzgebirge, das Silberne Erzgebirge, das Mittlere Erzgebirge, das Obere Erzgebirge und das Westerzgebirge), ebenso das **Sächsische Vogtland.** Die Beschreibungen innerhalb der Kapitel orientieren sich an den wichtigsten Städten und deren Umgebungen sowie an Flussläufen (Müglitz, Rote und Wilde Weißeritz, Freiberger Mulde, Zschopa, Flöha) und Bergen (Auersberg, Greifensteine).

Für die Planung des Urlaubs, von Ausflügen und Wanderungen wird somit ein Netz von Informationen und Anregungen vorgelegt, dessen einzelne Punkte je nach den eigenen Ausgangsorten und Vorlieben kombiniert werden können. Für das Erzgebirge, das Vogtland sowie für Freiberg, Zwickau und Chemnitz enthält dieses Buch **Karten.** Insbesondere für einen längeren Aufenthalt wird im Anhang des Buches weiteres Kartenmaterial empfohlen.

Adressen

Am Ende der Ortsbeschreibungen („Praktische Informationen") werden wichtige Adressen genannt: Touristinformationen und andere Infostellen, Hotels, Pensionen, Gaststätten, Museen, Stätten des erlebbaren Bergbaus, Sport- und andere Freizeiteinrichtungen. Dabei handelt es sich um eine vom Verfasser besorgte Auswahl von Adressen, nicht um ein komplettes Verzeichnis.

Unterkunft

Beherbergungen aller Art sind mit Euro-Zeichen klassifiziert, was aber mit dem offiziellen Sterne-System nicht identisch ist! Für Hotels, Pensionen, Jugendherbergen usw. gelten die folgenden **Preiskategorien:**
€ **bis 50 Euro**
€€ **bis 80 Euro**
€€€ **über 80 Euro** (jeweils Übernachtung und Frühstück in der Hauptsaison für 2 Personen im Doppelzimmer)

Die meisten Häuser bieten ihre Zimmer bei Belegung über mehrere Tage sowie saisonal oder bei diversen Pauschalbuchungen auch preisgünstiger an.

Die Angaben für **Öffnungszeiten** bei Hotels und Landgasthöfen beziehen sich auf öffentliche Gaststätten im Haus.

Gastronomie

Preiskategorien für Restaurants, Lokale usw.:
€ Auswahl von Hauptgerichten **unter 10 Euro**
€€ Auswahl von Hauptgerichten **über 10 Euro**

Die nahezu ausnahmslos vorhandenen Web-Adressen der Hotels und Restaurants sind im Buch verzeichnet. Dort sind in der Regel detaillierte Informationen über Angebote und Rabatte einsehbar.

Erzgebirge und Sächsisches Vogtland im Überblick

Erzgebirge

Das Erzgebirge ist eine der am dichtesten besiedelten Kulturlandschaften Deutschlands und zeichnet sich dennoch durch weitflächige natürliche Wald- und Wiesenreviere aus. Es gliedert sich naturräumlich in das **Ost-, das Mittlere und das Westerzgebirge** sowie in das **Erzgebirgsbecken** und das **Erzgebirgsvorland.** Aus kulturhistorischer und touristischer Sicht werden auf der deutschen Seite vom Mittleren und Westerzgebirge noch das Obere

Erzgebirge zwischen Annaberg-Buchholz und Oberwiesenthal sowie vom Ost- und Mittleren Erzgebirge das Silberne Erzgebirge um Freiberg unterschieden, im Gebirgsbecken die Städte Chemnitz und Zwickau mit Umgebung, während das bis an Dresden reichende Vorland gern schon zum Osterzgebirge gezählt wird. Dieser Gliederung folgt auch der vorliegende Reiseführer, in der heiteren Gewissheit, dass nicht die Grenzen und Zuordnungen einer Reise wohlgesonnen sind, sondern die Wege und die Überraschungen.

- **Fläche:** 6000 Quadratkilometer, davon Erzgebirgskreis 1828 Quadratkilometer
- **Einwohner:** ca. 1 Million
- **Landkreise:** Erzgebirgskreis (Annaberg-Buchholz), Zwickau (Zwickau), Chemnitz (Chemnitz), Mittelsachsen (Freiberg), Sächsische Schweiz/Osterzgebirge (Pirna; landschaftlich zum Osterzgebirge gehören z.B. Rabenau, Hermsdorf, Tharandt)
- **Sitze im Kreistag Erzgebirgskreis (2008):** CDU 44, Die Linke 18, SPD 8, FDP 8, Bündnis 90/Die Grünen 2, andere 18
- Der **Erzgebirgskreis** ist mit 372.390 Einwohnern der einwohnerstärkste Kreis Sachsens und Ostdeutschlands. Er gehört zu den 20 bevölkerungsreichsten Kreisen Deutschlands, aber auch zu denen mit der höchsten Abwanderung in Sachsen.
- **Wirtschaft:** Metallverarbeitende Industrie, Maschinenbau, Elektrotechnik/Elektronik, Handwerk (davon 30% Elektro- und Metall-, 13% Holzgewerbe)
- **Hochschulen:** Technische Universität Chemnitz, Technische Universität Bergakademie Freiberg, Westsächsische Hochschule Zwickau (Fakultät für Angewandte Kunst, Schneeberg)

(Quelle zum Erzgebirgskreis: www.erzgebirgskreis.de)

Sächsisches Vogtland

- **Fläche:** 1309 Quadratkilometer
- **Einwohner:** 247.196
- **Landkreise:** Vogtlandkreis (Plauen)
- **Sitze im Kreistag Vogtlandkreis (2008):** CDU 32, Die Linke 18, SPD 13, FDP 8, Bündnis 90/Die Grünen 2, andere 13

Was man unbedingt sehen sollte

Landschaft
- Erzgebirgskamm
- Fichtelberg, Auersberg und Umgebung
- Georgenfelder Hochmoor
- Schwarzwassertal zwischen Schwarzenberg und Johanngeorgenstadt
- Tal der Schwarzen Pockau bei Marienberg
- Aschergraben zwischen Zinnwald und Altenberg
- Bergwiesen am Geising im Frühling
- Winter am Gebirgskamm

Architektur
- Historische Altstädte von Freiberg, Annaberg-Buchholz, Schwarzenberg, Schneeberg und Marienberg
- Burg Scharfenstein, Burg Wolkenstein, Augustusburg
- Göltzschtalbrücke, Elstertalbrücke

Kunst
- Bergaltar St.-Annen-Kirche Annaberg-Buchholz
- Erzgebirgische Holzkunst in Seiffen

Museen
- terra mineralia, Freiberg
- Erzgebirgisches Spielzeugmuseum Seiffen
- Museum Sächsisch-Böhmisches Erzgebirge, Marienberg
- Erzgebirgsmuseum, Annaberg-Buchholz
- Museum Uranbergbau im Kulturhaus „Aktivist", Bad Schlema
- Musikinstrumentemuseum, Markneukirchen
- Robert-Schumann-Haus, Zwickau
- Museum Gunzenhauser, Chemnitz
- Industriemuseum Chemnitz

Bergbau
- Besucherbergwerk Freiberg
- Museum Saigerhütte und Kupferhammer, Olbernhau
- Besucherbergwerk „Markus-Röhling-Stolln", Annaberg-Buchholz
- Besucherbergwerk „Tiefer Molchner Stolln", Pobershau
- Zinngrube Ehrenfriedersdorf
- Bergbaumuseum Oelsnitz

Erlebnisse
- Weihnachtsmärkte in Freiberg, Annaberg-Buchholz, Seiffen, Schneeberg oder anderen Orten
- Bergparaden zum Stadtfest in Freiberg, zum Bergstreittag in Schneeberg sowie in der Adventszeit in Freiberg und Annaberg-Buchholz
- Fahrt mit der Erzgebirgischen Aussichtsbahn und der Zschopautalbahn

erz023 Foto: dk

Praktische Reisetipps A–Z

An- und Rückreise

Die nächstgelegenen **Flughäfen** sind Dresden (80 km) und Leipzig-Halle (140 km). Mit dem **Auto** ist das Erzgebirge am schnellsten über die Autobahnen A14/A4 (Aachen - Chemnitz - Dresden - Görlitz - Wroclaw) und A72 (Vogtland - Chemnitz) zu erreichen, das Vogtland auch über die A9/A4. Die **Bahn** verkehrt mit ICE und IC bis Dresden und Leipzig, von dort fahren Regionalexpresszüge, in der Region die Erzgebirgs- und die Vogtlandbahn.

- **Entfernungen in Straßenkilometern** von ausgewählten Großstädten (nach Freiberg): Köln 540 km, Hamburg 493 km, München 432 km, Frankfurt am Main 430 km, Breslau 311 km, Berlin 237 km, Prag 146 km, Leipzig 108 km, Dresden 52 km; Freiberg - Annaberg-Buchholz 57 km, Freiberg - Plauen/Vogtl. 117 km

Ausrüstung und Kleidung

Besondere Ansprüche an Ausrüstung und Kleidung müssen nicht erfüllt werden. Auch in den höheren Gebirgslagen genügen **normale Wander- oder Wintersportbekleidung** sowie festes Schuhwerk für Wanderungen. Wetterwechsel sind nicht selten, sodass es sich lohnt, auf längeren Wegen auch Regenkleidung und wärmere Oberbekleidung dabeizuhaben.

Auto

Gute Straßen

Das kurvenreiche Straßennetz im Erzgebirge und Vogtland ist sehr gut ausgebaut. Parallel zum Erzgebirgskamm verbindet die A72 Chemnitz und das Vogtland. Die Bundesstraße 101 (Berlin - Aue) sowie Teile der B93, B169, B171 und B173 gehören zur **Sächsischen Silberstraße** (siehe entsprechenden Exkurs) und verbinden zahlreiche der wichtigsten Sehenswürdigkeiten der Region.

Vorherige Seiten: Nussknackermuseum Neuhausen im Mittleren Erzgebirge

Das Problem von **Autodiebstählen** ist, Angaben des Landeskriminalamtes zufolge, in der ländlichen Erzgebirgsregion weniger brisant als etwa in Dresden oder Görlitz. Dennoch sollten selbstverständlich einige Grundregeln befolgt werden (z.B. sollten keine Wertsachen im Auto liegen gelassen werden).

Behindert auf Reisen

Barrierefrei

In den Touristinformationen sowie unter www.erzgebirge-tourismus.de gibt es Auskunft über die zahlreichen barrierefreien Unterkünfte sowie **geeignete Wander- und Ausflugsziele.** Einige der attraktivsten Berge (Fichtelberg, Auersberg, Scheibenberg und andere) können auch mit dem Auto bereist werden. Das Besucherbergwerk Zinnwald ist zum Teil behindertengerecht ausgebaut worden. Führungen für Behinderte sind auch möglich im Besucherbergwerk Markus-Röhling-Stolln Frohnau. Einen barrierefreien Rundgang durch die Altstadt ermöglicht Freiberg.

- **Tourismusverband,** Hotline Tel. (03733) 1880014

Camping

Wohnmobil- und Zeltstellplätze gibt es in folgenden Orten:

- **Amtsberg,** Waldcampingplatz Erzgebirgsblick, An der Dittersdorfer Höhe 1, Tel. (0371) 7750833 (bei Zschopau)
- **Breitenbrunn,** Sportpark Rabenberg, Tel. (037756) 1710, www.sportpark-rabenberg.de
- **Callenberg,** Stausee Oberwald, Tel. (03723) 41820, www.stausee-oberwald.de (bei Hohenstein-Ernstthal)
- **Chemnitz,** Campingplatz Rabenstein, Thomas-Münzer-Höhe 10, Tel. (0371) 850608, www.rabenstein-sa.de
- **Dippoldiswalde,** Am Bad 1, Tel. (03504) 612169, www.erlebnistalsperre.de
- **Freiberg,** Campingplatz Großer Teich, Tel. (03731) 76367, www.camping-freiberg.de
- **Freiberg,** Johannisbad, Johann-Sebastian-Bach-Straße 1, Tel. (03731) 20020, www.jo-bad.de

- **Freital-Birkigt,** Gitterseer Straße 38
- **Geyer,** Campingplatz Greifensteine, Thumer Straße 65, Tel. (037346) 1303, www.camping-greifensteine.de
- **Königswalde,** Campingplatz, Mildenauer Straße 50, Tel. (03733) 44860, www.erzgebirgscamping.de (bei Annaberg-Buchholz)
- **Mannichswalde,** Nischwitzer Straße 38, Tel. (036608) 2514 (bei Crimmitschau)
- **Marienberg,** Berghotel Drei-Brüder-Höhe 1, Tel. (03735) 6000, www.3bh.de
- **Reinsberg,** Badstraße 15/17, Tel. (037324) 82268, www.campingplatz-reinsberg.de (nördlich von Freiberg)
- **Schneeberg,** Campingplatz Lindenau, Am Forstteich 2, Tel. (03772) 28102, www.campingplatz-lindenau.de
- **Schwarzenberg,** Uferstraße, Tel. (03774) 22540 (über Schwarzenberg-Information)
- **Zinnwald,** Hotel Lugsteinhof, Neugeorgenfeld 36, Tel. (035056) 3650, www.lugsteinhof.de

Einkaufen und Souvenirs

Handwerk

Klassische Erzgebirgssouvenirs sind Erzeugnisse aus dem heimischen Handwerk. Vielfältige und einzigartige Handwerkstechniken werden gepflegt und deren Geheimnisse den nachfolgenden Generationen weitervermittelt. In zahlreichen Werkstätten, Läden und Fachgeschäften, vor allem in Seiffen und Annaberg-Buchholz, ist authentische erzgebirgische Volkskunst erhältlich.

Wichtig ist, außerhalb des Erzgebirges oder im Internet auf die Kennzeichnung mit dem Logo **„Original statt Plagiat"** zu achten, mit dem die Handwerker die Authentizität ihrer Produkte schützen. Ein weiteres Zertifikat für originale Volkskunst ist das Verbandslogo **„Echt Erzgebirge – Volkskunst mit Herz"** (Dachorganisation mit 70 Mitgliedern, darunter eine Genossenschaft von 150 Handwerksfirmen).

Silbernes Erzgebirge: Volkskunstladen in Seiffen

- **Holzkunst** (Schnitzereien, Drechselarbeiten, Weihnachtsfiguren: Nussknacker, Räuchermännchen, Pyramiden, Spieldosen, Fensterbilder und vieles andere)
- **Textilhandwerk** (Klöppelarbeiten, Posamenten, Stickereien, Filzschuhe, Pantoffeln)
- **Plauener Spitze**
- **Räucherkerzen** aus Crottendorf, Neudorf (Sehmatal), Mohorn
- **Zierkerzen** aus Bärenstein, Olbernhau

Musik

- Erzgebirgische **Weihnachts- und Mundartlieder,** Mettenschicht auf CD
- **Bergmärsche und Bergmusik**

erz019 Foto: dk

Mineralien In vielen **Besucherbergwerken** werden einheimische Mineralien als Souvenirs angeboten.

Speisen und Getränke Erzgebirgische Speisen und Getränke **zum Mitnehmen:**

- **Kräuterliköre** aus Altenberg, Bockau, Lauter, Lauterbach, Schlettau und vielen anderen Orten
- **Weihnachtsstollen** aus heimischen Bäckereien (Gütesiegel „Erzgebirgischer Weihnachtsstollen")

Erzgebirgische Lebensmittel **für den täglichen Einkauf:**

- Erzgebirgische **Wurst- und Fleischwaren** aus Drebach, Neuwürschnitz
- **Käse** von der Hofkäserei Fritzsch in Crottendorf
- **Bienenhonig** von der Imkerei Klaus Schreyer aus Cunersdorf (Annaberg-Buchholz)
- **Bier** aus Familien- und Privatbrauereien in Ehrenfriedersdorf, Einsiedel, Freiberg, Gersdorf, Olbernhau, Plauen, Rechenberg, Scheibenberg, Wernesgrün, Zwickau und anderen Orten
- **Mineralwasser** aus Lichtenau und Bad Brambach
- **Fruchtsaft** aus Wolkenstein

Erlebbarer Bergbau

Aufenthalt unter Tage Besucherbergwerke, Schaubergwerke und Lehrpfade vermitteln einen lebendigen und authentischen Eindruck sowie konkretes Wissen über den Bergbau im Erzgebirge. Adressen, Eintrittspreise und weitere Informationen sind unter den Ortsbeschreibungen zu finden. Die meisten Besucher- und Schaubergwerke können mit Führungen (zwischen 1 und 3 Stunden) besucht werden, manche auch selbstständig. Für den Aufenthalt unter Tage ist **warme Kleidung und festes Schuhwerk** erforderlich, die Temperatur beträgt dort zwischen 8 und 11 Grad Celsius. Schutzkleidung wird zur Verfügung gestellt. Die Besuchswege führen meist durch enge Stollen, in tiefe Grotten und Berghöhlen. Der Besuch einiger Stollen erfordert eine gute gesundheitliche Konstitution, das Mindestalter für Besucher beträgt in der Regel 6 Jahre, in einigen Bergwerken 10 Jahre.

Essen und Trinken

Deftige Küche

Die erzgebirgische Küche wurde durch das harte und einfache Leben der Bergmanns-, Handwerker- und Bauernfamilien geprägt. Es ist eine deftig schmackhafte Küche von **Kartoffel- und Fleischgerichten,** ergänzt durch einheimische Gemüsesorten, Pilze und Kräuter. Spezialitäten sind zum Beispiel Kartoffelsuppe mit Speck und Krusteln, Buttermilchgetzen mit Leinöl, Klitscher (Kartoffelpuffer), Hasenbraten mit Rotkraut und Speckklößen, Bratäpfel.

Gaststätten

Viele Gaststätten bieten die heimische Küche an, dazu sächsische, deutsche und böhmische Gerichte. Internationale Küche ist in den Hotels sowie in Restaurants größerer Städte zu finden. Vegetarische Speisen sind noch eher die Ausnahme, wenn überhaupt, werden nur wenige Gerichte angeboten.

Bier

Getrunken wird ein frisch gezapftes Bier aus einer der **Familien- und Privatbrauereien.** Das Freiberger und Rechenberger sowie das Glück-auf-Pilsner aus Gersdorf gehören zu den beliebtesten Fassbieren. Natürlich kommt auch immer mal einer der zahlreichen Kräuterliköre ins Glas.

Geldfragen

Tschechische Krone

Landeswährung der benachbarten Tschechischen Republik ist die Tschechische Krone (Kč). Die Einführung des Euro ist vorerst nicht zu erwarten. Euro können in Wechselstuben *(Smenarna)* in Kronen getauscht werden. Allerdings gibt es nur wenige Wechselstuben in Grenznähe. Es bleibt die Möglichkeit, bereits in Deutschland auf der Bank das Geld zu tauschen oder dort, wo es akzeptiert wird, in Euro zu bezahlen. Die meisten Gaststätten und touristischen Einrichtungen bieten das ihren deutschen Gästen an, jedoch zu einem etwas ungünstigeren Kurs. Der offizielle Wechselkurs lag Anfang 2012 bei 100 Kč = 3,87 Euro, **1 Euro = 25,81 Kč** sowie 100 Kč = 4,69 SFr, 1 SFr = 21,24 Kč.

Grenzverkehr

In die Tschechische Republik

Der Grenzübertritt in die Tschechische Republik ist ohne Personenkontrollen möglich (Schengen-Raum). Ein Personaldokument ist mitzuführen, es genügt der **Personalausweis** (für Bürger der Bundesrepublik Deutschland, Österreichs und der Schweiz). Nähere Informationen zum Beispiel unter www.auswaertiges-amt.de.

Informationsstellen

- **Tourismusverband Erzgebirge e.V.,** Annaberg-Buchholz, Adam-Ries-Straße 16, Tel. (03733) 188000, www.tourismus-erzgebirge.de

erz020 Foto: dk

- **Zweckverband Naturpark „Erzgebirge/Vogtland“,** Geschäftsstelle Schlettau, Schloßplatz 8, Tel. (03733) 622106, www.naturpark-erzgebirge-vogtland.de
- **Touristinformationen der Städte,** die Adressen stehen bei den Ortsbeschreibungen

Internet

- **www.erzgebirge.de** (Tourismusportal)
- **www.erzgebirge-tourismus.de** (Tourismusverband Erzgebirge)
- **www.echt-erzgebirge.de** (Wirtschafts-, Kultur-, Sport- und Ferienregion)
- **www.naturpark-erzgebirge-vogtland.de** (offizielle Seite des Zweckverbandes, s.o.)
- **www.ins-erzgebirge.de** (Ausflugsziele beiderseits des Kammes)
- **www.wintersport-im-erzgebirge.de** (alle Lifte, Pisten, Loipen)
- **www.bergbautradition-sachsen.de** (Traditionen, Schaubergwerke, Veranstaltungen, Geschichte)

Klima und Reisezeit

Immer eine Reise wert

Erzgebirge und Vogtland sind zu jeder Jahreszeit eine Reise wert. In Hotels und Pensionen der Gebirgslagen und Wintersportzentren gilt der Winter als Hauptsaison. **Wintersport,** Winterwanderungen (der Kammweg steht Skifahrern als Loipe zur Verfügung und ist für Fußgänger größtenteils gesperrt) und die Adventszeit stehen auf dem Reiseprogramm. Das Frühjahr und der Herbst sind in der Regel kürzer als im Flachland und ideale Zeiten für ausgedehnte **Wanderungen und Radtouren.** Die Sommer fallen milder aus und empfehlen sich ebenfalls als Wanderzeit. In allen Jahreszeiten sind die **historischen Bergstädte** reizvolle Ausflugsziele. Witterungsunabhängig sind die zahlreichen **Besucherbergwerke,** dort herrscht stets eine Temperatur von 8 bis 11 Grad Celsius.

Blick vom Fichtelberg (1215 m) zum Keilberg (Klinovec, 1244 m)

Kultur- und Volksfeste

- **Bergstadtfest in Freiberg,** www.freiberg.de, letztes Wochenende im Juni, sonntags Bergparade
- **Tag des Bergmanns,** 1. Sonntag im Juli, Bergparade in Oelsnitz und Bad Schlema
- **Schneeberger Bergstreittag,** www.schneeberg.de, 22. Juli, Kulturprogramm und Bergparade in der Altstadt
- **Tag der Sachsen,** das größte Volksfest des Freistaates, 7. bis 9. September 2012 in Freiberg
- **Chemnitzer Tage der Industriekultur,** www.chemnitz-tourismus.de, Septemberwochenende, „Spätschicht" in Chemnitzer Unternehmen, Gründerzeitmarkt, thematische Stadtführungen
- **Tag des offenen Denkmals,** www.tag-des-offenen-denkmals.de, bundesweit am 2. Sonntag im September, Türen öffnen sich zu Baudenkmälern, die sonst der Öffentlichkeit nicht zugänglich sind, Programme in Denkmälern und Museen
- **Annaberger Klöppeltage,** 3. Wochenende im September, ein Fest dieses traditionellen Textilhandwerks
- **Osterzgebirgisches Puppentheaterfest,** www.puppentheaterfest.de, Bärenfels und Umgebung, 2. Oktoberwochenende, 6/4–13 Euro, Lange Nacht des Puppenspiels 15 Euro (künstlerisches Figurentheater vom traditionellen Handpuppenspiel bis zum modernen Objekttheater)
- **Tag des traditionellen Handwerks im Erzgebirge,** 3. Sonntag im Oktober (Handwerksbetriebe laden in ihre Werkstätten ein, Programmhefte ab Mitte August in den Touristinformationen der Region sowie unter www.silbernes-erzgebirge.de)
- **Weihnachtsmärkte** in fast allen Orten
- **Bergparaden und Bergaufzüge** an den Adventssonntagen (Annaberg-Buchholz, Aue, Brand-Erbisdorf, Chemnitz, Freiberg, Lengefeld, Lößnitz, Marienberg, Olbernhau, Pobershau, Schneeberg, Schwarzenberg, Seiffen, Stollberg, Thum, Waldkirchen, Zwickau, Zwönitz; www.tourismus-erzgebirge.de)
- **Mettenschicht,** die letzte Schicht der Bergleute vor Weihnachten, wird nach traditioneller Art mit Gästen in vielen Schaubergwerken begangen

Mit Kindern unterwegs

Attraktives Angebot

Erzgebirge und Vogtland sind als Natur-, Wander- und Wintersportparadies, als Weihnachts-, Spielzeug- und Eisenbahnlandschaft sowie mit den zahlreichen Schaubergwerken in besonderer Weise für den Urlaub mit Kindern geeignet. Auf die attraktivsten Angebote wird in den Ortsbeschreibungen und Wanderempfehlungen in diesem Buch hingewiesen. Viele Hotels, Pensionen und Privatvermieter haben ihre Häuser auch auf die Bedürfnisse und Wünsche kleiner Gäste ausgerichtet. Ortschaften, Freizeiteinrichtungen und Unterkünfte, die als besonders familienfreundlich zertifiziert wurden, tragen eine „Familienplakette".

Ausgewählte Orte

- **Spielzeugmuseum Seiffen**
- **Wurzelrudis Erlebniswelt, Eibenstock**
- **Miniaturenpark Klein Erzgebirge, Oederan**
- **Spielzeugland Stockhausen, Olbernhau-Grünthal**
- **Märchenburg Scharfenstein**
- **Sommerrodelbahnen** in Altenberg, Augustusburg, Seiffen
- **Wildtiergehege** in Geising-Hartmannmühle und am Pöhlberg bei Annaberg-Buchholz
- **Tiergarten Aue** (Zoo der Minis), www.zooderminis.de
- **Hochseilgarten in Oberwiesenthal,** www.hochseilgarten-erzgebirge.de
- **Abenteuerspielplatz am Walkteich in Stollberg**

Medizinische Versorgung, Notfälle

- **Polizei:** Tel. 110
- **Feuerwehr, Rettungsleitstelle, Notarzt:** Tel. 112

Routenvorschläge

Auto und Motorrad

Eine Karte mit Motorradtouren durch das Erzgebirge ist beim Tourismusverband erhältlich, www.erzgebirge-tourismus.de.

- **Sächsische Silberstraße** (siehe entsprechenden Exkurs): B169/B101/B173, Zwickau - Dresden, **140 km**
- (Chemnitz -) Bockau - Olbernhau - Kurort Seiffen - Neuhausen - Sayda - Rechenberg-Bienenmühle - Frauenstein (- Dresden), **113 km**
- (B283) Aue - Eibenstock - Morgenröthe-Rautenkranz - Klingenthal - Markneukirchen - Adorf, **60 km**
- **Rundtour:** (B173) Chemnitz - Zwickau - Reichenbach/Mylau (Göltzschtalbrücke) - Plauen Vogtl. - (B169) Auerbach - Schneeberg - (B101) Aue - Annaberg-Buchholz - Wolkenstein - (B171) Marienberg - (B174) Zschopau - Chemnitz, **233 km**

Gepflegte **Bikertreffs** im Erzgebirge sind (Auswahl):

- **Country-Garten Lösermühle**
- **Schloß Augustusburg, Café Piccolino**
- **Panorama-Hotel Oberwiesenthal**
- **Talsperrenblick Eibenstock** (Hundshübel, Staumauer), mit Imbissbude
- **Bike-PS-Station Waschleithe** (Beierfeld-Grünhain), www.bike-ps-station.de (Pause einlegen, Essen, Trinken, Feiern, Übernachten)
- **Zinnwaldstübl, Zinnwald,** in der Nähe des Grenzübergangs in die Tschechische Republik

Bus und Bahn

Erzgebirgsbahn

Die Erzgebirgsbahn, eine Tochtergesellschaft der Deutschen Bahn, verbindet die meisten der sehenswerten Orte und Landschaftsgebiete. In allen Zügen der Erzgebirgsbahn ist die **Mitnahme von Fahrrädern kostenlos.**

- Chemnitz - Flöha - Erdmannsdorf-Augustusburg (Drahtseilbahn zum Schloß Augustusburg) - Zschopau - Scharfenstein - Wolkenstein - Warmbad - Wiesa - Annaberg-Buchholz - Sehma - Bären-

erz022 Foto: dk

stein – Vejprty (– Chomutov). **Abwechslungsreiche Fahrt** entlang der Zschopau mit reizvollen Ausblicken in beide Richtungen.

- Chemnitz – Flöha – Hetzdorf – Pockau-Lengefeld (– Abzweig nach Marienberg) – Nennigmühle – Blumenau – Olbernhau-Grünthal. **Reizvolle Fahrt** im Tal der Flöha.
- Chemnitz – Einsiedel – Thalheim – Dorfchemnitz – Zwönitz – Aue. **Dörfer, Hügel, Berge.**
- Zwickau – Hartenstein – Bad Schlema – Aue – Schwarzenberg – Anthonstal – Breitenbrunn – Erlabrunn – Johanngeorgenstadt (– Karlovy Vary). **Interessante Fahrt** mit vielen reizvollen Ausblicken entlang der Zwickauer Mulde und (ab Aue) des Schwarzwassers.

Westerzgebirge: Bikers Paradies bei Breitenbrunn, im Hintergrund der Auersberg

Freiberger Eisenbahn

Die Freiberger Eisenbahn verkehrt auf der Strecke **Freiberg** - Berthelsdorf - Lichtenberg - Mulda - Nassau - Clausnitz - Bienenmühle - Rechenberg - **Holzhau.** Ein- bis Zwei-Stunden-Takt, in den Zügen liegen Gratis-Prospekte mit Wandervorschlägen aus. Nur 40 Min., aber landschaftlich sehr schön, viele Wanderwege von einem Haltepunkt zum anderen.

Deutsche Bahn

Die DB verkehrt mit **Regionalexpress/Regionalbahn** auf folgenden Strecken:

- Dresden - Tharandt - Freiberg - Flöha - Chemnitz - Hohenstein-Ernstthal - Glauchau - Zwickau - Reichenbach (Vogtl.) - Plauen (Vogtl.) - Hof. Landschaftlich reizvoll vor allem zwischen Dresden und Freiberg sowie Zwickau und Plauen.
- Leipzig - Reichenbach (Vogtl.) ob. Bhf. - Plauen (Vogtl.) - Oelsnitz (Vogtl.) - Adorf (Vogtl.)
- Leipzig - Chemnitz

Vogtlandbahn

Die Vogtlandbahn verkehrt in und nach Sachsen auf folgenden Strecken **(kostenlose Mitnahme von Fahrrädern):**

- **VB 1:** Zwickau - Lichtentanne - Lengefeld - Auerbach - Falkenstein - Zwotental - Klingental - Kraslice (- Karlovy vary)
- **VB 2:** Zwickau - Reichenbach (Vogtl.) ob. Bhf. - Herlasgrün - Plauen (Vogtl.) ob. Bhf. - Oelsnitz (Vogtl.) - Bad Elster - Bad Brambach - Cheb (Eger) - Mariánské Lázne (Marienbad)
- **VB 4** (Elstertalbahn): Gera - Greiz - Plauen (Vogtl.) unt. Bhf. - Weischlitz
- **VB 5:** Hof - Plauen (Vogtl.) ob. Bhf. - Herlasgrün - Auerbach (Vogtl.) ob. Bhf. - Falkenstein (Vogtl.) - Zwotental - Adorf (Vogtl.)
- **VX** (Vogtlandexpress): Berlin Zoologischer Garten - Chemnitz - Plauen (Vogtl.) - Reichenbach (Vogtl.) - Zwickau; Sondertarif, Fahrkartenverkauf nur im Zug; Reservieren: Tel. (089) 548889726.

Fahrkarten

Das **Sachsen-, Sachsen-Anhalt- und Thüringen-Ticket** sowie die entsprechenden Single-Tickets gelten im hier beschriebenen Gebiet auf allen regionalen Bahn- und Buslinien entsprechend den Bestimmungen der Deutschen Bahn. Ausnahmen: Diese Fahrkarten gelten nicht auf den Buslinien im Verkehrsverbund Oberelbe (Osterzgebirge) sowie für die Schmalspurbahn Cranzahl - Oberwiesenthal.

Tageskarten

- **Verkehrsverbund Mittelsachsen:** 14,50 Euro, Kleingruppenkarte (5 Personen) 21 Euro, www.vms.de
- **Verkehrsverbund Oberelbe:** 12,50 Euro, Familienkarte 16 Euro, Kleingruppenkarte (5 Personen) 24 Euro, www.vvo-online.de
- **Single für den Verbundraum Vogtland:** 7 Euro, Kleingruppenkarte (5 Personen) 14 Euro, gültig Mo bis Fr ab 7.30 Uhr, Sa/So unbegrenzt, www.vogtlandauskunft.de

Fahrrad

Viele lohnende Touren

Für jeden Fahrer und jedes Rad gibt es zahlreiche lohnende Wege, von der gemütlichen Runde auf dem Sattel bis zur atemberaubenden Serpentine. Eingerahmt wird das Radfahrvergnügen von den hervorragenden Angeboten für die An- und Abreise mit der Erzgebirgsbahn und der Vogtlandbahn, die zudem noch Fahrräder kostenlos transportieren.

Landschaftlich sehr reizvoll, ohne besonders anstrengend zu sein, sind die **Radwege in den Flusstälern:** Zschopautal, Flöhatal, Schwarzwassertal, Muldetal. Hier kann man auch mit Kindern radeln. Viele der wertvollsten kulturhistorischen Sehenswürdigkeiten liegen an den Strecken.

Härter zur Sache geht es auf den **Etappen des Kammweges Erzgebirge – Vogtland:** vom vogtländischen Schöneck nach Johanngeorgenstadt (33 km), durch das Böhmische Erzgebirge nach Oberwiesenthal (25 km), immer noch im Böhmischen mit herrlichen Ausblicken nach Satzung (39 km) und weiter nach Seiffen (44 km) und schließlich nach Altenberg (36 km).

Abwechslungsreiche **kleinere Touren** bieten der Fichtelberg, die Talsperren am Auersberg und der Kahleberg mit Umgebung.

Mountainbike

Miriquidi-Bike-Trails

Im Mittleren Erzgebirge gibt es **rund um Lengefeld** vier als „Miriquidi-Bike-Trails" beschilderte Routen. Die Markierung zeigt auf weißem Grund einen stilisierten Biker in roter Farbe sowie die Bezeichnungen der Touren:

- **T1 – Miriquidi-Tour: 38,8 km,** Lengefeld – Börnichen; anspruchsvoll
- **T2 – Panorama-Tour: 21,2 km,** Rundtour Kalkwerk Lengefeld, Pockau; anspruchsvoll

- **TF – Familientour: 10,9 km,** Rundtour Kalkwerk Lengefeld, Neunzehnhainer Talsperre; sehr leicht
- **SK – Stülpner-Kult(o)ur: 70 km,** Rundtour Lengefeld, Pockau, Marienberg, Hilmersdorf, Großolbersdorf, Scharfenstein; technisch leicht

Weitere Informationen und Touren (Pockautalweg, Flöhatalweg, Lengefelder Rundwege) unter www.miriquidi-bike-trails.de (dieser Seite wurden auch die hier genannten Angaben entnommen) sowie auf Faltblättern, die in den Touristinformationen erhältlich sind.

- **Erzgebirgs-Bike-Marathon** in Seiffen: www.ebm100.de
- **Touren zwischen Seiffen und dem böhmischen Lesna:** www.bikerevier-erzgebirge.de

Zu Fuß

Kammweg Erzgebirge – Vogtland

Kammweg Erzgebirge – Vogtland (Altenberg im Osterzgebirge – Blankenhain in Thüringen), zertifiziert als **Qualitätsweg** (kurz: viel Natur, wenig Straße, übersichtliche Markierung, Bus und Bahn in der Nähe; www.kammweg-erzgebirge-vogtland.de). **289 km** mit zahlreichen möglichen Abstechern auf sächsischer und böhmischer Seite, markiert mit dunkelblauem Balken auf weißem Grund und dem Wort „KAMM“. Anschluss an den Rennsteig, Frankenweg, Fränkischen Gebirgsweg sowie an den Europäischen Fernwanderweg EB Eisenach – Budapest. „Hier gibt es alles außer Bären“, heißt es seit Mai 2011, als dieser abwechslungsreiche Wanderweg, der erste zertifizierte überregionale Wanderweg Sachsens, mit einem Fest auf dem Auersberg eröffnet wurde. Am Weg liegen Schaubergwerke, Schauwerkstätten erzgebirgischer Volkskunst, Museen und Wintersportanlagen, vor allem aber großartige Naturerlebnisse.

Bergwanderweg

250 km durch den **Naturpark Erzgebirge/Vogtland,** Markierung blau + E3, teilweise auf dem Kammgebiet (im Winter nur Loipen) sowie durch die bekanntesten Bergstädte; siehe auch unter „Wandern ohne Gepäck“.

Oberes Erzgebirge: Blick vom Fichtelberg

Tour der 14 Achttausender
50 km durch das **Osterzgebirge** auf 14 Berge über 8000 Dezimeter Höhe; siehe auch Exkurs „14 Achttausender an einem Wochenende".

„Wandern ohne Gepäck"
Buchung bei **Tourismusverband Erzgebirge,** Annaberg-Buchholz, Adam-Ries-Straße 16, Tel. (03733) 188000 (Ü/F in DZ in Hotels und Pensionen, Preise pro Person, inkl. Gepäcktransfer und Wanderkarten, EZ mit Zuschlag möglich).

erz021 Foto: dk

- **Kammwanderung Vogtland – Erzgebirge** (April bis Okt., Schöneck – Altenberg/Geising, 210 km), 14 Tage 490 Euro, Wochenendtour 3 Ü/F 163 Euro
- **Bergwanderweg,** auf dem Fernwanderweg E 3 (April bis Okt., Kammgebiet, Scheibenberg, Pöhlberg, Annaberg-Buchholz, Seiffen), 15 Tage 550 Euro, Wochenendtour 3 Ü/F 163 Euro
- **Im Revier Karl Stülpners,** Wanderungen im Geyerschen Wald (ganzjährig), „Wandern ohne Gepäck“, 7 Übernachtungen 289 Euro
- **Wanderungen im sagenhaften Zschopautal** (ganzjährig, Schlösser und Burgen über dem romantischen Flusstal), „Wandern ohne Gepäck“, 10 Tage 382 Euro, ab 3 Ü/F ab 163 Euro

Weitere Angebote

- **Geführte Wanderungen im Naturpark Erzgebirge/Vogtland** (Termine und Touren erfragen)
- **Wanderwochen „Echt Erzgebirge“,** die schönsten Wanderungen auf geführten Rundtouren, unabhängig von der Anzahl der Teilnehmer, Gruppen ab 10 Personen sollten sich jedoch anmelden. Selbstversorgung aus dem Rucksack, freiwilliger Teilnehmerbeitrag. Tel. (03733) 145113 (Wirtschaftsförderung/Tourismus), Tel. (03733) 188000 (Tourismusverband), Tel. (037342) 16040 (Gästeinformation Sehmatal), www.erzgebirge-tourismus.de (jeweils 3. Sonnabend bis 4. Sonntag im Mai und Sept., alle Touren beginnen um 9.30 Uhr

Sport und Erholung

- **Wintersport** in schneesicheren Kamm- und Waldlagen
- **Kammloipe Erzgebirge – Vogtland,** www.kammloipe.de
- **Kammweg Erzgebirge – Vogtland,** Natur und Kultur in den schneefreien Jahreszeiten
- **Geocaching:** Schatzsuche in der Natur, www.opencaching.de
- **Kur- und Wellnessangebote,** Freibäder, Heilstollen

Wintersport

Die größten Wintersportzentren des Erzgebirges sind Oberwiesenthal mit der Fichtelbergregion und Altenberg/Zinnwald. Im Vogtland ist es Klingenthal. Darüber hinaus sind die schneesicheren Kammlagen und ausgedehnten Wälder allerorten für Anfänger, Gelegenheitssportler und Weltmeister sichere Wintersportgebiete. Die Kammloipe zwischen Johanngeorgenstadt im Westerzgebirge und Schöneck im Vogtland trägt das DSV-Prädikat „Exzellente Loipe". Vor Ort gibt es Ausleihstationen und Sportgerätehändler, Skischulen und weitere Angebote.

- Alle Loipen, Pisten, Rodelhänge, Eisflächen, Skischulen, Wettkämpfe sowie aktuelle Schnee- und Wetterinformationen für Erzgebirge und Vogtland unter **www.wintersport-im-erzgebirge.de**

Telefonieren

Vorwahlen

- **Deutschland:** 0049
- **Österreich:** 0043
- **Schweiz:** 0041
- **Tschechische Republik:** 00420

Unterkunft

Breite Palette

Vom Privatquartier bis zum 4-Sterne-Hotel steht eine breite Palette an Unterkünften zur Auswahl. Eine umfassende Übersicht bieten die vom Tourismusverband in Annaberg-Buchholz jährlich herausgegebenen Prospekte sowie die Internetseiten unter www.erzgebirge-tourismus.de. Eine Auswahl von Adressen ist in diesem Buch unter den Ortsbeschreibungen zu finden. Besonders zu empfehlen sind die **erzgebirgischen Landgasthöfe** sowie die zahlreichen, oftmals idyllisch und dennoch verkehrsgünstig gelegenen **Ferienhäuser.** Es gibt auch Campingplätze, Wander- und Jugendherbergen. Qualitätsmerkmal in der Wintersaison ist die Nähe von Loipen und Abfahrtshängen.

Zeitungen und Zeitschriften

- **„Freie Presse"**, Chemnitz, Tageszeitung mit Regionalausgaben
- **„Vogtland-Anzeiger"**, Plauen

erz027 Foto: dk

Land und Leute

Geografie und Geologie

„Gebirge ohne Berge“

Das Erzgebirge ist ein 150 Kilometer langes und bis zu 60 Kilometer breites **Mittelgebirge im Freistaat Sachsen und im tschechischen Nordböhmen.** Westlich schließen sich das Elstergebirge und das Vogtland an, nördlich das Mittelsächsische Lößhügelland und das an den Stadtrand von Dresden heranreichende Erzgebirgsvorland; östlich geht das Erzgebirge in das Elbsandsteingebirge über, südlich fällt es steil ab zum Egergraben und Nordböhmischen Becken. Die Gipfel- und Kammlagen erreichen Höhen über 900 Meter, die drei höchsten Gipfel sind der **Keilberg** (Klínovec) mit 1244 Meter, der **Fichtelberg** mit 1215 Meter und der **Gottesgaber Spitzberg** (Božidarský Špicak) mit 1115 Meter über Normalnull. Es gibt rund 30 Erhebungen auf über 1000 Meter, die aber nicht alle als Gipfel erkennbar sind; der nächsthöhere touristisch bedeutsame Berg auf sächsischer Seite ist der **Auersberg** mit 1019 Meter. Die zumeist lang gestreckten, bewaldeten oder wiesenbeckten Berge vermitteln ein liebliches Bild des Erzgebirges, was auch als „Gebirge ohne Berge“ ironisch kommentiert wird.

Entstehung

Entstanden ist das Erzgebirge **vor 320 Millionen Jahren,** als sich ein Hochlandbogen quer durch Europa wölbte und im sächsisch-thüringischen Raum drei Falten bildete, wovon die südlichste den Erzgebirgskamm formte. Bis zum Ende des Perm-Zeitalters vor 250 Millionen Jahren wurde diese Faltung zu einer flachwelligen Hügellandschaft abgetragen. Schließlich erhielt das Gebirge im Tertiär vor 65 bis 2 Millionen Jahren sein heutiges Aussehen. Auf der nördlichen Seite kam es zu einer Aufwölbung der Erdkruste, auf der südlichen hingegen zu einer Einmuldung. Dabei entstand der charakteristische Steilabfall des Gebirges nach Nordböhmen. Während dieser letzten Phase kam es auch zu vulkanischen Vorgängen um das heutige Annaberg-Buchholz und im Osterzgebirge. Vorherrschende Gesteine sind Granite und Phylite sowie Basalte (Mittleres Erzgebirge) sowie permakarbone Sedimente und Quarzporphyre (Osterzgebirge).

Vorherige Seiten: Stadt und Talsperre Eibenstock im Westerzgebirge

Erzlagerstätten

Das Besondere dieses Gebirges sind die ehemals reichen Erzlagerstätten. Im Westerzgebirge gab es Vorkommen von **Silber-, Wismut-, Kobalt-, Nickel-** und **Uranerzen,** im Mittleren Erzgebirge **Serpentin** sowie in der Freiberger Gegend besonders reines Silbererz.

Westerzgebirge

Das Westerzgebirge erstreckt sich **vom Vogtland bis zum Schwarzwassertal,** der höchste Berg ist der Auersberg. Als „Balkon des Westerzgebirges" gilt seiner Panoramaaussicht wegen der **Spiegelwald** (727 m) bei Grünhain. Bei Eibenstock, Sosa und Carlsfeld befinden sich große Talsperren zur Trinkwasserversorgung. Vorherrschende Gesteine sind Granite und Phylite.

Mittleres Erzgebirge

Vom Schwarzwasser bis zum Flöhatal erstreckt sich das Mittlere Erzgebirge, dessen höchste Berge auf sächsischer Seite der Fichtelberg und auf böhmischer Seite der Keilberg (Klínovec) sind. Die nah beieinander liegenden Tafelberge Bärenstein (898 m), Pöhlberg (832 m) und Scheibenberg (807 m) sind aus Vulkanen entstanden. Charakteristisch sind die lang gestreckten Hochflächen, so der Gebirgskamm und das Geyersche Hochland. Die Flüsse Zschopau und Flöha haben tiefe Täler zwischen bizarr aufragenden Felsen gegraben. Die Greifensteine (731 m) und die Augustusburg markieren die nördliche Grenze des Gebirges.

Osterzgebirge

Das Osterzgebirge erstreckt sich **zwischen dem Flöhatal bis nahe an den Stadtrand Dresdens.** Der höchste Gipfel ist der Kahleberg (904 m), markant zwischen den sanft gewellten Bergrücken erheben sich der Geisingberg (824 m) und der Luchberg (576 m). Die Freiberger Mulde sowie die Gottleuba, die Müglitz, die Rote und die Wilde Weißeritz durchfließen das Gebirgsland.

Erzgebirgsbecken

Dem Gebirge nördlich vorgelagert ist das von der Zwickauer Mulde, der Chemnitz und der Zschopau durchflossene, dicht besiedelte Erzgebirgsbecken, das bis 400 Höhenmeter erreicht. Als Erzgebirgsvorland gilt die Übergangszone zwischen Osterzgebirge und der Dresdner Elbtalweitung. Markanter Einzelberg ist der auch vom Dresdner Stadtzentrum gut sichtbare Wilisch (476 m), ebenfalls vulkanischen Ursprungs.

Klima

Schneesichere Winter, milde Sommer und öfters ergiebige Niederschläge zeichnen das Klima des Mittelgebirges aus. Mit seiner Lage zwischen Südwest und Nordost ragt die Pultscholle des Erzgebirges den vorherrschenden Nord-West-Strömungen der Luftmassen entgegen. Das begünstigt Niederschläge und führt zu deutlichen Witterungs- und Temperaturunterschieden zwischen den Gipfel-, Hang- und Tallagen. Die Jahresmitteltemperaturen erreichen Werte von 3 bis 5°C (zum Vergleich: Dresden-Mitte 9,9°C, Oberlausitz 9,7°C).

Flora und Fauna

Flora

Mächtige Nadelbaumwälder, vor allem **Fichten,** aber auch **Tannen** wachsen auf den Kamm- und Hanglagen. Im Mischwald dominieren **Buche, Eiche und Birke.** Neben der Fichte gehört die **Eberesche,** hier Vogelbeerbaum genannt, auf die Visitenkarte des Erzgebirges.

Auf den Bergwiesen gedeihen zahlreiche seltene **Blumen und Kräuter** (siehe Exkurs „Bergwiesen im Osterzgebirge"). Auch der Blaue Eisenhut als giftigste heimische Pflanze hat im Erzgebirge einige streng geschützte Standorte. Refugien der Natur sind die **Hochmoore,** wo Sumpfkiefern, Moorbirken, Torfmoos, Rundblättriger Sonnentau, Geflecktes Knabenkraut und andere geschützte Pflanzen ihre Heimat haben.

Fauna

In den tiefen Wäldern ist die heimische Tierwelt in großer Vielfalt zu erleben. Hier sind Rehe, Hirsche, Wildschweine, Hasen, Schwarz- und Buntspechte, Uhu und Eisvogel sowie unzählige Singvögel zu Hause.

Mittleres Erzgebirge: im Tal der Schwarzen Pockau (Schwarzwassertal)

Umwelt- und Naturschutz

Naturpark Erzgebirge/ Vogtland

Der weitaus größte Teil der hier beschriebenen Landschaft steht als Naturpark Erzgebirge/Vogtland sowie als Landschaftsschutzgebiet Osterzgebirge unter besonderem Schutz. Nach dem katastrophalen Waldsterben in den 1970er/-80er Jahren infolge der Emissionen durch die Kohle- und Chemiewerke beiderseits der Grenze konnte sich die Landschaft sichtbar erholen. Die Betriebe wurden entweder geschlossen oder haben im Zuge des Strukturwandels auch in Umweltschutztechnik und -technologien investiert. Naturschutzgebiete sind u.a. der Große (bei Johanngeorgenstadt) und der Kleine Kranichsee (bei Carlsfeld) und das Georgenfelder Hochmoor im Osterzgebirge. Auf den Bergwiesen am Geising wird ein Naturschutzprojekt zum Erhalt dieser einzigartigen Flora umgesetzt (siehe Exkurs „Wiesenblumenpracht am Geisingberg“).

Die **umweltpolitischen Herausforderungen** heute unterscheiden sich nicht wesentlich von denen in der gesamten Republik: Energie, Verkehr, Arbeitsplätze. Eine Besonderheit des Erzgebirges ist die dichte Besiedlung einer kleinstädtisch-dörflich geprägten Kulturlandschaft.

Geschichte und Wirtschaft

„Miriquidi“

Schier unendlicher und undurchdringlicher **Böhmischer Wald** bedeckte im 12. Jahrhundert die Gegend südlich des Meißner Landes. „Miriquidi“, Dunkelwald, nannten die Germanen solche ausgedehnten Urwälder. Dass sie damit auch konkret diesen am böhmischen Kamm gemeint haben, lässt sich durch Quellen zwar nicht belegen, doch hat sich das geheimnisvolle Wort inzwischen auch dort etabliert, wo es um die Frühzeit des Erzgebirges geht. Durchzogen war der Urwald von der **Salzstraße** als Verbindung zwischen Leipzig an der ost-westlichen Handelsstraße Via regia und Prag.

„Erstes Berggeschrey“

Salzkaufleute waren es auch, die auf einer Handelsfahrt im Jahre **1168** in Christiansdorf, das dem Kloster Altzella gehörte, in der Radspur ihrer Fuhrwerke ein Glitzern bemerkten, das sich als ein Leuchten über Jahrhunderte erweisen sollte. Gediegenes **Silber** trat zutage. Dem „Ersten Berggeschrey" – also der Kunde von außergewöhnlichen Funden in den Bergen – folgten vor allem Bergleute aus dem Harz, die sich in den Wäldern ansiedelten, von Feudalabgaben an den Grundherren befreit waren (bis auf den Bergzehnten an den Landesherren) und unzählige Stollen in die Berge teuften. Auf böhmischer Seite begann der **Zinnbergbau** im 14. Jahrhundert oberhalb der heutigen Bergstadt Graupen (Krupka).

„Zweites Berggeschrey"

Das „Zweite (Große) Berggeschrey" ging **im 15. Jahrhundert** vom heutigen Annaberg und Schneeberg aus, als dort reiche Silbererzvorkommen entdeckt wurden. Diesmal folgten ihm auch Bergleute aus dem Fränkischen und Böhmischen, in seiner Folge entstanden neben anderen die Bergstädte Buchholz, Marienberg, Scheibenberg und Sankt Joachimsthal. Für das Funktionieren der komplizierten, **hoch arbeitsteiligen Bergbautechnologie** bildete sich ein dichtes Netz der dafür erforderlichen Gewerke heraus: Köhlerei und Flößerei, Böttcherei, Stellmacherei, der Mühlenbau, Textilgewerke und andere. Allein die Bewältigung der mit dem Bergbau verbundenen Probleme der Wasserhaltung ist ein höchst spannendes Kapitel der Wissenschafts-, Wirtschafts- und Technikgeschichte.

Montanwesen

„In den erzgebirgischen Bergrevieren fanden im 16. Jahrhundert etwa **20.000 Menschen** eine Beschäftigung in Bergwerken, Hütten, in anderen Bergfabriken sowie in der ‚Zulieferindustrie'. (...) Das kurfürstlich-sächsische Montanwesen repräsentierte damals in Europa sowohl wegen seiner technologischen Qualität als auch wegen seines Leitungsstils moderne Produktion schlechthin. Die Naturgegebenheiten waren es, die solch eine Kombination frühkapitalistischer sowie fürstlicher Interessen erzwangen." (*Eberhard Wächtler* in: Georgius Agricola Bergwelten 1494–1994, Essen/ Chemnitz 1994.) Zu den intellektuellen Köpfen jener Zeit gehörten der Vater der Mineralogie und Begründer des modernen Montanwesens, **Georgius Agricola** (1494–1555), der Rechenmeister **Adam Ries** (1492–1559) und der Montanwissenschaftler und Stadtplaner **Ulrich Rülein von Calw** (1465–1523).

Textilgewerbe

Als die Erzlagerstätten allmählich erschöpft waren, gewann das Textilgewerbe immer mehr an Bedeutung als wirtschaftliches Fundament der Region. Bis heute sind **Klöppelei, Stickerei und Posamentiererei** im Erzgebirge in besonderer Weise lebendig und mit

erz025 Foto: dk

den Namen von zwei Frauen verbunden: *Barbara Uthmann* in Annaberg und *Clara Angermann* in Eibenstock.

Holzfiguren

Im **„Spielzeugland"** zwischen Seiffen und Olbernhau wuchs aus der Feierabend- und Winterbeschäftigung der Bergleute die kunsthandwerkliche Tradition geschnitzter und gedrechselter Holzfiguren, die den Familien das Leben sicherte und den Weltruhm des Erzgebirges aufs Neue begründete. Auch diese Geschichte ist, neben denen zahlloser Ungenannter, mit dem Namen einer Frau verbunden: *Auguste Müller* in Seiffen.

Instrumentenbau

Nachdem der Dreißigjährige Krieg schreckliche Verwüstungen angerichtet und den Bergbau weitgehend zum Erliegen gebracht hatte, waren es **protestantische Glaubensflüchtlinge** aus dem rekatholisierten Böhmen, die sich im Erzgebirge und im Vogtland ansiedelten. Auf der sächsischen Seite des Kamms gründeten sie die Bergbausiedlungen Johanngeorgenstadt und Zinnwald. In das Vogtland brachten sie das **Geigenbauerhandwerk** mit und begründeten so die bis heute weltbekannte Tradition des Musikinstrumentenbaus im Vogtland. Die Seiffener Spielzeugmacher stellten 1699 erstmals ihre Erzeugnisse auf der Leipziger Messe aus. 1765 wurde in Freiberg die Bergakademie gegründet, sie ist die älteste montanwissenschaftliche Hochschule der Welt und besteht heute als Technische Universität Bergakademie Freiberg.

Automobilindustrie

Im ersten Drittel des 20. Jahrhunderts war das Erzgebirge auch ein Zentrum des deutschen Fahrzeugbaus. 1903 begann in Zwickau die Geschichte der sächsischen Automobilindustrie. Sie ist mit dem Namen **August Horch** und der **Audi Automobilwerke GmbH Zwickau** verbunden. Das DKW Zschopau galt in den 1920er Jahren als größter Motorradproduzent der Welt. In den beiden Städten werden auch heute Autos bzw. Motorräder hergestellt.

Silbernes Erzgebirge: Vor der Bergparade der Freiberger Berg- und Hüttenknappschaft

Uranbergbau

Nach dem Sieg der Alliierten über den Nationalsozialismus begann **unter sowjetischem Befehl** ein Kapitel des Bergbaus im Erzgebirge, das mitunter auch als „Drittes Berggeschrei" bezeichnet wird, obwohl dieser Begriff historisch falsch ist. Diesmal kamen nicht, wie im 12. und 15. Jahrhundert, freie Menschen aus eigenem Entschluss ins Erzgebirge, um unter den Bedingungen einer modernen Bergbau- und Gewerbeverfassung ihr Glück zu suchen. Der Uranbergbau entstand als ein Unternehmen der sowjetischen Besatzungsmacht und wurde anfänglich nach Kriegsrecht betrieben. Das Uranerz aus dem Erzgebirge ermöglichte der Sowjetunion, das atomare Gleichgewicht gegenüber den USA durchzusetzen. Die jüngere Geschichte ganzer Städte, wie Johanngeorgenstadt, Bad Schlema, Aue, die Biografien und lebenslangen Arbeitsleistungen, die Alltagskultur zehntausender Menschen im Erzgebirge sind mit der **SDAG Wismut** verbunden.

Entwicklung seit 1950

Mit der Auflösung der Länder im Jahr 1952 wurde das Erzgebirge dem Bezirk Chemnitz zugeordnet. 1953 erhielt die Bezirksstadt den Namen Karl-Marx-Stadt. Lediglich das Osterzgebirge gehörte zum Bezirk Dresden. 1989 war die vogtländische Metropole Plauen neben Leipzig mit mutigen Demonstrationen Ausgangsort der friedlichen Revolution in der DDR. Seit 1990 gehören Erzgebirge und ein Großteil des Vogtlands wieder zum **Freistaat Sachsen.**

Seitdem erlebte die Region einen tiefgreifenden **Strukturwandel,** der aber auch auf die über Jahrhunderte gewachsene Kompetenz und Spezialisierung der dort beheimateten Menschen aufbauen konnte. So bestehen heute sowohl Hochtechnologieunternehmen als auch Firmen im Maschinen- und Fahrzeugbau, aber auch Manufakturen der Volkskunst – erzgebirgische Holzkunst, Plauener Spitze – auf dem internationalen Markt.

Der Bonner Solartechnologiekonzern SolarWorld AG, der auch eine Fertigungsstätte in Freiberg betreibt, sucht seit dem Frühjahr 2011 im osterzgebirgischen Zinnwald nach Lagerstätten von **Lithium.** Das Unternehmen benötigt den seltenen Rohstoff vor allem für Batterien zur Speicherung von Solarstrom. Zinnwald soll zu den zehn reichsten Lithium-Lagerstätten der Erde gehören. Die wissenschaftliche Vorarbeit zu dieser Erkundung wurde durch die TU Bergakademie Freiberg geleistet. Steigende Weltmarktpreise für Rohstoffe wecken das Interesse der Wirtschaft an neuen, aber auch an früher aufgegebenen Lagerstätten. Damit könnte ein neues Zeitalter des Bergbaus im Erzgebirge beginnen. In Niederschlag, einem Ortsteil von Bärenstein im Oberen Erzgebirge, wird seit 2012 Flussspat abgebaut, der in der Metall- und der Optischen Industrie benötigt wird.

Die Lauterer Traditionsmarke **„Schwerter Email"** wird durch die Omeras GmbH fortgeführt, Europas größtem Hersteller von Email-Verkleidungen. Emaillierte Kochgeschirre, wie sie vom Lauterer Schwerter-Emaillierwerk in so mancher Küche stehen, werden auch noch produziert, vor allem ist das Unternehmen aber an Bauwerksfassaden in Europa präsent.

Die Traditionsfirma Berlebach Stativtechnik in Mulda ist der weltweit einzige Hersteller von **Stativen aus Holz;** Fotografen und Astronomen wissen die hochwertigen Produkte seit über 100 Jahren zu schätzen.

erz026 Foto: dk

Zum Schluss ein süßer Schulbeginn: Der weltweit größte Hersteller von **Schultüten** (auch Zuckertüten genannt) und deutschlandweit einzige Produzent von **Pappostereiern** ist die Nestler Feinkartonagen GmbH in Ehrenfriedersdorf.

Sitten und Bräuche

Bergmännische Bräuche

Der **Festkalender** des Erzgebirges wird vor allem durch bergmännische Bräuche bestimmt. Dazu gehören die Bergparaden zum Bergstadtfest in Freiberg (Juni), zum Bergstreittag in Schneeberg (22. Juli) und während der Adventszeit, die Mettenschicht und Hutzenabende vor Weihnachten. Die mit dem Bergbau verbundenen Bräuche, vor allem zur Weihnachtszeit, sind im Alltag tief verwurzelt und werden generationenverbindend gepflegt, obwohl die meisten Menschen im Erzgebirge im Alltag längst nichts mehr mit dem Bergbau zu tun haben. Dazu gehört auch der traditionelle und allgegenwärtige Bergmannsgruß **„Glück auf!“,** der für „Guten Tag“ und alles Glück steht – Gott wurde im Erzgebirge noch nie gegrüßt.

Stadt- und Volksfeste

Über die Ortsgrenzen hinaus haben sich Stadt- und Volksfeste in den Jahreslauf eingetragen, so die Altstadtfeste in Freiberg, Schwarzenberg und Wolkenstein, das Stadtfest zum Bergstreittag in Schneeberg, das Plauener Spitzenfest, die Annaberger Klöppeltage und das Lichtelfest in Schneeberg.

Architektur

Altstädte und Bauten

Die kulturhistorisch wertvollsten Altstädte der Zeit zwischen Romanik und Barock besitzen Annaberg, Freiberg, Schneeberg und Zwickau. Herausragende Bauten der **Industrie-, Wohn- und Festarchitektur** des 19. und 20. Jahrhunderts sind in Chemnitz und Zwickau zu entdecken. Sehenswerte Architekturensembles der Bergbaugeschichte befinden sich in Altenberg, Kurort Seiffen, Schneeberg, Marienberg und Zinnwald.

Literatur

- **Anton Günther** (1876–1937), bekanntester erzgebirgischer Volksdichter (siehe entsprechenden Exkurs)
- **Stefan Heym** (1913–2001), eig. *Helmut Flieg,* wurde in Chemnitz als Sohn einer jüdischen Kaufmannsfamilie geboren
- **Werner Bräunig** (1934–1976) wurde in Chemnitz geboren und arbeitete bei der SDAG Wismut in Johanngeorgenstadt.
- **Reiner Kunze,** geb. 1933 in Oelsnitz/Erz., Lyriker

Bildende Kunst

- **Hans Brockhage** (1925–2009), Holzbildhauer, lebte in Schwarzenberg
- **Carlfriedrich Claus** (1930–1998), Grafiker, lebte in Annaberg-Buchholz und Chemnitz
- **Otto Müller-Eibenstock** (1898–1986), konstruktivistischer Maler, Grafiker, Textilgestalter, lebte in Eibenstock
- **Curt Querner** (1904–1976), Maler, lebte in Börnchen bei Freital im Osterzgebirgsvorland
- **Max Pechstein** (1881–1955), Maler, Grafiker, wurde in Zwickau geboren und ging dort in die Lehre
- **Kurt Teubner** (1903–1990), Maler, Grafiker, Objektkünstler, lebte in Aue

Musik und Theater

- **Oper, Schauspielhaus, Philharmonie, Ballett Chemnitz,** www.theater-chemnitz.de
- **Eduard-von-Winterstein-Theater Annaberg-Buchholz,** www.winterstein-theater.de
- **Mittelsächsisches Theater Freiberg,** www.mittelsaechsisches-theater.de
- **Naturbühne Greifensteine,** www.winterstein-theater.de
- **Bergmannsblasorchester Bad Schlema,** www.bergmannsblasorchester.de
- **Helmnot-Theater Lichtenstein,** www.helmnot.com

erz007 Foto: dk

Osterzgebirge

Überblick

Südlich von Dresden erstreckt sich das Osterzgebirge bis über die böhmische Grenze hinweg. Die Reise führt zunächst durch das **Tal der Müglitz** mit den Schlössern Lauenstein und Weesenstein und der Uhrenstadt Glashütte. **Altenberg,** Geising und Zinnwald sind die Wintersportzentren des Osterzgebirges und Ausgangsorte für Bergwanderungen. Ein Wanderweg führt in das böhmische Erzgebirge zum Mückentürmchen und in die alte Bergbaustadt Krupka (Graupen). Im **Tal der Roten Weißeritz** liegen die Kurorte Kipsdorf und Bärenfels und nördlich von „Dipps" der romantische Rabenauer Grund. **Entlang der Wilden Weißeritz** werden sehenswerte Orte zwischen dem Grenzdorf Rehefeld-Zaunhaus und dem Tharandter Wald vorgestellt sowie Kunst und Kohle in der Industriestadt Freital entdeckt. Exkurse laden zu einer Wiesenblumenwanderung auf den Geising ein, stellen die 14 Achttausender des Osterzgebirges vor und den grenzüberschreitenden Bergbaulehrpfad zwischen Krupka und Altenberg.

Im Tal der Müglitz

Müglitztalbahn

Die Müglitz entsteht am Osterzgebirgskamm auf böhmischer Seite aus zwei Quellbächen. Nach 49 Kilometer mündet sie in Heidenau in die Elbe. Das Müglitztal, nahe der Stadt Dresden und dem Oberen Elbtal, ist ein **traditionelles Wandergebiet und Ausflugsziel.** Wald und Wiesen, zwei Schlösser und sehenswerte Städtchen bestimmen sein Bild. Zwischen Heidenau (an der S-Bahn S1 Meißen – Dresden – Sächsische Schweiz und S2 Flughafen Dresden – Pirna) und Lauenstein verkehrt die Müglitztalbahn entlang des Flusses, bevor sie nach Geising und Altenberg abbiegt. Beim **Hochwasser 2002** zog die sonst eher gemütliche Müglitz einen Weg der Zerstörung durch das gesamte Tal, das am schwersten betroffen war. Der Wiederaufbau ist inzwischen abgeschlossen. Seit 2006 sichert ein Rückhaltebecken oberhalb von Lauenstein das Müglitztal vor weiteren Überschwemmungen.

Impressionen aus dem Osterzgebirge – oben: Weihnachtspyramide in Altenberg, unten: Georgenfelder Hochmoor

Vorherige Seiten: Altenberg – Blick zur Pinge und zum Geisingberg

erz082 Foto: dk

erz083 Foto: dk

Im Geisinger Ortsteil Fürstenwalde wurde **George Bähr** (1666–1738) geboren, der Architekt der Dresdner Frauenkirche und weiterer bedeutender protestantischer Kirchenbauten. In der Fürstenwalder „Hammerschänke" erinnert ein kleines Museum an den Baumeister.

Lauenstein

Die Stadt

Lauenstein ist nicht nur **eine der ältesten Siedlungen Sachsens;** das Städtchen hat sich rund um die auf das 12. Jahrhundert zurückgehende Burg hoch oben auf einem Felssporn über der Müglitz einiges von seinem **mittelalterlichen Flair** erhalten können. Steile, krumme Straßen, zusammengedrängte Bürgerhäuser, das Renaissanceschloss, die gotische Kirche und mitten auf dem Markt der Falknerbrunnen - wie eine Märchenstadt im Kinderbuch.

Falknerbrunnen

Vom Bahn-Haltepunkt an der Müglitz läuft man eine Viertelstunde bergan bis zum Markt. Der Falknerbrunnen (1912) von *Rudolph Hölbe* (1848–1926) erinnert an die Sage vom Kind der Schlossherrin, das um 1600 von einem Adler entführt wurde - zum Bornfelsen. Der Schlossfalkner ließ seinen Jagdfalken aufsteigen und den Adler so lange bedrängen, bis dieser das Kind freigeben musste. Bis heute ist die Falknerei im Schloss zu Hause, der Brunnen das **Wahrzeichen der Stadt.** Der Falkner bietet Vorführungen im Freien und in der Falkenflughalle an; in der kleinen Falknerstube im Schloss werden im passenden Ambiente erzgebirgische Speisen serviert.

Das Schloss

Das aus einer mittelalterlichen Grenzburg hervorgegangene Schloss Lauenstein ist eine **Perle sächsischer Renaissancearchitektur.** Von der Burg sind nur noch Rudimente erhalten. Unter der 300-jährigen Herrschaft der weitverzweigten sächsischen Adelsfamilie *von Bünau* entstand die prächtige Schlossanlage. Ihre Blütezeit erlebte sie zwischen 1593 und 1619 unter *Günther von Bünau.* Direkt vom Marktplatz führt der Weg durch ein Renaissanceportal

Schloß Lauenstein (links die Reste der Burg)

in das Torhaus und in den Schlosshof. Bemerkenswert sind der **Türkensaal** mit seiner üppigen Stuckdecke, das Netzgewölbe und die Wandbilder aus der Zeit um 1600 im **Vogelsaal** und die gotische **Schlosskapelle.** Schloß Lauenstein beherbergt das sehenswerte **Osterzgebirgsmuseum** mit kulturhistorischen Sammlungen und Ausstellungen zur Natur dieser Landschaft. Im barocken **Schlossgarten** kann man fürstlich lustwandeln und dabei noch erzgebirgische Kräuterpflanzen kennenlernen.

Stadtkirche Die außen schlichte spätgotische Stadtkirche (1602) birgt eine kunsthistorisch **sehr wertvolle Ausstattung.** Altar, Kanzel und Taufstein stammen von dem Pirnaer Bildhauer *Michael Schwenke* (1563–1610), die Bünaukapelle schuf *Lorentz Hörnig* (1575–1624), ebenfalls aus Pirna. Sehenswert sind auch die Deckenmalerei im Chor, ein Fresko mit der Darstellung der Dreieinigkeit und die ebenfalls von *Hörnig* geschaffenen Seitenepitaphien.

erz001 Foto: dk

Bärenstein

Das Städtchen Bärenstein (nicht zu verwechseln mit Bärenstein im Oberen Erzgebirge) hat einen schönen **Marktplatz** und die älteste originale Postdistanzsäule Sachsens (1734). In der privaten **Galerie Geißlerhaus** unweit des Marktes werden Ausstellungen zeitgenössischer Kunst gezeigt sowie Konzerte und Puppentheateraufführungen gegeben.

Glashütte

Uhrenfertigung

Die **größte und weltweit bekannteste Stadt im Müglitztal** ist Glashütte (7000 Ew.), das Synonym für edle Präzisionsuhren. Die Erfolgsgeschichte der Glashütter Uhrenfertigung begann 1845, als sich der Dresdner Uhrmacher *Ferdinand Adolph Lange* (1815–1875) in der Stadt im Müglitztal niederließ, die bis dahin vor allem vom Erzbergbau und im Mittelalter wohl von der namensgebenden Glashütte gelebt hatte. Schon ab 1875 galt die Uhrenindustrie als das wirtschaftliche Fundament der Stadt. Heute sind neben der prestigeträchtigen Traditionsfirma A. Lange & Söhne weitere internationale Spitzenmarken im Müglitztal zu Hause.

erz002 Foto: dk

Deutsches Uhrenmuseum Die Glashütter Uhrenfertigung als kulturelles Erbe von international erstklassigem Rang wird im Deutschen Uhrenmuseum Glashütte vorgeführt. Zu sehen sind Uhren aus allen Epochen, darunter viele Raritäten. Die umfangreiche Ausstellung ist gegliedert in **„Historienräume"** zum geschichtlichen Kontext und **„Zeiträume"** zur chronologischen Abfolge der Glashütter Uhrmacherkunst; sie möchte „einen emotionalen und philosophischen Zugang zum Phänomen Zeit" schaffen.

Schloß Weesenstein

Hoch über der Müglitz Als mächtiges, aber doch feingliedriges, **malerisches Bauwerk** erhebt sich auf einem Bergsporn hoch über der Müglitz Schloß Weesenstein – ein überraschender, faszinierender Anblick. An dieser Burg- und Schlossanlage wurde sieben Jahrhunderte lang gebaut, von der Gotik bis zum Klassizismus. Dennoch wirkt sie, eingebettet in einen Park, heiter harmonisch.

1318 wurde die Burg erstmals urkundlich als Besitz des Burggrafen *von Dohna* erwähnt. Später gehörte sie der Familie *von Bünau,* bis 1918 den Wettinern. Heute wird sie von der Sächsischen Schlösserverwaltung als **Museum** betrieben. Das Seltsamste an dem Bauwerk ist, dass sich die ältesten Gebäude auf dem Berg befinden und die jüngeren darunter gelagert sind. Die Anlage wurde von oben nach unten in den Felsen hinein errichtet. So steht nun der Turm mit seinem Fundament fünf Etagen über dem klassizistischen Wintergarten. Zu Füßen des Schlosses liegt ein **französischer Park.** Er wurde beim Hochwasser 2002 zerstört und konnte erst nach fünf Jahren wiedereröffnet werden.

Schlosskapelle Die barocke Evangelische Schlosskapelle wurde 1738–1748 von dem George-Bähr-Schüler *Johann Georg Schmidt* erbaut. Entstanden ist ein **prachtvoller, lichtdurchfluteter Zentralraum** mit ovaler, gewölbter Decke, ausgestattet mit Altarskulpturen von *Johann Benjamin Thomae* und einem Orgelprospekt von *Johann Balthasar Saltzmann.*

Glashütte: Das Haus A. Lange & Söhne steht für Tradition und Luxus

„Grenz-räume“

Das Ausstellungsprojekt „Grenzräume“ widmet sich der **Herausbildung der sächsisch-böhmischen Grenze** bis zum Vertrag von Eger 1459, einer der ältesten und stabilsten Grenzen Europas. Projektpartner ist das Museum Schloss Děčín (Tetschen) am Rande der Böhmischen Schweiz; dort befasst sich eine Ausstellung mit der Industrialisierung des grenznahen Raumes von Nordböhmen.

Dohna

Burg

In Dohna, der nach Meißen **zweitältesten Stadt Sachsens** (6200 Ew.), verlässt die Müglitz das Erzgebirge. Schon in der Bronzezeit siedelten hier Menschen. Im Jahr 960 ließ *Otto I.* die Burg Dohna errichten, zum Schutz der Handelswege im Müglitztal und des Kulmer Steigs zwischen Dresden und Böhmen. Die Burg Dohna wurde zum Mittelpunkt einer reichsunmittelbaren Herrschaft. 1402 siegte das Haus Wettin im Machtkampf, Dohna wurde der Mark Meißen einverleibt. Ab der zweiten Hälfte des 15. Jahrhunderts verfiel die Burg. Im Zuge der Burgenromantik des 19. Jahrhunderts wurde der **Rundturm** wieder aufgebaut, er steht bis heute; von der mittelalterlichen Anlage ist fast nichts mehr geblieben. Vor der Burg wuchs die kleine Ackerbürgerstadt heran. Am Markt mit seinen Häusern aus dem 18. und 19. Jahrhundert hat sie sich dieses Flair erhalten. Überragt wird das Städtchen von der schlichten gotischen **Stadtkirche St. Marien.** In der Alten Apotheke (1700) am Markt 2 befindet sich das **Heimatmuseum.**

Liebstadt und Schloß Kuckuckstein

Freimaurer

Von Dohna sind mit der Bahn oder dem Auto neben dem Osterzgebirge auch die Sächsische Schweiz und Dresden schnell erreicht. Nur 10 Kilometer östlich von Glashütte, etwa auf halbem Wege nach Pirna, liegt ein Reiseziel für Burgenfreunde und für alle, die etwas über die Freimaurerei erfahren wollen. Das **Städtchen Liebstadt, eines der kleinsten in Sachsen** (1300 Ew.), wird überragt vom Schloß Kuckuckstein. Es steht auf einem Felsen im **Tal der Seidewitz,** an dem schon für Dohna bedeutenden frühgeschichtlichen Kulmer Steig nach Böhmen.

Die mittelalterliche Burg wurde 1402 zerstört, das heutige Schloss ab 1452 errichtet. Mehrfach wechselten die Besitzer, interessant für heutige Besucher ist die Zeit unter der Familie *von Carlowitz* von 1775 bis 1931. Die *von Carlowitz* gestalteten die Burg zum **Wohnschloss** um und statteten es romantisch aus. Im Jahr 1800 wurde eine Freimaurerloge eingerichtet und mit romantischen Bildern ausgemalt. Es entstanden ein märchenhafter Innenhof, ein Rittersaal und allerlei Zierat, das eine historisch wirkende Kulisse bildet.

Museum

1931 musste Schloß Kuckuckstein versteigert werden. Die Stadt Liebstadt richtete 1954 ein heimatgeschichtliches Museum ein. Dazu gehört auch die Freimaurerloge mit ihren historischen Utensilien. Das DDR-Fernsehen drehte hier die Kindersendung „Zauber auf Schloß Kuckuckstein“. Der heutige Eigentümer hält dieses bedeutende **Baudenkmal der Neogotik und Frühromantik** weiterhin für Besucher offen. Im Rittersaal kann man auch heiraten.

Praktische Informationen

Anreise

- **Auto: B170**
- **Müglitztalbahn Heidenau – Altenberg**
- **Regionalbus 360** Dresden – Dippoldiswalde – Zinnwald (– Teplice)

Info

- **Fremdenverkehrsbüro Glashütte,** Dresdner Straße 5, Tel. (035053) 42050, www.glashuette-sachs.de

Wohnen und Essen

- €€**Restaurant und Hotel „Zum Silberstollen“,** Glashütte, Dresdner Straße 14, Tel. (035053) 42331, Mo 11.30–14 Uhr, Di bis So 11.30–14 u. 16.30–23 Uhr, www.silberstollen.de (modern eingerichtete Zimmer, Gaststätte im bergmännischen Stil, Pizzen und Nudelgerichte unter 10 Euro)
- €**Herberge zum Falkner im Schloß Lauenstein,** Tel. (035054) 25166, tgl. 10–17 Uhr, www.falknerei-schloss-lauenstein.de (komfortable Zimmer auf dem Schloss, erzgebirgische Küche im Falknerstübl, Vorführungen des Falkners möglich)

Museen/ Schlösser

- **Schloß Lauenstein, Osterzgebirgsmuseum,** Tel. (035054) 25402, Di bis So/Feiertage 10–16.30 Uhr, 4/3 Euro, www.schloss-lauenstein.de (Leben und Werk *George Bährs,* Geschichte der Postmeilensäulen und der Müglitztalbahn, Jagdwesen, Falknerei)
- **Deutsches Uhrenmuseum Glashütte,** Schillerstraße 3a, Tel. (035053) 46464, tgl. 10–17 Uhr, 6/4 Euro, www.uhrenmuseum-glashuette.com (von den Anfängen sächsischer Uhrenfertigung

1845 bis zur Gegenwart, mehr als 400 Exponate; **Werksführung im Uhrenwerk Glashütte,** nach tel. Anmeldung, Mo bis Fr 10 und 13 Uhr, www.glashuette-original.com

- **Schloß Weesenstein,** Tel. (035027) 62629, April bis Okt. tgl. 9–18 Uhr, Feb./März, Nov./Dez. Di bis So/Feiertage 10–17 Uhr, Jan. Sa/So/Feiertage 10–17 Uhr, 5/2,50 Euro, www.schloss-weesenstein.de (ausgedehnte Burg- und Schlossanlage der Gotik bis zum Klassizismus, Park; Restaurants: Schlosscafé, Königliche Schlossküche, Schlossbrauerei)
- **Heimatmuseum Dohna,** Am Markt 2, Tel. (035929) 512628, Di bis Do 14–16 Uhr, Sa/So 14–17 Uhr, 1,50/1 Euro, www.stadt-dohna.de (Dohna von der Steinzeit bis zur Eisenzeit, Burg Dohna, Stadtgeschichte, Dohnaer Apotheke, Mineralien- und Fossilienkabinett)
- **Schloß Kuckuckstein, Liebstadt,** Tel. (035025) 12770, Mi bis So/Feiertage 10–18 Uhr, 3/2 Euro, www.schlosskuckuckstein.de (Besichtigung des Schlosshofes, Rundweg durch das Schloss, Freimaurerloge, Gotische Halle, Wappenzimmer, Rittersaal, Führungen mit Schlossgespenst, Café Napoleon Bonaparte)

Kirche

- **Evangelische Stadtkirche Lauenstein,** Tel. (035056) 31856, Führungen Di bis Sa 11 und 14 Uhr, So 14 Uhr (wertvolle Ausstattung mit Sandsteinarbeiten: Altar, Kanzel, Taufstein, Bünaukapelle)

Sonstiges

- **Galerie Geißlerhaus, Bärenstein,** Bahnhofstraße 6, Tel. (035054) 29960, So 14–18 Uhr und nach tel. Vereinbarung, www.geisslerhaus.de (private Galerie im historischen Haus, Kunstausstellungen, Konzerte, Puppentheater, Vorträge)
- **Technisches Denkmal Getreidemühle Bärenhecke,** Mühlenstraße 1, Tel. (035053) 41334, Führung Mi 15 Uhr sowie nach Anmeldung, www.baeckerei-baerenhecke.de (historische Mühle und Bäckerei)

Altenberg und Umgebung

Altenberg

Wintersportzentrum

Das Wintersportzentrum des Osterzgebirges liegt nur 38 Kilometer (B170) südlich von Dresden. In Altenberg (8000 Ew.) laden auf rund 750 Höhenmeter Ski- und Rodelhänge, Skilifte, ein weitläufiges Loipennetz und die Rennschlitten- und Bobbahn zu sportlicher Betätigung ein. Die Stadt ist immer wieder Austragungsort hochkarätiger Meisterschaften. Durch die **Müglitztalbahn,** mehrere Buslinien und die B170 ist Altenberg mit der Region zwischen dem Oberen Elbtal (Dresden, Sächsische Schweiz) und der böhmischen Bezirksstadt Teplice (Teplitz) hervorragend verbunden.

Geschichte

Schon die Geschichte des weitgestreuten Ortes beruht auf einem Superlativ. Bergleute aus dem böhmischen Krupka (Graupen) entdeckten um 1440 eine **Zinnlagerstätte,** die sich als die ergiebigste in Mitteleuropa erweisen sollte. Die Kunde vom Zwitterstock –

erz003 Foto: dk

die damals entstandene bergmännische Bezeichnung für Zinnlagerstätten in Granitstöcken – verbreitete sich rasch, und immer mehr Bergleute siedelten sich an. 1451 wurde Altenberg das Stadt- und Marktrecht verliehen. Als die schneesichere Stadt 1923 an das Eisenbahnnetz angeschlossen wurde, entwickelte sie sich schnell zum Wintersportzentrum. Der Zinnerzbergbau wurde 1991 eingestellt.

Orientierung

Im Bahnhofsgebäude befinden sich die **Touristinformation** und das ganzjährig geöffnete **Loipenhaus** mit Dusche und WC, Umkleideräumen und Schließfächern. Vor dem **Bahnhof** halten alle Buslinien. In der besten Wintersportzeit ist es schwierig, einen Pkw-Parkplatz zu finden, der Anreiseverkehr wird dann entsprechend dirigiert. Der Weg zum Ski- und Rodelhang und zu den Liften an der Dresdner Straße ist ausgeschildert.

Kräuterlikör

Zu jeder Jahreszeit lohnt sich ein Spaziergang durch das kleine Stadtzentrum, vom Bahnhof am besten in Richtung Kirche (Dippoldiswalder Straße) und weiter auf der Rathausstraße. Gleich am Anfang trifft man auf das **historische Gebäude der Kräuterlikörfabrik.** Seit 1842 werden hier nach geheim gehaltener Rezeptur der **„Altenberger Gebirgsbitter“** und andere Kräuterliköre hergestellt. In den Gassen um die Rathausstraße stehen niedrige Häuser mit den typischen schindelverkleideten Obergeschossen und Dächern. Im Winter reichen Mauern aus aufgeschaufeltem Schnee oft bis an die oberen Fenster heran.

Altenberger Pinge

Die Rathausstraße trifft hinter dem Rathaus auf die viel befahrene B170. Vom Geländer neben dem Gasthaus „Zum Erzgebirge“ öffnet sich der Fernblick zu einer brandroten Gesteinswand, die in eigenartigem Kontrast steht zu der, je nach Jahreszeit, grünen oder weißen Umgebung. Die Altenberger Pinge ist ein **Einsturztrichter** über dem einstigen Zwitterstock, wo der Bergbau in Altenberg um 1440 begonnen hatte und unkoordiniert von unzähligen einzelnen Bergleuten betrieben wurde. Ursache für die Einstürze war die Abbaumethode, die den Felsen mit Feuer und Wasser mürbe und für die einfachen Werkzeuge zugänglich machte. Die Pinge entstand am 24. Januar 1620, nachdem im 16. Jahrhundert zweimal größere Grubengebiete eingestürzt waren. Heute hat die Altenberger Pinge einen Durchmesser von 400 Meter, sie ist bis 150 Meter tief und gilt als Zeugnis der Bergbaugeschichte von europäischem

Rang. Sie ist von vielen Stellen in der Stadt zu sehen. Das Gelände ist jedoch rundum abgesperrt. Bis zum **Aussichtspodest** an der Kante des gigantischen Trichters kommt man nur auf einer der Pingenwanderungen, die von Mai bis Oktober mittwochs 13.30 Uhr an der Touristinformation starten.

Bergbaulehrpfad

Zur Pinge führt auch der grenzüberschreitende Bergbaulehrpfad **Krupka – Zinnwald** (siehe entsprechenden Exkurs). Seiner Markierung folgend, erreicht man in zehn Minuten das **Bergbaumuseum** an der Mühlenstraße. Im **„Neubeschert-Glück-Stollen"** (1802–1849) und in der bereits 1577 urkundlich erwähnten **Historischen Zinnwäsche** wird der Weg von der Erzgewinnung bis zur Aufbereitung zu Reinzinn am authentischen Ort und in Originalanlagen nacherlebbar. Früher hieß diese Erzwäsche „Naumannmühle"; sie gilt als einzigartig in Europa. Originale Bergbauausrüstungen auf der Freifläche vor dem Mundloch des Stollens – Grubenloks, Förderwagen, Bohrgeräte – vervollständigen das Bild der 550-jährigen Bergbaugeschichte Altenbergs. Die wird auch für Kinder zum Abenteuer, zumal auf der Freifläche gilt: Anfassen erlaubt!

Wanderwege

Oberhalb des Museums, am Erinnerungsstein an die Zinnfunde 1486, kreuzen sich einige markierte Wanderwege. Zum **Mückentürmchen** (Komáří vižka) sind es 14,6 Kilometer auf dem Bergbaulehrpfad. Sehr viel näher, nur einen Spaziergang entfernt, liegt der **Geisingberg** (824 m). Zunächst geht es recht steil bergan auf der Pingenstraße, dann bequemer auf dem Feldweg zum Fuß des Berges, dabei öffnen sich schöne Fernsichten. Der Aufstieg zum Geisingberg ist dann wieder etwas steiler, deshalb ist es sehr gut, dass auf dem Gipfel die **Bergbaude** ein gepflegtes Rechenberger Pilsner und andere Erfrischungen bereithält. Auf den 1891 eröffneten Louisenturm führen 88 Stufen. Die Wanderwege von Altenberg und Geising zum Berggipfel sind auch im Winter begehbar. Ein außergewöhliches Naturerlebnis erwartet die Wanderer zwischen April und Juli auf den ausgedehnten **Bergwiesen** (siehe entsprechenden Exkurs).

Geising und Zinnwald-Georgenfeld

Geising

Vom **Geisingberg** erreicht man auf einem Wanderweg Geising. Ein beschauliches Ensemble bildet der **denkmalgeschützte Ortskern,** mit Fachwerkhäusern, der Stadtkirche (1689) und dem Rat-

haus (1908). Beliebte Freizeitadressen sind das Gründelstadion, mit Kunsteishalle und Skaterbahn, ein Abfahrtshang mit Skilift und das Naturbad. Geising ist Station der Müglitztalbahn, ebenso der zu Geising gehörende **Naturpark Hartmannmühle** (Bedarfshalt). Dort sind zahlreiche einheimische Waldtiere zu Hause, darunter Damwild, Rotwild, Wildkatzen, Luchse und Waschbären.

Zinnwald-Georgenfeld

Südlich von Altenberg liegt weitgestreut auf einer Höhe von 780 bis 880 Meter die aus **mehreren bergmännischen Siedlungen** entstandene Gemeinde Zinnwald-Georgenfeld. Ihre Herkunft verrät schon der Name, sie ist mit der von Altenberg direkt verbunden. Im 12. Jahrhundert drangen Bergleute aus dem böhmischen Krupka in die Wälder am Kamm vor, um nach Zinnvorkommen zu suchen. Die historische Siedlung erstreckte sich zu beiden Seiten

Wiese am Geisingberg

Wiesenblumenpracht am Geisingberg

Der Geisingberg (823,8 m) ist Naturschutzgebiet. Selbst am Wegesrand fallen hier Blumen auf, die man sonst kaum noch zu sehen bekommt. Eines der schönsten Naturerlebnisse im Osterzgebirge bieten die **Geisingbergwiesen.** Von April bis Juni leuchten und duften sie als ein farbenfroher Blütenteppich. Zuerst erscheinen die weißen Sterne der Buschwindröschen, dann kommen die gelben Sumpfdotterblumen, die in Sachsen Butterblumen genannt werden, und die gelben Himmelschlüssel, im Mai das weiße Bärwurz, die gelben Trollblumen, das tief purpurne Breitblättrige Knabenkraut (Kuckucksblume), der rosafarbene Wiesenknöterich, die kräftig blauen, kleinen Kreuzblümchen, im Juni die Blüten unzähliger Gräser. Erst im Juli, wenn die Samen bereits ausgetragen sind und die Bienen, Hummeln, Schmetterlinge und Vögel ihr Vergnügen hatten, werden die Bergwiesen gemäht. Dann liegt ein irrer Duft von frischem Heu auf dem Berg. Und im nächsten Frühjahr erwachen die Wiesen wieder in ihrer ganzen Pracht.

Ähnlich schöne Bergwiesen gibt es in Zinnwald-Georgenfeld, in Fürstenau sowie vielerorts im Oberen Müglitztal. Zu ihrer Erhaltung wird bis 2015 das bundesdeutsche Naturschutz-Großprojekt **„Bergwiesen im Osterzgebirge“** umgesetzt (www.osterzgebirge.org). Im Westerzgebirge sind die Wiesen am Auersberg (bei Wildenthal) sehenswert.

Die **Wege zu den Geisinger Bergwiesen** sind leicht zu finden. Vom Bahnhof Altenberg folgt man dem grünen Punkt zum Geisingberg (2 km), biegt aber kurz nach dem alten Heizhaus (ein großes Gebäude an halb zugewachsenen Gleisen) nach links auf die Alte Bärensteiner Straße ab. Das ist ein Schotterweg, der unübersehbar direkt zu den Bergwiesen hinführt und bald den Gleisen der Müglitztalbahn folgt. Nach rund 500 Meter wird er vom **Klengelsteig** gekreuzt, der nun als Wiesenweg zum Berg hinführt. Hier kann man in aller Ruhe den Blick über das Blütenmeer schweifen lassen und auch die Blumen aus der Nähe betrachten, ohne auf die Wiese treten zu müssen. Blumen zu pflücken ist selbstverständlich verboten. Am Berg angekommen, kann man sich für die Fortsetzung der Wanderung nach Geising, hinauf zur Bergbaude oder nach Altenberg entscheiden.

Grenzüberschreitender Bergbaulehrpfad

Von der böhmischen Bergstadt Krupka (Graupen) über Geising, Altenberg, Zinnwald und Cinovec (Böhmisch Zinnwald) zurück nach Krupka führt ein 35 Kilometer langer montanhistorischer Lehrpfad zu 70 Sachzeugen der Bergbau- und Siedlungsgeschichte im oberen Osterzgebirge. Auf dem landschaftlich reizvollen Weg liegen Besucherbergwerke, Museen, Halden und künstliche Teiche, die mit der **Geschichte des ehemals wichtigsten Zinnbergbaureviers in Mitteleuropa** verbunden sind.

Der Wanderweg ist markiert mit dem Lehrpfadzeichen (grüne Diagonale) und gekreuztem Schlägel und Eisen. Im Bergbaumuseum Altenberg und in der Touristinformation Altenberg ist eine **Karte** erhältlich, die detailliert über den Wegverlauf und die Stationen informiert. Man kann sich je nach eigenem Interesse Etappen des Pfades auswählen und absolvieren oder bestimmte Orte anlaufen, einige auch anfahren; in jedem Fall sollte man den Exkurs in die Geschichte mit Wanderungen durch die Gebirgslandschaft und einer Rast im Gasthaus verbinden. Hier soll der Gesamtweg nur skizziert werden, nähere Informationen sind in den entsprechenden Ortsbeschreibungen in diesem Buch enthalten.

In **Krupka** (Graupen) markieren vor allem der Stollen des Besucherbergwerkes „Alter Martin", das Museum sowie die Bergmannsiedlung Horní Krupka (Obergraupen) die bis 1230 zurückreichende Bergbaugeschichte.

Der Sessellift führt auf den **Mückenberg** (Komáří hůrka), wo der Bergbau 1416 erstmals urkundlich erwähnt wurde und die St.-Wolfgangskapelle zu besichtigen ist. Eine kleine Wanderung über **Fürstenau** (5 km) erreicht den **Silberstollen,** der im 17. Jahrhundert geöffnet wurde, aber die Hoffnungen nicht erfüllte. Es gibt dort einen Rastplatz, aber der Stollen ist geschlossen. **Geising** hatte vor allem für die Aufbereitung der Erze Bedeutung. Der **Hüttenteich** wurde 1757 als Wasserspeicher für den Antrieb der Wasserräder in den Geisinger Erzwäschen, Pochwerken und Schmelzhütten angelegt. Ein Altar mit Bergmannsleuchtern steht in der evangelischen **Kirche,** die auch mit erzgebirgischem Zinn ausgeschmückt ist.

Der **Zwitterstock-Tiefer-Erbstollen** kann nicht begangen werden, man sieht das Mundloch. Von 1491 bis 1543 wurde er in einer Teufe von 133 Meter aufgefahren zur Entwässerung der Altenberger Gruben. Im Berginneren befindet sich ein 3 Meter hoher Wasserfall; der Bau des Stollens wurde von beiden Seiten vorangetrieben, aber man begegnete sich nicht auf gleicher Höhe; den unterirdischen Wasserfall würde man schon gern mal sehen. Der **Tiefenbach-Wasserfall,** entstanden 1953 durch die Verlegung des Baches, mit 20 Meter Höhe, ist über den Wanderweg erreichbar, in der Nähe des Besucherbergwerkes Altenberg.

Besonders sehenswert in **Altenberg,** das als Zinnlagerstätte von den Graupener Bergleuten im 15. Jahrhundert entdeckt wurde - die bedeutendste Zinnlagerstätte Europas -, sind das Bergbaumuseum, die Pinge, die Galgenteiche und das Huthaus des Arno-Lippmann-Schachts.

Auch in **Zinnwald-Georgenfeld** haben Graupener Bergleute die Lagerstätten erschlossen. Sie gaben dem ergiebigen Gebirgsareal seinen sprechenden Namen. Von der Bergbaugeschichte künden neben anderen der Tiefer-Hilfe-Gottes-Stollen, das Besucherbergwerk Zinnwald und das Museum Huthaus.

In **Cinovec** (Böhmisch Zinnwald) wurde 1787 der Lange Teich als Wasserspeicher für die Erzaufbereitung angelegt. Der Weg nach Krupka (8 km) führt nun über den **Zinnwalder Berg** - der mit der tragischen Geschichte um ein totes Kind und seine Eltern verbunden ist. Die Mutter, eine ledige Dienstmagd, wurde des Mordes an ihrer am Berg aufgefundenen Tochter schuldig erklärt und hingerichtet. Erst danach gestand ein Forstgehilfe, dass er das Mädchen ermordet hatte, um sich seiner Verpflichtungen als Vater zu entziehen.

Auf dem Rückweg nach Krupka zweigt ein Abstecher zum **Raubschloss** (Loupežník, 757 m) ab, das im 14./15. Jahrhundert besiedelt und mit der Zinngewinnung in der Region verbunden gewesen sein soll. Dafür sprechen dort aufgefundene Zinngussformen. Der Berg hatte wohl zuerst einer Wehrburg gedient, bevor diese zum Raubschloss verkam.

Mit der Ankunft in **Krupka** ist der Rundgang beendet. Die meisten Sehenswürdigkeiten liegen auf der sächsischen Seite, landschaftlich reizvoll ist der Lehrpfad beiderseits des Kammes - auf den Spuren des Zinns und der Menschen, die es über Jahrhunderte aus der Erde geholt haben.

• **www.bergbaumuseum-altenberg.de**

des Kammes, der Ort auf böhmischer Seite heißt **Cinovec.** Die älteste urkundliche Erwähnung von Zinnwald datiert auf 1378. Als sich immer mehr Bergleute in Zinnwald niederlassen wollten, stellte der sächsische Kurfürst *Johann Georg II.* im Jahr 1671 ein Siedlungsgelände zur Verfügung: **Georgenfeld.** Für böhmische Protestanten, die der Verfolgung durch die Gegenreformation daheim entflohen waren, wurde die Siedlung Neu-Georgenfeld angelegt.

Zinnwald-Georgenfeld ist auf der **B170** zu erreichen (von Dresden 45 km), auf der auch der Linienbus 360 Dresden – Altenberg – Teplice verkehrt.

Charakteristisch für Zinnwald sind die ohne Bezug zueinander errichteten, **wehrhaft wirkenden Gehöfte,** die zumeist mit Schindeln gedeckt sind. Weithin sichtbar ist die nach dem Entwurf von Lossow & Kühne (Leipziger Hauptbahnhof, Synagoge Görlitz, Schauspielhaus Dresden) erbaute **Exulantenkirche** (1909). Im einstigen **Huthaus** (Verwaltungsgebäude und Betstube) befindet sich ein Heimatmuseum, das vom Alltag der Bergleute im Altenberg-Zinnwalder Revier erzählt.

Georgenfelder Hochmoor

Ein außergewöhnliches Naturerlebnis oder auch einfach nur wunderbare Ruhe erwartet die Besucher des Georgenfelder Hochmoores (Busstation Grenzsteinhof). Das Hochmoor ist 10.000 Jahre alt und erstreckt sich bis weit hinüber ins Böhmische. Auf sächsischer Seite kann man das 12 Hektar große Naturschutzgebiet auf einem Blockbohlendamm durchqueren (1,2 km) und somit **seltene Pflanzen in einem einzigartigen Biotop** aus der Nähe erleben: Moorkiefern, Torfmoos, Trunkelbeere, Moosbeere, Wollgras, Sumpfporst, sogar Sonnentau sind zu sehen und werden auf kleinen Schildern unaufdringlich erklärt. Die über dem Teplitzer Quarzporphyr gebildete Torfschicht ist bis zu fünf Meter stark. Vom einstigen Torfstich, bevor 1926 das Hochmoor zum Naturschutzgebiet erklärt wurde, kündet noch eine **Moorhütte,** die sogar im Zinnwald-Georgenfelder Wappen wiederzufinden ist.

Mundloch des „Neubeschert Glück Stolln" (1802), Besucherbergwerk Altenberg

Großer und Kleiner Lugstein

Unmittelbar neben dem Hochmoor ragen der Große (899 m) und der Kleine Lugstein (897 m) aus dem Wald, das rostrote Porphyrgestein ist von Weitem zu sehen. **Markierte Wege führen zu beiden Gipfeln,** zum Beispiel von der Schutzhütte am Ausgang des Hochmoores. Die zerklüfteten Gipfel bieten schöne Aussichts- und Rastplätze.

Auf dem Bergbaulehrpfad

Von den Lugsteinen führt der Bergbaulehrpfad, am Huthaus und an der Kirche vorbei, schnell hinunter ins Zinnwalder Ortszentrum; hinter der Kaufhalle an der Bushaltestelle oder beim Gasthaus Zinnwaldstübl links abbiegen, dem Wegweiser zum Besucherbergwerk und nach Geising/Altenberg folgen (wer stattdessen geradeaus weitergeht, erreicht den Wanderweg zur Kohlhaukuppe). Bevor man sich nun auf diesen schönen Wanderweg begibt, verdient am ehemaligen Gasthof „Sächsischer Reiter" die Erinnerungstafel für **Johann Wolfgang von Goethe** einen Blick. Nicht des Dichters wird hier gedacht, sondern des Naturforschers: *Goethe* betrieb 1813 geologische Studien im Zinnwalder Bergwerk.

erz091 Foto: dk

Besucherbergwerk

Nach wenigen Schritten gelangt man vor das Besucherbergwerk **„Vereinigt Zwitterfeld zu Zinnwald“.** Das Huthaus des 1686 angesetzten Tiefen-Bünau-Stollens wurde bereits 1913 unter Denkmalschutz gestellt und vermittelt somit bis heute das Flair des historischen Bergbaus. Dazu gehören auch die bergmännischen Gerätschaften auf der kleinen Freifläche vor dem Museum. Doch das faszinierendste Erlebnis ist das **Befahren des Stollens,** dessen Mundloch sich im heutigen Museum befindet – anderthalb Stunden im Berg, die man nicht vergisst.

Mit dem Auto ist das Besucherbergwerk über die Straße Zinnwald – Geising zu erreichen, das Museum ist ausgeschildert, ein Parkplatz befindet sich am Abzweig zum Goetheweg. Vor dem Museum kreuzen sich mehrere Wanderwege. Für einen kleinen **Rundweg** bieten sich die Wege zur Biwak-Kuppe (828 m) und zur Scharspitze (807 m, Schutzhütte) an.

Aschergraben

Der beschauliche Weg **nach Altenberg** führt immer am Aschergraben entlang – der künstlich angelegt wurde, um Wasser zu den Zinnwäschen in Altenberg zu leiten – durch den Wald. Gleich hinter dem Besucherbergwerk stehen die Anlagen der ehemaligen Erzwäsche, die nicht näher besichtigt werden können. Nachdem schon das Besucherbergwerk ein besonderes **Erlebnis für Kinder** ist (ab 6 Jahre), eignet sich auch diese Wanderung sehr gut für Familien mit Kindern. Im Aschergraben entdeckt man hin und wieder von jungen Baumeistern errichtete abenteuerliche Wasserradkonstruktionen.

Hinter der ersten größeren Wegbiegung nach links besteht die Möglichkeit, den **Goldhahnweg nach Geising** zu begehen **oder zum Kahleberg** (905 m) zu wandern. In Geising erreicht man so auf kürzestem Weg in ca. 15 Minuten den Haltepunkt der Müglitztalbahn.

Goethe-Denkmal

Wer weiter dem Aschergraben folgt, wird bald vom feierlich inszenierten Goethe-Denkmal überrascht, mit dem noch einmal des naturforschenden Dichters gedacht wird. Vor einer Bergwiese biegt der Wanderweg scharf nach rechts ab, und bald erreicht er die **Geisingstraße** (S178), auf der man, links wie rechts, nach wenigen Schritten zum Bergbaumuseum Altenberg gelangt. Der Weg in die Innenstadt, und damit zum Bahnhof oder Parkplatz (1 km), ist ausgewiesen (blau), die Wanderung zum Geisingberg weiter oben bereits beschrieben.

Rund um das Mückentürmchen

Mückenberg

Das beliebteste Ausflugsziel auf der böhmischen Seite des Osterzgebirges ist zweifellos der grenznahe Mückenberg (Komáří hůrka, 807,5 m) mit dem Mückentürmchen, dem von der Ferne wie ein Kirchlein wirkenden Anläutturm der Bergleute, der seit dem 19. Jahrhundert als **Restaurant und Hotel** dient (böhmische Küche und böhmisches Bier). Vom 16. bis 19. Jahrhundert haben böhmische Bergleute im Mückenberg Erz abgebaut und zahllose Stollen hinterlassen. Heute lockt neben böhmischer Gastlichkeit die **exzellente Aussicht** über das Osterzgebirge und das Böhmische Becken bis zum Böhmischen Mittelgebirge. Der Mückenberg ist auf Wanderungen von Altenberg und Geising erreichbar (siehe Exkurs „Grenzüberschreitender Bergbaulehrpfad") sowie auf einem bequemen **Spaziergang** (4,5 km) von Fürstenau, auch mit dem Auto bis zum Parkplatz auf dem Gipfel. Am Rande des auf einer Hochfläche gelegenen **Grenzdorfes Fürstenau** befindet sich ein Parkplatz für Wanderer, dort hält auch der Linienbus 368 (Geising – Lauenstein, Haltestelle Fürstenau Wendeplatz). Der asphaltierte oder geschotterte Weg ist gut markiert, das Ziel hat man immer vor Augen, und bald steht man auf dem Gipfelplateau.

Skigebiet

Attraktiv ist der Mückenberg als Ziel für Skilangläufer. Das Skigebiet am steilen Südhang umfasst **vier Pisten** mit einer Gesamtlänge von 1250 Meter (leicht bis schwer). Für den Aufstieg sorgen drei Schlepplifte. Es gibt eine Skischule und Imbissbuden. In der warmen Jahreszeit gehört die asphaltierte Serpentine Richtung Krupka vor allem den **Radfahrern.** Sie bedienen sich, neben den Wanderern, der **Seilbahn** (Lanová dráha), die zwischen dem Gipfel und der Talstation Krupka-Bohosudov (Mariaschein) 482 Höhenmeter überwindet und dabei eine Viertelstunde unterwegs ist.

Wanderung von Graupen nach Zinnwald

Wie die Knappen

Die Seilbahn empfiehlt sich auch für den Einstieg in die nun folgende Wanderung, die zur historischen Bergstadt Krupka (Graupen) und über den Südhang des Osterzgebirges bis nach Cinovec/Zinnwald führt (15 km). Als Graupener Bergknappen im 12. Jahrhundert in den Dunkelwald stiegen und auf der Suche nach Zinn bis auf den Kamm vordrangen, wo sie den Ort Zinnwald begründeten, waren sie auf ähnlichen Pfaden unterwegs. Heute folgt der Begegnung mit architektonischen Zeugen jenes Zeitalters eine Wanderung auf stetig **steilen, einsamen und abwechslungsreichen Waldwegen** zu einer Wüstung und schließlich in das touristische Zentrum auf dem Osterzgebirgskamm.

Kirche und Bergwerk

Von der Talstation der Seilbahn läuft man eine halbe Stunde bis in die Altstadt von Krupka und kommt dabei an der barocken **Wallfahrtskirche Mariaschein** (Bazilika Panne Marie Sedmibolestné) vorbei. Es ist aber ebenso reizvoll, den Abstieg vom Mückenberg zu Fuß zu absolvieren (4 km, gelb), anfangs auf Waldwegen, dann am Rande der wenig befahrenen Straße. Die erste Begegnung mit Graupener Bergbaugeschichte erfolgt direkt an der Straße im **Besucherbergwerk Alter Martin** (Stola Starý Martin).

erz006 Foto: dk

Graupen

In **Krupka** angekommen, befindet man sich unmittelbar im Denkmalschutzgebiet an der Husitská ulice (Hussitenstraße) der mit der Zinngewinnung im 12. Jahrhundert entstandenen Bergstadt (13.000 Ew.). Im Zentrum des Platzes steht eine barocke **Pestsäule** (1717), gegenüber befindet sich das **Städtische Museum.** Die gotische **Kirche Mariä Himmelfahrt** wurde in der zweiten Hälfte des 14. Jahrhunderts errichtet. Am unteren Ende der Straße erhebt sich die ehemalige **Spitalkirche zum Heiligen Geist** (1454). Den schönsten Blick auf die vom Mückenberg überragte Altstadt sowie eine beeindruckende Aussicht auf das böhmische Erzgebirgsvorland und das Böhmische Mittelgebirge bietet die **Ruine der Rosenburg** (Burg Graupen, Hrad Krupka). Von der um 1300 zur Sicherung der Zinnbergwerke und Handelswege angelegten Burg sind zwar nicht viele, aber gut erhaltene Rudimente zu sehen. Das barocke einstige Bergamtshaus wurde zum Restaurant und Hotel ausgebaut.

Blaue Markierung

An der Burgzufahrt wartet ein Wegweiser. Von nun an ist die blaue Markierung **bis Přední Cinovec** (6 km) maßgebend und, wie in tschechischen Wandergebieten üblich, ausreichend vorhanden, sodass man eine Karte nicht unbedingt benötigt. Es geht gleich in den Wald und **immer schön bergan.** Wer zu Beginn eines Hohlweges links große Futterkrippen sieht, hat 50 Meter zuvor den zwar auch markierten, aber doch unscheinbaren Abzweig nach rechts verpasst, also umkehren. Nach langem Regen oder bei Tauwetter sind besonders in den oberen Lagen einige Wegabschnitte nur mit nassen Füßen passierbar.

Vorderzinnwald

Das Naturerlebnis auf diesem Weg belohnt den kräftezehrenden Aufstieg. Wenn der Weg etwas flacher erscheint, ist es nicht mehr weit bis Vorderzinnwald **(Přední Cinovec).** Doch keine Siedlung liegt hier auf dem Kamm, nur Wiesen kleiden die Bergkuppen. Über 50 Häuser standen hier noch bis Kriegsende. Nach der Vertreibung der deutschen Einwohner 1945 wurden sie abgerissen. Die im 15. Jahrhundert von Bergleuten und Holzfällern gegründete Siedlung wurde ausgelöscht und ist seitdem eine Wüstung.

Blick von der Burgruine auf Krupka (Graupen)

Rote Markierung

Bis Cinovec/Zinnwald sind noch 4 Kilometer zu laufen (ab jetzt rote Markierung), die letzten 2,5 Kilometer leider am Rand der Straße, die aber recht ruhig ist. Links blinkt ein Moor, rechts liegen Felder, und der Blick schweift weit über das Osterzgebirge. In Cinovec und Zinnwald kann man sich nach dieser Tour bedienen lassen: mit böhmischem Bier und Knoblauchsuppe im winzigen Restaurace u staré celnice gleich am alten Grenzübergang, mit erzgebirgischem Menü im Zinnwaldstübl auf sächsischer Seite oder in einer der weiteren Gastwirtschaften.

Schellerhau

Wintersport

Der kleine Erholungsort Schellerhau liegt 6 Kilometer nordwestlich von Altenberg. In der Regel von November bis März gibt es hier, auf 700 bis 804 Höhenmeter, vor allem: Schnee. Durch ein **weitläufiges Loipennetz** ist Schellerhau mit Altenberg, Rehefeld und Oberbärenburg verbunden, es gibt einen **Ski- und** einen **Rodelhang.** Besonders für Wintersportler aus dem nahen Dresden ist Schellerhau eine verlässliche Adresse. Alljährlich im Februar treffen sich Skifahrer aus Sachsen und Böhmen sowie Wintersporturlauber zum **Schellerhauer Kammlauf,** der zwischen Pöbelknochen (832,8 m) und Fuchshübel (813,8 m) über verschiedene Distanzen ausgetragen wird.

Dorfkirche

Die Dorfkirche von Schellerhau, **eine der schönsten Dorfkirchen Sachsens,** wurde **1593 erbaut,** der Glockenturm im 18. Jahrhundert. 1681 wurden die Holzkassettendecke, die Emporen und das Betstübchen mit biblischen Szenen ausgemalt, die als „Armen-Bibel" verstanden werden. Die Kirche ist ausgestattet mit einem Altargemälde von 1681, zwei Bergmannsleuchtern aus Altenberger Zinn und einem Renaissance-Taufstein von 1560.

Langer Teich in Cinovec/Zinnwald

Botanischer Garten

In dem 1906 begründeten Botanischen Garten, **einem der ältesten Botanischen Gärten Mitteleuropas,** gedeihen auf 1,5 Hektar Bergblumen und andere typische Pflanzen des Erzgebirges und anderer Gebirge. „Natur und Musik" sind auf dem **Klangerlebnispfad** zu erleben.

Oberbärenburg

Kurort

Ausgangsort vielfältiger Wanderwege ist der Kurort Oberbärenburg, der zwischen Kipsdorf und Schellerhau liegt. Im Kurpark steht ein neuer **Aussichtsturm,** der einen fantastischen Ausblick über das Erzgebirge, zur Oberlausitz, in die Sächsisch-Böhmische Schweiz und ins Böhmische Mittelgebirge gewährt.

erz092 Foto: dk

Praktische Informationen

Anreise

- **Auto: B170** Dresden – Zinnwald
- **Linienbus 360** Dresden – Dippoldiswalde – Zinnwald
- **Müglitztalbahn** Heidenau – Altenberg
- **Seilbahn** Mückenberg (Komáří hůrka) – Krupka-Bohosudov (Mariaschein), tgl./stdl. 8.30–18.30 Uhr, im Winter bis 16.30 Uhr, 15 Min. Fahrtzeit, Einzelfahrt 80/50 Kč (4,50/3,50 Euro), Hin-/Rückfahrt 150/100 Kč (6,50/4,50 Euro)

Info

- **Touristeninformation Altenberg,** Am Bahnhof 1, Tel. (035056) 23993, Mo bis Fr 9–17 Uhr, Sa/So/Feiertage 9.30–14.30 Uhr, bei Einsatz der Wintersportzüge bis 17 Uhr, www.altenberg.de (ebenfalls im Bahnhof befindet sich das Loipenhaus, dieselben Öffnungszeiten, kostenfreie Umkleideräume, Schließfach 2 Euro, Duschen 2 Euro)
- **Fremdenverkehrsbüro Geising,** Hauptstraße 25, Tel. (035056) 38912, Mo 9–12 Uhr, Di 9–12 u. 14–16 Uhr, Do 9–12 u. 14–18 Uhr, Fr 9–11.30 Uhr, www.geising.de
- **Fremdenverkehrsbüro Hermsdorf,** Kirchplatz 2, Tel. (035057) 51210, www.hermsdorf-erzgebirge.de

Wohnen und Essen

- €€**Pension und Restaurant „Bergglöckl“,** Altenberg, Dresdner Straße 21, Tel. (035056) 35302, www.berggloeckl.de (direkt an den Skiliften und Loipen und an der Sommerrodelbahn)
- €**Herberge im AL-Schacht,** Altenberg, Zinnwalder Straße 5, Tel. (035056) 38410, www.europark-altenberg.de (ehemaliges Bergwerksgebäude, besonders geeignet für Gruppen, Fitness-Studio, Sauna, Solarium im Haus)
- €**Pension und Gaststätte „Kutscherstube“,** Altenberg, Uferweg 6, Tel. (035056) 34274, Di bis So ab 12 Uhr, www.kutscherstube-altenberg.de (im Ortszentrum)
- €**Hostel im Erzgebirge,** Geising, Löwenhainer Straße 26, Tel. (035056) 23996, Mo bis Mi ab 17 Uhr, Fr bis So ab 11 Uhr, www.hostel-osterzgebirge.de (Ü/F 19,50 Euro, ideal für Wanderer, XXL-Restaurant mit täglich wechselnden Angeboten)
- €**Wildpark-Camp Geising,** Dresdner Straße 37, Tel. (035054) 25860, www.wildpark-osterzgebirge.de (1- bis 8-Bettzimmer, ideal für Gruppen, direkt am Wildpark Hartmannmühle, Bedarfshalt der Müglitztalbahn, Halb- und Vollpension möglich)

•€**Wander- und Freizeittreff Hüttenteich Geising,** Hüttenteich 1, Tel. (035056) 35507, www.huettenteich.de (herrlich im Grünen gelegenes Naturbad mit Imbiss, Baude mit 2- bis 6-Bettzimmern, besonders für Familien, Schulklassen und Sportgruppen geeignet, WC/Dusche im Zimmer oder auf dem Gang, Übernachtung ab 12 Euro)

•€**Landgasthof Fürstenwalde,** Hauptstraße 81, Tel. (035054) 28397, Fr 18–22 Uhr, Sa 11–22 Uhr, So 11–14 Uhr (rustikaler Gasthof mit erzgebirgischer Küche, gemütliche Zimmer)

•€**Ferienwohnung „Hammerschänke",** Fürstenwalde, Müglitztalstraße 1, Tel. (035054) 25716, www.hammerschaenke-erzgebirge.de (Wohnungen „Waldblick" und „Talblick", bis 6 Personen)

Gastronomie

•€€**Berggasthof und Hotel Zinnwaldstübl,** Teplitzer Straße, Tel. (035056) 23363, Di bis So ab 11 Uhr, www.wirtshaus-zinnwald-stuebl.de (Ausflugslokal, zwischen Besucherbergwerk und Grenzübergang gelegen, erzgebirgische Küche, Wildgerichte, Biergarten, Bikertreff)

•€**Bergbaude Geisingberg,** Tel. (035056) 35555, Okt. bis März Fr bis Di 10–16 Uhr, April bis Sept. Fr bis Di 10–18 Uhr, www.geisingberg.de (Ausflugslokal auf dem Geisingberg 824 m, 18-m-Aussichtsturm, Terrasse, Garten, preiswerte sächsische Küche, exzellentes Rechenberger Pilsner)

•€**Bergbaude Kohlhaukuppe,** Tel. (035056) 31395, tgl. 11–17 Uhr, www. kohlhaukuppe.de (Knoblauchsuppe auf der Kohlhaukuppe 786,5 m über NN – zur großartigen Aussicht gibt's exzellente Knoblauchgerichte; zur Baude führt ein Wanderweg, keine Straße; das Wetter kann durchaus anders sein als im Tal)

•€**Wirtshaus anno 1497,** Geising, Hauptstraße 2, Tel. (035056) 22772, Mo, Mi, Do, So 11–19 Uhr, Fr/Sa 11–22 Uhr, www.anno-1497.de (erzgebirgische Küche im ältesten Haus von Geising)

•€**Imbiß-Stübl am Rathaus,** Geising, Hauptstraße 22, Tel. (035056) 234274, Mo, Di, Do 8.30–16 Uhr, Mi, Fr 8.30–19 Uhr (freundlich, günstig, schmackhaft)

•€**Gasthaus „Heimatstuben",** Schellerhau, Hauptstraße 87, Tel. (035052) 61520, Do bis Mo 11–22 Uhr, Di 11–16 Uhr, www.gasthaus-heimatstuben-schellerhau.de (sächsische Küche, Wanderer- und Familienlokal)

•€**Restaurace u staré celnice (Zur alten Zollstation),** Cinovec, am „kleinen" Grenzübergang, Mi bis So 11–17 Uhr (böhmisches Bier, kleines böhmisches Speisenangebot)

Museen

- **Stadtmuseum Krupka,** Husitská, Tel. (00420) 417862042, Mi, So 9.30–16.30 Uhr, 35/25 Kč, www.mukrupka.cz (Bergbaugeschichte der Stadt, Natur, Mineralien, Feuerwehrgeschichte)
- **„George-Bähr-Stübel", Fürstenwalde,** Müglitztalstraße 1, Tel. (035054) 25716, So ab 10 Uhr, www.hammerschaenke-erzgebirge.de (kleines Museum für den Baumeister unweit seines Geburtshauses)

Bergbau

- **Bergbaumuseum Altenberg,** Mühlenstraße 2, Tel. (035056) 31703, Sa bis Do 10–16 Uhr, 3,50/2,50 Euro, www.bergbaumuseum-altenberg.de (550 Jahre Zinnerzbergbau in Altenberg, einstündige Führung durch den „Neubeschert-Glück-Stollen")
- **Besucherbergwerk „Vereinigt Zwitterfeld zu Zinnwald", Zinnwald-Georgenfeld,** Goetheweg 8, Tel. (035056) 31344, Di bis So 10–15 Uhr, 7/4 Euro, www.besucherbergwerk-zinnwald.de (ausschließlich Führungen, Befahrung des „Tiefen-Bünau-Stollens", wo Zinn- und Wolframerze gefördert wurden, Dauer 1½ Stunden)
- **Museum „Huthaus" Zinnwald,** Am Huthaus 1, Tel. (035056) 31630, Di 13–17 Uhr, Do 13–16 Uhr, Sa/So/Feiertage 10–16 Uhr, www.bergbaumuseum-altenberg.de (ehemalige Bergschmiede und Aufbewahrungsstätte für Werkzeug, Betstube der Bergleute, Mineraliensammlung, Sonderausstellungen, vorübergehend geschlossen)
- **Pingenwanderung,** Mai bis Okt. Mi 13.30 Uhr ab Bahnhofsvorplatz Altenberg, 2/1,50 Euro (zweistündige Wanderung um die Pinge, eines der eindrucksvollsten Bergbaudenkmale im Osterzgebirge, Einbruchtrichter von 1620, 400 m Durchmesser, 150 m tief)
- **Besucherbergwerk „Stollen Alter Martin" (Stola Starý Martin), Krupka,** Husitská (Straße zwischen Mückenberg und Krupka), Tel. (00420) 417822154, Führungen je 45 Min. tgl./stdl. 9.30–11.30 Uhr, 13.15–16.15 Uhr, 50/30 Kč, www.mukrupka.cz (Zinnstollen aus dem 19. Jahrhundert, Parkplatz vor dem Bergwerk, historische Bergbautechnik im Außengelände)

Sport

- **Altenberg, Loipenhaus,** siehe oben unter „Info"
- **Schlepplifte** in Altenberg, Geising, Hermsdorf, Oberbärenburg, Rehefeld, Schellerhau
- **Sessellift in Rehefeld**
- **Loipen und Skiwanderwege:** Altenberg, 40 km gespurte Loipen, 30 km Skiwanderwege; Geising, 50 km Skiwanderwege; Hermsdorf, 15 km gespurte Loipen, 20 km Skiwanderweg

- **Rodelbahnen** in Altenberg, Hermsdorf, Oberbärenburg, Rehefeld-Zaunhaus, Schellerhau
- **Eisstadion „Gründelstadion" in Geising**
- **Schneetelefon:** Altenberg, Tel. (035056) 34239; Geising, Tel. (035056) 32364; Hermsdorf, Tel. (035057) 51210
- **Naturbad Hüttenteich,** Mai bis Aug. Mo bis Fr 10–19 Uhr, Sa/So 9–19 Uhr (alles im grünen Bereich, mit Liegewiesen, Spielplätzen, Rutsche; zur Gesamtanlage siehe unter „Wohnen und Essen")

Natur

- **Georgenfelder Hochmoor, Zinnwald-Georgenfeld,** Hochmoorweg 1, Tel. (035056) 35355, Ostern bis Ende Okt. (witterungsabhängig), 1,80/1,30 Euro, www.naturbewahrung-osterzgebirge.de (1,2 km langer Blockbohlenweg durch ein 10.000 Jahre altes Krummholzkiefernmoor, viele seltene Pflanzen am Wegesrand, Landschaftserlebnis)
- **Wildpark Osterzgebirge, Geising,** Dresdner Straße 37, Tel. (035054) 25825, Sommer tgl. 10–18 Uhr, Winter tgl. 10–16 Uhr, 4/2,50 Euro (Station Hartmannmühle der Müglitztalbahn = Bedarfshalt; heimische Wildarten, Feriencamp, Zugang behindertengerecht)

erz009 Foto: dk

Im Tal der Roten Weißeritz

Nebenfluss der Elbe

Die **Weißeritz,** ein über **60 Kilometer** langer Nebenfluss der Elbe mit seinen beiden **Quellflüssen Rote Weißeritz** und **Wilde Weißeritz,** ist schön anzuschauen, aber nicht eben zahm. Ihr Name leitet sich vom slawischen *bystrica* her: „Wildwasser", und so zeigt sie sich über weite Strecken noch immer kraftvoll im steinigen Bett, bevor sie bei Dresden-Cotta die Elbe erreicht. Beim **Jahrhunderthochwasser im August 2002** geriet sie völlig aus der Fassung, ihre Wassermassen zerstörten binnen Stunden Brücken, Straßen, Häuser, nahezu alles, was an ihren Ufern bis dahin als von Menschenhand sicher erbaut galt.

Die Schäden an den Bauwerken sind behoben, die Weißeritz längst in eine Kulturlandschaft zurückgekehrt, die zum Wandern und Entspannen einlädt und vielfältige Angebote bereithält. Ihre Quelle hat die Rote Weißeritz im Gebiet der beiden künstlich angelegten **Galgenteiche** bei Altenberg. In ihrem tief eingeschnittenen Tal erreicht sie **Waldbärenburg** und damit den Anschluss an mehrere markierte Wanderwege.

Bärenfels

Romantisch zwischen Bergen und Gebirgswiesen gelegen, lädt der kleine Kurort Bärenfels zu Spaziergängen ein. Im **Kurpark** (1955) erklingen von einem **Glockenspiel** aus Meissener Porzellan erzgebirgische Lieder. Auf der Waldbühne werden zwischen Mai und September sonntags Kurkonzerte gegeben. **Wandern** kann man zur Tellkoppe (756,9 m), um den Hohen (661,4 m) und Niederen Brand (639,4 m) oder auf einem Rundweg über Schönfeld mit seinen Fachwerkhäusern, auf dem Bierweg (rot/gelb) und Brauersteig (grün).

Kipsdorf

Kurort Kipsdorf – der Name weist auf den einstigen Kupferbergbau hin – ist Endstation der **Weißeritztalbahn** aus Freital-Hainsberg, die aber, als Folge des Hochwassers 2002, vorerst nur bis Dippoldiswalde verkehrt. Am Kopfbahnhof der Schmalspurbahn stehen Wanderwegweiser. Das denkmalgeschützte Gebäude ist seit der Restaurierung im Jahr 2004 als Bürgerhaus Heimstätte örtlicher Vereine, auch touristische Infos gibt es hier. Sehenswert ist die 1908 von Lossow & Kühne erbaute evangelische **Bergkirche.**

Schmiedeberg

Im Zentrum des an der B170 gelegenen Ortes Schmiedeberg steht die **Kirche „Zur heiligen Dreifaltigkeit".** Sie wurde 1713–

1718 nach Plänen von *George Bähr* (1666–1738) erbaut. Den Taufstein schuf der Dresdner Hofbildhauer *Johann Benjamin Thomae* (1682–1751).

Dippoldiswalde

Der Einsiedler *Dippold* soll tief im Wald den Ort begründet haben, der als Dippoldiswalde ein recht lebendiges und ansehnliches Städtchen geworden ist und von allen nur Dipps genannt wird. Die Stadt (10.000 Ew.) wird von der B170 umfahren und ist Station der Weißeritztalbahn.

Altstadt Die Altstadt lädt zum kulturhistorischen Spaziergang ein. Am **Markt** steht das **Renaissance- Rathaus.** Sehr reizvoll ist das Gässchen neben dem Rathaus, in das ein Renaissanceportal eingelassen wurde: das **Schulzsche Tor** vom Haus eines Bürgermeisters, das 1851 abgerissen werden musste. Nur dieses Portal hat die Zeiten überdauert. Ein Sitznischenportal aus der Zeit der Renaissance führt in das Bürgerhaus Markt 7. Schöne **Brunnen** beleben die Altstadt: der Marktbrunnen vor dem Rathaus, der Schuhbrunnen in der Schuhgasse (angelegt 1998 nach dem Entwurf des Freitaler Künstlers *Peter Fritzsche,* mit einem Gedicht von *Christian Morgenstern*), die Schöpfstellen auf dem Markt und die Brunnenstube, Kirchgasse 2.

Im Schloss Im ältesten Teil des Schlosses (12.–17. Jh.) befindet sich die **Osterzgebirgsgalerie.** Die herausragende Kunstsammlung vereint Werke von *Erich Buchwald-Zinnwald* (1884–1972), *Heribert Fischer-Geising* (1896–1984), *Erich Fraaß* (1893–1974), *Erich Gerlach* (1909–2000), *Hermann Glöckner* (1889–1987), *Curt Querner* (1904–1976), *Wilhelm Rudolph* (1889–1982) und anderen.

Kirche Die evangelische **Marien- und Laurentiuskirche** wurde 1496–1506 erbaut, die Ausstattung stammt aus dem 18./19. Jahrhundert. Der Westturm ist im unteren Bereich noch vom ersten, romanischen Kirchbau erhalten geblieben.

Museum In der 1750 erbauten Lohgerberei befindet sich das **Lohgerber-, Stadt- und Kreismuseum.** Zu dem Gebäudekomplex gehören das barocke Wohnhaus der Gerberfamilie, die Werkstatt und ein Zwischenbau. Herzstück des Museums ist die einzigartige „ruhende Schauanlage“ der Lohgerberei. Daneben sind Ausstellungen zur Stadtgeschichte und Volkskunst zu sehen.

Nikolaikirche

Auf dem Friedhof, wenige Schritte hinter dem Museum in Richtung Altenberg, steht die im 13. Jahrhundert entstandene Nikolaikirche, eines der in dieser Region seltenen Bauwerke der Spätromanik.

Dippoldiswalder Heide

Viele markierte **Wanderwege** führen durch die Dippoldiswalder Heide nördlich der Stadt, so zum **König-Johann-Turm** mit Aussichtsplattform und zur Felsformation **Einsiedlerstein.**

Talsperre Malter und Rabenauer Grund

Talsperre Malter

Die Rote Weißeritz fließt nördlich von Dippoldiswalde in die Talsperre Malter. 1913 in Betrieb genommen, dient das Bauwerk dem Hochwasserschutz. Der Stausee ist seit jeher ein sehr beliebter Erholungsort. In Paulsdorf, Malter und Seifersdorf laden **Strandbäder** ein, in Paulsdorf gibt es zudem noch einen Campingplatz und das Hallen-Erlebnisbad.

Markierte **Wanderwege** führen um die Talsperre herum (6 km), durch die Dippoldiswalder Heide und nach Dippoldiswalde (Rundwanderung 13 km), in den Rabenauer Grund (Rundwanderung 20 km). Seifersdorf und Malter sind Stationen der Weißeritztalbahn. Mit dem Auto erreicht man die Talsperre über die B170 (Dipps – Paulsdorf 4 km).

Rabenauer Grund

Bevor sie sich in Freital-Hainsberg mit der Wilden Weißeritz vereint, hat die Rote Weißeritz im Rabenauer Grund ihr zweifellos schönstes Flussbett geschaffen. **Bis zu 80 Meter hohe,** von dichtem Wald bewachsene **Felsen** ragen zu beiden Seiten auf, der Fluss schlängelt sich durch das Tal und hat viel zu erzählen dabei, ein Paradies für Tiere und Pflanzen. Seit 1882 verkehrt im Rabenauer Grund die **Weißeritztalbahn,** deren Dampfwolken dem Schlängellauf des Wassers folgen, direkt am Wanderweg oder über kleine Brücken.

Das **Hochwasser** 2002 richtete im Rabenauer Grund verheerende Schäden an. Beim Aufräumen und Instandsetzen wurde gründliche Arbeit geleistet, zu gründlich, muss man angesichts des nun breiten Wanderweges und „aufgeräumten“ Flussbettes sagen.

Zwar ist der Rabenauer Grund nun nicht mehr so urwüchsig wildromantisch, doch bleibt er ein **Naturrefugium** und eines der reizvollsten Ausflugsziele in der näheren Umgebung Dresdens. Geeignet ist er auch für Rollstuhlfahrer und Kinderwagen. Den durchaus willkommenen Radfahrern sei daher ans Herz gelegt, dass es Rennstrecken sehr viele gibt, den Rabenauer Grund aber nur einmal.

Freital-Coßmannsdorf

Von der Talsperre Malter wandert man zunächst durch den lieblichen Seifersdorfer Grund und gelangt bei **Spechtritz** (Bahn-Haltepunkt) in den Rabenauer Grund. Nun folgt man dem Fluss, der sich durch das Engtal windet, und gelangt nach Freital-Coßmannsdorf (7 km). Den gleichen Weg nimmt die Weißeritztalbahn. Wanderer aus Richtung Dresden/Tharandt fahren mit der S-Bahn bis **Freital-Hainsberg** (weiter mit der Weißeritztalbahn oder zu Fuß: Dresdner Straße – Rabenauer Straße – Weißeritzgässchen – Haltepunkt Freital-Coßmannsdorf; 15 Min., nur wenige Wegweiser) oder mit dem Auto, ebenfalls bis Freital-Coßmannsdorf (großer Parkplatz an der Bahnlinie).

Nadelöhr

Ein Zeugnis jener Zeit, als der Rabenauer Grund nur auf schmalen Pfaden begangen werden konnte, ist das Nadelöhr, ein **kurzer Felstunnel** nahe dem Eingang in den Grund von der Freitaler Seite. Als der Maler der Romantik und des Biedermeier, *Adrian Ludwig Richter* (1803–1884), hier sein Bild „Genoveva in der Waldeinsamkeit" (1841, Kunsthalle Hamburg) malte, bot dieser Felsgang den einzigen Zugang zum Grund. Nach dem Hochwasser 1897 wurde ein Teil des Felsens weggesprengt und ein breiterer Wanderweg geschaffen. Der Tunnel aber blieb weiterhin begehbar; Kindern hat das immer Spaß gemacht, dort hindurch zu kriechen. Bis irgendwann in den 1990ern die Zugänge und die Romantik des historischen Ortes mit Eisengittern verriegelt wurden.

Sagenweg

Die nach dem Hochwasser 2002 komplett neu erbaute **Arthur-Lohse-Brücke** führt über den Fluss zum Sagenweg, einem Wandersteig, der die Felsformationen **Predigtstuhl, Brautbett** und **Großvaterstuhl** erreicht.

Rabenau

Der **Paul-Laue-Steig** verbindet den Grund mit Rabenau, der Stuhlbauerstadt. Dort erzählt das **Stuhlbauermuseum** anschaulich von der 400-jährigen Tradition dieses Gewerbes in Rabenau.

erz093 Foto: dk

Planwiese

Die Planwiese ist ein **Rastplatz mit Schutzhütte,** ein beschaulicher Flecken Natur mit ungewöhnlich vielen seltenen Pflanzen. Der weiß blühende **Bärlauch** verleiht der kleinen Wiese im Frühjahr einen charakteristischen Duft, der ihr den Namen „Knoblauchwiese" eingebracht hat. Die Sage erzählt, dass die beiden Töchter des Wassermannes *Nix* in lauen Vollmondnächten auf dieser Wiese ihre Kleider und Wäsche bleichten und dazu sangen, aber nur Sonntagskindern sei es vergönnt gewesen, ihrem Gesang zu lauschen.

Rabenauer Mühle

Eines der wenigen Gebäude im Grund ist die traditionsreiche Rabenauer Mühle. Sie wurde **1235 erstmalig urkundlich erwähnt.** *Adrian Ludwig Richter* feierte 1856 in der Mühle, die längst auch Gäste bewirtete, die Hochzeit seiner Tochter *Helene*. Nach einem

Weißeritztalbahn im Rabenauer Grund

Brand wurde die Mühle 1868 als Gasthaus im schweizerischen Stil errichtet, so wie sie heute, nach abermaligem Aufbau infolge des Hochwassers, als Hotel und als Wanderergaststätte zu erleben ist.

Praktische Informationen

Anreise

- **Auto: B170** Dresden – Dippoldiswalde
- **Linienbus 360** Dresden – Dippoldiswalde
- **Linienbus Stadtlinie A,** Freital
- **Weißeritztalbahn** Freital-Hainsberg – Malter – Dippoldiswalde

Info

- **Tourismusgemeinschaft „Silbernes Erzgebirge“,** Servicebüro Dippoldiswalde, Markt 2, Tel. (03504) 614877, www.silbernes-erzgebirge.de
- **Fremdenverkehrsamt Rabenau,** Markt 3, Tel. (0351) 6470132, Mo, Di, Do 9–12 u. 12.30–15 Uhr, Fr 9–11.30 Uhr, www.stadt-rabenau.de

Wohnen und Essen

- €€**Landhotel und Restaurant Schäfermühle,** Waldbärenburg, Alte Hauptstraße 14, Tel. (035052) 67198, Mi bis So 11–21 Uhr, www.schaefermuehle.de (ruhig gelegen an der Roten Weißeritz, großer Biergarten, auch vegetarische Speisen im Angebot)
- €€**Gasthof Bärenfels,** Alte Böhmische Straße 1, Tel. (035052) 2280, www.gasthof-baerenfels.de (BIO-zertifiziertes historisches Gasthaus, Lebensmittel aus der Region und aus ökologischem Anbau, kostenloser WLAN-Internetzugang)
- €**Pension „Bergfried“,** Bärenfels, Böhmische Straße 32 (am Kurpark), Tel. (035052) 20405, www.pension-behrenz.de
- €**Pension Sartor,** Bärenfels, Bärenstraße 7, Tel. (035052) 20345, www.pension-sartor.de (Gastgeberin ist die Welt- und Europameisterin des Jahres 2004 im Skeleton)
- €€**Hotel „Rabenauer Mühle“,** Rabenauer Grund, Tel. (0351) 4602061, Mo bis Fr ab 17 Uhr, Sa/So/Feiertage ab 12 Uhr, Selbstbedienungsgaststätte „Zum Wanderer“ Di bis So ab 11 Uhr, www.hotel-rabenauer-muehle.de (historische Ausflugsgaststätte an der Weißeritztalbahn, 3-Serne-Hotel Superior)
- €**Campingplatz Paulsdorf,** Tel. (03504) 612169, Rezeption Mai, Juni und Sept. tgl. 8–17 Uhr, Pfingsten und Sommerferien tgl. 8–22 Uhr, Okt. bis April Mo bis Fr 8–16 Uhr, www.erlebnis-talsperre.de (direkt am Strandbad, Jugend- und Familienstellplätze, Wohnwagen, Dauercamper; Campingplatz Malter: nur Dauercamper)

Gastronomie

●€€**Gasthaus zum Rabenauer Grund,** Freital-Hainsberg, Somsdorfer Straße 6, Tel. (0351) 6444999, Mi bis Sa 17–24 Uhr, So/Feiertage 11–24 Uhr, www.rabenauergrund.de (mediterrane und vegetarische Küche)

Museen

●**Lohgerber-, Stadt- und Kreismuseum Dippoldiswalde,** Freiberger Straße 18, Tel. (03504) 612418, Di bis So/Feiertage 10–17 Uhr, 2/1,50 Euro, www. lohgerbermuseum.de (1750 erbaute Lohgerberei, Stadt- und Regionalgeschichte)

●**Osterzgebirgsgalerie im Schloß Dippoldiswalde,** Tel. (03504) 612418, Mi 10–16 Uhr, Do bis Sa/Feiertage 13–17 Uhr, 2/1,50 Euro, www.lohgerbermuseum.de (Menschen und Landschaft des Osterzgebirges – Bilder von *Erich Fraaß, Erich Gerlach, Hermann Glöckner, Willy Jahn, Curt Querner, Wilhelm Rudolph* und anderen Künstlern)

●**Deutsches Stuhlbaumuseum Rabenau,** Lindenstraße 2, Tel. (0351) 6413611, Di bis Do 10–16 Uhr, Fr 10–14 Uhr, So/Feiertage 13–17 Uhr, www.deutsches-stuhlbaumuseum.de (400 Jahre Stuhlbau in Rabenau, Handwerk, Formgestaltung, historische Stühle und Werkzeuge, Exposition zur Stadtgeschichte und zum Naturschutzgebiet „Rabenauer Grund")

Sonstiges

●**Strandbäder an der Talsperre Malter:** Paulsdorf, Malter und Seifersdorf, 15. Mai bis 15. Sept. tgl. 9–19 Uhr, 2,50/1,50 Euro, www.erlebnis-talsperre.de (große Liegewiesen, Nacktbadestrände in Paulsdorf und Seifersdorf)

●**Sherwood Forest, Waldseilpark Paulsdorf,** Am Bötchen 1, Mo bis Fr 12–20 Uhr, Sa/So/Feiertage 10–20 Uhr, 9–15 Euro, www.erlebnis-waldseilpark.de (*Robin Hood* an der Talsperre Malter, Kletterpark, Kleintiergehege, Naturlehrpfad, Imbissstube)

Im Tal der Wilden Weißeritz

Auf dem Gebirgskamm tritt neben Bächen und Bächlein die Wilde Weißeritz aus der Erde. Bis sie sich mit der Roten Weißeritz vereint, legt sie **52,5 Kilometer** zurück. Gleich nach dem Quellort erreicht der Fluss bei Rehefeld das sächsische Erzgebirge. Dort mäandert die Wilde Weißeritz im schmalen steinigen Bett durch die Wiesen.

erz011 Foto: dk

Osterzgebirge

Rehefeld-Zaunhaus

Rehefeld-Zaunhaus gilt als einer der kältesten und schneesichersten Orte in ganz Sachsen. Sein Hausberg ist der **Hemmschuh** (847,3 m), ein Zentrum des Wintersports im Osterzgebirge. **Wintersportler** erwarten ein Sessellift und zwei Schlepplifte, mehrere Pisten und eine 1100 Meter lange Naturrodelbahn durch den Buchenwald mit vielen charmanten Kurven.

In der warmen Jahreszeit kann man in der Umgebung ausgiebig und nicht selten in völliger Einsamkeit wandern. Ein markierter **Rundweg** führt auf halber Höhe um den weitläufig ins Weißeritztal gestreuten Ort. Mehrere Ruhebänke laden ein, die Aussicht zu genießen. Vor dem Gasthof Rehefeld ist ein Parkplatz, dort hält der Linienbus 373 Altenberg – Hermsdorf. Eine Brücke führt über die Weißeritz zum Alten Schulweg, wo bald ein Wanderwegwei-

Rehefeld liegt weitläufig verstreut im Weißeritztal

ser auftaucht. Nach links geht es in Richtung Neurehefeld, dem winzigen Ortsteil direkt auf dem Kamm, am Grenzübergang nach Moldava.

Naturrodelbahn

Die Markierung wird jedoch bald aufgegeben, weil dieser Weg wohl vor allem im Winter genutzt wird, aber in der entgegengesetzten Richtung: Es ist die Naturrodelbahn. Schon nach wenigen Schritten erreicht man die **Talstation des Sesselliftes** für Rodler und Skifahrer, auch einen Imbiss gibt es dort im Winter. Kurz darauf gabelt sich der Weg, links geht es weiter auf dem Rundweg, rechts sind die Rodelbahn und ein Durchgangsverbot für Wanderer ausgeschildert. Das gilt freilich im Sommer nicht: Dann sollte man diesen schönen Weg nicht scheuen, auch wenn es nun ordentlich bergan geht.

Neurehefeld

An der **Bergstation des Sessellifts** angekommen, lässt man sich gern auf einem Hügelchen nieder, das sich als natürlicher Rastplatz anbietet. Durch malerischen Kammwald führen die letzten Meter bis Neurehefeld. Seit dem Wegfall der Schengen-Grenzen zwischen Deutschland und der Tschechischen Republik kann man ohne Formalitäten über die **Grenzbrücke nach Moldava** (Moldau) spazieren (dennoch nicht ohne Ausweis – fehlt er, kann das bei einer der sporadischen Kontrollen beiderseits der Grenze als Ordnungswidrigkeit geahndet werden und allerlei Unbill nach sich ziehen).

Moldau

Der Ort **Moldava** (Moldau) liegt noch zwei Kilometer entfernt, hier am Grenzübergang erinnert nicht mehr viel an die Goldgräberstimmung der 1990er Jahre. Einige vietnamesische Händler versuchen ihr Glück mit den selten gewordenen deutschen Kunden, es gibt das übliche Angebot, die Händler wirken resigniert, sind aber nicht unfreundlich.

Zugfahrt

Für die Reise interessant ist der Bahnhof. Dort hält mehrmals täglich der Zug aus **Most (Brüx) – Litvínov – Osek (Osegg),** eine interessante Strecke und ein Erlebnis für Bahnfreunde. Bis zum Zweiten Weltkrieg gab es am Bahnhof Moldava regen Zugverkehr. Güterzüge, aber auch Direktzüge aus Prag mit Wintersportlern hielten hier, und Anschlüsse bestanden an das sächsische Bahnnetz bis Nossen. Daran erinnert nur noch das große Bahnhofsgebäude mit seinem maroden Charme. **Tickets** (die Gesamtstrecke bis

Most kostet 57 Kč, rund 2 Euro) kann man heute im Zug lösen (in Tschechischen Kronen, also vorher Geld wechseln – keine Wechselstube am Grenzübergang!).

Wanderung von Neurehefeld zum Kahleberg

Kammweg

Von Neurehefeld führt der Kammweg (blau) über den Kahleberg nach Altenberg. Es ist eine abwechslungsreiche Wanderung auf zumindest in der Woche wenig begangenen Wegen (10 km). Zunächst geht es durch den tiefen Buchen- und Fichtenwald des bereits erwähnten **Hemmschuh** bis nach **Zaunhaus,** der einsamen Siedlung direkt an der böhmischen Grenze, dabei kreuzt der Kammweg wieder den Rundweg um den Ort. Nach dem Überschreiten des **Weißeritzbrückchens** geht es bald wieder bergan. Rechts im Wald sind die Überreste eines Kalkbergwerkes aus dem 17. Jahrhundert mehr zu erahnen als zu sehen. Der Kammweg führt weiter geradeaus, streckenweise asphaltiert, aber mit angenehmer Umgebung. Plötzlich blinkt ein Teich zwischen den Bäumen, es ist der **Wüste Teich** oder auch **Schwarze Teich.** Er wurde schon im 16. Jahrhundert angelegt als Wasserreservoir für die Holzflößerei auf der Wilden Weißeritz.

Links im Wald liegt die nicht weiter ausgewiesene **Unbenannte Höhe** (826,6 m), und bald schwenkt der Kammweg in die Zielgerade zum **Kahleberg** (905,1 m) ein. Die ist als Schneise nun wirklich sehr gerade und asphaltiert, aber es läuft sich nicht unangenehm. Kurz vor dem Ziel sollte man nicht schläfrig geworden sein und den markierten **Abzweig** nach links in den Wald verpassen, denn das ist der schönere Weg für die letzten 700 Meter bis zum Gipfel; zum Ziel gelangt man aber auch, wenn man auf der Schneise bleibt.

Kahleberg

Der Kahleberg ist mit 905 Meter der **höchste Gipfel des sächsischen Osterzgebirges,** und er trägt tatsächlich weitgehend Glatze auf dem Quarzporphyrgestein. Ein Hüttchen mit Innen- und Außenplätzen lädt zum Imbiss ein. Auf mehreren Bänken kann man die Aussicht genießen, die bis zum Elbsandsteingebirge und zur Oberlausitz, zum Böhmischen Mittelgebirge und Riesengebirge mit der Schneekoppe (1602 m) reicht. Eine Informationstafel zeigt den erschütternden Blick vom Kahleberg im Jahr 1985, als die Braunkohle- und Chemiegiganten beiderseits der Grenze bereits 30.000 Hektar Wald vernichtet hatten.

14 Achttausender an einem Wochenende

Reinhold Messner war der erste – 1986 hatte er alle 14 Berge mit Gipfeln über 8000 Meter bestiegen. Im Osterzgebirge gibt es ebenfalls 14 Achttausender – **in Dezimetern gemessen,** und sie können an einem Wochenende erwandert werden. Die Idee für diese Wanderung zu einem witzigen Superlativ und auf landschaftlich reizvollen Wegen vor der Haustür hatte zu Ostern im Jahr 2007 der Dresdner Alpinist *Frank Meutzner* als Geschenk für einen Freund. Die MDR-Bergsportsendung „Biwak" brachte einen Film darüber und markierte alle Gipfel mit Prägestöcken. Dort können die Gipfelsiege dokumentiert werden (Stempelkissen mitbringen). Seitdem gilt besonders unter den sächsischen Bergsport- und Wanderfreunden die **Tour der 14 Achttausender** als eine anspruchsvolle Delikatesse vor der Haustür.

Der **Kahleberg** mit seinen 905 Meter über NN darf nicht mitspielen, er ist zu hoch. Es gibt nun mal – über dem Meeresspiegel – keinen 9000er auf unserer Erde! Für die Wanderung sind eine **gute Karte** (Topografische Karte 1:25.000 Osterzgebirge/Altenberg, Geising mit BIWAK 8000er Tour, Landesvermessungsamt Sachsen; enthält auch eine Urkunde für die Gipfel-Stempel) und Erfahrungen bei der Orientierung im Gelände unverzichtbar, nicht alle Wege sind markiert. Im **Internet** gibt es Beschreibungen und Erfahrungsberichte, die bei der Vorbereitung hilfreich sind. Eine Zweitagestour wird auf www.4funweb.de beschrieben, eine weitere Tour unter www.altenberg.de.

Das sind die 14 Achttausender: Der **Geisingberg** (824 m; siehe Abb.) bei Altenberg, mit Aussichtsturm und Gaststätte, empfiehlt sich für den Einstieg in die Route. Sehr schöne Aussichten bietet die **Traugotthöhe** (806 m) bei Fürstenau: ein hervorragendes Ziel für den Ausflug mit kleinen Kindern. Auf dem breiten Gipfel warten eine Wiese und Büsche. Rucksäcke und Körbe packen für das Frühstück im Freien! Nahe beieinander liegen der **Fuchshübel** (813 m), die **Scharspitze** (807 m), ein bezaubernd unspektakulärer Gipfel ohne Aussicht, aber mit Wiese und Schutzhütte, und die **Biwak-Kuppe** (828 m). Zwischen dieser Dreiergruppe liegt das Besucherbergwerk Zinnwald. Beim Georgenfelder Hochmoor liegen nahe beieinander der **Kleine** (897 m) und **Große Lugstein** (899 m).

Eine **Unbenannte Höhe** (827 m) gibt es auch, sie befindet sich südwestlich des Kahleberges, beim Wüsten (Schwarzen) Teich. Nordwestlich des Kahleberges wartet der **Pöbelknochen** (833 m) auf Wanderer, die sich den steilen Aufstieg gönnen. Einen Ausblick nach Schellerhau bietet die **Stephanshöhe** (804 m).

Zum **Hemmschuh** (847 m) gelangt man ganz bequem vom Grenzübergang Neurehefeld/Moldava durch den Wald oder auf steilem Weg von Rehefeld aus. Die **Schickelshöhe** (805 m) liegt auf einem bewirtschafteten Feld, aber man sieht den Gipfel von einer Ruhebank aus. Der **Kannelberg** (805 m) bei Holzhau ist Wander- und Wintersportzentrum. Zu guter Letzt folgt die **Steinkuppe** (806 m) bei Oberholzhau, sie ist ebenfalls von markierten Wanderwegen gut erschlossen.

Man kann natürlich die Gipfel in beliebiger Reihenfolge und über mehrere Tage verteilt erwandern. Für die Touren sollte ausreichend Zeit eingeplant und der Rucksack mit Speis' und Trank gepackt werden.

erz012 Foto: dk

Altenberg Der Kammweg nach Altenberg führt nun sanft bergab. Rechts bietet sich ein alternativer Weg zum Georgenfelder Hochmoor an. Altenberg aber erreicht man nach 2,5 Kilometer direkt an der **Sommerrodelbahn.** Über einen Bohlenweg und die Straße führen die letzten Schritte bis zum Bahnhof, zur Bushaltestelle oder zum Parkplatz.

Von Rehefeld-Zaunhaus zum Tharandter Wald

Radwanderung Die **abwechslungsreiche Route** entlang der Wilden Weißeritz von Rehefeld-Zaunhaus über die Talsperren Lehnmühle und Klingenberg bis zum Bahnhof Edle Krone am Tharandter Wald empfiehlt sich als entspannte Radwanderung (38 km, rote Markierung). Aber es lohnt sich auch, die einzelnen nun zu beschreibenden Orte auf anderen Wanderwegen oder mit Verkehrsmitteln kennenzulernen.

Seyde Die Wilde Weißeritz strebt unterhalb von Rehefeld durch ein enges Tal, begleitet von einer im Sommer wenig befahrenen Straße und dem Rabenweg (rot/gelb). Sehenswert ist die kleine, 1446 erbaute **Zinnbrücke,** Rudiment eines Handelsweges zwischen Altenberg und Freiberg. Kurz darauf wird die vermutlich noch ältere **Herklotzmühle** erreicht, die zu Seyde gehört. Erstmals erwähnt wurde sie 1760. Als historische Sägewerksmühle ist sie ein Technisches Museum. Zum Mühlentag alljährlich zum Pfingstmontag wird dort ein Fest gefeiert. Ein bei Seyde gelegener Aussichtspunkt mit Schutzhütte ist die **Kahle Höhe** (739 m).

Talsperren In der Talsperre **Lehnmühle** wird die Wilde Weißeritz erstmals gestaut. Das Bauwerk wurde 1927–1931 zur Trinkwasserversorgung Dresdens errichtet; im Stausee darf also nicht gebadet werden. Ebenso nicht in der darauffolgenden, denkmalgeschützten Talsperre **Klingenberg** (1908–1914), deren Staumauer aber betreten werden kann und um die herum ein Wanderweg führt (siehe dazu auch im Kapitel zum Silbernen Erzgebirge den Abschnitt „Im Tal der Freiberger Mulde").

Forststadt Tharandt im gleichnamigen Wald

erz013 Foto: dk

Tharandt

Der Ort **Klingenberg-Colmnitz** gehört schon zum Erzgebirgsvorland. Die letzte Station der Wilden vor dem Zusammenfluss mit der Roten Weißeritz ist die Forststadt Tharandt im Tharandter Wald. Urkundlich erstmals 1216 im Zusammenhang mit einer Wehranlage erwähnt, wurde Tharandt bekannt, als in der Zeit der Aufklärung *Schiller, Goethe* und *Heinrich von Kleist* dort weilten und die beschauliche Gegend von Reisenden und Wanderern entdeckt wurde. 1811 gründete *Heinrich Cotta* (1763–1843) die **Forstlehranstalt Tharandt,** aus der die Königlich-Sächsische Forstakademie und schließlich der Fachbereich Forstwissenschaften der Technischen Universität Dresden hervorgegangen sind. Das Städtchen liegt zwischen den Bergen im Tal des Schloitzbaches, eines Nebenflusses der Wilden Weißeritz. Hoch über den zusammengedrängten Häusern thront die **Burg,** besser gesagt: romantisch wirkende Reste derselben. Sehenswert ist der zur TU gehörende **Forstbotanische Garten.** Auf 34 Hektar gedeihen dort fast 2000 Arten und Unterarten von Gehölzen.

Tharandter Wald

Der Tharandter Wald ist **eines der schönsten Wandergebiete in Sachsen.** Zwischen Dresden, Freital und Freiberg gelegen, wird er gern von den Städtern zur Naherholung aufgesucht. Rund 250 Kilometer markierte Wanderwege führen durch den Wald, dabei sind Felsen und Schluchten, Aussichtsplätze und historische Denkmale zu entdecken. Mitten im Wald liegt das **Jagdschloss Grillenburg,** dessen Geschichte ins 13. Jahrhundert zurückreicht. Die heutige Anlage im Biedermeierstil wurde 1855 als Jagdschloss des sächsischen Hofes errichtet. Nach Abschluss der Sanierungsarbeiten wird das Jagdschloss Sitz der Sächsischen Landesstiftung Natur und Umwelt sein.

Auf dem Grillenburger **Schlossteich** schaukeln Boote. Zwischen Ostern und den Herbstferien ist Gondelsaison. Dafür können Ruderboote ausgeliehen werden. Die Gondelfahrt führt auch unter der 1730 nach Plänen von *Matthäus Daniel Pöppelmann* errichteten Steinbrücke hindurch und um eine Insel herum.

Mohorn-Grund

In Mohorn-Grund am Nordrand des Tharandter Waldes duftet es das ganze Jahr über nach Weihnachten. Seit 1865 werden hier in einem Familienbetrieb die **KNOX-Räucherkerzen** hergestellt. Alles über das Räucherkerzchen erzählt das kleine Betriebsmuseum, dort kann man auch die erzgebirgischen Düfte und die passende Volkskunst erwerben.

Förder-gersdorf

Ebenfalls am Nordrand des Tharandter Waldes liegt der Erholungsort Fördergersdorf. Die kleine **Dorfkirche** wurde 1346 erstmals urkundlich erwähnt und ist in großen Teilen als romanische Saalkirche des 12. Jahrhunderts erhalten geblieben: Das Eingangsportal in der Vorhalle, Fenstergewände, der Ostgiebel, Teile der Nord- und der Südwand sind romanische Architektur. Die Kirche enthält romanische Wandbilder sowie einen geschnitzten Altaraufsatz von 1517 und einen Taufstein aus dem Jahr 1583.

Sachsen-Franken-Magistrale

Die Bahnstrecke der Sachsen-Franken-Magistrale Dresden – Nürnberg gilt zwischen Tharandt und Klingenberg (11,6 km) als **eine der steilsten Normalspurbahnstrecken Deutschlands.** Etwa auf halber Strecke liegt die Station **Edle Krone.** Der Ortsname geht auf eine Zeche im 16. Jahrhundert zurück. Das Bahnhofsgebäude wurde 1862 in Form eines Pferdegöpels gestaltet und steht unter Denkmalschutz.

Freital

Industrie-stadt

Die Stadt Freital (39.000 Ew.) wurde 1921 gegründet, als sich drei Gemeinden im Weißeritztal zusammenschlossen. In den 1920er Jahren und später folgten weitere Dörfer. Deshalb hat Freital kein Stadtzentrum im engeren Sinne. Die Industriestadt erstreckt sich entlang der Weißeritz **bis an den Stadtrand von Dresden,** wo der Fluss in den Plauenschen Grund übergeht, sowie um den markanten Windberg (353 m).

Bergbau

Die Geschichte der Stadt ist eng mit dem Steinkohlebergbau verbunden. Das **„Tal der Arbeit“,** wie die Freitaler es auch nannten, wurde durch Hüttenwesen, Maschinenbau und Metallverarbeitung geprägt. Zu den bekanntesten Freitaler Traditionsunternehmen gehören heute das Edelstahlwerk und die Sächsische Porzellanmanufaktur Dresden.

Schloß Burgk

Die Bergbaugeschichte der Stadt wird auf Schloß Burgk lebendig, dem **Sitz der Städtischen Sammlungen.** In dem Renaissancebau des einstigen Rittergutes wurde ab dem 18. Jahrhundert das Freiherrlich von Burgker Steinkohlen- und Eisenhüttenwerk geführt. Heute befindet sich in den klassizistisch und gründerzeitlich geprägten Schlossräumen eine Ausstellung zur Entwicklung des Bergbaus und der Industrie im Plauenschen Grund und zur Ge-

Die Freitaler Sage vom Rotkopf Görg

Der **Dorfmusikant Rotkopf Görg** aus Burgk war eines Sonntagabends vom Deubener Gasthof aus auf dem Heimweg, als er von einem kleinen, alten bärtigen Mann angehalten wurde, der ein Berggeist war und ihn auf sein Schloss im Windberg bat. Zum Tanz aufspielen sollte der *Rotkopf Görg* und schweigen vor all dem, was er dabei zu sehen bekam. Dafür sollte er guten Lohn erhalten. Der Musikant ließ die Fiedel tanzen, und die Zwerge tanzten mit und ließen die Weinbecher kreisen. Schließlich forderten sie den *Rotkopf Görg* auf, seinen Lohn zu empfangen. Dieser hielt den Hut hin, schweigend, wie ihm geheißen, und gewahrte mit Schrecken, dass einer der Zwerge ihm eine Schaufel glühende Kohlen einfüllte. Darauf fand er sich am Fuß des Windberges wieder. Mit dem Hut in der Hand eilte *Rotkopf Görg* nach Hause. Erst vor seiner Tür wagte er, den Inhalt des Hutes wegzuwerfen. Nach einer schlaflosen Nacht schaute er morgens sogleich nach seinem Hut und fand im Futter eingeklemmt ein **Goldstückchen.** Schnell schaute er nach draußen, doch das, was er in der Nacht weggeworfen hatte, war zu Asche zerfallen.

Diese Freitaler Sage wird von einer Plastik im Burgker Schlossgarten (s.u.) und von einem Brunnen auf dem Platz des Handwerks vor dem Bahnhof Freital-Potschappel illustriert.

erz014 Foto: dk

schichte der Stadt Freital. Im Burgker Schlosspark befindet sich das Mundloch der 1821 aufgefahrenen „Tagesstrecke Oberes Revier Burgk", des einzigen **Besucherbergwerkes** zur Dokumentation des frühindustriellen Steinkohlebergbaus Sachsens. Die Steinkohle kann in ihrem natürlichen geologischen Verband im Flöz in Augenschein genommen werden. Auch die Arbeitsbedingungen unter Tage werden authentisch dargestellt. Im **Technikgarten** wurde eine Schachtanlage der SDAG Wismut nachgebildet, wie sie bis 1953 zur Förderung von Steinkohle und Uranerz im Burgker Unteren Revier zum Einsatz kam. Zu besichtigen ist die **Grubenlok „Dorothea",** die erste elektrische Grubenlok der Welt (1882).

Städtische Kunstsammlung

Auf Schloß Burgk wird auch die hochkarätige Städtische Kunstsammlung präsentiert. An keinem anderen Ort gibt es eine derart geschlossene Kollektion **Dresdner Kunst zwischen 1890 und 1950** zu sehen, darunter die Impressionisten *Gotthardt Kuehl* und *Carl Bantzer,* der Jugendstil-Maler *Ludwig von Hofmann,* der junge *Otto Dix,* die 1920er Jahre mit *Erich Fraaß, Fritz Winkler, Ernst Hassebrauk, Hans Jüchser* und *Josef Hegenbarth,* Gemälde von *Willy Kriegel, Wilhelm Rudolph, Wilhelm Lachnit* und *Curt Querner.* Bestandteil der Sammlung ist die **Stiftung Pappermann,** die 1993 an das glückliche Freital ging, mit 200 Gemälden und 1200 grafischen Blättern Dresdner Kunst des 19. und 20. Jahrhunderts.

Brunnenplastik

Auf dem Platz des Handwerks vor dem Bahnhof Freital-Potschappel, neben dem Rathaus, steht eine Brunnenplastik des Quedlinburger Künstlers *Jochen Müller.* Sie illustriert die Freitaler Sage vom **Rotkopf Görg** (siehe entsprechenden Exkurs).

Windberg

Freitals Hausberg ist der auch von Dresden aus sichtbare Windberg (353 m). Er wird vom Wahrzeichen der Stadt, dem stattlichen Obelisken des **König-Albert-Denkmals** (1904), bekrönt. Mehrere **Wanderwege** führen über den lang gestreckten Berg, der sich durch dichten Laubwald auszeichnet. Aufstiege gibt es – steil – von Burgk und Niederhäslich sowie – sanft – aus der Bannewitzer Gegend. Allerdings sind die Wegmarkierungen lückenhaft und nicht sehr informativ; Entfernungsangaben fehlen grundsätzlich. Vom Schloß Burgk läuft man über die Burgker Straße, an der Kleingartensiedlung entlang in den Wald, bis zum Denkmal knapp eine Stunde. Der Blick von der Aussichtsplattform reicht über das dicht besiedelte Freital bis zum Tharandter Wald und ins Elbtal.

Praktische Informationen

Anreise

- **Auto: B173** Dresden – Chemnitz; **S182** ab Altenberg
- **Regional- und S-Bahn** Dresden – Freital – Tharandt

Info

- **Tourist-Information Freital,** Dresdner Straße 56 (Rathaus Potschappel), Tel. (0351) 64760, Mo bis Fr 8–12 Uhr, Di, Do 8–12 u. 14–18 Uhr, www.freital.de

Wohnen und Essen

- €€**Pension Blaue Mühle,** Mohorn-Grund, Hetzdorfer Straße 3, Tel. (035209) 29057, www.blauemuehle.de (denkmalgeschützte Mühle am Tharandter Wald, stilvoll restauriert, Hotelsuiten und Ferienwohnungen)
- €**Meierbaude,** Rehefeld, Alter Schulweg 1, Tel. (035057) 50410, www.meierbaude-pferdetaxi.de (schön gelegenes kleines Gästehaus für 2–6 Personen, Kinderspielplatz, Balkon, Verleih von Sportgeräten, Pferdekutsch- und -schlittenfahrten)
- €**Gasthof Rehefeld,** Talstraße 13, Tel. 035057) 51363, Fr bis Mi 11–19 Uhr (direkt an der Straße nach Altenberg und Hermsdorf, trotzdem sehr ruhig gelegen, preiswerte sächsische Küche)
- €**Essigmühle,** Seyde, Weißbachtal 1, Tel. (035057) 50297, www.seyde.de (Urlaub auf dem Bauernhof, viele Tiere, Forellenteich, idyllisch gelegen)
- €**Bauernhof Zönnchen,** Hermsdorf, Frauensteiner Straße 5, Tel. (035057) 51229, www.erzgebirge-bauernhof.de (Urlaub mit Pferden, Rindern, Schafen, Kätzchen und Gänsen, Spielplatz, große Ferienwohnung mit Naturholzmöbeln)
- €**Ferienwohnung Nikulski,** Hermsdorf, Bergstraße 31, Tel. (035057) 50221, www.fewo-nikulski.de (anerkannter Landurlaub, großzügige, helle Zimmer, regionale Küche)
- €**„Bierkeller" Hermsdorf,** Gaststätte und Pension, Hauptstraße 15, Tel. (035057) 51383, Fr bis Mi ab 11 Uhr, www.pension-bierkeller-museum.de (rustikales Gasthaus und Museum, Familienfeste in der Schunkelscheune, siehe auch unter „Museen")

Besucherbergwerk Freital auf Schloß Burgk

erz015 Foto: dk

●€**SWF Sporthotel,** Neuhermsdorf, Bahnhofstraße 7, Tel. (035057) 54590, www.swf-sporthotel.de (SWF = Skisportzentrum, Wanderheim, Freizeitanlagen, mitten im Wald, direkt an der Grenze, Wanderwege und „Bahnloipe" vor der Tür; Zimmer im ehemaligen Bahnhof Hermsdorf-Rehefeld und im neu erbauten Hotel; mit Schlafsack für 10 Euro/Person/Nacht im Wanderquartier; Caravanstellplätze; Gaststätte im ehemaligen Empfangssalon der sächsischen Könige, kleines Eisenbahnmuseum, Kiosk)

●€**Haus Waldeck,** Neuhermsdorf, Altenberger Straße 21, Tel. (035057) 51316, www.erzgebirge-haus-waldeck.de (2 Wohnungen im neu erbauten Holzhaus, davon eine barrierefrei, Bushaltestelle beim Haus)

●€**Kammbaude Neuhermsdorf,** Altenberger Straße 13, Tel. (035057) 50001, www.kammbaude-neuhermsdorf.de (ruhig am Wald und nahe der Grenze gelegen, 3 Wohnungen, Bungalow, Tiere, hauseigener Teich, Spielwiese)

Museen

●**Städtische Sammlungen Freital auf Schloß Burgk,** Altburgk 61, Tel. (0351) 6491562, Di bis Fr 13–16 Uhr, Sa/So 10–17 Uhr, 6 Euro (Sammlungen und Besucherbergwerk „Tagesstrecke Oberes Revier Burgk"), www.freital.de/museum (Städtische Kunstsammlungen mit Dresdner Kunst zwischen 1890 und 1950, Sammlung Pappermann mit Dresdner Kunst des 19./20. Jh., Ausstellungen „Faszination Steinkohle" und „Bergbau und Industrie" mit dem einzigen Besucherbergwerk zur Dokumentation des frühindustriellen Steinkohlebergbaus in Sachsen, Grubenlok „Dorothea", Sonderausstellungen)

●**Museum zur Geschichte der Windbergbahn, Bahnhof Dresden-Gittersee,** Tel. (0351) 4013463, April bis Okt. Sa 10–16 Uhr, 1,50/0,50 Euro, www.windbergbahn.de (historisches Stellwerk und Fahrzeuge der „Sächsischen Semmeringbahn", der ersten deutschen Gebirgseisenbahn)

●**KNOX Räucherkerzenmuseum Mohorn-Grund,** Am Tharandter Wald 12, Tel. (035209) 20512, freier Eintritt, Sept. bis Dez. Mo bis Do 9–15.30 Uhr, Fr 9–12.30 Uhr, 1./2. Adventwochenende Sa/So 13–17 Uhr, www.knox.de (Apotheker Zwetz, älteste deutsche Räuchermittelfabrik)

Haltepunkt Freital-Birkigt der „Sächsischen Semmeringbahn"

- **Forstbotanischer Garten Tharandt,** Am Forstgarten 1, April bis Okt. Sa bis Do 8–17 Uhr, Tel. (035203) 3831274, Eintritt frei, Führung 60 Euro, www.forstpark.de (34 ha Vorgebirgslandschaft, rund 2000 Arten und Unterarten von Gehölzen)
- **Sägewerksmuseum Herklotzmühle Seyde,** Rehefelder Straße (zwischen Seyde und Rehefeld), Mai bis Okt. mtl. 1. Sa 10–14 Uhr, 2/1 Euro, www.herklotzmuehle.de (Mühle an der Wilden Weißeritz)
- **Bauern- und Heimatmuseum Hermsdorf,** Hauptstraße 15, Tel. (035057) 51383, Fr bis Mi ab 11 Uhr, 2/1 Euro (bäuerliches Wirtschaften und Handwerk im Osterzgebirge, Ende Aug. Museumsfest mit Sensenmeisterschaft; siehe auch oben unter „Bierkeller" Hermsdorf)

Sonstiges

- **Gondelteich am Jagdschloss Grillenburg, Tharandter Wald,** Ostern bis Herbstferien Di bis So 11–19 Uhr, 1 Std./5 Euro pro Boot, Kiosk mit Getränken und einfachen Speisen, www.gondeln-grillenburg.de (2 ha großer Schlossteich im Wald)

erz016 Foto: dk

erz036 Foto: dk

Silbernes Erzgebirge

Überblick

Im Herzen des Silbernen Erzgebirges liegt die Berg- und Universitätsstadt **Freiberg.** Hier begann nach den Silberfunden im Jahr 1168 die Bergbaugeschichte des Erzgebirges. Nach dem Besuch der „kleinen Weltstadt“ führt die Reise entlang der **Freiberger Mulde** bis in das Wintersport- und Wandergebiet um Holzhau sowie zu drei Trinkwassertalsperren. Stadt und mittelalterliche Burg **Frauenstein** erinnern an ihren berühmtesten Sohn, den Orgelbaumeister *Gottfried Silbermann.* Ein außergewöhnliches Naturerlebnis bietet zu allen Jahreszeiten das bezaubernde Gimmlitztal. An sieben Jahrhunderte Silberbergbau erinnern zahlreiche originale Bergbaustätten in und um **Brand-Erbisdorf.** Dem Orgelbauer *Gottfried Silbermann* ist ein Exkurs gewidmet, ebenso dem Steigerlied, das erstmals in Freiberg veröffentlicht wurde und seit Jahrhunderten vom Stolz und der Hoffnung der Bergleute kündet, sowie der Bewerbung der sächsischen und böhmischen Montanregion Erzgebirge um die Anerkennung der Stätten der Bergbaukultur als Weltkulturerbe.

Freiberg

Silber- und Universitätsstadt

Die Silber- und Universitätsstadt Freiberg (45.000 Ew.), die **„kleine Weltstadt im Herzen Sachsens“,** wie sie aus guten Gründen genannt wird, begeht im Jahr 2012 ihr 850-jähriges Bestehen. Ein „Herz aus Silber“, so das Motto des Jubiläums, schlägt in Freiberg mit seiner einladenden, denkmalgeschützten Altstadt. Von Freiberg aus wurde Sachsens Glanz aus den Bergen zutage gegraben.

In Freiberg entstand 1765 die **erste montanwissenschaftliche Hochschule der Welt,** wirkten *Abraham Gottlob Werner* (1749–1817), der die Grundlagen der Mineralogie schuf, *August Wilhelm Lampadius* (1772–1842), der in Freiberg das erste Hochschullabor der Welt einrichtete, hier studierten *Novalis* (1772–1801) und *Alexander von Humboldt* (1769–1859). Die **TU Bergakademie Freiberg** gilt mit den Kernbereichen Geo, Material, Energie und Um-

Vorherige Seiten: Schacht „Reiche Zeche“ im Besucherbergwerk Freiberg

welt als „Ressourcenuniversität" und belegt Spitzenplätze in der deutschen Forschungslandschaft. Über 5400 Studenten beleben den Freiberger Alltag der „kurzen Wege und langen Abende".

Lebendige Kleinstadt

Freiberg ist eine lebendige Kleinstadt mit erstrangiger Architektur, einladenden Plätzen und Gassen, Kneipen und Restaurants. Hier wird mit der **Bergparade** zum Bergstadtfest, den Silbermann-Tagen und dem Weihnachtsmarkt die Kultur jahrhundertealter Geschichte gepflegt. Das **„Sun Flower Festival"** – „das kleinste Festival mit den meisten Bühnen" – lockt mit Ska und Reggae, Folk Rock, Blues und Punk aus der ganzen Welt, mit Theater und Lesungen, und beweist, dass eine ehrwürdige Stadt sehr jung und weltoffen sein kann.

Orientierung

Freiberg liegt **am Nordrand des Erzgebirges;** mit Auto, Bus und Bahn sind alle sehenswerten Orte des Gebirges schnell zu erreichen. Bis Dresden sind es nur rund 40 Kilometer. In der Stadt läuft man vom Bahnhof über die Bahnhofstraße oder den Roten Weg bis zum Obermarkt in 10 Minuten.

Stadtgeschichte

„Erstes Berggeschrey"

Von Christiansdorf im heutigen Freiberg aus ertönte das „Erste Berggeschrey", nachdem dort 1168 gediegenes **Silber** gefunden worden war. Aber schon 1162 – darauf bezieht sich das Stadtjubiläum – stiftete Markgraf *Otto von Meißen* das Gebiet im damaligen „Miriquidi" (Dunkelwald) dem Zisterzienserkloster Altzella bei Nossen, dem damals bedeutendsten Kloster in der Region Mitteldeutschland (dessen romanische Ruinen in einem romantischen Park erhalten geblieben sind). Daraufhin entstand die Siedlung **Christiansdorf.** Zwischen 1170 und 1175 wurde der markgräfliche Herrenhof Burg Freudenstein errichtet. Handwerker und Händler siedelten sich um die 1180 bis 1185 erbaute Marienkirche (heute Dom) und die etwas jüngere Nikolaikirche (heute Konzerthaus mit romanischer Doppelturmfassade) an, der heutige Untermarkt entstand als Marktplatz.

Markgrafschaft Meißen

Vom hohen Mittelalter bis zum 15. Jahrhundert, als Leipzig an seine Stelle trat, war Freiberg die **größte Stadt** der Markgrafschaft Meißen und ihr **wirtschaftliches Zentrum.** 1328 erließ Markgraf *Friedrich I.* eine Bergwerksordnung, auf deren Grundlage Freiberg zum **Bergbauzentrum** des Landes aufstieg. Im 16. Jahrhundert erlebte der Freiberger Silberbergbau eine zweite Blüte. Dabei entstanden neue Bergbauanlagen und Hüttenwerke. Ein aufwendiges System von Teichen und Kunstgräben wurde angelegt, um den Bergbau mit Wasser versorgen zu können. Zwischen 1484, nach einem großen Stadtbrand, und 1520 entstanden der Dom, der Domherrenhof, das Rathaus und zahlreiche Bürgerhäuser der Altstadt.

18./19. Jh. Freiberg erlebte am 29. Oktober 1762 die letzte Schlacht des Siebenjährigen Krieges. Dieser wie bereits der Dreißigjährige Krieg fügte der Stadt und dem Bergbau **erheblichen Schaden** zu. Im 19. Jahrhundert wurde die Stadtbefestigung mit ihren fünf Stadttoren abgetragen. Zwischen 1862 und 1875 erhielt Freiberg **Eisenbahnanschlüsse,** zuerst nach Dresden, dann nach Chemnitz, Nossen und Mulda.

DDR Durch das besonnene Handeln des Oberbürgermeisters *Werner Hartenstein* (1879–1947) konnte Freiberg am 7. Mai 1945 kampflos von der sowjetischen Armee eingenommen werden. So blieb die mit Flüchtlingen überfüllte Stadt vor Kämpfen und Zerstörungen bewahrt. In der DDR gehörte Freiberg zum Bezirk Karl-Marx-Stadt (Chemnitz) und wurde zu einem **Zentrum der Nichteisenmetallurgie** ausgebaut.

Heute Seit 1997 ist Freiberg **Große Kreis- und Universitätsstadt.** Ein Traditionsunternehmen in Freiberg ist die **Brauerei.** Die **SolarWorld AG** betreibt in Freiberg fünf Tochterunternehmen und damit ihren weltweit größten Produktionsstandort. Dazu gehört die Deutsche Solar GmbH mit über 800 Beschäftigten, sie ist der weltweit größte Produzent von multikristallinen Silizium-Wafern, also den Rohlingen für die Produktion von Solarzellen.

Stadtrundgang

Obermarkt Prächtige Bürgerhäuser aus der Zeit der Gotik und Renaissance stehen am Obermarkt, dem **Herzen der Freiberger Altstadt.** Das **Rathaus** wurde 1410 erbaut. Täglich um 11.15 Uhr und 16.15 Uhr erklingt vom Turm das Steigerlied (siehe entsprechenden Exkurs). An der Rückseite des Rathauses befindet sich die Touristinformation. Ein manieristischer Erker mit der Darstellung der *Anna Selb-*

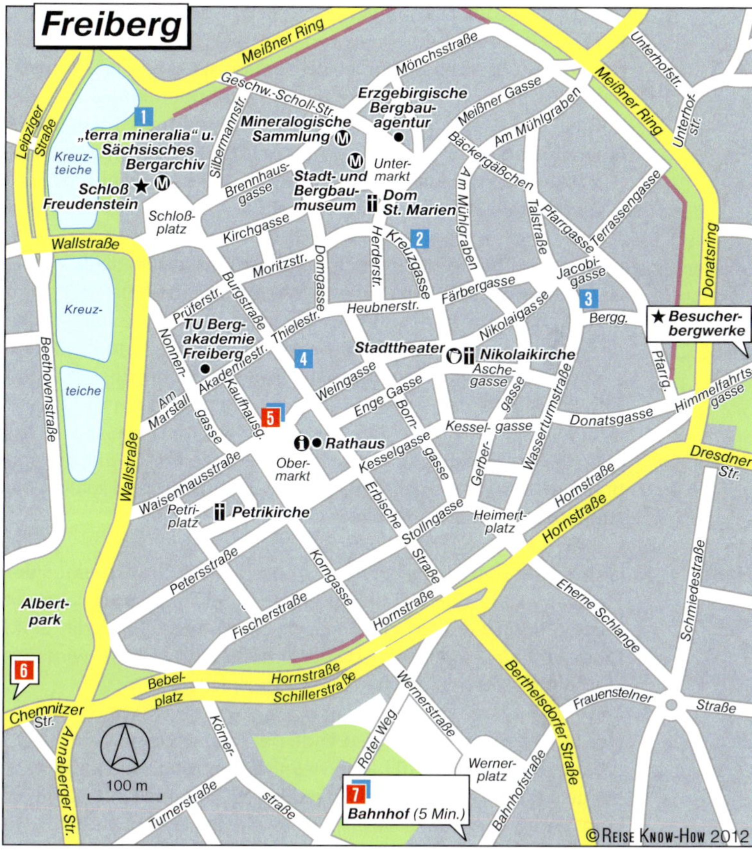

Übernachtung

5 Hotel am Obermarkt
6 Hotel Regenbogenhaus
7 Hotel Silberhof

Essen und Trinken

1 Schwanenschlößchen
2 Dunkelhof
3 Kartoffelhaus am Schüppchenberg
4 Stadtwirtschaft
5 Ratskeller
7 Restaurant Silberhof

dritt ragt an der Ecke gegenüber der Touristinformation in die Burgstraße hinein. Bemerkenswert sind das Haus Obermarkt 1 mit seinem reich geschmückten Portal und das spätgotische **Alnpeckhaus** (Buchhandlung), das bis ins 16. Jahrhundert hinein die Freiberger Münzstätte war. In der Mitte des Obermarktes steht der **Löwenbrunnen** mit der Skulptur des Stadtgründers, *Otto dem Reichen*. Auf diesem Platz wird auch der besonders romantische Freiberger Weihnachtsmarkt aufgebaut.

Nikolaikirche und Christiansdorf

Von der Touristinformation führt die **Enge Gasse** zur Nikolaikirche. Die Türme wurden 1185 erbaut, also zwei Jahrzehnte nach dem historischen Silberfund, und bewahren im Sockel ihre romanische Architektur. Die Kirche wurde mehrfach umgebaut und dient heute als Konzert- und Tagungshaus. In die Gegend des einstigen Christiansdorfs gelangt man über die **Aschegasse** und Gerber- oder Wasserturmstraße. Die **Kesselgasse/Donatsgasse** war damals Teil der Handelsstraße zwischen dem Meißnischen Land und Böhmen, hier wurde das Silber gefunden und entstand später eine von Halden und Schornsteinen geprägte Vorstadt.

Stadttheater

Gegenüber der Nikolaikirche steht das **älteste Stadttheater der Welt.** Es wurde 1791 in einem Bürgerhaus eröffnet und später mit umliegenden Gebäuden erweitert. Hier wurde 1800 die erste Oper von *Carl Maria von Weber* uraufgeführt. Heute wird das Haus vom Mittelsächsischen Theater bespielt.

Besucherbergwerke

Der **Donatsturm** am unteren Ende der Donatsgasse wurde 1455 erbaut, als Wehrturm mit fünf Meter dicken Mauern. Spaziergänger gelangen von hier aus günstig (über die Himmelfahrtsgasse bis zum Wegweiser, dann links) zu den Besucherbergwerken **Alte Elisabeth** und **Reiche Zeche** – auf historischem Pfad, denn auf eben diesem Weg liefen damals auch alltäglich die Freiberger Bergleute zur Schicht. Seit 1919 ist die **Himmelfahrt-Fundgrube** mit den beiden hervorragend erhaltenen Schachtanlagen aus dem 14./15. Jahrhundert ein Lehrbergwerk der Bergakademie Freiberg

Bild oben: Giebel des Domherrenhauses (Stadt- und Bergbaumuseum);
Bild unten: im Domviertel

erz094 Foto: dk

erz095 Foto: dk

Das Steigerlied

„Glück auf, der Steiger kommt“ – dieses **kraftvolle, stolze alte Lied der Bergleute** wird auf jeder Bergparade gespielt, es erklingt zu den Festtagen in allen Bergbauregionen Deutschlands und gehört zum Ritual der Fußballfans des FC Erzgebirge Aue ebenso wie des FC Schalke 04. Als am 23. Juli 2010 in Gera beide Mannschaften gegeneinander antraten, marschierte eine Blaskapelle auf den Rasen, um dieses Lied zu spielen, und Spieler und Fans beider Seiten haben mitgesungen.

Die **Geschichte** des Steigerliedes begann im Erzgebirge. Schon in den 1531 in Zwickau erschienenen „Bergreihen“, einer Sammlung bergmännischer Lieder, kommt es in ähnlicher Form mit zwei Strophen in dem Lied „Es soll ein Maidlein früh auf stan“ vor. Erstmals als eigenes Lied ist es in dem im Jahre 1700 in Freiberg veröffentlichten „Bergliederbüchlein“ zu finden. Dort heißt es aber noch: „Wache auff, der Steyer kömmt“. Es dürfte damit eines der ältesten weltlichen Lieder in deutscher Sprache sein, die heute noch gesungen werden. In der Bergstadt Freiberg gilt es als die heimliche Stadthymne.

Glück auf, Glück auf, der Steiger kommt.
Und er hat sein helles Licht bei der Nacht,
schon angezündt'.

Schon angezündt'! Das wirft seinen Schein,
und damit so fahren wir bei der Nacht,
ins Bergwerk ein.

Ins Bergwerk ein, wo die Bergleut' sein,
die da graben das Silber und das Gold bei der Nacht,
aus Felsgestein.

Aus Felsenstein, hau'n wir das Gold,
doch dem schwarzbraunen Mägdelein, bei der Nacht,
dem sein wir hold.

Ade, nun ade! Lieb' Schätzelein!
Und da drunten in dem tiefen finst'ren Schacht, bei der Nacht,
da denk' ich dein.

Und kehr ich heim, zum Schätzelein,
dann erschallet des Bergmanns Gruß bei der Nacht,
Glück auf, Glück auf!

– bis heute werden hier Studenten ausgebildet. Für Besucher werden im Schacht Alte Elisabeth Übertageführungen und im Schacht Reiche Zeche Erlebnisführungen – zwischen 60 und 180 Meter unter Tage, auf einem Wegenetz bis zu 20 Kilometer – angeboten. Von der „Reichen Zeche" führt der **Weg „Roter Graben"** über 4,6 Kilometer zu Bergbauanlagen im Revier. Eine ausführliche Wegbeschreibung gibt es an der Kasse des Besucherbergwerkes und in der Touristinformation.

Untermarkt

Der Rundgang durch die Altstadt folgt von der Nikolaikirche der Kreuzgasse bis zum Untermarkt. Hier steht – mit der gotischen und Renaissancearchitektur des Domviertels verwachsen – der **Dom St. Marien,** eine spätgotische Hallenkirche, die nach dem Stadtbrand 1484 errichtet wurde. Von der um 1180 erbauten romanischen Basilika hatte der Brand die Triumphkreuzgruppe, die **Goldene Pforte** und Teile des Chores verschont. Diese Kunstwerke zählen zu den wertvollsten der romanischen Architektur in Deutschland. Das spätromanische Rundbogenportal der Goldenen Pforte gilt als ein Hauptwerk deutscher Kunst des 13. Jahrhunderts. Es wird durch einen Anbau im Jugendstil geschützt. Sehenswert in dieser Kirche ist auch die Tulpenkanzel von *Hans Witten* (16. Jh.), hörenswert die Silbermannorgel.

Museum

Dem Dom gegenüber steht am Untermarkt das spätgotische ehemalige Domherrenhaus und heutige **Stadt- und Bergbaumuseum,** eine Schatzkammer des Freiberger Bergbaus und erzgebirgischer Kultur.

Schloßplatz

Die Kirchgasse führt, am Sächsischen Oberbergamt vorbei, zum dritten großen Stadtraum des historischen Freiberg, dem Schloßplatz. In dem Eckhaus rechts wohnte und arbeitete die meisten Jahre seines Lebens der **Orgelbaumeister Gottfried Silbermann** (siehe entsprechenden Exkurs).

Schloß Freudenstein

Der weitläufige Platz wird beherrscht vom **Renaissancebau** des Schlosses Freudenstein, das 1505–1539 Residenz des Herzogs *Heinrich der Fromme* war; ein Vorgängerbau sicherte im 12. Jahrhundert die heranwachsende Bergbausiedlung. Das im Jahr 2008 aus Ruinen wiedererstandene Bauwerk beherbergt die **„terra mineralia"**, eine der schönsten und wertvollsten Mineraliensammlungen der Welt, sowie das Sächsische Bergarchiv.

Gottfried Silbermann (1683–1753)

Eine Tafel an dem Fachwerkhaus mit den Initialen „M. S. 1680" am Ortsausgang von Kleinbobritzsch, heute ein Ortsteil von Frauenstein, erinnert daran, dass dort am 14. Januar 1683 *Gottfried Silbermann* geboren wurde, der **bedeutendste Orgelbauer der Barockzeit** in Mitteldeutschland. *Gottfried Silbermann* hat den sächsischen Orgelbau nachhaltig geprägt.

In zahlreichen Kirchen erklingen noch heute seine Instrumente. **29 Orgeln** von *Gottfried Silbermann* **blieben in Sachsen erhalten.** „Die Orgeln Silbermanns bestechen durch ihre Gesamtkonstruktion, die Details und die Klarheit des Klanges. Das verwendete hochwertige Material und die vorzügliche Verarbeitung sicherten den Orgeln eine lange Lebensdauer." (Zitiert nach www.silbermann.org.)

1684/85 zog die Familie nach Frauenstein. 1702 folgte *Gottfried* seinem älteren Bruder *Andreas* nach Straßburg. Dort erlernte er das Orgelbauerhandwerk. Die Brüder *Silbermann* bauten vier Orgeln und lernten die französisch-elsässische Orgelkultur kennen. 1710 kehrte *Gottfried* als Meister nach Sachsen zurück. **1711 bis 1714 baute er die Freiberger Domorgel,** nachdem er zunächst ein kleines Instrument für seine Heimatstadt angefertigt hatte (das beim Stadtbrand 1728 vernichtet wurde). 1723 wurde *Silbermann* durch den Kurfürsten *Friedrich August I.* zum Sächsischen Hof- und Landorgelbauer ernannt.

Silbermann blieb bis an sein Lebensende in Freiberg, in seinem Wohn- und Werkstatthaus am Schloßplatz. Er übernahm **keine Auslandsaufträge,** sondern beschränkte sich auf Sachsen sowie Kirchen im heutigen Thüringen und Brandenburg. 1749 erkrankte er schwer. Bis dahin hatte *Gottfried Silbermann* 44 Orgeln geschaffen. Die Leitung für den Bau der Hofkirchenorgel in Dresden musste er aufgrund der Krankheit seinem Schüler *Zacharias Hildebrandt* anvertrauen. *Gottfried Silbermann* starb am 4. August 1753.

Die Stadt **Frauenstein** ehrt ihren berühmtesten Sohn mit dem feinen **Silbermann-Museum** in der Burg. Dort steht seit 1994 die vom Dresdner Orgelbauer *Kristian Wegscheider* erbaute kongeniale Kopie einer kleinen Orgel, die *Gottfried Silbermann* 1732/33 für die Dorfkirche Etzdorf (Mittelsachsen) erbaut hatte und die sich seit 1939 im Dom St. Petri in Bremen befindet. In Freiberg werden jährlich im September die **Gottfried-Silbermann-Tage** mit Konzerten begangen.

Im Erzgebirge und Vogtland stehen **in diesen Orten Silbermann-Orgeln:** Freiberg (Dom, Jakobikirche, Petrikirche), Oberbobritzsch (bei Freiberg), Niederschöna (am Tharandter Wald), Reichenbach im Vogtland, Forchheim (Gemeinde Pockau), Oederan, Mylau (Vogtland), Zöblitz, Nassau und Frankenstein.

erz029 Foto: te

erz030 Foto: dk

Petrikirche

Zurück zum Obermarkt führt die Burgstraße; von dort das Kirchgässchen zur dreitürmigen gotischen Petrikirche, deren 72 Meter hoher **Petriturm** – der höchste der Stadt, bis zum Hauptsims ein Bauwerk aus dem 13. Jahrhundert – über 230 Stufen bestiegen werden kann. Das Häuerglöcken auf dem Turm rief einst die Bergleute der Stadt zur Schicht. Der **Fortunabrunnen** an der Petersstraße zeigt Bildnisse bedeutender Persönlichkeiten der Stadtgeschichte. An der Akademiestraße, die von der Burgstraße abzweigt, befindet sich das Hauptgebäude der **TU Bergakademie Freiberg.**

Albertpark

Von hier aus gelangt man mit wenigen Schritten wieder zum Obermarkt; in der Altstadt wollen ja noch Lädchen, Cafés, Kneipen und Restaurants, Hinterhöfe und Gässchen, Portale und Giebel entdeckt und gewürdigt werden. Den **Altstadtbummel im**

Brunnen auf der Petersstraße

Grünen abzuschließen lädt der vor der einstigen Stadtmauer gelegene Albertpark ein, mit den Kreuzteichen und dem Schlüsselteich zu jeder Jahreszeit eine erholsame Anlage.

Praktische Informationen

Anreise

- **Auto: A4** Ausfahrt Siebenlehn, dann **B101; B173** Dresden - Chemnitz
- **Bahn:** IRE Dresden - Nürnberg, RE, RB Dresden - Chemnitz - Zwickau

Info

- **Touristinformation Freiberg,** Burgstraße 1, Tel. (03731) 4195190, Mo bis Fr 9–18 Uhr, Sa 9–12 Uhr, www.freiberg-service.de (hinter dem Rathaus, hier auch Buchung der nachfolgend aufgeführten Stadtrundgänge)
- **Stadtrundgang mit dem Nachtwächter,** Führung durch den Rathauskeller, Führung auf den Turm der Petrikirche
- **„Auf den Spuren der Hebamme", Stadtrundgang ins 12. Jahrhundert** zu Schauplätzen der Bestseller-Romane von *Sabine Ebert*
- **„Blut und Silber", Stadtrundgang ins 13. Jahrhundert** zu Schauplätzen des Bestseller-Romans von *Sabine Ebert*

Wohnen und Essen

- €€**Hotel am Obermarkt,** Waisenhausstraße 2, Tel. (03731) 26370, tgl. 11–23 Uhr, www.hotel-am-obermarkt.de (beschaulich inmitten der Altstadt gelegener Barockbau)
- €€**Hotel und Restaurant Silberhof,** Silberhofstraße 1, Tel. (03731) 26880, Mo bis Sa ab 18 Uhr, www.silberhof.de (Jugendstilbau nahe der Altstadt)
- €€**Hotel Regenbogenhaus,** Brückenstraße 5, Tel. (03731) 79850, www.regen-bogen-haus.de (barrierefreie Zugänge im gesamten Haus, Anreise ab Bahnhof mit Bus ebenfalls barrierefrei)

Gastronomie

- €€**Ratskeller,** Obermarkt 16, Tel. (03731) 22151, tgl. ab 10 Uhr, www.ratskellerfreiberg.de (historische Stätte mit Jagdzimmer, Ratstrinkstube, Restaurant, Biergarten, deutsche und internationale Küche)
- €€**Schwanenschlößchen,** Meißner Ring 33, Tel. (03731) 216533, tgl. 10–23 Uhr, www.schwanenschloesschen.de (auf dem Kreuzteich errichteter Fachwerkbau, rekonstruiert nach dem historischen Ausflugslokal von 1896, sächsische und internationale Küche, nahe Schloß Freudenstein)

•€**Kartoffelhaus am Schüppchenberg,** Berggasse 7, Tel. (03731) 355600, tgl. 17–0.30 Uhr, www.kartoffelhaus-freiberg.de (rustikale Gastwirtschaft in historischem Haus am Ort des ersten Silberfundes 1168, über 70 Kartoffelgerichte, Biergarten)

•€**Stadtwirtschaft,** Burgstraße 18, Tel. (03731) 692469, Mo bis Sa ab 11 Uhr, So ab 9.30 Uhr, www.stadtwirtschaft.de (urige Altstadtkneipe mit böhmischer Küche aus frischen Zutaten und dem „größten böhmischen Fassbierangebot in Deutschland“, kinderfreundlich mit Spielplatz und Spielecke, schöner Biergarten)

•€**Dunkelhof,** Kreuzgasse 7, Tel. (03731) 22566, Mo bis Sa ab 17 Uhr (beliebte Stammkneipe in der Altstadt direkt beim Dom, feine hausgemachte Kartoffelgerichte, einladendes Flair, romantischer Biergarten, kinderfreundlich)

Museen

•**Stadt- und Bergbaumuseum Freiberg,** Am Dom 1, Tel. (03731) 20250, Di bis So 10–17 Uhr, 3/1,50 Euro, www.museum-freiberg.de (Museum im spätgotischen Domherrenhof, mit dem ältesten erhaltenen Schwibbogen der Welt und sehr alten Bergbauschnitzereien, Goldschmiedekunst, Gemälde von *Lucas Cranach d.J.*, spätgotische Sakralkunst)

•**„terra mineralia“** im Schloß Freudenstein, TU Bergakademie Freiberg, Schloßplatz 4, Tel. (03731) 394654, tgl. 9–18 Uhr, 7/4 Euro, www.terra-mineralia.de (eine der bedeutendsten Mineraliensammlungen der Welt, über 5000 Exponate, vielfältige Angebote auch für Kinder)

•Geowissenschaftliche Sammlungen der TU Bergakademie Freiberg: **Mineralogische Sammlung, Lagerstättensammlung, Petrologische Sammlung,** Brennhausgasse 14, Tel. (03731) 392264, sowie **Paläontologische Sammlung, Stratigrafische Sammlung,** Bernhard-v.-Cotta-Straße 2, Tel. (03731) 392198; Mo bis Do 9–12 u. 13–16 Uhr, Kombikarte 3/2 Euro, www.tu-freiberg.de (eine der weltweit ältesten und wertvollsten geowissenschaftlichen Kollektionen; drei Milliarden Jahre Erdgeschichte, geologische Entwicklung der Erde, fossile Tier- und Pflanzenwelt; zwischen beiden Häusern 15 Min. Fußweg)

Bürgerhäuser am Obermarkt

Kirchen

• **Dom St. Marien,** Freiberg, Untermarkt 1, Tel. (03731) 22598; Mai bis Okt. Mo bis Sa 10–12.30 u. 13.30–17 Uhr, So/Feiertage 11.30–12.45 u. 13.45–17 Uhr; Nov. bis April Mo bis Sa 11–12.30 u. 13.30–16 Uhr, So/Feiertage 11.30–12.45 u. 13.45–16 Uhr; Führungen Mai bis Okt. Mo bis Sa 10/11/14/15/16 Uhr, So/Feiertage 11.30/14/15/16 Uhr, Nov. bis April Mo bis Sa 11/14/15 Uhr, So/Feiertage 11.30/14/15 Uhr, 3/2,50 Euro; Orgel: Abendmusik Mai bis Okt. Do 20 Uhr, Orgelspiel zu den Führungen Mai bis Okt. Mi 15 Uhr, So 11.30 Uhr; www.freiberger.dom.de

• **Petrikirche,** Petriplatz, Mo, Di, Do, Fr, So 11–17 Uhr, Führungen April bis Okt. Mi 12.30 Uhr, Sa 14 Uhr, 2/1 Euro (aus 72 m Höhe herrliche Aussicht über die Stadt, Mi 12 Uhr Mittagsmusik an der Silbermannorgel)

Bergbau

• **Besucherbergwerk Freiberg,** Fuchsmühlenweg 9, Tel. (03731) 394571; **Schacht „Reiche Zeche", Untertageführungen:** 2½ Std. Führung mit Sohlenwechsel Mo bis Fr 11 Uhr, Sa/So 11 u. 14 Uhr, 12,50/10 Euro; 1½ Std. Führung ohne Sohlenwechsel Mo bis Fr 14 Uhr, Sa/So 15 Uhr, 10/7,50 Euro; Untertagelehrpfad Mo bis Fr 10/11/13/14/15 Uhr, Sa/So 11–16 Uhr stündlich, 7,50/5 Euro;

erz031 Foto: dk

Spezialführung durch sechs Jahrhunderte Freiberger Bergbau, 5 Std., für Teilnehmer ab 16 bis 72 Jahre, gute körperliche Kondition und Anmeldung erforderlich, 1. Sa im Monat, 10.30 Uhr, 25 Euro; **Schacht „Reiche Zeche", Übertageausstellungen:** Mineralienausstellung „Drusenkabinett" und Modellausstellung, Mo bis Fr 9–16 Uhr, Sa/So 11–17 Uhr, 2,50/1,50 Euro; **Schacht „Alte Elisabeth", Übertageführung** durch das Schachtgebäude: Mai bis Okt. Sa 10 u. 14 Uhr, So 14.30 Uhr, 3/2 Euro; **Schacht „Alte Elisabeth", kombinierte Über- und Untertageführung:** 1½ Std., für Teilnehmer ab 12 bis 72 Jahre, Mai bis Okt. 1./3./5. So im Monat 11 u. 14 Uhr, 15 Euro; www.besucherbergwerk-freiberg.de (Bestandteil des Lehr- und Forschungsbergwerkes „Himmelfahrt Fundgrube" der TU Bergakademie Freiberg, unter Tage 20 km begehbares Streckensystem, erlebbarer Bergbau vom 14.–20. Jh.; zu den Untertageführungen 15 Min. vorher erscheinen, warme Kleidung anziehen, Schutzkleidung wird gestellt, bis zu achtstündige Sonderführungen möglich; Anreise mit Bus Linie D oder Fußweg vom Untermarkt 20 Min., Parkplatz an der Reichen Zeche)

- **Sächsisches Bergarchiv Freiberg,** Schloßplatz 4, Tel. (03731) 394610, Mo u. Do 8–18 Uhr, Di u. Mi 8–16 Uhr, Fr 8–15 Uhr (weltweit einmaliges Gedächtnis der Montangeschichte, 65.000 bergmännische Karten, Pläne und Risse, Ausstellung historischer Dokumente, Eintritt frei)
- **Erzgebirgische Bergbauagentur,** Untermarkt 8, Tel. (03731) 202262, Mo bis Fr 10–18 Uhr, www.bergbau-agentur.de (Souvenirs und Literatur zum erzgebirgischen Bergbau)

Im Tal der Freiberger Mulde

Freiberger Eisenbahn

Die bei Moldava auf dem Kamm des Osterzgebirges, rund 850 Meter über NN, entspringende Freiberger Mulde fließt im Oberlauf durch eine malerische, tief eingeschnittene Berg- und Waldlandschaft, bevor sie die Bergbaugegend um Freiberg erreicht und im weiteren Lauf die **Zwickauer Mulde** aufnimmt, mit der sie schließlich im Sächsischen Hügelland zwischen Dessau und Roßlau in die Elbe mündet. Der erste Ort im sächsischen Erzgebirge, nur fünf Kilometer von der Quelle entfernt, ist **Holzhau.** Zwischen Holzhau und Freiberg folgt wochentags, zu Ostern, Pfingsten und in den Winterferien im Ein-, sonst im Zweistundentakt, die Freiberger Eisenbahn dem Flusslauf. Damit eröffnen sich viele Möglichkeiten für ausgedehnte, abwechslungsreiche **Wanderungen,** die jedoch anhand einer Wanderkarte geplant werden sollten. Der Doppelort **Rechenberg-Bienenmühle** mit seinen zwei Haltepunkten sowie **Nassau** sind lang gezogene Waldhufendörfer; da ist es schon wichtig zu wissen, an welcher Stelle die Bahn hält, zumal es an den Wanderwegweisern in den Bergen leider gar keine und selbst in den Orten nur wenige Hinweise auf die Bahnlinie gibt. Wer etwa die gelb markierte Wanderung von Holzhau nach Nassau wählte, hätte nach den ausgewiesenen sechs Kilometer Naturerlebnis noch acht Kilometer Dorfstraße vor sich, bis zum Haltepunkt Nassau, am tiefsten Punkt des Ortes, an der Mulde.

Holzhau

Ferienort und Wintersport

Der tief zwischen den Bergen gelegene Ort Holzhau verrät seine Herkunft im Namen: Hier wurde schon im 16. Jahrhundert Holz für den Bergbau eingeschlagen und über die Mulde nach Freiberg geflößt. Holzhau ist eines der beliebtesten Ferien- und Wintersportzentren im östlichen Erzgebirge. Es gibt Skipisten direkt am Bahnhaltepunkt, Rodelberge, das Langlaufzentrum am **Kannelberg** (805 m), die am Bahnhof beginnende anfängerfreundliche Bahndammloipe nach Teichhaus mit Anbindung an die Osterzgebirgs-Fernwanderloipe und weitere Ziele. Herrliche **Wanderwege** warten hier in der warmen Jahreszeit. Sehenswert ist schon der Ort selbst. An der steilen und wenig befahrenen **Alten Straße** (Richtung Hotel Talblick) stehen Ruhebänke, von denen man die Aussicht in die Berglandschaft genießen kann. Ein markierter Rundwanderweg verbindet die schönsten Stellen um Holzhau. Von den Wanderwegen sind besonders die am Bahnhaltepunkt in der Verlängerung der Bahnlinie beginnenden zu empfehlen (im Winter Loipengebiet), so zum **Waldgasthof Teichhaus** (2,8 km). Von dort kann man bequem durch den Wald zur **Fischerbaude** laufen (Schwarzer Buschweg oder Schwarzer Ringelweg, gelb) und weiter bergab wieder nach Holzhau (insgesamt 5 km).

Wanderung nach Nassau

Am Bahndamm beginnt auch die bereits erwähnte Wanderung nach Nassau (gelb, 6 km), die aber, um einen günstigen Abschluss an der Bahnlinie zu bekommen, zurück **nach Holzhau oder nach Rechenberg-Bienenmühle fortgeführt** werden sollte. Der alte Bahndamm oberhalb des Bahnhofes Holzhau dient im Winter als

Loipe, im Sommer ist er als Flächennaturdenkmal ausgewiesen und für Wanderer gesperrt. Der Wanderweg überquert zuvor auf einer Brücke die Mulde, um drüben im Wald bald steil anzusteigen (zum Teichhaus geht es geradeaus, der Mulde entgegen). Zuweilen sehr steil geht es in die Serpentinen, steil und still – selbst die Mulde ist bald nicht mehr zu vernehmen, allein die Vögel haben hier noch etwas zu sagen.

Weitere Wanderungen

Oberhalb des Forstortes „Höhnes Ruh" (770 m) erreicht man die **Kalkstraße,** einen befestigten Forstweg. Dort steht ein Wegweiser, dem man (gelb) zur **Weicheltmühle** im Gimmlitztal (4,6 km) und weiter nach **Frauenstein** (11,3 km) folgen sollte, um eine romantische, bequeme **Mühlenwanderung an der Gimmlitz** zu erleben (von Frauenstein fahren Linienbusse nach Freiberg und Dresden, mehr unter Frauenstein). Oder (blau) Richtung Nassau bis zu einem der Abzweige links, die wiederum nach Holzhau oder nach Rechenberg-Bienenmühle führen. Erlebenswert ist der **Kalksteig,** der den **Kannelberg** (805 m) passiert (im Winter Loipengebiet) und Holzhau erreicht, ebenso der gelb markierte **N-Weg,** während man auf dem grün markierten **Proßweg** nach Rechenberg kommt – und dort zur Bahnstation (3,5 km).

Rechenberg-Bienenmühle

Rechenberg und Bienenmühle sind seit 1925 ein Paar und längst einer der traditionsreichen Ferienorte des Osterzgebirges. In beiden Ortsteilen gibt es Wanderziele, die auch Kinder nicht überfordern, zum Beispiel den **Naturlehrpfad im Trostgrund** (3 km) und nahe Bergwiesen.

Rechenberg

Mit seinem historischen Ortskern an der Mulde markiert Rechenberg das Zentrum dieser stillen Urlaubsregion für Wanderer und Wintersportler. Der **Burgberg** erinnert an die um 1250 hier am Handelsweg nach Böhmen errichtete Grenzburg. Wenige Schritte weiter wird erstklassig gebraut. Wer ein gepflegtes handgemachtes Bier zu würdigen weiß, wird das Rechenberger aus der **Priva-**

Der Burgberg in Rechenberg

ten Traditionsbrauerei Meyer lieben lernen. Es gibt dieses nur als Fassbier (Pilsner, Dunkel, saisonal Bock- und Festbier) im Erzgebirge und in wenigen Dresdner Gaststätten.

Am historischen Brauort lädt das **Sächsische Brauereimuseum** zum vielgestaltigen Erlebnis ein: Geschichte, Architektur – das Sudhaus von 1780 mit Schiffsrumpf-Dachkonstruktion –, Bierverkostung. Schon 1558 wurde dem Rittergut Rechenberg das Braurecht zuerkannt.

Bienenmühle

Bienenmühle entstand erst ab 1876 mit dem Bau der Bahnlinie Nossen – Moldava als größter Holzumschlagplatz an der oberen Mulde. Hier gibt es **viele Pensionen und Ferienwohnungen** und Anschluss an Wanderwege. Die beiden Bahnhaltepunkte Bienenmühle und Rechenberg sind 2,3 Kilometer voneinander entfernt.

erz032 Foto: dk

Clausnitz, Nassau und Dorfchemnitz

Clausnitz und Nassau

Die Mulde erreicht nun die kleinen Orte Clausnitz und Nassau. Von beiden Haltepunkten aus lassen sich **Fahrradtouren** unternehmen, so nach Frauenstein, Sayda oder zur Talsperre Rauschenbach. Vom Bahnhof Nassau führt ein **Wanderweg** (grün) über Dorfchemnitz nach Mulda (14 km).

Dorfchemnitz

Dorfchemnitz (nicht zu verwechseln mit dem gleichnamigen Ort bei Zwönitz!) hat ein funktionstüchtiges, vom Wasser des Chemnitzbaches getriebenes Hammerwerk, das als **Technisches Museum Eisenhammer** zu Schmiedevorführungen und in die Heimatstube einlädt. 1567 wurde erstmals eine Konzession für den Betrieb dieses Hammerwerkes erlassen, die technische Anlage stammt aus dem Jahr 1844.

Mulda

Holzverarbeitung

In Mulda waren vor allem Mühlen und sind bis heute holzverarbeitende Betriebe ansässig. Zwischen 1897 und 1966 verkehrte zwischen Mulda und Sayda eine Schmalspurbahn, von der unweit des Bahnhofes Mulda noch einige Pfeiler erhalten geblieben sind. In der spätgotischen Kirche im Ortsteil **Helbigsdorf** (3 km) befindet sich eine Orgel von *Gottfried Silbermann* (1728), sein kleinstes zweimanualiges Instrument.

Wanderung zu drei Talsperren

Lichtenberg

Vom Bahnhaltepunkt Mulda führt ein Wanderweg (rot, 10 km) nach Frauenstein. Um zur Talsperre Lichtenberg zu gelangen, überquert man die Gleise und folgt der blauen/gelben Markierung. Auf dem **Burgberg** (621 m) steht zwar keine Burg mehr, aber man hat einen reizvollen Blick über die Talsperre und ihre Umgebung. Von dort ist es nicht mehr weit bis zur Talsperrenschenke „Zum singenden Wirt". Der Rückweg über das Muldental (blau/rot) zum Haltepunkt ist ebenfalls leicht zu finden (Rundweg 10 km). Die Talsperre wurde 1975 in Betrieb genommen. Sie wird von der Gimmlitz gespeist und dient der Trinkwasserversorgung – deshalb sind Baden und Wassersport nicht möglich – sowie dem Hochwasserschutz. Ein Wanderweg führt rund um die 92 Hektar große Wasserfläche, die Staumauer ist begehbar.

Lehnmühle und Klingenberg

Die **Freiberger Mulde** ist in Mulda bei rund 500 Meter über NN angekommen, hier nimmt sie den Chemnitzbach und den Helbigsdorfer Bach auf, in Lichtenberg auch die Gimmlitz. Vom Haltepunkt Lichtenberg ist es bis zur Talsperre ein angenehmer Spaziergang, der auch an der sehenswerten Barockkirche (1648) vorbeiführt. Mit dem Fahrrad erreicht man auf einer **Rundtour** (50 km) nach der Lichtenberger die Talsperren Lehnmühle und Klingenberg, beide Trinkwasserreservoirs (Baden verboten!), an denen sich gut wandern und in der Natur entspannen lässt. Den architektonischen Entwurf der 1914 in Betrieb genommenen Klingenberg-Talsperre schuf *Hans Poelzig* (1869–1936). Die gekrümmte, von Bruchsteinen geformte Staumauer ist begehbar, um den Stausee herum führen Wanderwege.

Halsbrücke

„Hohe Esse“

Nördlich von Freiberg erreicht die Mulde auf 350 Höhenmetern die Gemeinde Halsbrücke. Seit 500 Jahren ist sie als **Hüttenort** mit dem Freiberger Revier verbunden, woran mehrere technische Denkmale erinnern. Imposant ist die 1889 fertiggestellte „Hohe Esse“, die mit 140 Meter damals als größter **Ziegelschornstein** Europas galt.

Praktische Informationen

Anreise

- **Auto: B170/171** Dresden – Dippoldiswalde – Wolkenstein
- **Muldentalbahn** (Freiberger Eisenbahn) Freiberg – Holzhau

Info

- **Fremdenverkehrsamt Rechenberg-Bienenmühle, Holzhau und Clausnitz,** Rechenberg-Bienenmühle, An der Schanze 1, Tel. (037327) 833098, Mo bis Do 9–16 Uhr, Fr 9–14 Uhr, www.fva-holzhau.de
- **Fremdenverkehrsamt Hetzdorf,** Herrndorfer Straße 3, Tel. (035209) 20425, Mo bis Fr 9–12 u. 14–17 Uhr, Sa 9–12 Uhr, www.halsbruecke.de

Wohnen und Essen

- €€**Flair- und Berghotel „Talblick“,** Holzhau, Alte Straße 144, Tel. (037327) 838290, Mo bis Fr ab 17.30 Uhr, Sa/So/Feiertage ab 11 Uhr, www.talblick.de (3-Sterne Superior, geprüftes motorradfreundliches Haus, rustikales Erzgebirgerestaurant mit sächsischer Küche)

●€/€€**Waldgasthof und Pension Teichhaus,** Holzhau-Teichhaus, Tel. (037327) 839841, Mai bis Okt. 10–20 Uhr, Nov. bis April 11–17 Uhr, www.teichhaus-holzhau.de (rustikales Gasthaus im Wald mit Zweibettzimmern und Wanderquartieren, erzgebirgische Küche, Biergarten, mehrere Wanderwege direkt vor dem Haus)

●€€**Gasthof Weigmannsdorf,** Hauptstraße 46, Tel. (037323) 5590, www.gasthof-weigmannsdorf.de (komfortable, helle Zimmer, erzgebirgische Speisen)

●€**Hotel Grenzhof,** Deutschgeorgenthal, Tel. (037327) 1433, www.grenzhof.com (historischer Gasthof direkt an der Grenze zu Böhmen, Wanderwege, Loipen und Pisten nah beim Haus)

●€**Ferienhaus am Ökobad,** Rechenberg-Bienenmühle, Muldentalstraße 22, Tel. (037327) 1365, www.ferienhaus-berthel.de (Finnhütte oberhalb des Bades für 4 Personen, 26 Euro/2 Erw., Wanderwege und Loipe vor der Tür)

●€**Holzfällerhaus Bergstraße 10,** Holzhau, Bergstraße 10, Tel. (037327) 7942 oder (03731) 248000, tgl. ab 10 Uhr, www.bergstrasse10.de (uriges Haus im Zentrum von Holzhau, 6 rustikal-komfortable Ferienwohnungen, Kneipe, Blockhüttensauna, Wanderwege und Wintersportzentrum vor dem Haus)

Gastronomie

●€€**Talsperrenschenke „Zum singenden Erzgebirgswirt",** Lichtenberg, Forststraße 7e, Tel. (037323) 50094, Ostern, Mai bis Okt. und in den sächsischen Schulferien Mo, Do, Fr 11.30–17 Uhr, Sa/So 11.30–20 Uhr, Nov. bis April 11.30–17 Uhr, www.singender-wirt-erzgebirge.de (Ja, er singt, der Wirt; authentische Folklore an Hutzennachmittagen und -abenden in der Winter- und Weihnachtszeit, Programm „Musikalisches Erzgebirge", erzgebirgische Küche)

Museen

●**Sächsisches Brauereimuseum Rechenberg-Bienenmühle,** An der Schanze 3, Tel. (037327) 8800, Führungen Di bis Fr 11 u. 14 Uhr, Sa/So/Feiertage 11/13/15 Uhr, anschließend Bierprobe, www.museumsbrauerei.de (450 Jahre Braugeschichte in historischen Gebäuden)

●**Technisches Museum Eisenhammer, Dorfchemnitz,** Tel. (037320) 1237, Führungen Di bis Sa 9–11 u. 13 Uhr, Mai bis Okt. zusätzlich So 13–16 Uhr, www.bergbautradition-sachsen.de (historisches Hammerwerk seit dem 16. Jh., funktionsfähige Anlage aus der Zeit um 1844, Museum seit 1969, Schauschmieden Mai bis Okt. jeweils 1. So., Heimatstube)

Bergbau

● **„Trau auf Gott Erbstollen", Lichtenberg,** einstündige Führung vereinbaren in der Gemeindeverwaltung, Tel. (037323) 5430 (Silberbergbau im 18./19. Jh., bis 261 m befahrbar)

● **St. Michaelis-Stollen, Clausnitz,** Tel. (037327) 9958 (400 m langer Stollen, nach Anmeldung)

Sport

● **Holzhau:** 3 Schlepplifte, 80 km gespurte Loipen, 15 km Skiwanderwege, 2 Rodelhänge; Schneetelefon (037327) 203000

Frauenstein und Gimmlitztal

Frauenstein

Gottfried Silbermann

Der **bedeutendste mitteldeutsche Orgelbauer der Barockzeit** und die größe Burgruine Sachsens sind die Visitenkarten der auf einem Bergrücken liegenden Kleinstadt Frauenstein (3000 Ew.). *Gottfried Silbermann* (1683–1753) wurde in Kleinbobritzsch geboren, das heute zu Frauenstein gehört, und verbrachte in der Stadt seine Kindheit (siehe entsprechenden Exkurs). Auf dem Marktplatz erinnert eine bildkünstlerische Installation an den Meister.

Burg Frauenstein

Die Burg Frauenstein beherrscht – neben der neobarocken Stadtkirche (1873) auf dem großen Markt – auch als **malerische Ruine** das Bild der Stadt. Sie wurde, kurz nach dem ersten Freiberger Silberfund, um 1200 erbaut und diente als Wehr- und Grenzanlage. Der **„Dicke Merten",** ein Wohnturm aus dem 14. Jahrhundert, ragt über der von einer mächtigen Ringmauer eingefassten Burganlage auf, in der auch die einstige Funktion anderer Räume noch erkennbar ist: Wohnräume, Küche, Keller, Kapelle, Gefängnis.

Beim Burgrundgang lassen sich die historischen Gemäuer erkunden und aus nächster Nähe betrachten. Auf dem „Dicken Merten" gibt es eine **Aussichtsplattform.** Das **Gottfried-Silbermann-Museum** lädt zu einer umfassenden Schau über Leben und Werk des Meisters sowie zu Orgelkonzerten ein und erzählt die wechselvolle Geschichte von Burg und Stadt Frauenstein.

Wandern

Wanderziele in der näheren Umgebung sind vor allem das malerische **Gimmlitztal** sowie die **Lehnbachtalsperre** und das **Tal der Wilden Weißeritz.** Letztere Tour kann man als Ganztageswanderung (24 km) über die Talsperre Klingenberg bis zum Bahnhof Klingenberg-Colmnitz fortsetzen (siehe dazu „Osterzgebirge/Im Tal der Wilden Weißeritz").

Durch das Gimmlitztal

Stilles Wandergebiet

Die beim Kalkwerk Hermsdorf entspringende Gimmlitz hat auf den 25 Kilometer bis zur Mündung in der Freiberger Mulde ein **idyllisches Wald- und Wiesental** geschaffen. Wanderwege führen dorthin direkt von Hersmdorf und Frauenstein aus, auf längeren Touren von Holzhau, Mulda und Rechenberg-Bienenmühle. Im Tal wechseln außergewöhnlich schöne Wiesenwege mit Waldwegen, Forstwegen und auch einmal einem Stück ruhiger Dorfstraße. Das Gimmlitztal ist ein stilles Wandergebiet für Naturliebhaber, es ist nicht mit größeren Anstrengungen verbunden und auf den kürzeren Strecken auch für kleinere Kinder geeignet.

erz033 Foto: dk

Rundweg

Vom Frauensteiner Markt aus gibt es einen Rundweg (5 bzw. 13 km), zunächst (gelb) über die Freiberger Straße und vor dem Hotel „Frauensteiner Hof“ links auf den Steinbruchweg. Dieser führt in den Wald und gut markiert bis zu einem großen Wiesenhügel, der „Scheibe“. Dort fehlt die Markierung, man hält sich rechts und kommt gleich darauf an einer Schutzhütte vorbei. Weiter durch den Wald, wo der Rote Fingerhut üppig gedeiht (hochgiftig!). Nach einer Spitzkehre bergab laufend, wird bald das Gimmlitztal erreicht (Schutzhütte). An dieser Stelle stand, bis sie 1970 abgerissen wurde, die seit 1495 bekannte **Ratsmühle,** eine von fast zwei Dutzend Mühlen, die vor einhundert Jahren an der Gimmlitz noch in Betrieb waren.

Mühlen

In beide Richtungen lässt sich die Wanderung nun fortsetzen: Nach rechts (flussabwärts) zur Talsperre Lichtenberg (4 km) und weiter nach Mulda oder nach Rechenberg-Bienenmühle (beides Bahnhaltepunkte; siehe dazu „Im Tal der Freiberger Mulde“); nach links (flussaufwärts), dem Rundweg folgend, geht es (weiter gelb) in den schönsten Abschnitt des Tales. Auf einem Forstweg wird nach dem Überqueren der B171 die **Kummermühle** erreicht (1,6 km). Die 1720 erstmals erwähnte Sägemühle wird heute privat genutzt. Kurz darauf, an der nächsten Lichtung, wo sich einst die **Finsterbuschmühle** befand, steht eine Kunstinstallation mit Ruhebänken, die sich als Rastplatz anbieten. Weiter geht es durch Wald, aber bald werden die Gebäude der **Illingmühle** sichtbar, die in der Siedlung Gimmlitztal an der Dorfstraße liegen. Ab 1791 ist hier eine Brettmühle nachgewiesen, ein Sägewerk war bis 1989 in Betrieb. Das Technische Denkmal kann besichtigt werden. Im Nachbargebäude bekamen früher die Kutschpferde einen Eimer Wasser und die Kutscher einen Krug Bier, später erholten sich hier Postmitarbeiter, und noch heute gibt es in der einfachen und gemütlichen Pension Rabatt für Postler.

Gimmlitzwiesen Der Wanderweg durchquert nun die breiten Gimmlitzwiesen, wo eine unglaubliche Vielfalt an Gräsern, Kräutern und Blumen gedeiht und es im Sommer nur so summt und springt und raschelt. An der ehemaligen **Müllermühle** (1869, als Sägemühle bis 1955 in Betrieb) weicht der Wanderpfad noch einmal in den Wald aus, schließlich findet er wieder in die Wiesen zurück, um bald an der **Weicheltmühle** anzukommen.

Mahlmühle Die 1807 erbaute Mahlmühle ist seit 1970 ein Technisches Denkmal. Nach dieser Wanderung aber ist sie wohl zuallererst eine einladende **Gastwirtschaft.** Hier gibt's zu ländlicher Küche das vorzügliche Rechenberger Pilsner, die Gimmlitz rauscht dazu, und die Kinder haben auch Platz zum Toben.

Alter Poststeig Der Frauensteiner Rundweg kommt aber gar nicht bis hierher, er zweigt bereits kurz nach der Kummermühle links vom Tal ab zum Alten Poststeig (grün) bis zur Stadt; rechts geht's nach Nassau (zur Kirche mit Silbermannorgel) und weiter nach Rechenberg-Bienenmühle. Den Rundweg zu wählen wäre aber schade, denn die **schönsten Partien des Gimmlitztales** kommen ja erst **nach der Kummermühle.** Deshalb kann nur empfohlen werden, weiterzugehen bis zur Weicheltmühle, wie oben beschrieben, und dann auf dem gleichen Weg zurückzulaufen – bequem ist er ja, und reizvoll allemal. Wochentags besteht noch die Möglichkeit, oberhalb der Weicheltmühle zur Bushaltestelle zu gehen (Reichenau, dort ist auch ein Wanderparkplatz) und den Linienbus 365 (Hermsdorf – Frauenstein – Schmiedeberg) zu nehmen, der allerdings nur montags bis freitags fährt und auch dann nur selten.

Tageswanderung Eine ordentliche Tageswanderung (23 km) nimmt die Gimmlitz in die Mitte. Sie verbindet den steilen Töpferwald bei Holzhau mit der Talsperre Lichtenberg. Es geht los in **Holzhau,** am Haltepunkt der Freiberger Eisenbahn, und steil bergan (gelb) in den Wald, über „Höhnes Ru'" zur Alten Kalkstraße, auf dem Schlüsselweg bis zur Weicheltmühle. Im Quellgebiet beim Kalkwerk Hermsdorf liegt das **Naturschutzgebiet Gimmlitzwiesen,** wo zahlreiche seltene Blumen gedeihen, darunter Arnika, Orchideen und das Gefleckte Knabenkraut. Über die **Trinkwassertalsperre Lichtenberg** wird Mulda und damit wieder die Strecke der Freiberger Eisenbahn erreicht (siehe „Im Tal der Freiberger Mulde"). Zwischen der Weicheltmühle und dem „Singenden Wirt" an der Talsperre

erz034 Foto: dk

(10 km) gibt es auf diesem Weg keine Gaststätten, aber einladende Rastplätze.

Nassau

Ski und Orgel gut

Das über acht Kilometer lange Waldhufendorf Nassau liegt mit seinem tiefsten Punkt an der Freiberger Mulde (490 m), mit dem höchsten (750 m) berührt es den Töpferwald rund um den Kannelberg (805 m) und damit das weitläufige **Loipen- und Wandergebiet** dort. Am Ortsausgang kann man vom Parkplatz direkt in die Loipe steigen oder die Wanderung beginnen. In der Ortsmitte am Kirchweg steht die **barocke Kirche** mit der letzten fertiggestellten Orgel (1748) von *Gottfried Silbermann*. Im Sommer werden hier auch Konzerte von namhaften Organisten wie dem im Erzgebirge lebenden *Matthias Eisenberg* gegeben.

Weicheltmühle im Gimmlitztal bei Hermsdorf

Unterhalb der Kirche, neben dem Schwibbogen an der Dorfstraße, gibt es einen Wegweiser zum **Poststeig** über die Felder – von einer Ruhebank hat man einen schönen Blick auf Nassau und die lang gestreckten Berge – und weiter nach Bienenmühle (rot, 3,5 km).

Praktische Informationen

Anreise

- **Auto: B170/171** Dresden – Schmiedeberg – Wolkenstein
- **Linienbus 360/365** Dresden – Frauenstein
- **Linienbus 775** u.a. aus Freiberg

Info

- **Fremdenverkehrsamt Frauenstein,** Markt 28 (neben dem Rathaus), Tel. (037326) 9335, Mo bis Fr 10–18 Uhr, Sa/So 10–16 Uhr, www.frauenstein-erzgebirge.de

Wohnen und Essen

- €€**Hotel und Restaurant „Goldener Stern",** Frauenstein, Am Markt 22, Tel. (037326) 1221, Mo bis Do 7–14 u. 17–23 Uhr, Fr bis So u. Feiertage 7–23 Uhr, www.goldener-stern-frauenstein.de (familiengeführtes Haus am Marktplatz, erzgebirgisches Restaurant, Dachgarten)
- €€**Frauensteiner Hof,** Frauenstein, Freiberger Straße 25, Tel. (037326) 86860, www.frauensteinerhof.de (kleines, gemütliches Hotel im historischen Stadtzentrum)
- €€**Hotel und Gasthof Conrad,** Nassau, Dorfstraße 116, Tel. (037327) 7125, www.hotel-conrad.de (schön gelegenes, familiär geführtes Haus)
- €**Ferienwohnung Schloßblick,** Frauenstein, Saydaer Straße 8, Tel. (037326) 9661, www.schneider-schlossblick.de (25 Euro für 2 Personen, Terrasse und Garten)
- €**Pension Gimmlitztal,** Hartmannsdorf-Reichenau, Gimmlitztal 103c, Tel. (037326) 7314, www.pension-gimmlitztal.de (Fachwerkhaus im Gimmlitztal, einst Ausspanne für Holzkutscher, ideal für Wanderer, 14,50 Euro im Doppel- u. Mehrbettzimmer mit Waschgelegenheit, Dusche/WC auf dem Flur, 18,50 Euro im Doppel- u. Mehrbettzimmer mit Dusche/WC/Tel.; Gästeküche; unmittelbar am Haus besteht Anschluss an die Loipen rund um Hermsdorf und Rehefeld)
- €**Pension Oberknapp,** Nassau, Kalkstraße 5, Tel. (037327) 1423, www.pension-oberknapp.de (idyllisch gelegenes Haus, Wanderwege und Loipen vor dem Haus)

Welterbe-Projekt Montanregion Erzgebirge

Das Erzgebirge ist eine weltweit einzigartige **850-jährige Industriekulturlandschaft** mit zahlreichen weitgehend original erhaltenen Zeitzeugnissen der Bergbaugeschichte in einer erlebenswerten Natur und mit lebendigen Traditionen sowie zukunftsorientierten Konzepten. Die Technische Universität Freiberg sowie ein Förderverein haben die Initiative ergriffen für die Aufnahme der Montanregion Erzgebirge in die UNESCO-Liste des Weltkulturerbes. Dieses Ziel wird jetzt auch von der sächsischen Landesregierung sowie deutschen und tschechischen Kommunen getragen. Über 50 Stätten des Bergbaus und Hüttenwesens und der damit verbundenen Industriekultur auf sächsischer sowie böhmischer Seite stehen auf der Liste zur Begründung dieses Anliegens. Dazu gehören die Altstadt von Freiberg, die Saigerhütte Olbernhau-Grünthal, das Kalkwerk Lengefeld, der Altenberger und Zinnwalder Erzbergbau, die Bergbaulandschaften Oelsnitz und Ehrenfriedersdorf. Im Februar 2013 soll der Antrag an die UNESCO überreicht werden, bis 2015 könnte die Anerkennung der Montanregion Erzgebirge als Weltkulturerbe erfolgen.

- **www.montanregion-erzgebirge.de**

Erzladestation beim Besucherbergwerk Freiberg

erz035 Foto: dk

Gastronomie

●€**Weicheltmühle,** Reichenau, Gimmlitztal 42, Tel. (037326) 1235, Do bis Di ab 10 Uhr (historische Mühle, Technisches Denkmal im Gimmlitztal, idyllisch gelegen, kleine Kneipe mit Außenplätzen, ländliche Küche)

Museum

● **Gottfried-Silbermann-Museum im Schloß Frauenstein,** Tel. (037326) 1224, Mai bis Okt. Museum und Burgruine tgl. 9–17 Uhr, Nov. bis April Museum Mo bis Fr 9–12 u. 13–16 Uhr, Sa/So 10–12 u. 13–16 Uhr, www.frauenstein-erzgebirge.de (im Kreuzgewölbesaal des Schlosses werden Leben und Werk des Orgelbauers präsentiert; die Burgruine gilt als eine der größten und schönsten in Deutschland; Konzerte)

Kirche

● **Silbermannorgel in der Dorfkirche Nassau,** Führungen und Konzerte, Tel. (037326) 89989, April bis Sept. werktags 12–18 Uhr sowie So u. Feiertage, www.nassau-im-erzgebirge.de (*Silbermanns* letzte fertiggestellte Orgel)

Sport

● **Nassau/Kannelberg:** 70 km gespurte Loipen, 2 Rodelhänge, 1 Rodelbahn; Schneetelefon (037326) 9335

Brand-Erbisdorf

Silberbergbau

Sieben Jahrhunderte Silberbergbau prägten die Bergsiedlungen Brand und Erbisdorf, die 1912 zu Brand-Erbisdorf vereinigt wurden. Bis 1903, als der Sächsische Landtag die Einstellung des Bergbaus für zehn Jahre beschloss, hatte der Brander Bergbau **1500 Tonnen Silber** geliefert, ein Viertel der sächsischen Silberausbeute insgesamt. Bis heute ist die Landschaft der Bergstadt Brand-Erbisdorf (10.000 Ew.) von bergbaulichen Anlagen gezeichnet, die auf einem **Bergbaulehrpfad** (23 km) erkundet werden können.

Museum

Im Museum **„Huthaus Einigkeit“** wird der Weg des Silbererzes von der Entstehung bis zur Verhüttung anhand von Originalzeugnissen rekonstruiert. Das Huthaus wurde 1837 auf dem Gelände der seit dem 18. Jahrhundert bestehenden Grube „Vergnügte Anweisung samt Reußen“ erbaut. Seit 1931 ist es ein Bergbaumuseum. Thematisiert werden Fördertechnik, Gewinnungstechnik, Erzaufbereitung, das Leben der Bergleute und die Geschichte des Bergbaus sowie Stadt- und Industriegeschichte.

Ausflüge

Ausflugsziele sind die **Zugspitze** - der höchste Punkt der Bergstadt und, wie es sich gehört mit diesem Namen, ein schöner Aussichtsplatz mit Park und Restaurant - sowie das **Naturbad Erzengler Teich.** Dieser wurde im 16. Jahrhundert als Teil der bergmännischen Wasserkunst angelegt und bietet mitten im Wald neben dem Naturerlebnis an seinen Ufern Badevergnügen, Liegewiesen und Wanderwege.

Praktische Informationen

Anreise

- **Auto: B101** Freiberg - Schwarzenberg
- Mehrere **Linienbusse** von Freiberg

Info

- **Tourismusgemeinschaft Silbernes Erzgebirge,** Brand-Erbisdorf, Albertstraße 4, Tel. (037322) 2550, www.silbernes-erzgebirge.de

Wohnen und Essen

- €€**Hotel Brander Hof,** Brand-Erbisdorf, Am Markt 4, Tel. (037322) 550, www.hotel-brander-hof.de (Parkplatz auch für Busse direkt am Haus)

Gastronomie

- €€**Ausflugslokal „Zugspitze“,** Brand-Erbisdorf, An der Zugspitze 15, Tel. (037322) 52398, Di bis Fr 11.30–14 Uhr, ab 17 Uhr, Sa/So ab 11.30 Uhr (historisches Lokal in einem Park, ehemaliges Bergbauareal, regionale und internationale Küche, frische Produkte aus der Region, erlesene Weinkarte, 15 Min. Fußweg vom Markt)

Bergbau

- **Museum „Huthaus-Einigkeit“ Brand-Erbisdorf,** Jahnstraße 14, Tel. (037322) 50699, Di bis So 10–12 u. 13.30–17 Uhr, 2,50/1,25 Euro, www.brand-erbisdorf.de (der Weg des Silbererzes von seiner Entstehung über den Abbau, die Förderung und Aufbereitung anhand von Modellen und Bildern sowie technischer Anlagen; Stadt- und Industriegeschichte von Brand-Erbisdorf)

erz044 Foto: dk

Mittleres Erzgebirge

Überblick

Zwischen Seiffen, Neuhausen und Olbernhau, in einem südlichen Gebirgszipfel an der böhmischen Grenze, liegt das **Spielzeugland** des Erzgebirges, weltbekannt durch die hier geschaffene Holzkunst. Von diesen sehenswerten kleinen Orten aus führen Wanderungen in die umliegenden Berge, deren höchster der **Hirtstein** (890 m) mit seinem Basaltfächer ist, und in die historische Bergstadt **Sayda.** Die Renaissancestadt **Marienberg** bewahrt die sächsisch-böhmische Bergbaugeschichte in einem einzigartigen Museum. Am Kamm auf böhmischer Seite entspringt die flinke **Schwarze Pockau,** deren Flusstal bis ins traditionsreiche Pobershau einen der malerischsten Wanderwege des Erzgebirges bildet. Sachsens schönster Fluss ist die **Zschopau.** Sie schmückt sich an ihren grünen Ufern mit sechs Burgen und Schlössern – nach Schlettau im Oberen Erzgebirge sind das Wolkenstein, Scharfenstein, Wildeck in Zschopau, die Augustusburg und Lichtenwalde. Ein Exkurs in diesem Kapitel widmet sich dem „Robin Hood des Erzgebirges", *Carl Stülpner,* ein weiterer folgt der Alten Salzstraße.

Neuhausen und Sayda

Neuhausen

Im Tal der Flöha

Von sanften Bergen umgeben, liegt im oberen Tal der Flöha **„der schönste Fleck im Erzgebirge"** oder eben „scheenste Ort im Arzgebirg". Als solchen empfindet sich selbstbewusst der kleine Ort Neuhausen (3500 Ew.). Sein Wahrzeichen ist das dreitürmige Schloß Purschenstein, eine der ältesten Burg- und Schlossanlagen Sachsens.

Schloß Purschenstein

Anfang des 13. Jahrhunderts wurde eine Zoll- und Geleitsburg an der hier entlangführenden **Salzstraße „Böhmischer Steig"** errichtet. Um 1500 ließ sich die Familie *von Schönberg* darauf ein Renaissanceschloss bauen, das im Dreißigjährigen Krieg weitgehend

Impressionen aus dem Mittleren Erzgebirge – oben: Kammweg von Neuhausen zum Schwartenberg, unten: Seiffener Kurrende-Sänger

Vorherige Seiten: Freilichtmuseum Seiffen

erz085 Foto: dk

erz084 Foto: dk

zerstört wurde. Die barocken Um- und Neubauten aus dem 18. Jahrhundert fielen nach einem Blitzschlag sowie 1842 nach einem Brand fast vollständig in Trümmer. Der Wiederaufbau prägte das Schloss **im neogotischen Stil,** von der historischen Anlage blieb der 42 Meter hohe Bergfried erhalten. Nach der Enteignung der *Schönbergs* diente Purschenstein bis 1948 als Parteischule, dann als Kinderheim und Kulturhaus. Am 3. April 1989 gab es erneut einen verheerenden Brand. Nach dem Wiederaufbau wurde das Schloss im Jahr 2005 verkauft und von den neuen Eigentümern zu einem **Hotel** ausgebaut. Der **Schlosspark** mit Teichen ist für Spaziergänger zugänglich.

Nussknackermuseum

Im Ortszentrum begrüßen der „größte funktionierende Holznussknacker der Welt“ – so der Eintrag im Guinness-Buch der Rekorde – und zwei nicht minder beeindruckende Gefährten die Besucher des Nußknackermuseums. Die drei knackigen Gesellen sind 10,10 Meter, 5,87 Meter und 3,86 Meter groß. Rund 5000 kleinere bis ganz kleine Nussknacker aus 30 Ländern sind in der Ausstellung versammelt. Das Museum zeigt aber auch anschaulich die 150-jährige **Geschichte des Stuhlbaus** in Neuhausen. In der Adventszeit ist der **Nussknackermarkt** beliebtes Ziel vorweihnachtlicher Ausflüge.

Ausflüge

Rund um Neuhausen und die sieben Ortsteile der Gemeinde gibt es in allen Jahreszeiten sehr schöne Ausflugs- und Wanderziele. Der Kammweg und weitere markierte Wege führen auf den **Schwartenberg** (789 m), wo eine großartige Rundsicht und eine Bergbaude einladen. Durch Buchenwälder entlang des Schwarzen Flusses geht es zum **Erzgebirgskamm** hinauf oder bergab zur **Talsperre Rauschenbach.**

Auf dem Bergmännlpfad nach Sayda

Bergmännlpfad

Ein besonderes Erlebnis für Kinder ist eine Wanderung auf dem natur- und heimatkundlichen Bergmännlpfad im Mortelgrund zwischen Neuhausen und dem Bergstädtchen Sayda. Im dicht bewachsenen **Mortelgrund** hinter den Sieben Bergen waren nämlich einst die **Sieben Bergmännl** zu Hause, bis sie vor dem Lärm der Pochwerke, Mühlen und Sägewerke, den der Bergbau hier verursachte, das Weite suchen mussten. Nun ist es seit Generationen wieder vogelgezwitscherstill im Mortelgrund. So bezaubernd

Alte Salzstraße

Von den Salinen in Halle an der Saale, einem der Zentren der europäischen Salzproduktion, über den Handelsplatz Leipzig und den Erzgebirgskamm **bis nach Prag** führte im frühen Mittelalter ein **„Böhmischer Steig“,** für den sich der Name „Alte Salzstraße“ eingebürgert hat. Salzstraßen waren als Handelswege die Lebensadern der Wirtschaft. Speisesalz ist Gewürz, Lebensmittel, Rohstoff, Konservierungsmittel, das alltägliche „Weiße Gold“. Selbst der folgenreiche Silberfund 1168 in Christiansdorf, der Vorgängersiedlung des heutigen Freiberg, geht auf das Salz zurück. Es waren Salzkaufleute, die in den Räderspuren ihrer Fuhrwerke Bleiglanz entdeckten.

Im Erzgebirge führte die von Frankenberg kommende Alte Salzstraße **über Augustusburg, Eppendorf, Sayda, Neuhausen, Seiffen auf den Kamm und nach Osek (Ossek) und Duchcov (Dux).** Heute ist sie in weiten Teilen als ein landschaftlich sehr schöner Reiseweg erlebbar. Örtliche Vereine, allen voran der Heimatverein „Mortelgrund - Alte Salzstraße“, wollen den grenzüberschreitenden Wanderweg zwischen Sayda und Osek bekannter machen und haben vielerorts bereits Wegweiser und Hinweistafeln aufgestellt. Ein beliebter Wanderweg entlang der Alten Salzstraße führt von Sayda über das Kleine Vorwerk, durch den Mortelgrund und über den Schwartenberg bei Neuhausen bis nach Seiffen.

- **www.alte-salzstrasse.de**

Blick über Seiffen

erz096 Foto: dk

still, dass die Zwerge in ihre alte Heimat zurückgekehrt sind. Heute führen sie die Besucher durch die Geschichte der Bergleute, Müller und Handwerker im Mortelgrund. In der **Mortelmühle,** die einst der Saydaer Herrschaft gehörte, werden Kochkurse, Kräutersafaris und Marionettentheater geboten. Stationen des Bergmännlpfads sind der Permagarten, eine Bergwiese, das Mundloch des Bartholomäus-Stollen, eine Barfußwiese, die Alte Fischzucht (wo heute wieder Forellen gezüchtet werden), historische Bergwerksstätten, der Mineraliensteig, die Waldschule, Tafeln über die essbaren Kräuter und Beeren am Pfad.

Sayda

Die 800-jährige Geschichte von Sayda begann mit dem Zisterzienserkloster Ossegg. Als Handelsstadt und Schutzburg am „Böhmischen Steig", einer Salzstraße nach Böhmen (siehe entsprechenden Exkurs), erlangte Sayda im 14. Jahrhundert wirtschaftliche Bedeutung. Sogar Handelsmessen wurden dort abgehalten. Heute ist es ein beschauliches Städtchen mit reizvoller Umgebung. Sehenswert ist das **Heimatmuseum** im „Spittel", das 1508 erbaut und bis 1945 als Hospital genutzt wurde. Die spätgotische **Hallenkirche Zu unseren lieben Frauen** (1391) ist mit ihrem 62 Meter hohen Turm weithin zu sehen. Nach Anmeldung im Pfarramt ist es möglich, den Turm zu besteigen und einen reizvollen Rundblick über das mittlere Erzgebirge zu genießen.

Praktische Informationen

Anreise

- **Auto: B171**
- **Linienbus 737**

Info

- **Fremdenverkehrsamt Neuhausen,** Bahnhofstraße 8, Tel. (037361) 4187, www.neuhausen-erzgebirge.de
- **Touristinformation Bergstadt Sayda,** Am Markt 1, Tel. (037365) 97222, Mo bis Mi u. Fr 9–12 u. 13–16 Uhr, Do 9–12 u. 13–18 Uhr, www.sayda.eu

Wohnen und Essen

- €€€**Schloßhotel Purschenstein,** Purschenstein 1, Tel. (037361) 14080, tgl. ab 11.30 Uhr, www.purschenstein.de (stilvoll edle Ausstattung im Schlossambiente, Speisen ab 10 Euro)
- €€**Landhotel „Grünes Gericht",** Neuhausen, Freiberger Straße 12, Tel. (037361) 4265, www.gruenes-gericht.de (im Ortszentrum mit Schlossblick, Erzgebirgsstube, Weinkeller)

●€€**Hotel „Dachsbaude & Kammbaude“,** Neuhausen, Heidelbach 3–5, Tel. (037361) 14690, tgl. ab 11 Uhr, www.hotel-dachsbaude.de (der Neuhausener Ortsteil Heidelbach liegt auf dem Kamm in einer Höhe von 761 m, sehr ruhig gelegen, ideal für Wanderer)

●€€**Hotel Jägerklause,** Neuhausen, Rauschenbach Nr. 6, Tel. (037327) 8790, www.hotel-jaegerklause.com (gemütliches Haus direkt an der Talsperre Rauschenbach)

●€**Gästezimmer „Am Schloß“,** Neuhausen, Freiberger Straße 11, Tel. (037361) 4111, www.ferienwohnung-neuhausen.de (direkt am Schloss, besondere Angebote für Biker)

●€**Pension „Reinholds Backstübl“,** Neuhausen, Brüxer Straße 4, Tel. (037361) 4202 (mitten im Ort beim Bäcker, Doppelzimmer, Ferienwohnung, hausgebackene Brötchen, Kuchen und Torten, handgemachte Musik)

●€**Hotel „Zur Edlen Krone“,** Neuhausen, Frauenbachstraße 56, Tel. (037361) 45608, www.edle-krone-erzgebirge.de (am Ortsrand und direkt am Wald)

●€**Landgasthof Jandusch,** Cämmerswalde, Hauptstraße 55, Tel. (037327) 7304, Mo u. Fr bis So 11–14 Uhr, ab 17 Uhr, Di 11–14 Uhr, www.landgasthof-jandusch.de (historisches Gasthaus, erzgebirgische Küche)

●€**Ferienwohnung Richter,** Cämmerswalde, Hauptstraße 162a, Tel. (037327) 9728, www.ferienwohnung-caemmerswalde.de (24 Euro für 2 Personen, an der Talsperre Rauschenbach)

●€**Hotel Grenzhof,** Deutschgeorgenthal, Tel. (037327) 1433, www.grenzhof.com (direkt an der Grenze nach Tschechien gelegen, Wanderwege und Loipen direkt am Haus, Skilift in der Nähe)

●€**Berggasthaus Schwartenbergbaude,** Tel. (037361) 45686, tgl. ab 11 Uhr, www.schwartenbergbaude (Berggasthaus auf dem höchsten Gipfel zwischen Seiffen und Neuhausen, erzgebirgische Küche, großartige Aussicht)

●€**Pension Oelmühle,** Cämmerswalde, Hauptstraße 123, Tel. (037327) 7427, www.pension-oelmuehle.net (ruhig gelegen, Kinderspielplatz mit Streichelzoo, Campingplatz: Zelt 4 Euro, Wohnwagen 10 Euro)

●€**Jugendherberge und Internationale Tagungsstätte Sayda,** Mortelgrund 8, Tel. (037365) 1277, www.jugendherberge-sachsen.de (modernes, familienfreundliches Haus am Wald, direkt am Bergmännlpfad, DJH-Mitgliedschaft erforderlich, Bus 737 ab Freiberg)

erz037 Foto: dk

Museen

● **Glashüttenmuseum Neuhausen,** Freiberger Straße 10, Tel. (037361) 50999, Mi bis Fr 10–12 u. 13–17 Uhr, Sa/So 13–17 Uhr, 2/1 Euro, www.neuhausen-erzgebirge.de (Gebrauchsgläser, Modell einer spätmittelalterlichen Glashütte, gegenwärtige Holzkunst)

● **Motorradmuseum Neuhausen,** Brüxer Straße 22, Tel. (037361) 159715, Mitte April bis Ende Okt. Mi 10–12 u. 13–16 Uhr, So/Feiertage 10–12 Uhr

● **Nussknackermuseum, Technisches Museum „Alte Stuhlfabrik“ Neuhausen,** Bahnhofstraße 20–24, Tel. (037361) 4161, Mo bis Fr 9–18 Uhr, Sa/So/Feiertage 9–17 Uhr, 4/1,50 Euro, www.nussknackermuseum-neuhausen.de (über 4000 Nussknacker aus 30 Ländern vom 17. Jh. bis zur Gegenwart, Fachgeschäft, Museumsladen; Stuhlfertigung und örtliche Stuhlindustrie, Schauwerkstatt)

Blick vom Kammweg auf Neuhausen

- **Erzgebirgisches Heimatmuseum Sayda „Hospital St. Johannes“ (Spittel),** Dresdner Straße 78, Tel. (037365) 97222, April bis Okt. So/Feiertage 9–12 Uhr und nach tel. Vereinbarung

Kirche

- **Kirche Zu unseren lieben Frauen, Sayda,** Besichtigung und Turmbesteigung, Tel. (037365) 1227

Bergbau

- **Bergmännlpfad im Mortelgrund,** Erlebnis- und Lehrpfad zwischen Sayda und Neuhausen, www.bergmaennlpfad.de (an der Mortelmühle Bushaltestelle der Linie 737, Parkplatz)

Sport

- **Neuhausen:** Schlepplift, 40 km gespurte Loipen, 6 km Winterwanderweg; Schneetelefon (037361) 4187
- **Sayda:** 45 km gespurte Loipen, Rodelhang; Schneetelefon (037365) 97222

Seiffen im Spielzeugland

Spielzeugdorf

Als Spielzeugdorf des Erzgebirges ist Seiffen weit über Deutschland hinaus bekannt. Die anmutigen Häuschen im Tal, die barocke Rundkirche, Pyramiden und Schwibbögen in den Fenstern und Gassen, lebendige bergmännische Traditionen und die liebliche Berglandschaft verleihen dem kleinen Ort das ganze Jahr über eine **weihnachtliche Aura.** Tief verschneit im Kerzenschimmer ist Seiffen wohl am schönsten. Ein Märchenland für Kinder und ewige Kinder, die den Schnitzern und Drechslern zuschauen, der Bläsermusik vor dem Rathaus lauschen oder milchwolkenatmend und schneeknirschend die Wirtshaustüren und Handwerksstuben öffnen. Am zweiten Adventssonnabend begibt sich der **„Lichterzug auf Bergmannspfaden“** durch das Dorf. Mit dem Fackel- und Lampionumzug wird der Seiffener Bergleute gedacht, denen das Licht unentbehrlich war unter Tage und immer ein Symbol der Hoffnung.

Geschichte

Die fast 700-jährige Geschichte des Kurortes Seiffen (2400 Ew.) ist direkt mit dem Bergbau verbunden. 1324 wurde der Ort erstmals als „Cynsifen“ urkundlich erwähnt. Der Name weist auf das Ausseifen hin, eine Methode des Auswaschens von Zinn aus dem Gestein. Auf dem Höhepunkt der **Zinnförderung** wurde im Jahr

1600 in Seiffen ein Bergamt eingerichtet. Doch ab der zweiten Hälfte des 18. Jahrhunderts gingen die Fördererträge so weit zurück, dass pure Not immer mehr Bergleute zwang, sich mit anderen Tätigkeiten den Lebensunterhalt zu verdienen. Holz war genug vorhanden und den Bergleuten vertraut, und so geriet die **Holzbearbeitung und Spielwarenfertigung,** die es als Nebentätigkeit schon vorher gegeben hatte, zum bestimmenden Gewerbe, das Seiffen bald weltberühmt machen sollte. Neben dem Bergbau war die **Glasmacherei** bereits seit dem Mittelalter in der Seiffener Gegend zu Hause.

In Seiffen geboren wurden **Friedrich Wilhelm Fürchtner** (1844–1923), der den Nussknacker als Drechselfigur erfunden hat, und **Auguste Müller** (1847–1930), eine dem Alltag und tiefer Religiosität verbundene Schnitzerin, deren Genie erst lange nach ihrem Tod gewürdigt wurde.

Spaziergang durch Seiffen

Bergkirche

Einen Spaziergang durch Seiffen beginnt man am besten an der Rundkirche, um sich dann zum neugierigen Umherstreifen verführen zu lassen. Die Bergkirche zu Seiffen wurde 1776 bis 1779 nach dem Plan von *Christian Gotthelf Reuther* (1742–1795) erbaut. Der Architekt hatte sich die Dresdner Frauenkirche zum Vorbild genommen und die Kirche auf dem **Grundriss eines Oktogons** entworfen. Auf der Wetterfahne steht, aus Bronze gegossen, die Figur eines Bergmanns. Der in die Landschaft gebettete Rundbau und die direkte Verbindung mit der Bergbautradition ließen die Seiffener Kirche zu einem der beliebtesten Motive der erzgebirgischen Volkskunst werden.

Ausgestattet ist die Kirche mit einem **barocken Kanzelaltar** und vier Glasleuchtern aus der 1488 bei Seiffen gegründeten Glashütte Heidelbach. Das **Kruzifix** aus Altenberger Zinn, das über dem Eingang zur Kirche hängt, trägt auf der Rückseite die Inschrift „Bergknappschaft Seiffen 1688“: Das ist der älteste Beleg für das Bestehen dieser Knappschaft.

Achteckiger Grundriss: die Bergkirche in Seiffen

erz038 Foto: dk

Während der Advents- und Weihnachtszeit erstrahlt die Bergkirche im Kerzenlicht. Das ganze Jahr über werden **Konzerte** gegeben und täglich außer sonntags **Führungen** angeboten.

Spielzeugmuseum

Einen Besuch ohne Eile lohnt das Spielzeugmuseum (10 Min. Fußweg von der Kirche), das kulturgeschichtliche Gedächtnis des erzgebirgischen Spielzeuglandes. Kinder werden das Haus gern betreten, ob sie es auch wieder verlassen, ist umstritten. Für den etwas abgeklärteren Besucher gibt es **zwei Jahrhunderte Kulturgeschichte** in 5000 Exponaten zu bestaunen, dazu Kabinett- und Sonderausstellungen.

Freilichtmuseum

Das Freilichtmuseum (3 km vom Spielzeugmuseum, im Ortsteil Heidelberg, Fußweg über die Alte Dorfstraße) vereint eine **Streusiedlung** des 19. Jahrhunderts mit 14 Gebäudekomplexen, darunter zwei Wasserkraftanlagen des 19. Jahrhunderts, in denen die holzverarbeitenden Gewerke des Erzgebirges authentisch vorgestellt werden. An den **Tagen des historischen Handwerkes** – am Wochenende nach Himmelfahrt und an einem Wochenende im September – erwachen diese Werkstätten durch Handwerker und Volkskünstler zum Leben.

Holzkunst

Zum Bummel durch Seiffen gehören auch Besuche der **Schauwerkstätten und Handwerksbetriebe,** in denen erzgebirgische Holzkunst entsteht und zum Kauf angeboten wird.

Außerhalb der Stadt

Rund um Seiffen gibt es markierte **Wander- und Radwege** sowie **Loipen,** die das Naturerlebnis und Aussichtspunkte miteinander verbinden. Am **Reicheltberg** (741 m) wartet ein Skilift. Der **Kammweg** führt nach Olbernau (10 km bis zur Saigerhütte) und Neuhausen. Zwischen Seiffen und Neuhausen liegt der **Schwartenberg** (833 m), der eine beeindruckende Rundsicht bietet und zum Besuch der Bergbaude einlädt.

Deutschneudorf

Direkt die **tschechische Grenze** berührt die Wanderung nach Deutschneudorf (mit Rückweg 10 km, gelb), das von böhmischen Exulanten gegründet wurde. Im **Fortuna-Stollen Deutschkatharinenberg** soll die Ausstattung des legendären **Bernsteinzimmers** aus dem Katharinen-Palais des russischen Zaren in Zarskoje Selo bei St. Petersburg versteckt liegen. Bis dahin ist das **Abenteuer-Besucherbergwerk** noch nicht vorgedrungen, aber die Geschichte des prunkvollen Zimmers und das Geheimnis um die noch nicht freigelegten Gänge im Fortuna-Stollen werden spannend erläutert. Zu besichtigen sind neben dem Bergwerk eine Kolbendampfmaschine von 1922 und eine Mineralienausstellung.

Praktische Informationen

Anreise

- **Auto: B171** bis Olbernhau, weiter **S214/S213**
- **Linienbus 453** Olbernhau - Seiffen - Deutschneudorf

Info

- **Touristinformation Seiffen,** Hauptstraße 95, Tel. (037362) 8438, www.seiffen.de
- **Tourismuswerkstatt Seiffen,** Hauptstraße 122, Tel. (037362) 88249, Mo bis Fr 8–16 Uhr, www.tv-seiffen.de (touristische Angebote, Mineralien- und Zinnfigurenausstellung)

Wohnen und Essen

- €€**Seiffener Hof,** Hauptstraße 31, Tel. (037362) 130, www.seiffener-hof.de (Hotel im Zentrum des Spielzeugdorfes, mit Holzkunstwerkstatt)
- €€**Hotel Berghof,** Kurhausstraße 36, Tel. (037362) 7720, www.berghof-seiffen.de (Traditionshaus am Hang, Blick auf Seiffen, erzgebirgische Küche)
- €**Ferienwohnung an der Bergkirche,** Tel. (037362) 87692, www.bergkirche-seiffen.de (für 2 Personen, mit allem, was man braucht, Aufbettung möglich)

Museen

- **Erzgebirgisches Freilichtmuseum Seiffen,** Hauptstraße 203, Tel. (037362) 8388, tgl. 10–17 Uhr, Nov. bis März 10–16 Uhr, 3 Euro, www.spielzeugmuseum-seiffen.de (typisch erzgebirgische Streusiedlung als volkskundliches Museumsdorf, Bergmannshaus, Wasserkraftsägewerk, Waldarbeiterhaus, Köhlerei und andere mit Holzberufen verbundene Bauten)
- **Erzgebirgisches Spielzeugmuseum Seiffen,** Hauptstraße 73, Tel. (037362) 8239, tgl. 10–17 Uhr, 3,50 Euro, www.spielzeugmuseum-seiffen.de (Erzgebirgsweihnacht das ganze Jahr über, 200 Jahre Lichterbrauchtum, Holzspielzeug, 6 m hohe Pyramide)
- **Heimatmuseum „Haus der erzgebirgischen Tradition", Deutschneudorf,** Alte Brandleite 5, Tel. (037368) 6889, Mi bis So u. Feiertage 13–17 Uhr, 2/1 Euro (Ortsgeschichte, Handwerk, Modell des Reliefs vom Steilabbruch des Erzgebirges, Erzgebirgsstube)

Kirche

- **Bergkirche zu Seiffen,** Tel. (037362) 87692, Mo bis Sa 11–15 Uhr, Führungen Mo bis Sa 12 Uhr, www.bergkirche-seiffen.de (Führungen mit Orgelspiel; vierzehntäglich Konzerte)

Bergbau

- **Fortuna-Stollen Deutschkatharinenberg,** Tel. (037368) 12942, Führungen Di bis So 10.30/11.30/12.30/14.00/15.30 Uhr, 5,50/3,50 Euro, www.fortuna-bernstein.de (das Bergwerk mit dem größten Geheimnis: Liegt in den verschlossenen, unerforschten Stollen irgendwo das legendäre Bernsteinzimmer?)

Sport

- **Sommerrodelbahn Seiffen,** Bahnhofstraße 18b, Tel. (037362) 7179, tgl. 10–18 Uhr, Juli/August bis 19 Uhr, 2/1,30 Euro pro Fahrt, www.seiroba.de (9 Steilkurven)

Olbernhau im Spielzeugland

„Stadt der sieben Täler“

„Stadt der sieben Täler“ wird Olbernhau (10.000 Ew.) genannt; das **Tal der Flöha** und ihre Nebentäler geben der Stadt an der böhmischen Grenze ihr grünes Gepräge. Hier ist das Original zu Hause: das **Olbernhauer Reiterlein,** eine Holzfigur, die 1935 in Olbernhau als Abzeichen für das nationalsozialistische Winterhilfswerk geschaffen und millionenfach verkauft wurde. Seit 1968 wird das Schaukelpferd als Aufsteller in Serie produziert. Neben dem Nussknacker und der Pfefferkuchenfrau steht es während der Adventszeit überlebensgroß als symbolische Figur des Spielzeuglandes Erzgebirge auf dem Olbernhauer Markt. Wie im nahen Seiffen gibt es auch in Olbernhau und Umgebung zahlreiche Manufakturen und Werkstätten, in denen **erzgebirgische Holzfiguren** gefertigt werden. Besonders anheimelnd ist Olbernhau als tief verschneites Städtchen in der Weihnachtszeit, wenn überall in den Fenstern die Schwibbögen leuchten.

Windspiele

Witzig sind die Windspiele, die sich vielerorts in der Stadt im nimmermüden erzgebirgischen Wind drehen. Am Markt, vor dem Heimatmuseum, wurde im Jahr 2002 das erste aufgestellt. Sie erinnern an die Wasserräder und Maschinen, die **Olbernhauer Geschichte** geprägt haben, aber auch an die lange Tradition der Formgestaltung in der Spielzeugstadt.

Sonstiges

Bis 2001 verkehrte die **Erzgebirgsbahn** von Olbernhau-Grünthal weiter nach Seiffen und Neuhausen. Heute fahren auf diesem Abschnitt nur gelegentlich Sonderzüge. 100 Meter hinter dem Gelände des Freilichtmuseums Saigerhütte befindet sich ein **Übergang für Fußgänger nach Tschechien,** der Ort Brandov liegt 1,5 km entfernt. Auf einem Berg hoch über Grünthal steht seit 1694 die barocke Exulantenkirche von **Oberneuschönberg,** aus der ein melodisches Glockenspiel erklingt. Zur Kirche und weiter nach Seiffen (10 km) gelangt man auf dem **Kammweg.**

Wandern

In die sieben Täler rund um den Ort führen kleinere Wanderwege, zum Beispiel der Lehrpfad durch das Bärenbachtal, Wanderungen durch das Dörfelbachtal, zum Stößerfelsen am Natzschungtal und weiter nach Rübenau (7 km), durch das Rungstocktal und zurück über den Zehnerflügel (10 km) oder nach Seiffen (8,5 und 10 km) und Neuhausen (12,5 km).

Freilichtmuseum Saigerhütte

Fachwerkbauten und Hammerwerk

Eine besondere Attraktion ist das Freilichtmuseum Saigerhütte unweit des Haltepunktes Olbernhau-Grünthal der Erzgebirgsbahn. Teils von einer Mauer aus dem 17. Jahrhundert umgeben, sind dort 22 Fachwerkbauten einer ehemaligen Industriegemeinde sowie das Hammerwerk von 1537 zu besichtigen – ein **europaweit einzigartiger Denkmalkomplex zur Buntmetallurgiegeschichte.** Die Hütte wurde 1537 gegründet. Das Saigern war damals eine revolutionäre Technologie zur Gewinnung von Silber und Kupfer aus silberhaltigem Schwarzkupfer. Der Dresdner Zwinger, der Stephansdom in Wien und 400 weitere Bauwerke in ganz Europa sind mit Grünthaler Dachkupfer gedeckt worden, das sich dadurch auszeichnete, dass es sich in kurzer Zeit mit einer schönen grünen Patina überzog. 1853 wurde das Saigern in Grünthal eingestellt. Am Standort waren nacheinander drei Metallwerke tätig. 1991 stellte das Blechwalzwerk die Arbeit ein, und die Industriesiedlung wurde zum Museum ausgebaut.

Sehenswertes

Im **Althammer,** dem funktionstüchtigen Hammerwerk, werden die schwersten Hämmer des Erzgebirges museal vorgeführt. Der **Neuhammer** entstand 1586, in dem Baudenkmal befindet sich bis heute eine Schmiede. Das Saigern wird am Standort der **Freianlage „Lange Hütte"** veranschaulicht. Ein Verein betreibt die **Münz-**

erz039 Foto: dk

präge, die Hüttentöpferei und im ehemaligen Arbeiterwohnhaus eine Spinnstube. Eine Ausstellung im **Kupferwarenlager** erzählt die Geschichte der Saigerhütte und erklärt die Technologie des Saigerns. In der Hüttenschenke und im Haus des Anrichters lädt das **Hotel Saigerhütte** ein. Zudem halten Handwerksbetriebe auf dem Gelände ihre Türen offen, man kann zuschauen, wie erzgebirgische Volkskunst entsteht und diese selbstverständlich auch kaufen. Die Kinder vergnügen sich derweil in der **Spiel- und Erlebniswelt Stockhausen,** dem „lebendigen Spielzeugland". Auf Bestellung wird die **Olbernhauer Sage vom Hüttenmatthes** im Kupferhammer als Einpersonenstück aufgeführt, Gruppen können die Vorführung buchen.

Freilichtmuseum Saigerhütte in Olbernhau-Grünthal

Besucherbergwerk

Zum Besucherbergwerk **„Gnade Gottes Erbstollen“** (Forstgartenweg 1b) sind es von der Saigerhütte 2,5 km. Das im Jahr 1515 aufgefahrene Buntmetallbergwerk wurde durch den Verein IG Bergbau & Mineralien Olbernhau und Umgebung auf einer 180 Meter langen Strecke für Besucher ausgebaut. Der enge Stollen vermittelt einen realistischen Eindruck von der Arbeit unter Tage.

Im Tal der Flöha

Radeln und wandern

Die Flöha entspringt auf 845 Meter Höhe im böhmischen Osterzgebirge und wird gleich darauf durch die Trinkwassertalsperre Fley (Fláje) gestaut. Bei Deutschgeorgenthal erreicht sie Sachsen und die **Trinkwassertalsperre Rauschenbach,** ein beliebtes Ziel für Wanderer und Radfahrer. Auf ihrem weiteren Weg durchfließt sie ein reizvolles Tal, das immer wieder auch zu Wanderungen einlädt. Eine gute Orientierung für Wanderer und vor allem für Radfahrer bietet der **Flöhatalweg** (rot) zwischen Olbernhau und dem Zusammenfluss von Zschopau und Flöha. Nach Neuhausen und Olbernhau-Grünthal erreicht die Flöha, gestärkt durch zahlreiche Bäche, das Mühlendorf Pockau (siehe bei Marienberg). In Hohenfichte wird der Fluss von einer überdachten **Holzbrücke** aus dem Jahr 1832 überquert. In vier großen und 13 kleinen Bögen überspannt der **Hetzdorfer Viadukt** das Flöhatal. Die imposante Brücke wurde 1868 für die Eisenbahnstrecke Freiberg – Flöha erbaut und 1992 außer Betrieb genommen. Durch das Flöhatal fährt auch die **Erzgebirgsbahn** (Chemnitz – Flöha – Olbernhau-Grünthal), sodass sich Zugfahrt und Wanderungen gut miteinander verbinden lassen.

Praktische Informationen

Anreise

- **Auto: B171**
- **Erzgebirgsbahn** Chemnitz – Flöha – Olbernhau-Grünthal

Info

- **Touristservice Olbernhau,** Grünthaler Str. 5, Tel. (037360) 689866, Mo bis Fr 9–18 Uhr, www.olbernhau.de

Wohnen und Essen

- €€**Hotel Saigerhütte,** Olbernhau-Grünthal, Tel. (037360) 7870, tgl. ab 11 Uhr, www.saigerhuette.de (im 400 Jahre alten Haus des Anrichters und in der Hüttenschenke, zwei einander gegenüberstehenden Bauwerken auf dem Gelände der Saigerhütte; Holzambiente in den hellen Zimmern, Feinschmeckerrestaurant, Weinkeller, Terrasse)

● €**Pension und Café Hüttenmühle,** Olbernhau-Grünthal, An der Natzschung 1, Tel. (037360) 73467, Mi bis So 13–20 Uhr, www.huetten-muehle.de (historisches Mühlgebäude von 1567 direkt am Gelände der Saigerhütte, gemütliche Gastwirtschaft, hausgemachtes Softeis, zwei kleine einfache Zimmer für Wanderer)

Gastronomie

● €**Biergarten auf dem Gelände der Saigerhütte,** Olbernhau-Grünthal, tgl. ab 14.30 Uhr

Museen

● **Museum Olbernhau,** Markt 7, Tel. (037360) 72180, Di bis Fr 10.30–16.30 Uhr, Sa/So/Feiertage 12–16.30 Uhr, 3/2 Euro, www.museum-olbernhau.de (Natur- und Heimatmuseum im ehem. Rittergut, erbaut ab 1650, mechanische Heimatberge)

● **„Saigerhütte" und Museum Kupferhammer, Olbernhau-Grünthal,** In der Hütte 10, Tel. (037360) 73367, März bis Dez. Di bis So 9.30–16.30 Uhr (Kupferhammer 12–13 Uhr geschl./Mai bis Sept. alles bis 17.30 Uhr geöffnet), Freigelände frei zugänglich, Museum Kupferhammer 4/2 Euro, www.saigerhütte.de (22 Bauten der im Jahr 1537 gegründeten Industriegemeinde, technisches und bauliches Zeugnis des Hüttenwesens der Buntmetallurgie in einem ehem. Zentrum der Kupferverarbeitung in Sachsen, Volkskunstläden, stündlich Führungen, Touristinformation im Museum)

Bergbau

● **Besucherbergwerk „Gnade Gottes Erbstollen", Olbernhau,** Forstgartenweg 1b, Tel. (0174) 4402380 *(Uwe Kempe),* Führungen monatlich am 2. Sa 13–16 Uhr, Dauer 30 Min., www.bergbau-live.de (Buntmetallbergwerk aus dem Jahr 1515, 180 m auf der 1. Sohle begehbar)

Sport und Spiel

● **Stockhausen-Spielzeugland Olbernhau-Grünthal,** In der Hütte 8, Tel. (037360) 79950, Do bis Di 10–18 Uhr, 5,95/5,15 Euro, www.stockhausen-spielzeugland.de (Spiel- und Erlebniswelt für Kinder auf dem Gelände der Saigerhütte)

Marienberg: Lindenhäuschen (1541)

Marienberg und Umgebung

Marienberg

Renaissancestadt

Der weitläufige quadratische **Marktplatz** im Zentrum der Stadt, mit rechtwinklig abgehenden Straßen, das **Rathaus** mit dem filigran ornamentierten Renaissanceportal (1539) und die 1564 geweihte **Hallenkirche St. Marien** – Marienberg (13.200 Ew.) ist die Renaissancestadt im Erzgebirge. Sie wurde 1521 von Herzog *Heinrich dem Frommen* gegründet, nachdem im Jahr 1519 Silberfunde gemacht und 1520 die Fundgrube „St. Fabian Sebastian" in Betrieb genommen worden waren. 1523 erhielt Marienberg das Stadt- und Bergrecht. Den Bebauungsplan entwarf, kurz vor seinem Tod, der langjährige Bürgermeister von Freiberg, das Universalgenie der Renaissance, *Ulrich Rülein von Calw* (1465–1523). Am 31. August 1610 fielen bei einem Stadtbrand fast alle Häuser den Flammen zum Opfer. Beim Wiederaufbau wurde der Stadtgrundriss der Renaissance beibehalten.

erz097 Foto: dk

Altstadt

Die **Marienkirche** vereint an der Fassade Elemente der Gotik und der Renaissance, innen wurde sie 1667 bis 1675 frühbarock umgestaltet. Am **Zschopauer Tor,** dem einzigen von einst fünf Stadttoren, ragen auch die letzten 50 Meter der **Stadtmauer** auf. Der **Rote Turm** an der Schulstraße ist der letzte von vier Ecktürmen der Stadtmauer. Aus der Renaissancezeit erhalten geblieben ist das damals von Bergleuten bewohnte **Lindenhäuschen** (1541), Bergstraße 14, das älteste Wohnhaus von Marienberg. Anstelle der historischen Linden, die gefällt werden mussten, wachsen vor dem anmutigen Haus mit den gestaffelten Rundbögen und den Sitznischen im Portal nun zwei junge Winterlinden.

Bergmagazin

Am Rande der Altstadt steht das Bergmagazin, ein **Getreidespeicher** für die Bergleute, erbaut 1806 bis 1809. Das **Museum Sächsisch-Böhmisches Erzgebirge** ist eines der bedeutendsten Heimatmuseen der Region. Auch die Bibliothek hat ihren Sitz in dem alten Speicher. Bergmagazine wurden in sächsischen Bergstädten ab 1806 auf Anregung des Oberberghauptmanns und Goethe-Freundes *Friedrich Wilhelm Heinrich von Trebra* errichtet, um Hungersnöten vorzubeugen.

Ortsteil Lauta

Im Ortsteil Lauta (2,5 km vom Markt) wird Bergbaugeschichte und -technik beim Besuch des **Pferdegöpels** auf dem Rudolphschacht erlebbar. An Wochenenden gehen dort sogar noch Pferde an die Arbeit, aber auch an den anderen Tagen sind die technische Anlage, die **Bergschmiede** und die kleine Ausstellung zum Bergbau im Marienberger Revier sehenswert.

Ortsteil Lauterbach

Kenner nennen ihn auch mal „Waldbenzin“: Im Marienberger Ortsteil Lauterbach (4 km vom Markt) wird der **„Lauterbacher Tropfen“** destilliert, ein grüner, ungesüßter Magenbitter. Dessen Geschichte geht auf *Schmiedfritzaugust* zurück, einen Marienberger Kräuterkenner, den auch der sächsische Hof konsultierte. Die Likörfirma besteht seit 1899 und lädt in ein kleines **Museum** ein.

Die **Wehrkirche** von Lauterbach zählt zu den wertvollsten Baudenkmälern des Erzgebirges. Sie wurde im 14. Jahrhundert erbaut und 1906 am heutigen Standort, auf dem Friedhof, aufgestellt, nachdem sie in der 400 Meter entfernten Dorfmitte abgebaut werden musste. Ausgestattet ist sie unter einer bemalten Kassettendecke mit einem spätgotischen Flügelaltar und der vermutlich ältesten Orgel Sachsens (um 1628).

Die Umgebung von Marienberg

Rübenau Direkt an der böhmischen Grenze, zwischen 640 und 780 Meter Höhe, liegt die **weit gestreute Siedlung** Rübenau (17 km von Marienberg). Ihr Name ist vom böhmischen *ryba* für Fisch abgeleitet. Der Ort ist von Wald umgeben. Ausgedehnte Wanderungen lohnen sich im Schwarzwassertal (siehe unten „Im Tal der Schwarzen Pockau") und im ebenso fantastischen **Natzschungtal,** das hier zugleich die sächsisch-böhmische Grenze markiert. Vom **Stößerfelsen** (683 m) bietet sich eine großartige Aussicht in das tief unten liegende Tal und über das Waldmeer. Einen schönen Blick auf Rübenau und Umgebung hat man von der barocken **Heilig-Geist-Kirche.**

Satzung Am **Hirtstein** (890 m), dem höchsten Berg des Mittleren Erzgebirges, liegt das Dorf Satzung (17 km von Marienberg). Es ist Reise- und Wanderziel für Naturfreunde und Wintersportler. Der Hirtstein bietet von seinem Hochplateau eine herrliche Fernsicht. Eines der bedeutendsten Geotope Deutschlands ist der **Basaltfächer** oder auch Palmwedel – erstarrte Lava, die ein 15 Meter hohes Gebilde geformt hat, das an einen Fächer erinnert. Am Hirtstein gibt es einen Skilift und in der Umgebung 60 Kilometer gespurte Loipen.

Kalkwerk Lengefeld An der B101 (Annaberg-Buchholz – Freiberg) zwischen Lauterbach und Lengefeld befindet sich ein **erstrangiges Denkmal der Industrie- und Kulturgeschichte Sachsens.** Das Kalkwerk Lengefeld ist eine einzigartige Stätte der historischen Bindemittelindustrie. Hier wurde seit dem 16. Jahrhundert Kalkstein abgebaut und verarbeitet. Zum Denkmalkomplex gehören vier Kalkbrennöfen, Förderschacht und -turm, Brecheranlagen, Kalkniederlagen, Kalkmühle, eine begehbare Tagebruchsohle, Bergbaugeräte und weitere Originalanlagen. Sie dokumentieren den technologischen Prozess vom Kalksteinmarmorabbau bis zur Branntkalkherstellung.

Pockau Von Wald umgeben liegt am Zusammenfluss von Flöha und Pockau der Ort Pockau (4000 Ew.). Sehenswert sind das **Technische Museum Ölmühle** mit einer Wassermühle aus dem Jahr 1783 sowie das barocke Fachwerkhaus der **Amtsfischerei,** heute Vereinssitz und Bibliothek. Von Pockau lassen sich Rundwanderungen zur **Saidenbachtalsperre** (18 km) und zur **Neunzehnhainer Talsper-**

re (20 km) unternehmen; beide Trinkwasserreservoirs sind von weiteren Wanderwegen umgeben.

Im Tal der Schwarzen Pockau

Schwarzwasser

Eine der großartigsten Flusslandschaften des Erzgebirges ist unbestritten das tief in den Gneis geschnittene, im oberen Abschnitt durch Wiesen geprägte Tal der Schwarzen Pockau zwischen Kühnhaide und Pobershau. Die Schwarze Pockau entspringt auf 890 Meter aus mehreren Quellen in einem Hochmoor im Böhmischen und bringt von dort ihre dunkle Färbung mit. Sie wird deshalb auch Schwarzwasser genannt. Das **Naturschutzgebiet** um den mittleren Flussabschnitt heißt so, was aber irritieren kann, denn es gibt ja noch das Schwarzwasser im Westerzgebirge. Nach 33 Kilometer durch schönste Flusslandschaft mündet die Schwarze Pockau bei Pockau in die Flöha.

Rundwanderung

Durch das Schwarzwassertal und auf dem Rückweg entlang des Grünen Grabens führt **eine der schönsten Wanderungen im Erzgebirge.** Die Rundwanderung (17–24 km, Hinweg rot, Rückweg blau/gelb) **beginnt am Bahnhof Zöblitz-Pobershau** (Erzgebirgsbahn Chemnitz – Pockau-Lengefeld – Marienberg). Dort sowie an der nahen Kniebreche gibt es Möglichkeiten, das Auto zu parken. Auch vom Parkplatz beim Aussichtspunkt Katzenstein (über Pobershau) kann man die hier beschriebene Wanderung starten.

Pockautalweg

Ausgeschildert ist der Pockautalweg. Zunächst geht es direkt an der Bahntrasse entlang zur „Kniebreche", die so heißt, weil an dieser Kurve die Fuhrmannspferde den kniebrechend steilen Abstieg von Zöblitz hinter sich hatten. Dann flussaufwärts (in Fließrichtung gesehen auf der rechten Seite) auf abwechslungsreichem Weg am bewaldeten Steilhang bis Hinterer Grund. Das Rauschen des nahen Schwarzwassers ist treuer Begleiter dieses Weges.

Mundloch des „Tiefer Blühend Glück Stolln" (1856)
im Tal der Schwarzen Pockau

erz040 Foto: mk

Hinterer Grund

In Hinterer Grund pflegt das NABU-Naturschutzzentrum einen **Natur- und Lehrgarten.** Es gibt auch eine täglich außer Montag (ab 11 Uhr) geöffnete Imbissbude. Die idyllisch gelegene, zu Pobershau gehörende Siedlung ist schnell durchquert. Der Weg führt nun in den Wald, der wieder näher an das Wasser herangerückt ist. Unzählige kleine Bäche und Wasserfälle streben dem Schwarzwasser zu und wollen im üppigen Grün am Wegesrand entdeckt werden. Bei einer Lichtung liegt das Mundloch eines Bergbaustollens aus dem Jahr 1856. Bald wird die Schwarze Pockau entlang der **Ringmauer,** einer 70 Meter hohen und 200 Meter breiten natürlichen Gneisformation, in einem engen Bogen um ein Buchenwäldchen herumgeführt – ein wildromantischer Flecken außergewöhnlicher Schönheit, der zur ersten Rast einlädt.

Katzenstein und Karrenweg

Wenige Schritte sind es von hier bis zu dem Weg, der vom Parkplatz am Aussichtsplateau Katzenstein ins Tal führt. Hier kann man also notfalls auch die **Wanderung** stark **abkürzen,** indem man zum Katzenstein aufsteigt und von dort den markierten Rückweg antritt, dabei verpasst man allerdings einiges. Eine weitere Gele-

erz041 Foto: mk

genheit zum Abkürzen bietet sich bald am Karrenweg, der als Serpentine zum Grünen Graben aufsteigt.

Grüner Graben

Der Talweg am Schwarzwasser steigt stetig an, sodass er nie anstrengend wird. Markant ist der **Nonnenfelsen** direkt am Weg, wo auch gern Bergsteiger zugange sind, gegenüber liegt die **Teufelsmauer.** Von Mai bis Juli bildet dort der Eisenhutblättrige Hahnenfuß einen weißen Blütenteppich. Der dunklen Waldpassage folgt ein lichteres Wegstück, bis eine Holzbrücke nach rechts über den Fluss führt. Man könnte nun die Wanderung bequem fortsetzen bis **Kühnhaide** (3 km), das auf der Hochfläche aus einer Holzfällersiedlung entstanden ist, und dort im „Schwarzwassertal" einkehren. Unweit der Gaststätte zweigt von der Schwarzen Pockau der Grüne Graben ab. Er wurde 1678 bis 1680 auf einer Länge von 8,2 Kilometer von Bergleuten angelegt, um die Pochwerke von Pobershau mit Wasser zu versorgen. Den Graben begleitet ein romantischer Wanderpfad, den man auch von der oben genannten Holzbrücke mit einem kurzen Anstieg durch den Wald erreicht.

Ein Ort für Genießer: die herrliche Aussicht über den Wald zum Weiberberg (724,5 m), der in üppiges Grün gefasste Graben mit seinem flinken Wasser – und frisch gebrühter Kaffee von *Kurt dem Kaffeemann.* Der hat hier an Wochenenden und Feiertagen sein Zelt aufgeschlagen und dreht durch: edle Bohnen durch Omas Mühle. Es gibt auch erzgebirgischen Kräutertee, hausgebackenen Kuchen und *Kurts* Rucksackkekse.

Katzenstein

Weiter geht es, dem Wasser folgend, immer am Graben entlang, für den auch einige Tunnel durch den Fels geschlagen werden mussten. Immer wieder bieten sich Ausblicke ins tiefe Tal. Erst mit dem Wegweiser zum Katzenstein wird der Grüne Graben verlassen. Die **Aussicht vom Felsplateau** auf das Waldmeer und nun von oben auf die imposante Ringmauer ist der abschließende Höhepunkt dieser Wanderung. Auf dem Raubschloßberg gegenüber stand die mittelalterliche **Burg Liebenstein,** von der die Geschichten und Legenden und einige Steine überliefert sind.

Ringmauer im Tal der Schwarzen Pockau

Rückweg Nun zurück zur Schutzhütte und weiter zum Waldrand am Parkplatz. Der **Katzensteinweg** (gelb) führt nach **Hinterer Grund** und am Ufer der Schwarzen Pockau wieder zum Ausgangspunkt der Wanderung (noch 3 km). Eine andere Wahl wäre der markierte Weg nach **Pobershau.** Bis zum Schaubergwerk läuft man über Katzensteinweg/Steiler Aufstieg immer bergab 20 Min., bis zur „Kniebreche“ und zum Bahnhaltepunkt weitere 40 Min.

Pobershau

Bergdorf Die „Kniebreche“ am **Zusammenfluss von Roter und Schwarzer Pockau** auf 500 Meter über NN gehört zum Bergdorf Pobershau (2000 Ew., 5 km von Marienberg), das sich bis auf 700 Höhenmeter in der Nähe des Katzensteins hinzieht. Der Ort entstand mit dem Silber- und Zinnerzbergbau im 16. Jahrhundert.

Schaubergwerk Im Schaubergwerk **„Tiefer Molchner Stolln“** sind vier Jahrhunderte Bergbau zu erleben: ein Erzgang, bergmännisches Werkzeug und im Reicheltschacht ein „Kunstgezeug“, das ist Wasserhebetechnik, aus dem 16. Jahrhundert. Als bergmännische Kneipe, Mineralienkabinett, Museum und Souvenirladen ist die **„Zechenstube“** eingerichtet.

Böttcherfabrik Drei ständige Ausstellungen beherbergt die ehemalige Böttcherfabrik, das **Kulturzentrum** des Dorfes: Gemälde und Grafik von *Max Christoph,* der 1918 in Pockau geboren wurde und in Pfaffroda-Dörnthal lebt, die Werkzeugbau-Werkstatt „Alte Wittig-Fabrik“ und die Landwirtschaftsausstellung „Zur Tenne“. Außerdem sind auf dem historischen Werksgelände eine Puppenausstellung und die „Steingalerie“ mit Figuren aus Serpentinstein zu sehen. An besonderen Tagen wird die historische Druckerei vorgeführt.

Praktische Informationen

Anreise

- **Auto: B171**
- **Erzgebirgsbahn** Chemnitz – Pockau-Lengefeld – Marienberg

Info

- **Touristinformation Marienberg,** Markt 1, Tel. (03735) 602270, Mo bis Fr 10–17 Uhr, Sa 10–13 Uhr, www.marienberg.de
- **Touristinformation Pockau,** Rathausstraße 10, Tel. (037367) 31319, www.pockau.de

- **Touristinformation Lengefeld,** Markt 1, Tel. (037367) 33366, www.lengefeld.de
- **Fremdenverkehrsamt Zöblitz,** Bahnhofstraße 1, Tel. (037363) 7704, Di bis Fr 10–15.30 Uhr, www.zoeblitz.de
- **Gästeinformation Pobershau,** Dorfstraße 68, Tel. (03735) 23436, Mo bis Fr 9–12.30 u. 13–16.30 Uhr, Sa/So 13–17 Uhr in der Galerie „Die Hütte", www.pobershau.de

Wohnen und Essen

- €€€**Hotel Schwarzbeerschänke,** Pobershau, Hinterer Grund 2, Tel. (03735) 91910, www.schwarzbeerschaenke.de (anspruchsvolles Familienhotel am Schwarzwassertal)
- €€€**Berghaus am Katzenstein,** Pobershau, Amtsseite Katzensteinweg 3, Tel. (03735) 91490, tgl. ab 12 Uhr (Di ab 16 Uhr), www.das-berghaus.de (auf einer Waldlichtung am Ortsrand beim Aussichtsfelsen Katzenstein gelegen, beliebter Treffpunkt von Hundesportlern – „Pension für Mensch und Hund" –, für Kinder Abenteuerspielplatz und Spielzimmer, der Landgasthof bietet auch mehrere vegetarische Gerichte)
- €€**Hirtsteinbaude,** Satzung, Tel. (037364) 12844, Mo, Do 11–19 Uhr, Fr bis So 11–21 Uhr, www.hirtsteinbaude.de (Ausflugslokal und Pension auf dem Hirtstein, 889 m über NN)
- €**Restaurant und Pension Huthaus zum Molchner Stollen,** Pobershau, Dorfstraße 69, Tel. (03735) 669922, Mo bis Do 11–14 Uhr, ab 17 Uhr, Sa/So ab 11 Uhr, www.huthaus-pobershau.eu (1529 erstmals erwähntes Fachwerkgebäude, großzügige Zimmer im Landhausstil, erzgebirgische Spezialitäten, Biergarten)
- €**Gaststätte Schwarzwassertal,** Kühnhaide, Am Schwarzwasser 6, Tel. (037364) 8710, Mo u. Mi bis Fr 11–14 u. 17–21 Uhr, Sa/So/Feiertage 11–22 Uhr (historisches Ausflugslokal mit Ferienwohnung)
- €**Gasthof und Pension Forsthaus,** Lengefeld, Vorwerk 9, Tel. (037367) 2277, Do bis Mo 9–21 Uhr, www.gasthof-forsthaus.com (historisches Ausflugslokal, Treffpunkt und kompletter Service für Mountainbiker, Loipen und Skilift am Haus, Hausmannskost, Wildgerichte, Rechenberger Pilsner)

Gastronomie

- €**Waldcafé im Schwarzwassertal,** Aussichtspunkt zum Weiberberg am Grünen Graben, in der schneefreien Jahreszeit Sa/So/Feiertage 9–17 Uhr (an der Handmühle im Zelt betätigt sich *Kurt der Kaffeemann:* frischer Kaffee, selbst gebackener Kuchen, *Kurts* Rucksackkekse, Plausch auf Wiesenplätzen)

Museen

- **Museum Sächsisch-Böhmisches Erzgebirge im Bergmagazin Marienberg,** Am Kaiserteich 3, Tel. (03735) 6681290, Di bis So, Feiertage 10–17 Uhr, 3,50/2 Euro, www.marienberg.de (deutsch-tschechisch beschriftet, Geschichte und Kultur beiderseits des Gebirgskamms, Bibliothek, behindertengerecht)
- **Museumsladen Lauterbacher Spirituosen, Lauterbach,** Oberdorf 45, Tel. (03735) 66960, Mo bis Fr 8–16.30 Uhr, Sa 9–12 Uhr, www.lauterbacher-tropfen.de (Firmenmuseum, Laden, Verkostung)
- **Technisches Museum Ölmühle Pockau,** Mühlenweg 5b, Tel. (037367) 31319, 15.5.–15.10. Mi 15–16 Uhr, Sa 9–11 u. 14–16 Uhr, 2/1 Euro, www.pockau.de (1783 erbaute Mühle, der Weg einheimischer Ölsaaten zum Speiseöl, Festprogramm zum Deutschen Mühlentag am Pfingstmontag)
- **Amtsfischerei Pockau,** Fischereiweg 35, Tel. (037367) 31319, Di 15–17.30 Uhr, 2/1 Euro, www.pockau.de (in einer der imposantesten Fachwerkbauten des Erzgebirges, erbaut 1653, vier Ausstellungen: Wohnen wie zu Großmutters Zeiten, Ortsgeschichte mit Flößerei und Köhlerei, Klöppelausstellung, Modelleisenbahn)
- **Serpentinstein- und Heimatmuseum Zöblitz,** Bahnhofstraße 1, Tel. (037363) 7704, Di bis Fr 10–15.30 Uhr, Sa/So 13–16 Uhr, 2/1 Euro, www.zoeblitz.de (Serpentinsteindrechselwerkstatt aus dem Jahre 1889, gedrechselte Kunstwerke aus Serpentinstein, regionale Frühgeschichte, Zöblitzer Stadtgeschichte, historisches Handwerk, zusätzlich Besichtigung der Kirche mit Silbermannorgel möglich)
- **Heimatstube und Schmiede Ansprung** (Ortsteil von Zöblitz), Rübenauer Straße 1a, Tel. (037363) 7239, (037363) 7874, www.zoeblitz.de (privates Museum, nach Anmeldung Führung und Schauschmieden, Ausstellung zum Serpentinstein „Marmor Zeblicius“ sowie zur Holzköhlerei, Weihnachtsberg, Ortschronik)
- **Museum „Böttcherfabrik“, Pobershau,** Dorfstraße 112, Tel. (03735) 660162, Di bis So 13–17 Uhr, 2,50/1 Euro (5/1,50 Euro Kombikarte mit Puppenausstellung), www.pobershau.de (in einer ehemaligen Holzwarenfabrik: Werkzeugbauwerkstatt „Wittig-Fabrik“, Gemäldegalerie *Max Christoph,* Landwirtschaftsausstellung „Zur Tenne“, historische Druckerei – gelegentlich Schaudrucken)
- **Puppen-Museum, Pobershau,** Dorfstraße 112, Feb. bis Dez. Di bis So 13–17 Uhr, Jan. Sa/So 13–17 Uhr, 3/1 Euro, www.puppenmuseum-pobershau.de (Sachsens größe Puppenstube bietet Platz für 2500 Puppen und Teddybären aus 120 Jahren und hat eine Spielecke für die Kleinsten)

• **Galerie „Die Hütte", Pobershau,** Rathausstraße 10, Tel. (03735) 62527, Di bis So, Feiertage 13–17 Uhr, 2,50/1 Euro, www.pobershau.de (Lebenswerk des Pobershauer Holzschnitzers *Gottfried Reichel,* über 300 Figuren zu Themen der Bibel, Szenen aus dem Warschauer Ghetto)

Bergbau

• **Pferdegöpel auf dem Rudolphschacht, Marienberg/Lauta,** Lautaer Hauptstraße 12, Tel. (03735) 608968, April bis Okt. Di bis So, Feiertage 10–17 Uhr, Nov. bis März Di bis So, Feiertage 10–16 Uhr, Vorführungen mit Pferden Sa/So, in Schulferien auch Mi nachmittags, 4/2 Euro, www.marienberg.de (Besucherbergwerk, die von Pferden getriebene Förderanlage war von 1838 bis 1877 in Betrieb, Einfahrt bis 20 m unter Tage)

• **Schaubergwerk „Tiefer Molchner Stolln", Pobershau,** Dorfstraße 67, Tel. (03735) 62522, tgl. 9–16 Uhr, Führung zu jeder vollen Stunde, 4,50/3 Euro, www.molchner-stolln.de (ab 1525 wurde in diesem Stollen Silber und Zinn abgebaut, Schaubergwerk seit 1934, in der „Zechenstube" gibt's hausgebackene Eierschecke, wie sie nur im Erzgebirge gelingt, einen Bergmannschnaps, aber auch vieles zum Anschauen und Kaufen: Mineralien, Holzkunst, Bücher zum Bergbau, Wanderkarten, Souvenirs)

• **Kalkwerk Lengefeld,** Kalkwerk 4, Tel. (037367) 2274, April bis Okt. sowie in den sächsischen Winterferien Mi bis Sa u. Feiertage 10–17 Uhr, 3/2 Euro, www.kalkwerk-lengefeld.de (eines der bedeutendsten technischen Denkmale der Bindemittelindustrie in Europa, technische Anlagen der Kalkgewinnung und -verarbeitung, am 2. Wochenende im Juli Kalkofenfest, an den Adventswochenenden Mettenschichten)

• **Bergbauagentur „Bergkgeschrey", Zöblitz,** Freiberger Straße 18, Tel. (037363) 7579, Mo bis Fr 10–17 Uhr, www.bergbau-agentur.de (Angebot von Bergbauliteratur und -souvenirs, Geleucht, Mineralien, Trachten, April bis Okt. Untertagebefahrung der Gottes-Segen-Fundgrube im nahe gelegenen Kneesenbachtal, Silbererzgrube von 1710, 5 Euro, 3 Euro in Gruppen ab 8 Personen)

Schlösser an der Zschopau

Sachsens schönster Fluss

Am Fichtelberg entspringt aus mehreren Quellen in einer Höhe von 1070 Meter die Zschopau, die „Tosende", Sachsens schönster Fluss. Geboren im Schatten majestätischer Fichten, besonnt am Hang des Fichtelberges, gesäumt von urwüchsigen Ufern, mäandernd durch Wiesen und Wald, zwischen Felsen und am Fuße traditionsreicher Bergorte, gekräuselt von Gebirgssteinen, bewundert von einem halben Dutzend Burgen und Schlössern. Nach 128 Kilometer mündet die Zschopau bei Döbeln in die Freiberger Mulde, nachdem sie von der Talsperre Kriebstein aufgenommen worden ist.

Die Zschopau fließt durch das Kräuterlikör- und Räucherkerzendorf **Crottendorf** und die Schloss-Stadt **Schlettau** (siehe dazu „Oberes Erzgebirge/Am oberen Lauf der Zschopau und am Scheibenberg"). Nach dem Renaissanceschloss Schlettau erreicht sie fünf weitere prächtige Bauwerke, die nun bereist werden sollen.

Burg Wolkenstein

Zunächst begegnet die Zschopau der auf einem Felssporn majestätisch über dem Flusstal thronenden Burg Wolkenstein. Die Burg, im 13. Jahrhundert erstmals erwähnt, sieht bis heute so aus, wie man sich eine mittelalterliche Burg wohl vorstellt, obwohl sie um 1550 im Renaissancestil **als Wohnschloss erweitert** wurde.

Infolge des Dreißigjährigen Krieges verfiel die Anlage. Im 19. Jahrhundert wurde sie als Amtsgericht genutzt, bis 1951 als Strafanstalt, dann zu Wohnzwecken. 1964 wurde dort eine Heimatstube eingerichtet, aus der das heutige **Heimatmuseum** hervorgegangen ist. Heiraten kann man heute auch auf der Burg. Es gibt eine rustikale **Schankwirtschaft,** in der man sich auf Holzbänken eine Bettlersuppe schmecken lassen kann und feinere Sachen auch. Um den Himmelfahrtstag wird ein **Burgfest** mit Markttreiben und Ritterspielen gefeiert.

Stadt Wolkenstein

In der vor der Burg herangewachsenen Bergstadt Wolkenstein, einem der anmutigsten Städtchen des Erzgebirges (4000 Ew.), sind besonders der Markt mit dem **Rathaus** (1929) und den ländlichen Bürgerhäusern sowie die barocke **St.-Bartholomäus-Kirche** (1687) sehenswert. In der Rathausdurchfahrt steht ein Wanderwegweiser, etwa nach Scharfenstein (7,5 km, rot) und Wiesenbad (6,5 km, rot). Vom Wehrgelände unterhalb der Burg, dem Hag, führt die **Wolfsschlucht** steil und malerisch zur Zschopau hinab – aber nicht zum Bahnhof, der wartet am anderen Ufer, der Weg von der Burg dahin ist ebenfalls ausgewiesen. Die **Wolkensteiner Wände** sind ein beliebtes Klettergebiet, und für Wanderer gibt es schön gelegene Aussichtsplätze. In Wolkenstein trifft die Erzgebirgsbahn auf die Zschopau, der sie von nun an bis Flöha folgt.

Drebach Das acht Kilometer nordwestlich von Wolkenstein gelegene Dorf Drebach erblüht alljährlich im März mit einem Teppich aus **Krokussen,** und das ist nach den langen Wintern immer wieder Anlass für ein freundliches kleines Volksfest. Den aktuellen Blütenstand verrät auch die Website des Ortes. Die Pracht im All dagegen breitet sich vor der Volkssternwarte aus, die 1969 als **Schulsternwarte** entstanden und immer noch ein besonderes Erlebnis für Kinder ist. Auch ein Planetarium lädt dort ein.

Wiesenbad In der Rosenaue im heutigen Wiesenbad soll Ende des 15. Jahrhunderts ein Schäfer eine warme Quelle entdeckt haben. Die Kunde vom heilenden Wasser bei Annaberg verbreitete sich schnell. Für das daraus entstandene Kurbad ist seit 1791 die Bezeichnung „Wiesenbad" gebräuchlich. Im 19. Jahrhundert wurde die Kuranlage erweitert, während des Zweiten Weltkrieges diente sie als Lazarett, ab 1959 als Sanatorium. Seit 1999 trägt das **Thermalbad** Wiesenbad das Prädikat „Ort mit Heilquellenkurbetrieb". Auf dem Gelände einer ehemaligen Flachsspinnerei ist seitdem ein moderner Kurpark entstanden.

Burg Scharfenstein Das nächste Schloss im Zschopautal lässt nicht lange auf sich warten. Burg Scharfenstein erhebt sich malerisch über dem gleichnamigen Ort. Sie wurde 1250 erstmals urkundlich erwähnt und im 16. Jahrhundert im Stil der Renaissance erweitert. Am 1./2. Juni 1921 brannte die Burg weitgehend ab. Daraufhin wurde sie **nach historischem Vorbild wiedererrichtet.** 1946 diente sie als Schulungsstätte der SED-Kreisleitung, dann als Bergbauschule der SDAG Wismut und ab 1950 als Heim für sogenannte schwer erziehbare Kinder bis 14 Jahre, ab 1967 als Jugendwerkhof, also Strafanstalt für Jugendliche.

Heute wird Burg Scharfenstein von der Sächsischen Schlösserverwaltung gemeinsam mit der Augustusburg und Schloß Lichtenwalde als **„Die sehenswerten Drei"** empfohlen. Museen stellen das Leben des „Robin Hood des Erzgebirges" **Carl Stülpner** (siehe entsprechenden Exkurs) und die 800-jährige Geschichte der Burg

Carl Stülpner – Wilddieb und Volksheld

Die Geschichten über ihn sind wohl spannender, als es sein wahres Leben war, auch wenn er viel erlebt hat. Aber es ist auch so manches hinzugedichtet oder von ihm selbst hinzuerzählt worden, das dann als **aufregende, anregende und anrüchige Geschichte** seinen Weg nahm durch die Wälder und über die Berge bis weit hinüber nach Dresden und Leipzig.

Carl Heinrich Stilpner wurde am 30. September 1762 in Scharfenstein an der Zschopau geboren, er starb ebendort am 24. September 1841. Das achte Kind einer Tagelöhnerfamilie ließ sich 18-jährig in Chemnitz als **Kurfürstlich-Sächsischer Musketier** anwerben, um seinen Lebensunterhalt zu verdienen. Fünf Jahre darauf **desertierte** *Stülpner.* Sein weiterer Weg – immer auf der Flucht – führte ihn nach Böhmen, Ungarn, Österreich, Baden, Hessen, schließlich nach Hannover, wo ihn Dragoner zum Militärdienst pressten. Er desertierte erneut und geriet in ein preußisches Infanterieregiment. Mit den Preußen musste er am Krieg gegen Frankreich teilnehmen. 1793 wurde er in Kaiserslautern verwundet. Er desertierte zum dritten Mal und kehrte nach Scharfenstein zurück.

Stülpner war Anfang 30 und holte nun im heimatlichen Erzgebirge nach, was ihm das Leben bisher verwehrt hatte. **Er hielt sich gütlich in den wildreichen Wäldern,** gab wohl auch den Armen ab von dem Ertrag, der ihnen in dem uralten und für sie undurchschaubaren Geflecht von Eigentumsrechten anscheinend für ewig vorenthalten bleiben sollte. Und er verliebte sich: *Johanna Christiane Wolf,* die Tochter des Ortsrichters, sollte es sein. Die Stülpner-Geschichten, sein Ruf als Wohltäter und Held der Entrechteten, gehen auf diese Zeit zurück.

Die Scharfensteiner schützten ihn vor der Obrigkeit, die ihm, hätte sie ihn denn gefangen, den Galgen aufgestellt haben würde. Doch *Stülpner* wollte nur ein normales **Familienleben.** 1799 wurde seine Tochter *Johanna Eleonora* geboren, unehelich. Erst 1807 konnte er *Christiane* heiraten. Zuvor war er **freiwillig in die sächsische Armee zurückgekehrt.** Die Fürsprache von Freunden soll ihn vor der Bestrafung als Deserteur bewahrt haben, es wird wohl vor allem die Not des Despoten gewesen sein, sein Heer aufzufüllen. *Stülpner* war nun lebenslang zum Dienst verpflichtet. Er nahm 1806 an der Schlacht bei Jena teil, geriet in französische Gefangenschaft, konnte aber fliehen.

Um seine kranke Mutter pflegen zu können, ersuchte er um Entlassung aus dem Heer. Als ihm das verwehrt wurde, **desertierte er erneut.** *Christiane* sorgte sich um die Mutter bis zu deren Tod. *Stülpner* begab sich nach **Daubitz (Doubice),** einem Dorf zwischen Böhmischer Schweiz und Lausitzer Gebirge (am Limberg – Sokolí vrch – bei Daubitz gibt es die Stülpner-Einöde – Stülpnerova poustka –, ein angebliches Felsversteck *Stülpners*). In dem böhmischen Dorf heiratete er. *Stülpner* betrieb Handelsgeschäfte und gründete eine Zwirnfabrik, von der er mit seiner Familie gut leben konnte.

Als 1813 in Sachsen eine **Generalamnestie** verkündet wurde, kehrte er zurück und erwarb sein Geburtshaus. 1820 ließ er sich zu einem Schmugglergeschäft überreden. Während er floh, starb seine Frau. 1823 heiratete er in Böhmen *Anna Veronika Ventzora.* Fünf Jahre darauf verließ er sie, die mit dem zweiten Sohn schwanger war.

Stülpner zog als alter Mann durch das Erzgebirge, er erzählte Geschichten aus seinem Leben, denen er romantische Abenteuer und verwegene Streiche gern beigedichtet hat. **1832,** also noch zu seinen Lebzeiten, wurde das **erste Buch über ihn** geschrieben – von einem preußischen Major (*Friedrich von Sydow:* „Der Wildschütz Carl Stülpner"). 1835 verkaufte *Stülpner* seine Lebensgeschichte an einen Verleger. Das Buch wurde verboten. 1839 kehrte *Stülpner* erneut an seinen Geburtsort zurück. Bis zu seinem Tod wurde der schwer erkrankte Mann aus der Armenkasse versorgt. Sein **Grab auf dem Friedhof Großolbersdorf** wurde 1926 neu gestaltet und wird bis heute gepflegt.

Das **Fernsehen der DDR** verfilmte 1973 die Stülpner-Legende in einer siebenteiligen Serie, die damals ein Straßenfeger war. Den Stülpner spielte *Manfred Krug, Klaus Lenz* schrieb die Musik. Der Film schildert den Erzgebirgshelden vor allem als witzig-souveränen und charmanten Freiheitskämpfer, und die den Film sahen, wussten ihn als Persiflage allzu bekannter Zustände und als spannend-heitere Unterhaltung zu schätzen.

Carl Stülpner lebt in Erinnerungen und in den Herzen fort. Im **Schloß Scharfenstein** ist heute eine spannende **Ausstellung** über das bewegte Leben des „Robin Hood des Erzgebirges" zu sehen. Auf der Naturbühne Greifensteine wird in den Inszenierungen des Eduard-von-Winterstein-Theaters Annaberg-Buchholz die Legende am Leben erhalten.

erz043 Foto: dk

dar und zeigen erzgebirgische Volkskunst. Vom Burgfried eröffnet sich ein Panoramablick über das Zschopautal. Im **Stülpnermarkt** gibt es wohl so ziemlich alles zu kaufen, was das Erzgebirge an Leckereien und edlen Tropfen zu bieten hat.

Märchenburg Scharfenstein

Kindern und Familien bietet die Märchenburg Scharfenstein allerhand Überraschungen an. An Sommerwochenenden sind Kasperltheater und Märchenerzähler, die Hexe und der *Carl Stülpner* und andere Gestalten auf der Burg, und auf der Anfahrt mit dem **Märchenzug** der Erzgebirgsbahn können die Kleinen Erzählern lauschen und an jeder Station Märchen erraten.

Burg Scharfenstein

Kühlschränke

Scharfenstein steht aber nicht nur für die Geschichte der Burg. In dem 1926 gegründeten Unternehmen **„dkk Scharfenstein"** wurden Kühlgeräte produziert, Mitte der 1980er Jahre waren es über eine Million Kühlschränke jährlich für Exportpartner in 30 Ländern. Unter der Nachfolgemarke Foron wurde 1992 der weltweit erste FCKW- und FKW-freie Kühlschrank auf den Markt gebracht.

Motorradstadt Zschopau

DKW

In der Stadt, der die Zschopau den Namen gab, zieht das imposante Schloß Wildeck zunächst alle Blicke auf sich. Bekannt ist Zschopau (10.000 Ew.) aber vor allem durch Motorräder. 1919 hatte der **Ingenieur Hugo Ruppe** (1879–1949) einen kleinen Zweitaktmotor entwickelt und damit den Grundstein für die Motorradproduktion in Zschopau gelegt. Er bot seinen Motor der Zschopauer Maschinenfabrik an. Deren Inhaber, der dänische Ingenieur *J. S. Rasmussen,* übernahm den Spielzeugmotor als „Des Knaben Wunsch" – eine Spielerei mit dem Markenzeichen DKW für „Dampf Kraft Wagen" – in die Produktion. 1920 folgte ein Fahrrad-Hilfsmotor, 1922 begann die Serienproduktion von Motorrädern, und **schon 1928 war DKW der größte Motorradproduzent der Welt.** 1932 schlossen sich Horch, Wanderer, Audi und DKW zur **Auto Union** mit Sitz in Zschopau, später Chemnitz, zusammen. Nach dem Krieg produzierte der VEB Motorradwerke Zschopau unter dem Markenzeichen MZ. Seit 2009 wird diese Industrietradition von der Motorenwerke Zschopau GmbH fortgesetzt.

Schloß Wildeck

In einem der **Museen** auf Schloß Wildeck wird diese Geschichte anschaulich dargestellt. Das Renaissanceschloss (1545–1547) beherbergt auch eine historische Münzwerkstatt sowie eine Buchdruckerwerkstatt und ein Buchmuseum. Im Gewölbe ist eine Mineralienausstellung zu sehen. Nach so viel detaillierter Geschichte bietet der 44 Meter hohe mittelalterliche **Bergfried „Dicker Heinrich"** einen befreienden Rundblick über die ganze Stadt.

Altstadt

Die denkmalgeschützte Zschopauer Altstadt wird geprägt durch einfache Bürgerhäuser, die nach dem Stadtbrand von 1748 entstanden sind. Die barocke **Saalkirche St. Marien** (1751) erinnert im Chor an ihre spätgotische Vorgängerin, die gleichfalls beim Stadtbrand vernichtet wurde. Ähnlich erging es dem **Neuen Rat-**

haus, das 1561 erbaut worden war und 1751 in barocker Architektur wiedererstand. Das **Alte Rathaus,** ein Renaissancebau von 1495, wurde 1920 umgebaut. Dabei entstanden der Ratssaal und die Eingangsportale. Der Motorradfabrikant *Rasmussen* stiftete ein **Glockenspiel,** das heute dreimal täglich erklingt (9/13/18 Uhr, donnerstags auch um 14.15 Uhr).

Besucherbergwerk

Einblick in das Zschopauer Bergbaurevier gewährt die **„Heilige Dreifaltigkeit Fundgrube“,** eine Viertelstunde vom Schloß Wildeck entfernt, am Ufer der Zschopau. Diese Fundgrube wurde 1478 erstmals urkundlich erwähnt und, mit einigen Unterbrechungen, bis 1884 betrieben. Den Zustand von vor zwei Jahrhunderten hat sie bis heute behalten. Ein Verein betreibt sie seit 1992 als Besucherbergwerk.

Brücken am Fluss

Holzbrücken

Eine Holzbrücke mit schiefergedecktem Walmdach – ähnlich den Brücken in Iowa (USA), die durch den Film „Die Brücken am Fluss“ (1995) mit *Meryl Streep* und *Clint Eastwood* weltbekannt geworden sind – verbindet die Ufer der Zschopau bei **Hennersdorf.** Sie wurde 1837 erbaut und kann mit dem Pkw befahren werden. Ähnliche denkmalgeschützte Holzbrücken überqueren das Schwarzwasser im **Schwarzenberger Ortsteil Neuwelt** – hier wurde 1908 das Bauwerk aus dem Jahr 1732 rekonstruiert – und die Flöha in **Hohenfichte,** diese Brücke wurde 1832 errichtet. Alle Brücken sind von der Bahn aus kurz zu sehen.

Bikerschloss Augustusburg

„Krone des Erzgebirges“

Nach Schlettau, Wolkenstein, Scharfenstein und Wildeck folgt im Schlössersextett des Zschopautales rund 10 Kilometer flussabwärts das Renaissanceschloss Augustusburg, die „Krone des Erzgebirges“, wie sie aufgrund ihrer **exponierten Lage auf dem Schellenberg** (516 m) und ihrer Bedeutung auch genannt wird. Kurfürst *August* (1526–1586), der Begründer der Kunst- und na-

Im Motorradmuseum auf Schloß Augustusburg

turwissenschaftlichen Sammlungen des Dresdner Hofes (porträtiert von *Lucas Cranach d.J.*, die Bilder befinden sich in der Galerie Alte Meister in Dresden und im Bergbaumuseum Freiberg), ließ sie sich 1568 bis 1572 als Jagdschloss errichten. *August* war kunstsinnig, aber nicht etwa zartfühlend, wenn es um die Macht ging. Den Anlass und das Geld für seine Augustusburg bezog er aus der „Grumbachschen Händel" zwischen der ernestinischen und der albertinischen Linie der Wettiner, die hier nicht näher erläutert werden kann, aber schon der Begriff „Grumbachsche Händel" ist doch eine Notiz wert.

Museen

Die weitläufige Schlossanlage beherbergt neben der **Schlosskirche** mit dem Altargemälde von *Lucas Cranach d.J.* (1515–1586) das **größte Motorradmuseum Europas,** ein **Kutschenmuseum,** das Museum für Jagdtier- und Vogelkunde, Ausstellungen zur Schloss- und Jagdgeschichte sowie zur weiland Gerichtsbarkeit. Daneben gibt es eine Jugendherberge, Gaststätten und Hochzeitsräume.

erz098 Foto: ls

„Schloss der Biker“

Aufgrund ihrer einzigartigen Motorradschau gilt die Augustusburg als „Schloss der Biker“. Motorradfahrer wissen die Anfahrt über die erzgebirgischen Kurven zu loben, aber auch das **Wintertreffen** im Januar, das **Oldtimer-Herbsttreffen** am 3. Oktober und die **Schlösser- und Burgenfahrt** für Biker im August. Im Schloss wird über die besten Touren im Erzgebirge informiert.

Drahtseilbahn

Die Anfahrt zum Schloss von der **Station Erdmannsdorf-Augustusburg der Erzgebirgsbahn** ist so gemütlich wie vor 100 Jahren. Seit 1911 pendelt die Drahtseilbahn von der Talstation am Haltepunkt über 1,5 steile Kilometer zur Bergstation an der Burg, mit einer Geschwindigkeit von rund 11 km/h. Parallel zur Drahtseilbahn verläuft eine 1,5 Kilometer lange **Naturrodelbahn.** Im Sommer geht es auf die Sommerrodelbahn oder auf die Minigolfanlage und den Spielplatz.

Von Flöha nach Lichtenwalde

Flöha

Am Zusammenfluss der Zschopau und ihres rechten Nebenflusses Flöha liegt die kleine Stadt Flöha (9700 Ew., 12 km östlich von Chemnitz). Der Bahnhof Flöha ist Umsteigeort zwischen den Bahnlinien Dresden – Chemnitz und der Erzgebirgsbahn nach Olbernhau/Marienberg und Annaberg-Buchholz. Vom Bahnhof aus zu sehen ist die **„Alte Baumwolle“.** Die Klinkerbauten der 1809 gegründeten Baumwollspinnerei Plaue, einer der ältesten Spinnereien Sachsens, markieren das noch entstehende Zentrum von Flöha. Zuerst wurde der **„Wasserbau“** an der Zschopau saniert, dort befinden sich der Stadtsaal, die Stadtbibliothek und einige Vereinsräume. Im Stadtsaal wird ein **Gemäldezyklus** des Dresdner Malers *Ernst Erwin Oehme* (1831–1907) gezeigt. Als Auftragswerk eines Mitinhabers der Baumwollspinnerei illustriert der 1872 bis 1877 entstandene Zyklus *Schillers* Dichtung „Die Glocke“.

Schloß Lichtenwalde

Schloß Lichtenwalde

Die Zschopau zwängt sich hinter Flöha wieder in felsiges Gelände, was dem Tal erneut einen besonderen Reiz gibt. Auf dem Bergsporn ragt Schloß Lichtenwalde auf, das sechste Schloss im Zschopautal. Bis Anfang des 18. Jahrhunderts stand dort eine Burg. Ab 1722 ließ *Christof Heinrich Reichsgraf von Watzdorf* die Burganlage abreißen und ein Barockschloss errichten. Sein Sohn legte einen weitläufigen **Barockpark** an, der zu den schönsten in Deutschland gezählt wird. Lichtenwalde gehört heute neben Scharfenstein und der Augustusburg zu den „Sehenswerten Drei". Die dreiflügelige Schlossanlage ist vor allem ein **Museum** ihrer selbst. Zur Besichtigung stehen der Chinesische Salon, der Rote Salon, die Gräfliche Bibliothek und das Königszimmer offen. Die Salons sind ausgestattet mit chinesischem Porzellan, Möbeln und Gemälden des 17. und 18. Jahrhunderts. Von der Burganlage erhalten geblieben ist die gotische **Schlosskapelle.** Ausstellungen führen mit wertvollen Objekten in die Kultur Chinas, des Tibet und Westafrikas. Zu allen Jahreszeiten lohnt es sich, durch den großen Schlosspark zu lustwandeln oder einen Spaziergang an der Zschopau zu unternehmen.

erz099 Foto: ls

Braunsdorf

In Braunsdorf (Haltepunkt Braunsdorf-Lichtenwalde der CityBahn Chemnitz) steht am Ufer eine 1827 gegründete ehemalige Spinnfabrik, die nun mit funktionstüchtigen Web- und Spulmaschinen als **Schauweberei** einlädt. Einen schönen Blick über das Zschopautal gewährt der **Harrasfelsen,** zu dem man bequem wandern kann (Rundwanderweg, 4 km). *Theodor Körner* (1791–1813) verfasste im Jahr 1810 auf diesem Berg die Ballade „Harras der kühne Springer", die sich auf die Harras-Sage bezieht.

Oederan

Nach so vielen historischen Originalen in der Gebirgslandschaft bietet sich ein Abstecher zu einem liebevoll gestalteten Abbild an, das selbst wiederum auch ein Original ist. In **Oederan** (B173, 8 km östlich von Flöha, Bahnhaltepunkt) liegen zwischen den bekanntesten Orten des Erzgebirges nur wenige Zentimeter: Der **Miniaturenpark Klein-Erzgebirge** ist der älteste in Deutschland. Er zeigt über 200 Sehenswürdigkeiten im Maßstab 1:25, eine Parkeisenbahn ist unterwegs und mehrere Gartenbahnen drehen ihre Runden. In diesem Miniaturenpark lebt die erzgebirgische Tradition der Heimatberge fort. Für Kinder gibt es eine Menge zu sehen und zu erleben, und auch die Großen dürfen sich freuen.

Eine multimediale Exkursion in die Geschichte der Textilhandwerkerstadt Oederan bietet das **webMuseum** am Markt. In dem Bürgerhaus befindet sich auch die Stadtinformation. Daneben steht das **Rathaus** mit seinem schönen Renaissanceerker. Am Altmarkt ragt die spätgotische **Stadtkirche** (um 1500) mit ihrem 63 Meter hohen Turm auf. 1891 wurde sie zum Teil neogotisch umgestaltet. Die Orgel aus dem Jahr 1727 ist ein Werk *Gottfried Silbermanns.*

Praktische Informationen

Anreise

- **Auto: B174**
- **Erzgebirgsbahn** Chemnitz – Flöha – Zschopau – Annaberg-Buchholz – Cranzahl (Zschopautalbahn)
- **Drahtseilbahn** Erdmannsdorf – Augustusburg, Talstation am Bahnhof Erdmannsdorf-Augustusburg der Erzgebirgsbahn, Mo 13.20–17.40 Uhr, Di bis Fr 9.20–17.40 Uhr, Sa/So/Feiertage 9–18 Uhr, alle 20 Min., Hin-/Rückfahrt 4,50/4 Euro, einfache Fahrt 3,50/3 Euro, www.drahtseilbahn-augustusburg.de (die Seilbahn verkehrt seit 1911, 8 Min. Fahrt)

Info

- **Touristinformation Wolkenstein,** Schloss, Tel. (037369) 87123, Di bis So u. Feiertage 10–17 Uhr, www.stadt-wolkenstein.de
- **Gästeinformation Thermalbad Wiesenbad,** Freiberger Straße 33, Tel. (03733) 5040, www.wiesenbad.de
- **Touristinformation Zschopau,** Schloß Wildeck, Tel. (03725) 287287, Mo bis Fr 9–18 Uhr, www.zschopau-info.de
- **Fremdenverkehrsamt Augustusburg,** Marienberger Straße 24, Tel. (037291) 39550, Mo bis Fr 9–12 u. 13–17 Uhr, www.augustusburg.de
- **Touristinformation Großolbersdorf,** Am Rathaus 8, Tel. (037369) 1410, www.grossolbersdorf.de
- **Fremdenverkehrsamt Lichtenwalde,** Schloßallee, Tel. (037206) 5200, www.niederwiesa.de
- **Stadtinformation Oederan,** Markt 6, Tel. (037292) 27128, Di bis Fr 10–17 Uhr, Sa/So 12–17 Uhr, www.oederan.de

Wohnen und Essen

- €€**Kurpark-Hotel Warmbad,** Wolkenstein, An der Silbertherme 3, Tel. (037369) 84790, tgl. ab 11.30 Uhr, www.kurparkhotel-warmbad.de (neues Hotel direkt an der Silbertherme Warmbad, großes Haus mit komfortablen Doppelzimmern, Angebote für Gesundheits- und Wellnessurlaub)
- €€**Hotel und Restaurant Waldmühle,** Wolkenstein, Badstraße 18, Tel. (037369) 1390, tgl. ab 11 Uhr, www.waldmuehle-erzgebirge.de (am Wald gelegene historische Einkehrstätte, große, ruhige Zimmer)
- €€**Ferienhotel Augustusburg,** Waldstraße 16, Tel. (037291) 13990, www.ferienhotel-augustusburg.de (im Villenviertel von Augustusburg)
- €€**Hotel Café Friedrich,** Augustusburg, Hans-Planer-Straße 1, Tel. (037291) 6666, tgl. 8–22 Uhr, www.cafe-friedrich.de (kleines, familiär geführtes Haus im Villenviertel, Restaurant und Konditorei)
- €**Wolkensteiner Zughotel,** Am Bahnsteig 10, Tel. (037369) 5821, tgl. ab 11 Uhr, www.wolkensteiner-zughotel.de (alles auf Gleisen: Wohnen im Schlafwagen oder mit 2–12 Personen im Ferienzug, Restaurant-, Salon- und Imbisswagen; ideal für Familien, Biker und Wandergruppen)
- €**Gasthof „Im Grünen Grund“,** Scharfenstein, Im Grund 1, Mo bis Do ab 18 Uhr, Sa/So ab 11 Uhr (Winter: So 11–14 Uhr), www.imgruenengrund.de (am Rand von Scharfenberg, 2 km vom Bahnhof, deftige sächsische Küche, Fiedler-Bräu aus dem Erzgebirge)

- €**Jugendherberge Warmbad,** Wolkenstein, An der Jugendherberge 68, Tel. (037369) 9437, www.jugendherberge-warmbad.de (DJH-Mitgliedschaft erforderlich, idyllische Lage auf einem Hügel am Rand des Thermalbades, 1- bis 6-Bettzimmer, die Buslinie T218 hält am Haus, Erzgebirgsbahn bis Warmbad, 30 Min. Fußweg)
- €**Jugendherberge Schloß Augustusburg,** Tel. (037291) 20256, www.jh-augustusburg.de (DJH-Mitgliedschaft erforderlich, Vollverpflegung möglich)

Gastronomie

- €**Schankwirtschaft „Zum Grenadier“,** Schloß Wolkenstein, Tel. (037369) 88480, Mi bis Fr ab 17.30 Uhr, Sa/So u. Feiertage ab 11.30 Uhr, www.zum-grenadier.de (unter Bruchsteingewölben und an Holzbänken zechen wie vor 200 Jahren, serviert werden Bettlersuppe, Kanonenwurst und Feldherrenschnitzel und manch anderes aus der Burgküche)
- €**Traditionsrestaurant Siebers Erben,** Scharfenstein, Großolbersdorfer Straße 39, Tel. (03725) 780781, Mi bis Mo ab 11 Uhr (erzgebirgische Küche, Kräutergarten, Terrasse, unweit des Bahnhaltepunktes)

Museen

- **Schloß Wolkenstein,** Schloßplatz 1, Tel. (037369) 87123, Di bis So u. Feiertage 10–17 Uhr, 2/1,50 Euro, www.stadt-wolkenstein.de (Geschichte von Stadt und Schloss, erzgebirgische Volkskunst, Mineralienausstellung „Land der Amethyste“)
- **Burg Scharfenstein,** Schloßberg 1, Tel. (03725) 70720, Di bis So April bis Okt. 10–18 Uhr, Nov. bis März 10–17 Uhr, 4,20/3,20 Euro, www.die-sehenswerten-drei.de (800 Jahre Burggeschichte, *Carl Stülpner,* Volkskunst, Weihnachts- und Spielzeugmuseum)
- **Schloß Wildeck in Zschopau,** Tel. (03725) 287170, Do bis Di 11–17 Uhr, 6/2,50 Euro (alle Ausstellungen), Einzelkarte 1,50–2,50 Euro, www.schloss-wildeck.de (Motorradausstellung, Kurfürstliche Räume, Mineralienausstellung, Aussichtsturm)
- **Schloß Augustusburg,** Tel. (037291) 38018, April bis Okt. tgl. 9.30–18 Uhr, Nov. bis März tgl. 10–17 Uhr, 6,80/5,10 Euro (alle Museen), Einzelkarte 1,60–3,20 Euro, www.die-sehenswerten-drei.de (Kutschenmuseum, Motorradmuseum, Jagdtier- und Vogelkundemuseum, Schloss- und Jagdgeschichte, Gerichtsbarkeit)

St.-Bartholomäus-Kirche in Wolkenstein

erz042 Foto: dk

- **Schloß Lichtenwalde,** Tel. (037291) 38018, April bis Okt. Di bis So 10–18 Uhr, Nov. bis März Di bis So 10–17 Uhr, 8/6 Euro, Familienticket 21 Euro, nur Galerie Angewandte Kunst 2/1 Euro, Führung So bis Do 11/15 Uhr, 4,50/3,50 Euro, Park April bis Okt. 9–18.30 Uhr, 2/1,50 Euro, Nov. bis März freier Eintritt, www.die-sehenswerten-drei.de („Schatzkammer“: Chinesisches Zimmer, Gräfliche Bibliothek, Königszimmer, chinesisches Porzellan, Interieur des 17./18. Jh.; „Den Göttern ganz nah“: Kultur in Nepal; „Mythos Ostasien“: Porzellane, Lackarbeiten, Möbel, Skulpturen, Seidenstickereien, Grafik; „Zwischen den Welten“: westafrikanische Kultur; „Von China nach Europa“: Scherenschnitte; gotische Schlosskapelle, Galerie Angewandte Kunst Schneeberg, Restaurant)
- **Museum für Nummernschilder, Verkehrs- und Zulassungsgeschichte Großolbersdorf,** Grünauer Straße 3, Tel. (037369) 87448, Di bis Sa 9–17 Uhr, So/Feiertage 10–17 Uhr, 2,20/1,10 Euro, www.nummernschildmuseum.de (in einer ehem. Spielwarenfabrik über 3000 Nummernschilder, Verkehrsschilder und Kuriositäten der Verkehrsgeschichte aus 170 Ländern, alte Führerscheine, Strafzettel und was sonst noch den Verkehr regelt)
- **Dorfmuseum „Sättlerhaus“, Großolbersdorf,** Tel. (037369) 1410, Sa/So/Feiertage 14–17 Uhr, 1 Euro, www.grossolbersdorf.de (Strumpfwirkstube, Weihnachtsstube, Ziegenstall, Abort aus der Mitte des 19. Jh., *Carl Stülpner* ist dabei und eine Mineraliensammlung zu besichtigen)
- **Volkssternwarte Drebach,** Milchstraße 1, Tel. (037341) 7435, Kasse Mo bis Fr 8–12 u. 13–15 Uhr, Planetarium 4/2 Euro, Beobachtungsabende 2,50/1,50 Euro, www.milchstrasse1.de (Veranstaltungen, Planetenwanderweg nach Ehrenfriedersdorf)
- **Gemäldezyklus von Ernst Erwin Oehme (1831–1907) zu Friedrich Schillers „Die Glocke“, Flöha,** Stadtsaal im Vereins- und Kulturzentrum „Wasserbau“, Anmeldung Tel. (03726) 7910 (Kulturzentrum im denkmalgeschützten ehem. Fabrikbau der „Alten Baumwolle“, der Zyklus umfasst acht großformatige Gemälde, die zwischen 1872 und 1877 entstanden sind)
- **Schauweberei Braunsdorf,** Inselsteig 16, Tel. (037206) 899800, Mai bis Okt. Mi bis So 10–16 Uhr (Spinnfabrik von 1827 im Zschopautal, 3 km vom Schloß Lichtenwalde)

Museum auf Schloß Wolkenstein

- **Miniaturenpark Klein-Erzgebirge, Oederan,** Ehrenzug 14, Tel. (037292) 59912, Juni bis August tgl. 9–18 Uhr, Sept. bis Mai tgl. 10–18 Uhr, 7/5 Euro, Familienkarte 18,50/Fr 17,50 Euro, www.klein-erzgebirge.de (Führungen pauschal 20 Euro für bis zu 20 Personen, vom Bahnhof 15 Min. Fußweg)
- **webMuseum Oederan,** Markt 6, Tel. (037292) 27128, Mo bis So 12–17 Uhr, 3/1,50 Euro, www.oederan.de (Weberei- und Stadtgeschichte, historische Handwebstühle, Düsenwebautomaten, Multimedia-Terminals)
- **Dorfmuseum Gahlenz,** Gahlenzer Straße 105, Tel. (037292) 20975, Di bis Do 10–16 Uhr, Fr 14–16 Uhr, So 14–17 Uhr, 2/1 Euro, www.oederan.de (Dorfgeschichte in einem denkmalgeschützten Dreiseitenhof, Pferdegöpel, Kräutergarten, Lehmbackofen)

Bergbau

- **Besucherbergwerk „Heilige Dreifaltigkeit Fundgrube", Zschopau,** Krumhermersdorfer Straße, am Zschopauufer gegenüber vom Sportplatz, Führungen mtl. letzter Sa 10–16 Uhr, 45 Min., www.besucherbergwerk-zschopau.de (1478 erstmals erwähnte Grube, Zustand um 1800, Bus Linie 237 Station Steghaus)

Sport

- **Augustusburg:** 3 Skilifte, 1 Rodelhang; Schneetelefon (037291) 12450

erz101 Foto: dk

erz045 Foto: dk

Oberes Erzgebirge

Überblick

Der **Fichtelberg** (1215 m), höchster Berg Sachsens und Ostdeutschlands, und der böhmische **Keilberg** (Klinovec, 1244 m) markieren das Obere Erzgebirge als herausragende Wander- und Wintersportregion. Zwischen den Bergen laden die höchstgelegene Stadt Deutschlands, **Oberwiesenthal,** und die höchstgelegene Stadt Mitteleuropas, **Boží Dar** (Gottesgab), ein. Ein Ausflug führt in die alte böhmische Bergstadt **Jáchymov** (Joachimsthal), deren Name heute noch im Taler und im Dollar fortlebt, aber auch für das Schreckensregime in den sowjetischen Uranerzgruben steht. Ein ausgiebiger Stadtrundgang vermittelt mehr als ein halbes Jahrtausend Bergbau- und Industriekultur in **Annaberg-Buchholz,** der bedeutendsten Stadt im Oberen und Westerzgebirge, Ausflüge führen nach Scheibenberg und Schlettau am **oberen Lauf der Zschopau,** zu den **Greifensteinen** und in die Stollen unter **Ehrenfriedersdorf.** Ein Exkurs folgt dem Leben und Werk des Volkssängers *Anton Günther.*

Annaberg-Buchholz

Bedeutende Bergstadt

Steile verwinkelte Gassen, die von kühnen Kindern im langen Winter auch schon mal als Rodelberg genutzt werden. Hohe spitzwinklige Dächer. Kleinstädtisches Gewimmel auf dem Markt und in den umliegenden Bergstraßen, deren Läden manchmal wie Treppen angeordnet sind. Über der Stadt machtvoll aufragend, erdfarben die Kirche St. Annen. Der Berg, auf dem die Stadt steht, durchzogen von Stollen des Silberbergbaus im 15. und 16. Jahrhundert. Annaberg-Buchholz (22.000 Ew.) ist in ihrer Geschichte, Architektur und heute als **Verwaltungssitz** die bedeutendste Bergstadt des westlichen und oberen Erzgebirges. Das Bild der Stadt wird bestimmt durch das im 16. Jahrhundert entstandene Straßennetz auf dem Berg, von St. Annen und weiteren Renaissancebauten sowie von Gründerzeitwohnhäusern.

Impressionen aus dem Oberen Erzgebirge – oben: auf dem Fichtelberg, unten: Naturschutzgebiet Hochmoor Siebensäure

Vorherige Seiten: Frohnauer Gasse in Annaberg-Buchholz

erz087 Foto: dk

erz086 Foto: dk

Persönlichkeiten

In Annaberg lebte der Rechenmeister **Adam Ries** (1492–1559), dem die Stadt ein Museum widmet. Hier wirkten der spätgotische Maler **Hans Hesse** (um 1470 bis nach 1539) und der Montanwissenschaftler **Ulrich Rülein von Calw** (1465–1523), der den Bauplan für Annaberg entworfen hat. Am Frohnauer Hammer zu Hause war „Hammer-Hansl" **Johannes Schönherr** (1921–2007), ein Erzgebirgsoriginal, das fast vier Jahrzehnte lang Museumsführer war in einem der bedeutendsten Technischen Denkmäler Sachsens. Ehrenbürger von Annaberg-Buchholz ist auch der Grafiker und Philosoph **Carlfriedrich Claus** (1930–1998), der mit seinen „Sprachblättern" einer der großen Alleingänger in der Kunst des 20. Jahrhunderts war und der über seine Heimatstadt, den „Ort des Windes", geschrieben hat: „Annaberg-Buchholz, vielschichtig unterhöhlt, greift über Tage in ziemlich bewegte Luft" (www.carlfriedrich-claus.de).

Stadtgeschichte

Silber

Die Geschichte von Annaberg-Bucholz reicht zurück bis ins 14. Jahrhundert. 1397 wurden die heute zur Stadt gehörenden Ortschaften Frohnau, Geyersdorf und Kleinrückerwalde erstmals urkundlich erwähnt. Am 28. Oktober 1491 wurde am Schreckenberg (649 m) Silber entdeckt. Das **„Große Berggeschrey"** (siehe unter „Land und Leute/Geschichte und Wirtschaft") lockte Bergleute, Handwerker, Kaufleute, Abenteurer an den Berg. Der Zufallsfund erwies sich als die Spur zu reichen Silbergängen. Herzog *Georg der Bärtige* als sächsischer Landesherr ließ am 21. September 1491 eine Stadt gründen, nach dem Bauplan des Universalgelehrten der Renaissance, des späteren Freiberger Bürgermeisters *Ulrich Rülein von Calw*. 1497 erhielt die „Neustadt des Schreckenberges" das Stadtrecht, im Jahr darauf das Münzrecht. Der „Schreckenberger" war bald ein geachtetes Zahlungsmittel: „Bist ein reicher Annaberger, hast den Sack voll Schreckenberger".

Glaubensgrenze

Eine benachbarte Bergbausiedlung, St. Katharinenberg im Buchholz, wurde erstmals 1539 als Städtlein bezeichnet. Von der „Leipziger Teilung" der ernestinischen und der albertinischen Ländereien der Wettiner im Jahr 1485 an verlief die Landesgrenze zwischen beiden Teilen Sachsens entlang der **Grenze zwischen dem katholischen Annaberg und dem protestantischen Buchholz.** Mit der „Wittenberger Kapitulation" 1547, die den Schmalkaldi-

erz047 Foto: dk

schen Krieg beendete, kam auch Buchholz zu dem Albertinern. Bereits 1539, nach dem Tod Herzog *Georgs,* wurde auch in Annaberg die Reformation eingeführt.

Handwerk und Industrie

Im 16. Jahrhundert erstarkte Annaberg infolge des Silberbergbaus zu der nach Freiberg zweitgrößten Stadt Sachsens mit 12.000 Einwohnern. Das 17. Jahrhundert brachte nach dem verheerenden Stadtbrand von 1604 den Dreißigjährigen Krieg und das allmähliche Versiegen des Bergbaus. Bestimmend wurde immer mehr das Handwerk. Das **Textilgewerbe** lebte auf, wie Spitzenklöppeln, Bortenwirken und die Weberei. Nach der Eröffnung der Eisenbahnlinie Chemnitz – Annaberg siedelte sich Industrie an. Der Bergbau kam 1892 zum Erliegen, aber Annaberg und Buchholz galten Ende des 19. Jahrhunderts bis nach Amerika als ein Zen-

Seitenportal der Kirche St. Annen

trum der **Posamentenherstellung.** Auch Kartonagen- und Prägewerke wurden von Annaberg und Buchholz aus exportiert.

Von 1945 bis heute

Während Annaberg von Zerstörungen in den letzten Tagen des Zweiten Weltkrieges weitgehend verschont blieb, wurde Buchholz von mehreren Bomben getroffen und zerstört. **1945** wurden beide Städte auf Weisung des sowjetischen Stadtkommandanten **vereint.** Nur kurz, zwischen 1947 und 1950, kam es durch die SDAG Wismut zu einer Wiederaufnahme des Bergbaus, diesmal nach **Uranerz.**

Heute ist Annaberg-Buchholz **Große Kreisstadt und Verwaltungssitz des Erzgebirgskreises,** mit 372.000 Einwohnern der einwohnerstärkste Landkreis Ostdeutschlands. Die Altstadt und das Bergbaugebiet Frohnau gehören zu den Stätten, mit denen sich das Erzgebirge um die Aufnahme in die UNESCO-Welterbeliste bewirbt.

Stadtrundgang

Orientierung

Jeweils 10 Minuten Fußweg sind es von der Bahnstation **Annaberg-Buchholz Unterer Bahnhof** im Sehmatal, wo auch Parkplätze zu finden sind, auf steilem Anstieg bis zum Stadtteil **Annaberg,** der sich an den Hängen des Pöhlberges (832 m) erstreckt und von der Annenkirche gekrönt wird, sowie in das links der Sehma im Tal gelegene **Frohnau** mit dem Frohnauer Hammer. Der am Schottenberg in Terrassen angelegte Stadtteil **Buchholz** ist am kürzesten über die Bahnstation **Annaberg-Buchholz Mitte** zu erreichen.

Hinter dem Bahnhofsgebäude Unterer Bahnhof führt ein durch Wegweiser gekennzeichneter Pfad steil bergan zur B101 **(Bruno-Matthes-Straße)** und von dort gleich über den Töpferweg zur Frohnauer Gasse. Wenn die Witterung gegen diesen Anstieg spricht, kann man auch vom Ausgang des Bahnhofsgeländes den nicht ganz so steilen Fußweg an der B101 nutzen.

Bergkirche St. Marien

Auf der steilen **Frohnauer Gasse** lohnt es sich, den Blick einmal ins Tal zu wenden und die Aussicht hinüber nach Frohnau zu würdigen. Die rechts abbiegende Häuergasse führt zur **Münzgasse,** die in den **Markt** mündet. Dort steht die Bergkirche St. Marien (1502–1511). Der Bau dieses von einem Dachreiter bekrönten Kirchleins wurde vom „Büchsenpfennig" der Annaberger Knappschaft finanziert. Nach Zerstörungen bei Stadtbränden erhielt die

Kirche 1736 ihr heutiges Aussehen. Sie diente den Andachten der Bergleute und Berggottesdiensten und steht Besuchern offen.

Markt

Beim Betreten des Marktes (602 m) ergibt sich eine erste Blickachse hinauf zur mächtigen Annenkirche. Doch zunächst gebührt dem von Fassaden des 19. Jahrhunderts und wesentlich älteren Häusern eingefassten Platz ein Rundgang. Das imposanteste Bauwerk ist natürlich das barocke **Rathaus** (1734) an der Nordostseite. Es wurde nach Plänen des Dresdners *Johann Christoph von Naumann* erbaut.

Eines der ältesten Bürgerhäuser und Restaurants der Stadt, heute Hotel, ist der benachbarte **„Wilde Mann"**, Markt 13. Aus dem Erbauungsjahr 1507 stammen das Sternengewölbe im Erdgeschoss und die spätgotische Holzbalkendecke. Der **„Erzhammer"** an der Einmündung der Buchholzer Straße war zur Wismut-Zeit Klubhaus der Bergleute, heute beherbergt er als „Haus des Gastes" eine Klöppel- und eine Schnitzschule und eine Galerie für wechselnde Ausstellungen. Der **Brunnen** in der Mitte des Marktes trägt eine Skulptur der Unternehmerin **Barbara Uthmann** (1514–1575). Sie hat anfangs die Saigerhütte in Grünthal geführt und verkaufte dann von Annaberg aus Borten, wofür sie bis zu 900 Bortenwirkerinnen nach dem Verlagsprinzip beschäftigte. Der von dem Dresdner Bildhauer *Robert Henze* im Jahr 1886 geschaffene Brunnen wurde von den Nazis 1942 eingeschmolzen, im Jahr 2002 wurde die jetzige, von den Bürgern finanzierte Kopie aufgestellt.

St.-Annen-Kirche

Die Große Kirchgasse führt steil bergan zur St.-Annen-Kirche, dem Wahrzeichen der Stadt. Die **größte spätgotische Hallenkirche Sachsens** wurde 1499 bis 1525 unter der Leitung von *Conrad Pflüger* (1450–1506/07), einem der wichtigsten Baumeister der Spätgotik in Sachsen, *Peter Ulrich* (Marienkirche Pirna) und einem Wegbereiter der Renaissance in Sachsen, *Jacob von Schweinfurt* (1475–1525), erbaut. So ist in der aus heimischem Gneis errichteten Kirche die spätgotische Strenge bereits aufgelöst in einem grandios lebhaften Schlingrippengewölbe.

St. Annen gilt in vielen baukünstlerischen Details als **Vorbild** für den Freiberger Dom, die St.-Marien-Kirche Marienberg und die St.-Wolfgangs-Kirche in Schneeberg sowie für St. Barbara im böhmischen Kutna Hora (Kuttenberg).

Ausgestattet ist die Kirche mit der spätgotischen **Kanzel** sowie **Emporenreliefs** im Stil der Frührenaissance mit Darstellungen der

erz054 Foto: dk

zehn weiblichen und männlichen Lebensalter und einer Bilderbibel aus der Werkstatt von *Franz Maidburg* (1480/85–1533) aus Freiberg, der in seiner Jugend auch in der Werkstatt von *Tilman Riemenschneider* tätig war.

Bergaltar

Eines der wertvollsten und berühmtesten Kunstwerke im Erzgebirge ist der 1521 geweihte Bergaltar von *Hans Hesse,* ein künstlerisch und kulturgeschichtlich herausragendes Werk der Spätgotik mit Einflüssen der Renaissance. In der geöffneten Vorderseite zeigt er Szenen aus der Passionsgeschichte. Sensationell aber ist die Rückseite des von der Bergknappschaft in Auftrag gegebenen Altars. Dort hat *Hans Hesse,* über dessen Biografie kaum etwas bekannt ist, lebensnah und detailgenau eine erzgebirgische Bergbaulandschaft und das **Leben der Bergleute** der damaligen Zeit abgebildet. Der Künstler malte, wie ein Silberbergwerk erschlossen wurde, wie die bergbaulichen Anlagen – Schächte, Stollen, Göpel, Halden und Huthäuser – aussahen, wie die Bergleute, die Silberwäscher, die Schmelzer arbeiteten, wobei das in der Renaissance gerade erst entdeckte künstlerische Mittel der Perspektive zur Lebendigkeit der Darstellung beiträgt.

Die **Mitteltafel** zeigt die Silberförderung. Zentrale Figur ist ein Häuer, der den Betrachter direkt anschaut und im Kontrast zu den erdfarben gekleideten anderen Bergleuten ein leuchtendes Rot trägt. Die **Predella** zeigt die Silberwäsche, in der auch eine Frau arbeitet, die **linke Seitentafel** eine Schmelzhütte und die **rechte Tafel** die Münzprägung. Im Hintergrund der rechten Tafel legt ein Ganghäuer einen neuen Stollen an.

Geistliche Bezüge gibt es lediglich in der Darstellung der Annaberger Gründungslegende – ein Engel verkündet einem Knappen einen Schatz bei einem Baum auf dem Schreckenberg – sowie in der Figur des Bergbaupatrons *St. Wolfgang,* der mitten unter den Bergleuten weilt und sich auf den ersten Blick nur durch den grünen Mantel von ihnen abhebt.

Die St.-Annen-Kirche, ein Meisterwerk der Spätgotik

Kircheneinrichtung

Weitere **Perlen der Frührenaissance** in dieser Kirche sind der Hauptaltar aus Marmor, der Bäckeraltar und der Münzeraltar – benannt nach ihren Stiftern (alle 1522). Der spätgotische Pflocksche Altar wurde von einem anonym gebliebenen Meister aus der Schule *Lucas Cranachs d.Ä.* (1475–1553) geschaffen. Ein „Schöne Tür" genanntes Portal (1512) stammt vermutlich von *Hans Witten,* dem Schöpfer der Tulpenkanzel im Freiberger Dom.

Kirchturm

Ein **herrlicher Blick über die Stadt** und das Erzgebirge bietet sich vom Kirchturm, der noch immer von einer Türmerfamilie bewohnt wird.

Museum und Besucherbergwerk

Eines der interessantesten Museen und Besucherbergwerke des Erzgebirges befindet sich direkt gegenüber der Annenkirche. Im Hof des **Erzgebirgsmuseums** führt ein Kunstschacht in 110 Meter Tiefe in den Silberbergbau des 15. und 16. Jahrhunderts. Ein **Stollensystem,** das sich unter der ganzen Stadt erstreckt, wurde auf 260 Meter Länge für Besucher zugänglich gemacht. Das **Besucherbergwerk „Im Gößner",** benannt nach dem Besitzer des Grubenfeldes um 1510, zeigt original erhaltene Erzgänge und Stollen, die Spuren der von den Bergleuten geführten Schlägel, die Standorte von Förderanlagen sowie den Lauf der Natur als Stalagtit- und Sintergebilde. Beim Rundgang wird über Leitern ein Höhenunterscheid von 24 Meter absolviert. Spannend ist aber auch das Museum über Tage, dort werden Sachzeugen der Bergbaugeschichte, des Handwerks und des Alltags in Annaberg-Buchholz und im oberen Erzgebirge sowie sakrale Kunstwerke gezeigt.

Adventszeit

Besonders in der Adventszeit ist es ein **anheimelndes Vergnügen,** zwischen Markt und Annenkirche **durch die engen Gassen zu streifen** und sich von den Volkskunstgeschäften und anderen kleinen Läden und Gastwirtschaften verführen zu lassen. An den Fußwegen warnen dann Schilder vor Dachlawinen, denn auf den steilen Dächern haben sich respektable Schneemassen angesammelt. Also gehen alle Leute mitten auf den gut beräumten Straßen – auch das verleiht der Altstadt eine außergewöhnlich feierliche Ruhe. Malerische Durchblicke, schöne Bürgerhäuser und einladende Türen entdeckt man auch zu allen anderen Jahreszeiten.

Im Besucherbergwerk „Markus-Röhling-Stolln"

Adam-Ries-Museum

Eine Viertelstunde von St. Annen bergauf, eine Viertelstunde bergab einfach sich treiben lassen, dann fünf Minuten zur Johannisgasse – „das macht nach Adam Ries" 35 Minuten Bummeln bis zum Museum für den **Rechenmeister der Renaissance** *Adam Ries*. Im Wohnhaus des Bergbeamten lernt man kennen, wie zu seiner Zeit gerechnet wurde und welche Maße und Gewichte galten. Das kleine Haus birgt ein faszinierendes wissenschafts- und kulturgeschichtliches Museum über die Zeit um 1500. Und es lädt zum Mitrechnen und Nachrechnen ein. Seit 1993 gehen mathematisch und historisch interessierte Schüler in die Annaberger Rechenschule, in der sie das **Annaberger Rechendiplom** erwerben können. Schulklassen und andere Gruppen sind gern gesehen, diese Rechenschule zu besuchen.

Manufaktur der Träume

Erzgebirgische Volkstradition hat in der Manufaktur der Träume eine museale Heimstatt gefunden. Das **Erlebnismuseum** in einem Neorenaissancebau, wenige Schritte vom Markt entfernt, hinter dem „Erzhammer", zeigt **mehr als 1000 Werke erzgebirgischer Volkskunst** aus der Privatsammlung von *Erika Pohl-Ströher*. Hier

erz048 Foto: te

haben sich Engel und Bergmänner, Nussknacker, Räuchermännchen und Reifentiere gefunden, stehen Weihnachtsberge und Pyramiden beisammen. Mit **„Sehen“ – „Machen“ – „Staunen“** sind die Bereiche der Ausstellung überschrieben. Im selben Haus befindet sich die Touristeninformation.

Frohnauer Hammer

Der Besuch eines der bedeutendsten Technischen Denkmale des erzgebirgischen Bergbaus führt nun in den im Sehmatal gelegenen **Stadtteil Frohnau.** Vom Markt sind es 10 Minuten zu Fuß: wieder an der Bergkirche St. Marien vorbei auf die Frohnauer Gasse, steil bergab zur B101, diese überqueren und nach rechts auf dem Frohnauer Kirchsteig sowie scharf nach links auf dem Gärtnerweg ins Tal laufen.

Der Frohnauer Hammer diente von der zweiten Hälfte des 17. bis Ende des 19. Jahrhunderts als **Werkstatt für den Bergbau.** Hier wurden Schlägel und Eisen, die wichtigsten Werkzeuge der Bergleute, und anderes Gezähe, aber auch landwirtschaftliche Geräte hergestellt. Nach einem Brand im Februar 1692 ließ der damalige Schmied das barocke Fachwerkhaus am Hammer erbauen, das **Herrenhaus.** Die Geschichte des Frohnauer Hammers reicht aber bis ins 15. Jahrhundert zurück. Damals stand hier eine Getreidemühle. Unweit der Mühle wurden 1491 die Silbervorkommen am Schreckenberg entdeckt. In der Folge tagten die Berggerichte im Garten der Mühle. Von 1498 bis 1502 wurde hier in einer Münzstätte der **„Schreckenberger“** geprägt. Der Dreißigjährige Krieg verzögerte die Inbetriebnahme eines Hammerwerkes, erst 1657 war es soweit.

Seit 1910 ist der Frohnauer Hammer ein **Technisches Museum.** Im selben Jahr wurde im Herrenhaus eine einfache Gastwirtschaft eröffnet, die bald auch zu einem Zentrum der Traditionspflege wurde. So ist es bis heute geblieben in der **Gaststätte,** die erzgebirgische Speisen serviert und ein beliebter Ort ist für Mundartgruppen, Schnitzer und Klöpplerinnen. Im Obergeschoss ist eine Klöppelstube auch für Besucher geöffnet.

Praktische Informationen

Anreise

- **Auto: B101**
- **Erzgebirgsbahn** Chemnitz – Flöha – Augustusburg – Scharfenstein – Wolkenstein – Annaberg-Buchholz – Cranzahl (– Vejprty – Chomutov)

Info

- **Tourist-Information Annaberg-Buchholz,** Markt 1, Tel. (03733) 19433, Mo bis 18 Uhr, 24.12. 10–14 Uhr, 1.1. 12–18 Uhr, www.annaberg-buchholz.de
- **Fremdenverkehrsamt Jöhstadt,** Markt 185, Tel. (037343) 80510, www.joehstadt.de

Wohnen und Essen

- €€€**Traditionshotel „Wilder Mann“,** Markt 13, Tel. (03733) 1440, tgl. 11–14.30 Uhr, ab 18 Uhr, www.hotel-wildermann.de (eines der ältesten Bürgerhäuser am Platz, zusätzlich Gästehaus, Gewölberestaurant „Kartoffelkeller“ tgl. ab 18 Uhr)
- €€**Hotel Alt Annaberg,** Farbegasse 4, Tel. (03733) 18310, www.hotel-alt-annaberg.de (ruhig gelegener Renaissancebau mitten in der Altstadt)
- €€**Hotel „Goldene Sonne“,** Adam-Ries-Straße 11, Tel. (03733) 22183, www.goldene-sonne.de (Gründerzeitbau am Rande der Altstadt)

Gastronomie

- €**Zum Neinerlaa,** Annaberg-Buchholz, Markt 1, Tel. (03733) 679409, Nov. bis Jan. Di bis So 11–22 Uhr, Feb. bis Okt. Di bis So 11–14 Uhr, ab 18 Uhr, www.zum-neinerlaa.de (Neinerlaa – Neunerlei – gehört zum erzgebirgischen Weihnachtsessen, andere Köstlichkeiten gibt es hier das ganze Jahr über; die Karte verheißt Schmackhaftes und vermittelt Unterhaltsames über Speisen, Bräuche und Mundart)
- €**Café Anna,** Annaberg-Buchholz, Große Kirchgasse 17, Tel. (03733) 44048, Fr bis Mi 11–22 Uhr, www.my-cafe-anna.de (mediterranes Café nahe der Annenkirche, romantischer Biergarten im Innenhof, saisonale Speisekarte, Sandkasten, Wickelecke)
- €**Papperla Pub,** Annaberg-Buchholz, Magazingasse 1a, Tel. (03733) 25693, tgl. ab 19 Uhr, www.papperla-pub.de (Altstadtkneipe mit Bieren aus aller Welt und einer großen Auswahl an Whisk(e)ys, Salate, Steaks vom Lavasteingrill, Live-Musik, Kabarett)
- €**Traditionsgaststätte „Frohnauer Hammer“,** Frohnau, Schmatalstraße 3, Tel. (03733) 429444, Mai bis Dez. tgl. ab 10.30 Uhr, Jan. bis April Di bis So ab 10.30 Uhr (Restaurant im ehem. Herrenhaus des Frohnauer Hammers, als „Hammerschänke“ ein Zentrum der erzgebirgischen Kulturpflege, heimische Küche)

Museen

- **Erzgebirgsmuseum mit Besucherbergwerk „Im Gößner“,** Große Kirchgasse 16, Tel. (03733) 23497, tgl. 10–17 Uhr, Bergwerksführungen 11/12.30/14/15.30 Uhr, 5,50/3 Euro, www.annaberg-buchholz.de/erzgebirgsmuseum (1887 als „Museum erzgebirgischer Altertümer“ begründet, seit 1905 Erzgebirgsmuseum; Stadtgeschichte, Bergbaugeschichte, sakrale und Volkskunst, Münzen, Mineralien; „im Gößner“ wurde vor 500 Jahren Silber gefördert, das Stollensystem erstreckt sich unter der ganzen Stadt, Besichtigung nur bei Führungen, rund 260 m, Höhenunterschiede 24 m über Leitern, 1 Std.)

● **Technisches Museum „Frohnauer Hammer“,** Sehmatalstraße 3 (Ortsteil Frohnau), Tel. (03733) 22000, tgl. 9–12 u. 13–16 Uhr, 3 Euro, www.annaberg-buchholz.de/hammer (ältestes Museum der Stadt und eines der bekanntesten des Erzgebirges, im 15. Jh. Getreidemühle, seit 1657 Eisenhammerwerk, 1904 stillgelegt; vom Unteren Bahnhof über die Gleise, nach rechts 15 Min. Fußweg, Wegweiser)

● **Adam-Ries-Museum,** Johannisgasse 23, Tel. (03733) 22186, Di bis So 10–16 Uhr, 3/2 Euro, www.adam-ries-bund.de (Leben und Werk des Rechenmeisters und Bergbeamten, Maße und Gewichte im Sachsen des 16. Jh.)

● **Wohn- und Studienraum Carlfriedrich Claus,** Buchholzer Straße 10, Eingang Johannisgasse, Tel. (03733) 425250, Di, Mi u. Fr 10–16 Uhr, Do 10–18 Uhr, 1. u. 3. Sa im Monat 10–16 Uhr (der Arbeitsort des Grafikers, Philosophen und Schriftstellers)

● **Museumsbahn Preßnitztalbahn,** dampflokgetriebene Schmalspurbahn, verkehrt zwischen Jöhstadt und Steinbach, Fahrzeit 45 Min., Mai bis Okt Sa/So und an weiteren Tagen, einfache Fahrt 6/4 Euro, Familienkarte Hin- und Rückfahrt 21 Euro, Mitnahme von Fahrrädern und Kinderwagen kostenlos, www.pressnitztalbahn.de (die historische Bahn verkehrte 1892–1984 auf der Strecke Jöhstadt – Wolkenstein; seit 1992 Museumsbahn auf einer Strecke von 8 km)

Bergbau

● **Besucherbergwerk „Markus-Röhling-Stolln“,** Sehmatalstraße (Ortsteil Frohnau), Tel. (03733) 52979, tgl. 9–16 Uhr, 5/3,50 Euro, www.roehling-stolln.de (Silber- und Kobaltbergbau von 1733–1857 sowie Uranbergbau der SAG Wismut, Fahrt mit der Grubenbahn in den Berg, Technikausstellung im Außengelände)

● **Bergbauagentur „Bergkgeschrey“,** Buchholzer Straße 37, Tel. (03733) 419960, Mo bis Fr 10–18 Uhr, www.bergbau-agentur.de (Angebot von Bergbauliteratur und -souvenirs, Geleucht, Mineralien, Trachten, weitere Angebote und Informationen zu allen Themen des Bergbaus)

Zoo

• **Tropenhaus Thermalbad Wiesenbad,** Am Kurpark 2, Tel. (03733) 500190, März bis Okt. Di bis So 10–18 Uhr, Nov. bis Feb. Di bis So 10–16.30 Uhr, während der Ferien in Sachsen auch Mo geöffnet, 5,50/3 Euro, Familienkarte 15 Euro, www.tropenhaus-wiesenbad.de (Schmetterlingspark, Reptilienzoo und Aquarium, am Kurpark nahe des Bahnhaltepunktes)

Oberwiesenthal und der Fichtelberg

Oberwiesenthal

Zur **höchstgelegenen Stadt Deutschlands** – 914 Meter über dem Meer – fallen wohl nicht nur Wintersportbegeisterten gleich ein paar Namen ein. **Zwölf Olympiasieger** kommen aus Oberwiesenthal (2500 Ew.), und das sind sie: *Viola Bauer* (Skilanglauf), *Klaus Bonsack* (Rennschlitten), *Ortrun Enderlein* (Rennschlitten), *Dettlef Günter* (Rennschlitten), *Thomas Köhler* (Rennschlitten), *Claudia Künzel* (Skilanglauf), *Anna-Maria Müller* (Rennschlitten), *Sylke Otto* (Rennschlitten), *Barbara Petzold* (Skilanglauf), *Steffi Martin-Walter* (Rennschlitten), *Ulrich Wehling* (Nordische Kombination), *Jens Weißflog* (Skispringen). *Tatjana Hüfner* (Rennrodeln) ist in Oberwiesenthal auf die Sportschule gegangen.

Wintersport

An sonnigen Wintertagen gibt es in der Stadt am Fuß des Fichtelberges schier niemanden, der ohne Skier oder Schlitten unterwegs ist. Ganz kleine Sportler sind auch schon darunter, die in ihren Raumfahreranzügen stolz die Brettl zum Hang tragen. Im **größten alpinen Skigebiet Sachsens** stehen zehn klassifizierte Pisten auf einer Gesamtlänge von 15 Kilometer mit leichten, mittleren und schweren Abfahrten zur Verfügung. Für den Aufstieg sorgen die Schwebebahn und Liftanlagen. Dazu kommen 75 Kilometer gespurte Loipen, mehrere Rodelhänge – einer führt vom Fichtelberg über 1640 Meter Länge bis ins Wintersportzentrum – sowie Winterwanderwege.

Fichtelberg

Der Fichtelberg ist **mit 1215 Meter der höchste Berg in Sachsen,** der zweithöchste des Erzgebirges. Nur vier Kilometer entfernt erhebt sich der Keilberg (Klinovec, 1244 m). Viele Wanderwege führen auf den Gipfel, aber auch eine Buslinie (Stadtbus A). Auf dem Plateau gibt es Parkplätze für Busse und Pkw. Für den Abstieg nach (oder Aufstieg von) Oberwiesenthal ist Wanderern der Fuß-

erz046 Foto: dk

gängerschutzweg vorbehalten, ein sperriger Begriff, der sich auf die Regularien am Berg in der Wintersportzeit bezieht. In der wärmeren Jahreszeit ist von diesem Weg wiederum der ausgeschilderte Abzweig zum **Naturschutzgebiet Schönjungferngrund** (Philosophenweg) die beste Wahl, denn das Gebiet ist von außergewöhnlicher, naturbelassener Schönheit. Auch der Krämersteig ist erlebenswert, er führt aber bald wieder auf den geschotterten Hauptweg.

Seil-schwebe-bahn

Die Seilschwebebahn zum Fichtelberg ist die **älteste in Deutschland.** Seit 1924 befördert sie ihre Gäste über eine Höhendistanz von 303 Meter auf einer Strecke von 1175 Meter. Dreieinhalb Minuten dauert die Fahrt, viertelstündlich, bei fantastischer Aussicht.

Weihnachtsmarkt in Oberwiesenthal

Die Geschichte vom Kampf um Erhalt oder Abriss dieser Bahn kann hier nicht erzählt werden, nur das Wichtigste: Sie bleibt, die alte Dame!

Wanderungen am Fichtelberg

Vielfältige Touren

In der schneefreien Zeit wird gewandert: Der **Anton-Günther-Weg** folgt über 35 Kilometer auf sächsischer und 30 Kilometer auf böhmischer Seite in der Kammlandschaft zwischen Fichtelberg und Keilberg den Spuren des Volksdichters (siehe entsprechenden Exkurs). Eine Broschüre zum Weg gibt's in der Gästeinformation. Eine Rundwanderung **über das Plateau des Fichtelberges** (8 km, gelb) beginnt am Marktplatz, ebenso die Route durch das **Naturschutzgebiet Zechengrund** nach **Tellerhäuser** (9 km), einer Siedlung auf dem Gebirgskamm, im Tal des Klingerbachs. Für Sommer wie Winter geeignet ist die vom Olympiasieger aufgestellte **Jens-Weißflog-Tour** (24,5 km). Beliebt ist der Fichtelberg bei **Mountainbikern,** die dort rasante Abfahrten wagen können.

erz049 Foto: dk

Mit der Bahn und zu Fuß

Die gemütlichste Reise nach Oberwiesenthal hinauf erlebt man zu jeder Jahreszeit mit der dampfbetriebenen **Fichtelbergbahn.** Ab **Cranzahl** (Station der Erzgebirgsbahn Chemnitz – Annaberg-Buchholz – Vejprty) überwindet die im Jahr 1897 in Betrieb genommene Bahn auf einer Strecke von 17,4 Kilometer in 53 Minuten einen Höhenunterschied von 238 Meter sowie fünf Brücken und einen Viadukt. Das ergibt hübsche Fotomotive, für die man aber nicht in der Bahn sitzen, sondern draußen stehen sollte, nämlich auf dem **Erlebnispfad Bimmelbahn.** Dieser folgt auf 21 Kilometer der Schmalspurstrecke zwischen Cranzahl und Oberwiesenthal und bietet sogar ausgewiesene Fotostandorte – ein Wanderweg mit Motiv-Alarm, und das in schönster Landschaft!

Cranzahl

Fotogen ist schon der Cranzahler **Bahnhof,** besonders im Winter, wenn zwischen Fichtelberg- und Erzgebirgsbahn unzählige Wintersportler wuseln. Auf Nebengleisen stehen historische Wagen. Im über 100-jährigen Bahnhofsgebäude verkauft ein Cranzahler Familienbetrieb erzgebirgische Volkskunst aus eigener Herstellung, dazu auch Kräuterliköre, Wanderkarten und Getränke. Der Ort liegt beschaulich im Sehmatal, überragt von der Himmelfahrtskirche (1910).

Oberwiesenthal

Im historischen **Schmalspurbahnhof** Oberwiesenthal gibt es den Lokschuppen – eine kleine Kneipe – und eine Gästeinformation. Vor dem Bahnhof halten der Stadtbus zum Gipfel des Fichtelberges sowie der Regionalbus nach Annaberg-Buchholz. Bis zum Wintersportgebiet (Talstation der Schwebebahn) läuft man zehn Minuten, bis zum Markt fünf Minuten.

Suppenland Sehmatal

Neudorf

In Neudorf sollte man die Schmalspurbahn verlassen und ein feines Süppchen probieren. Das **Suppenmuseum** erzählt sehr unterhaltsam von dem vielfältigen Löffelgericht, das nicht nur hier, im Suppenland Sehmatal, zum Küchenalltag gehört. Für die Gaststätten im Tal der Sehma ist es selbstverständlich, auch schmackhafte Suppen im Angebot zu haben.

Unterwegs mit der Fichtelbergbahn

Wanderungen

Das von der Fichtelbergbahn durchdampfte Sehmatal – benannt nach dem Nebenfluss der Zschopau – ist Ausgangspunkt für Wanderungen zum Fichtelberg, auf den **Scheibenberg** (807 m) und **Bärenstein** (898 m) sowie zur **Trinkwassertalsperre Cranzahl** (1949–1952), deren Staumauer man begehen kann und an der ein Wanderweg vorbeiführt (3,5 km).

Bärenstein und Vejprty

Westlich des Sehmatales und der Talsperre Cranzahl, direkt **an der tschechischen Grenze** (12 km von Oberwiesenthal), liegt die Gemeinde Bärenstein (2500 Ew.). Sie grenzt, vom Pöhlbach markiert, unmittelbar an die tschechische Stadt Vejprty (Weipert, 3200 Ew.), sodass es auf den ersten Blick aussieht, als gäbe es dort eine Stadt und nicht **zwei Orte in zwei Ländern.** So nah sie beieinander liegen und eine gemeinsame Geschichte als Bergbausiedlungen haben, sie waren doch hart getrennt ab 1945. Erst 1991 wurde der Grenzübergang wiedereröffnet. Lange genug allein gewesen, meinen die Bürger auf beiden Seiten und beschlossen im Jahr 2011, dass Bärenstein und Vejprty in ihrer vernachlässigten Mitte ein **neues, gemeinsames Zentrum** errichten, das auch Gäste ansprechen soll. Beide Orte sind heute vor allem für **Wintersportler** interessant, die auf dem Kammweg Ski fahren oder zum nahen Fichtelberg wollen. Bärenstein und Vejprty sind Stationen der aus Annaberg-Buchholz kommenden Erzgebirgsbahn.

Gottesgab (Boží Dar)

1028 m

Die **höchstgelegene Stadt Mitteleuropas** – sie hat gerade einmal 181 Einwohner – ist Boží Dar (Gottesgab) in Tschechien. Von Oberwiesenthal nur vier Kilometer entfernt, verbindet ein Spaziergang die beiden Wintersportzentren. Von beiden Städtchen lässt sich die wunderbare Fichtelbergregion auf Wanderungen erschließen. Gottesgab liegt auf 1028 Höhenmeter auf einer Hochebene westlich zwischen Fichtelberg und Keilberg. Die Stadt entstand mit dem Bergbau im 16. Jahrhundert. Sehenswert ist die spätbarocke Kirche St. Anna (1772). Durch das **Gottesgaber Hochmoor** (Božidarské rašeliniště) führt ein Lehrpfad (3 km). Ein Denkmal auf dem Marktplatz erinnert an den griechischen Schriftsteller **Nikos Kazantzakis** (1883–1957), den Schöpfer des „Alexis Sorbas“, der auf Empfehlung des Reporters *Egon Erwin Kisch* (1885–1948) zwischen 1929 und 1932 mehrere Monate im damaligen Gottesgaber Ortsteil Försterhäuser lebte und arbeitete.

Anton Günther

Der berühmteste Gottesgaber Sohn ist der erzgebirgische **Volksdichter** *Anton Günther* (siehe entsprechenden Exkurs). Er liegt im Ort begraben, auf dem Marktplatz erinnert ein Denkmal an den populären Dichter und Sänger.

Skizentrum „Neklid"

Das weitläufige Skizentrum „Neklid", eines der größten der Tschechischen Republik, bietet **einfache bis mittelschwierige Abfahrtsstrecken,** die von Skiliften erschlossen werden, sowie 70 Kilometer Loipen mit Anschluss an das deutsche Loipennetz.

Jáchymov (Joachimsthal)

Bergstadt

Die 500 Jahre alte böhmische Bergstadt Jáchymov (Joachimsthal) liegt zwölf Kilometer südlich von Oberwiesenthal. Ihren Aufstieg verdankte sie umfangreichen Silbervorkommen, die dort ab 1516 abgebaut wurden. 1520 erhielt St. Joachimsthal das Münzprivileg. Der hochgeachtete **„Joachimsthaler"** als Zahlungsmittel lebt heute noch namentlich im „Taler" und im „Dollar" fort, er wurde bis 1528 in der Freien Bergstadt geschlagen. Nach dem Verlust des Münzprivilegs wurden im Auftrag des Königs Münzen geprägt. Aus jener Zeit sind die **Spitalkirche Allerheiligen** (1516), heute das älteste Bauwerk der Stadt, die spätgotische **Stadtkirche St. Joachim** und die **Königliche Münzpräge** (heute Museum, Infos dazu weiter unten unter „Praktische Informationen") erhalten geblieben. Sehenswert sind auch das Renaissancerathaus, die Bürgerhäuser am Markt und die Ruine der Burg derer *von Schlick*.

Kurort

1906 wurde in Joachimsthal das **erste Radiumheilbad der Welt** eröffnet. Kurz zuvor hatte die polnische Physikerin *Marie Curie* in der Joachimsthaler Pechblende das Radium entdeckt. Die Kurtradition der Stadt wird heute wieder in der restaurierten **k.u.k. Kuranstalt** sowie mit neu erbauten Kurhotels fortgeführt.

Zwangsarbeit

Nach dem Zweiten Weltkrieg und der Vertreibung der deutschen Bevölkerung 1945 verbindet sich der Name Jáchymov mit den berüchtigtsten Straflagern in der Tschechoslowakei. Vor allem politische Häftlinge wurden bis 1965 in den **Urangruben für das sowjetische Atomprogramm** zur Zwangsarbeit eingesetzt. 65.000 Menschen durchlitten die **„Hölle von Jáchymov"** *(Jáchymovské peklo)*. Am Gedenkstein vor der Stadtkirche beginnt ein **Lehrpfad** (8,5 km) zu den ehemaligen Lagern und Urangruben.

„Wu da Wälder haamlich rauschen" – der Volksdichter Anton Günther

„Arzgebirg, wie bist du schie", „Wu da Wälder haamlich rauschen" und der „Schneeschuhfahrer-Marsch" gehören zu den bekanntesten Liedern des erzgebirgischen Volksdichters *Anton Günther* (1876–1937). Sie wurden am heimischen Herd, beim Hutzenabend oder in den Kneipen gesungen und sind bis heute lebendig geblieben. Unzählige Male gingen *Günthers* Lieder auch als Kartengruß in die Welt – der gelernte Lithograf ist der **Erfinder der Liedpostkarte,** die mit Noten, Liedtext und einem heimatlichen Landschaftsbild bedruckt war. 1895 veröffentlichte er im Selbstverlag die erste Liedpostkarte mit „Drham is drham", aber noch ohne Noten. Ab 1899 waren es dann komplette Lieder, die den Kartengruß illustrierten. Etwa 160 Liedpostkarten verbreiteten die Lieder *Anton Günthers* auf dem Postweg und sind heute begehrte Sammelobjekte erzgebirgischer Heimatfreunde.

Anton Günther wurde am 5. Juni 1876 in Gottesgab (Boží Dar) unweit der beiden höchsten Berge des Erzgebirges geboren. Seine Eltern waren der Stickzeichner und Musterzeichner *Johann Günther* und dessen Frau *Elisabeth. Anton* erlebte eine **harte Kindheit,** zehn Kinder waren daheim zu versorgen. Aber er begleitete auch den Vater, der im Wirtshaus zum Tanz aufspielte und den Jungen zur Musik führte.

Anton Günther erlernte den Beruf des **Lithografen.** In Prag wurde er Mitarbeiter der k. u. k. Hoflithographie A. Haase, voller Heimweh nach dem Erzgebirge. Doch an der Moldau lebten noch weitere Gottesgaber, und die baten den musikalischen *Anton,* ihnen von der Heimat zu singen. So entstand, in heimischer Mundart, „Drham is drham" (Zu Hause ist zu Hause).

1901, nach dem Tod des Vaters, kehrte *Anton Günther* nach Gottesgab zurück. Der Verkauf von Liedpostkarten sicherte den Lebensunterhalt der Familie. **1908 heiratete Anton** die Gottesgaber Zimmermannstochter *Marie Zettl.* Drei Kinder bekamen sie: *Erwin, Maria* und *Irmgard.*

Anton Günther sang in Gaststätten, Vereinslokalen und Schulen. In dieser Zeit erlebten der Wintersport und Fremdenverkehr im Erzgebirge großen

Zulauf, sodass auch Gäste *Anton Günther* und seine mundartlichen Lieder kennenlernten. 1911 gründete *Günther* eine **Stiftung zur Unterstützung armer und kranker Menschen** in seinem Heimatort.

1914 zog *Anton Günther* in den Ersten Weltkrieg. Nach einem Lazarettaufenthalt kehrte er 1920 nach Gottesgab zurück, das nach dem Zusammenbruch der Habsburg-Monarchie nun zur **neu gegründeten Tschechoslowakei** gehörte. Der Sänger trat vor allem im benachbarten Oberwiesenthal auf und erlebte schmerzhaft die nationalen und politischen Konflikte im Grenzgebiet. Seine Lieder wurden über den aufstrebenden Fremdenverkehrsort in Deutschland immer bekannter.

Zu seinem **60. Geburtstag 1936** wurde er in seinem Heimatort in rührender Weise geehrt. Vereine, Chöre, Schulklassen traten auf, um ihm ihre Ehrerbietung zu erweisen, und ein Gedenkstein wurde enthüllt. *Anton Günther* hat diese Verehrung dankbar und bescheiden angenommen. Den Nationalsozialisten, die ihn gern in ihrer Blut-und-Boden-Ideologie versenkt hätten, ist er nie gefolgt. Am 29. April 1937 schied er aus eigenem Entschluss aus dem Leben. Zu seinem **Begräbnis** erklang eines seiner Lieder, dieses eine **Lied für den Abschied:**

's is Feierobnd, 's is Feierobnd.
Es Togwark is vullbracht,
's gieht alles seiner Haamit zu,
ganz sachte schleicht de Nacht.

Das Grab *Anton Günthers* in Boží Dar (Gottesgab) wird bis heute gepflegt. Sein Wohnhaus trägt eine Gedenktafel. **In vielen Orten** des Erzgebirges gibt es **Gedenksteine** für den Volkssänger. Der **Anton-Günther-Weg** führt als Wanderweg über 65 Kilometer beiderseits der sächsisch-böhmischen Grenze zu seinen Wirkungsstätten und verbindet dabei die landschaftlich schönsten Orte zwischen Keilberg (1244 m) und Rittersgrün (600 m). *Anton Günthers* Lieder werden noch immer gesungen.

- **www.anton-guenther.de**

Auf dem Firstenweg zum Fichtelberg

Tageswanderung

Eine ebenso anstrengende wie landschaftlich eindrucksvolle Tageswanderung führt **von Annaberg-Buchholz** auf dem Firstenweg (das bedeutet Höhenweg) zum Fichtelberg (24 km, rot). Die Strecke mit ihren vielen Aussichtspunkten kann **auch mit dem Fahrrad** gefahren werden. Sie folgt anfangs in offener Berglandschaft ruhigen Siedlungs- und Landwirtschaftswegen, dann geschottertem und erst am Schluss auch naturbelassenem Waldweg. Um etwa die Hälfte abkürzen und auf den Aufstieg zum Fichtelberg konzentrieren lässt sich diese Wanderung, indem man von Crottendorf, Neudorf (Fichtelbergbahn) oder von Cranzahl (Erzgebirgsbahn, Fichtelbergbahn) aus zum Firstenweg läuft.

Durch Frohnau

Die Wanderung beginnt am Unteren Bahnhof in Annaberg-Buchholz. Nach dem Überqueren der Sehma ist der Frohnauer Hammer die erste Station. Am Parkplatz beginnt die Markierung Firstenweg. Zunächst führt der Weg bergan durch Frohnau. **Achtgeben an den Kreuzungen,** um die Markierung nicht zu verlieren. Auch die grünen Signets des Bergbaulehrpfades geben hier Orientierung. An einer Wegmündung bald nach dem Abzweig zur Gartenbahnanlage zeigt die rote Markierung rechts nach Schlettau und links nach Annaberg-Buchholz. Hier ist der linke Weg der rechte. Er führt zu Siedlungshäusern des Stadtteils Buchholz. Dort gibt es einen Abzweig (300 m Weg) zur **Teufelskanzel** (663 m), die am Feldrand einen schönen Blick auf Annaberg-Buchholz und den Pöhlberg bietet.

Buchholzer Stadtwald

Wieder zurück auf dem Wanderweg, geht es nun zum Buchholzer Stadtwald, wo sich ein **Panoramablick** zu Fichtelberg und Keilberg, zur Spiegelwaldhöhe (728 m), zur Morgenleithe (812 m), zum Auersberg (1018 m) und zum Scheibenberg (807 m) öffnet.

Siebensäure

Der Wanderweg überquert die Straße Schlettau – Sehma und bald darauf die Gleise der Erzgebirgischen Aussichtsbahn Annaberg-Buchholz – Schwarzenberg. Kurz dahinter erreicht man den Wald. Hier treffen nun auch die Wanderer aus Crottendorf, Neudorf und

Cranzahl auf den Firstenweg. Am Wolfstein (744 m) vorbei, geht es noch einmal über eine Straße (S268) und dann in die Abgeschiedenheit um die beliebte **Waldgaststätte Siebensäure.**

Am Fichtelberg

Am Naturdenkmal **Hochmoor Siebensäure** beginnt bereits das Fichtelberggebiet. Das Moor kann auf einem kurzen Holzbohlenpfad bis zum Torfabstich besichtigt werden. Weiter geht's – immer schön bergan – am **Gifthüttenberg** (1047 m) vorbei und zur **Zschopauhütte,** einem Rastplatz an der noch ganz jungen Zschopau, deren Quellen sich oberhalb davon im Wald befinden. Der Fichtelberg wird über die Nordwestseite erreicht und kann nach gebührendem Aufenthalt auf dem Dach Sachsens ganz bequem verlassen werden, mit dem Linienbus (letzter Bus 16.36 Uhr), der Seilschwebebahn (letzte Talfahrt 17 Uhr) oder zu Fuß (2–4 km).

erz050 Foto: dk

Praktische Informationen

Anreise

- **Auto: B95, B101**
- **Erzgebirgsbahn** Chemnitz - Flöha - Augustusburg - Scharfenstein - Wolkenstein - Annaberg-Buchholz - Cranzahl, weiter mit Fichtelbergbahn bis Oberwiesenthal
- **Fichtelberg-Schwebebahn Oberwiesenthal,** Talstation Vierenstraße 10, Tel. (037348) 12761, tgl. 9–17 Uhr, Berg- u. Talfahrt 6/4 Euro, www.fichtelberg-schwebebahn.de (in 3½ Min. 303 m Höhenunterschied zum Fichtelberg mit der ältesten Seilschwebebahn Deutschlands, erbaut 1924)
- **Sesselbahn Oberwiesenthal,** Talstation Vierenstraße 16, Tel. (037348) 12770, www.vierersesselbahn-oberwiesenthal.de

Info

- **Gästeinformation Kurort Oberwiesenthal,** Markt 8, Tel. (037348) 155050, www.oberwiesenthal.de
- **Gästeinformation Sehmatal,** Neudorf, Karlsbader Straße 171, Tel. (037342) 16040, Mo bis Fr 9–12 u. 14–17 Uhr, Sa 9–11 Uhr, www.sehmatal.de
- **Gästebüro Bärenstein,** Bärenstein, Oberwiesenthaler Straße 14, Tel. (037347) 80950, Mo bis Do 10–12 u. 14–18 Uhr, Fr 10–12 Uhr, www.baerenstein-erzgebirge.de

Wohnen und Essen

- €€€**Hotel „Sachsenbaude“,** Oberwiesenthal, Fichtelbergstraße 4, Tel. (037348) 1390, www.sachsenbaude.de (an der Fichtelbergauffahrt in 1200 m Höhe, 1. BMW-Testride-Center im Osten)
- €€€**Panorama-Hotel Oberwiesenthal,** Vierenstraße 11, Tel. (037348) 78103, www.panoramahotel-oberwiesenthal.de (fantastische Sicht vom Südhang des Fichtelberges, große, helle Zimmer, fünf davon rollstuhlgerecht, Restaurant, Schwimmbad, Kinderspielraum)
- €€€**Jens Weißflog Appartementhotel und Restaurant,** Oberwiesenthal, Emil-Riedel-Straße 50, Tel. (037348) 100, tgl. ab 11 Uhr, www.jens-weissflog.de (Gastgeber ist der Skispringer, mehrfache Olympiasieger und Weltmeister *Jens Weißflog,* mit Wellness-Angeboten)
- €€€**Hotel Fichtelberghaus,** Oberwiesenthal, Fichtelbergstraße 8, Tel. (037348) 1230, tgl. ab 10 Uhr, Feinschmeckerrestaurant „Das Guck“ Mi bis So ab 18 Uhr, www.hotel-fichtelberghaus.de (auf dem Plateau des Fichtelberges, erzgebirgische und im „Das Guck“ internationale Küche, Pisten und Loipen ab Haustür)

- €€**Pension und Gaststätte Schanzenblick,** Oberwiesenthal, Weststraße 8, Tel. (037348) 7610, www.schanzenblick.de (einladende Zimmer und schöne Sicht, wenige Minuten zu Fuß bis zu den Liften und Loipen)
- €€**Haus „Keilbergpanorama“,** Oberwiesenthal, Keilbergstraße 1, Tel. (0371) 7008861, www.sirius-wohnland.de (Nichtraucher-Ferienhaus mit Ausblick zum höchsten Berg des Erzgebirges)
- €€**Berggasthaus „Neues Haus“,** Oberwiesenthal, Fichtelbergstraße 2, Tel. (037348) 2390, www.neueshaus-web.de (traditionsreicher Berggasthof auf 1083 m, Grenzübergang in der Nähe)
- €€**Simons Ferienwohnungen,** Oberwiesenthal, Tel. 037348) 20080, www.simon-oberwiesenthal.de (mehrere Ferienwohnungen im Kurort, 35–63 m², einige mit Balkon oder Terrasse)
- €€**Rotgiesserhaus,** Hotel und Gasthof in Oberwiesenthal, Böhmische Straße 8, Tel. (037348) 1310, www.rotgiesserhaus.de (romantisches historisches Haus im Ortskern, mit Weinkeller und Sauna, im Gasthof erzgebirgische Küche)
- €/€€ (Winter) **Landgasthof „Rotes Haus“,** Oberwiesenthal, Neudorfer Straße 29, Tel. (037348) 8577, Mo bis Fr ab 16 Uhr, Sa/So ab 11 Uhr, www.gasthof-rotes-haus.de (Einrichtung im Landhausstil, am Bimmelbahn-Wanderweg gelegen, ideal für Wanderer)
- €/€€ (Winter) **Pension am Zechengrund,** Oberwiesenthal, Bergstraße 15, Tel. (037348) 8628, www.pension-am-zechengrund.de (am Südhang des Fichtelberges, schöne helle Zimmer)
- €**Sportbaude Waldeck,** Oberwiesenthal, Emil-Riedel-Straße 52, Tel. (037048) 8496, Mo bis Do 21 Uhr, Fr/Sa 10–23 Uhr, So 10–18 Uhr, www.sportbaude-waldeck.de (am Fuß des Fichtelberges, Zwei- und Mehrbettzimer, Hütte für 10 Personen, Caravan, Zeltplatz)

Gastronomie

- €**Waldgaststätte Siebensäure,** Neudorf (Sehmatal), Siebensäurestraße 23, Tel. (037342) 8200, Mi bis Mo ab 10.30 Uhr, www.siebensaeure.de.vu (rustikale Wanderergaststätte im Wald, Wildgerichte, Biergarten, Spielplatz, Kreuzung von Wanderwegen zum Fichtelberg)
- €**Lokschuppen,** Oberwiesenthal, Bahnhof, tgl. 10–17 Uhr (gemütliche Kneipe am Bahnhof, mit Außenplätzen)

Museen

- **Fichtelbergmuseum am Aussichtsturm in 1215 m Höhe,** Tel. (037348) 1230, tgl. 9–21 Uhr, 2 Euro, www.hotel-fichtelberghaus.de (kleines Museum über Land und Leute am Fichtelberg)

- **Suppenmuseum Neudorf,** Karlsbader Straße 173, Tel. (037342) 16040, Mo bis Fr 10–16 Uhr, Sa 14–16 Uhr, 1,50/0,30 Euro, www.suppenmuseum.de (einzigartiges liebenswertes Museum rund um die edle Löffelspeise; Utensilien, Geschichten und natürlich auch frische Süppchen)
- **Schloß Klasterec nad Ohří,** Klösterle an der Eger, Chomutovska 1, Tel. (0042) (0)474 375436, April bis Sept. Mo bis So 9–17 Uhr, Okt. bis März Di bis Sa 9–15 Uhr, 100 Kč, www.zamek-klasterec.cz (Führung, Geschichte des böhmischen Porzellans, chinesisches, japanisches, Meissener und Wiener Porzellan)
- **Muzeum Královska mincovna Jáchymov (Königliche Münzpräge Joachimsthal),** Nam. Republiky 37, Okt. bis April Mi bis So 9–12 u. 13–17 Uhr, Mai bis Sept. Di bis So 9–12 u. 13–17 Uhr, 60/30 Kč, www.kvmuz.cz (Ausstellungen über Stadtgeschichte, Bergbau und Münzprägung, Uranbergbau, Straflager; Beschriftungen auch auf Deutsch)

Sport

- **Sport- und Freizeitcenter am Fichtelberg,** Vierenstraße 11, Tel. (037348) 1200, 16 Euro, www.o-t-g.net (mit Wintercamp für Wohnmobile)
- **Sommerrodelbahn Oberwiesenthal,** Vierenstraße 3c, Tel. (037348) 8338, tgl. 10–18 Uhr, 3/2 Euro (an der Talstation der Schwebebahn)

Am oberen Lauf der Zschopau und am Scheibenberg

Zschopautalweg

Am Nordwesthang des Fichtelberges liegt unterhalb des Quellgebietes der Zschopau (1125 m) der **Schwarze Teich.** Hier beginnt der Zschopautalweg, der als **Radweg** über 58 Kilometer entlang des Flussufers oder auch in einiger Entfernung davon bis zur Augustusburg führt (siehe im Kapitel zum Mittleren Erzgebirge).

Crottendorf

Der erste Ort, den die Zschopau erreicht, nachdem sie den Fichtelberg verlassen hat, ist Crottendorf (650 m, 4300 Ew.). Und schon wird es weihnachtlich. **Original Crottendorfer Räucherkerzen** werden hier seit 75 Jahren gefertigt. Das Wissen um die Ingredienzen für den anheimelnden Duft ist in dieser Gegend noch viel älter. Über die Kulturgeschichte des erzgebirgischen Räucherkerzchens informiert das Firmenmuseum.

Wenn das Räuchermännchen ein Crottendorfer Kerzchen pafft, blinkt dazu fichtelbergdunkel ein Likörchen im Glase. Einen guten **Kräuterlikör** zu destillieren, hat hier gleichfalls Tradition. 1882 wurde das Stammhaus der Grenzwald-Destillation eröffnet. Bis heute werden hier edle Liköre und Branntweine erzeugt. Auch dafür gibt's ein Museum.

Schlettau

Ein Wanderweg mit Aussichtspunkten führt um das Dorf. Flussabwärts folgt **Walthersdorf** mit dem **Museumsbahnhof** an der historischen Strecke der Erzgebirgischen Aussichtsbahn Schwarzenberg – Annaberg-Buchholz. Die erste Stadt am Ufer der Zschopau ist Schlettau (2500 Ew.). Hier lodert das **„Grubenfeuer",** ein Kräuterschnaps mit 60% Alkohol. Sie heißt tatsächlich *Brenner,* die Schlettauer Familie, die das seit 1898 bestehende Unternehmen jetzt in der vierten Generation betreibt. Der „Brennende Kräuter" gehört zum Obererzgebirge wie die Fichte auf den Fichtelberg. Er wird in Brennpfännchen serviert und angezündet, das Flämmchen bei der gewünschten Temperatur sorgfältig ausgepustet. Vom Alkohol bleibt dann nicht mehr viel, aber das Aroma!

Schloß Schlettau

Unbedingt besuchenswert ist das Schloß Schlettau, das höchstgelegene der sechs Schlösser im Zschopautal. Seine Geschichte begann im 14. Jahrhundert als Adelsburg. Um 1500 als Schloss ausgebaut, diente es vom 16. bis 18. Jahrhundert als Jagdsitz. In dieser Zeit entstanden Bauten im Renaissance- und Barockstil. Nachdem es einer Spinnmühle und der Verwaltung einer Landmaschinenfabrik gedient hatte, erwarb 1931 die Stadt Schlettau das Schloss. Heute dient es als **Kulturzentrum, Museum, Restaurant und Touristinformation.** Ein Park umgibt die Schlossanlage. Die Geschichte des Jagdschlosses lebt fort im **Zentrum für Wald- und Wildgeschichte,** das auch die Ökologie des oberen Erzgebirges thematisiert. Zum Schlossprogramm gehören Klassik- und Jazzkonzerte, Lesungen, das **Schlossparkfest** im Juli. Die Galerie zeigt einzigartig konzentriert erzgebirgische Landschaften. Schlettauer Handwerk wird in zwei **Schauwerkstätten** vorgeführt: in der Posamentenwerkstatt, mit funktionsfähigen Anlagen eingerichtet als Arbeits- und Wohnraum einer Posamentiererfamilie Mitte des 19. Jahrhunderts, und in der Kräuterlikörwerkstatt der Manufaktur Hermann Uhlig Schlettau, das ist die mit dem Grubenfeuer. Wanderwegweiser stehen am Schlosspark sowie unweit der gotischen St.-Ulrich-Kirche.

erz051 Foto: dk

Tannenberg Eine typische Erzgebirgsgemeinde ist das im Tal der Zschopau und des Geyersbaches gelegene Tannenberg mit dem Ortsteil Siebenhöfen. Im Zentrum des Waldhufendorfes steht die spätgotische **Kirche St. Christophorus.** Sie ist mit einem Schnitzaltar und einer Sandsteintaufe aus dem 16. Jahrhundert ausgestattet. Der trutzige **Paßklausenturm,** von einem Wassergraben umgeben, gehörte zu einer Burganlage aus dem 12. Jahrhundert, die von den Hussiten

Schloß Schlettau

zerstört wurde. Im **Hutzenhaisel** (1841) treffen sich der Erzgebirgsverein und weitere Heimatgruppen. Ein Technisches Denkmal ist das 1925 im Bauhausstil errichtete **Heizhaus.** Es war bis 1993 in Betrieb. Die Anlage rund um die beiden 10 Meter hohen Wasserrohrkessel kann nach telefonischer Anmeldung besichtigt werden, dabei gelangt man bis in 20 Meter Höhe und hat auch noch eindrucksvolle Ausblicke.

Dieses und weitere Denkmale liegen an der **Kulturmeile** (4 km) zwischen Tannenberg und der Bergstadt Geyer (siehe dort).

Scheibenberg

Die Stadt

Die Geschichte der Bergstadt Scheibenberg (2300 Ew.) begann mit dem **Bergbau** 1478 in der Zeche „Maria Magdalena". 1515 wurden die Silbergänge entdeckt, und zahlreiche Bergleute und Glückssucher aus dem Annaberger Raum und aus Böhmen ließen sich am Scheibenberg nieder. Aus der planmäßig angelegten Siedlung entstand 1522 die Stadt Scheibenberg. 1857 gingen die letzten Gruben außer Betrieb. 1947 bis 1952 förderte die SDAG Wismut **Uran;** von den 1960er Jahren bis zum Ende der DDR wurde **Marmor** abgebaut. Im Ortsteil Oberscheibe befindet sich die **Privatbrauerei Fiedler,** ein alteingesessenes erzgebirgisches Familienunternehmen. Einer der bedeutendsten Chronisten des Erzgebirges, der Pfarrer *Christian Lehmann* (1611–1688), verbrachte den größten Teil seines Lebens in Scheibenberg.

Das Städtchen am Scheibenberg mit seinen barocken Bürgerhäusern lädt zum beschaulichen Spaziergang sowie zu kleinen Wanderungen auf den namensgebenden Berg ein. Die barocke evangelische **St.-Johannis-Kirche** ist besonders innen sehenswert: Der spätgotische Flügelaltar aus Schneeberg, die barocke Kanzel, doppelte Emporen und ein Schwebeengel bilden **einen der schönsten kirchlichen Räume im Erzgebirge.**

Der Berg

Bis zum Gipfel des Scheibenberges (807 m) führen eine befahrbare Bergstraße sowie mehrere Wanderwege. Der Untere Rundgang führt über 3,6 Kilometer auch über den steilen **Ottomar-Zahm-Steig,** benannt nach einem Arbeitslosen, der hier Anfang der 1930er Jahre aus Basaltblöcken diesen Aufstieg allein und uneigennützig erbaut hat. Die schönsten Aussichten in alle Windrichtungen bieten der Obere Rundgang (3 km) und der moderne Aussichtsturm, der mit seiner achtkantigen Form an die den Scheibenberg bildenden Basaltsäulen erinnert. Alle Wanderwege auf dem Scheibenberg sind allerdings sehr sparsam markiert. Festes Schuhwerk ist angebracht, besonders bei feuchter Witterung.

„Orgelpfeifen" Die basaltenen „Orgelpfeifen" sind die größte natürliche Attraktion des Berges, zumal sie aus den Nordhängen als ebenso imposante wie malerische, bis zu dreißig Meter hohe Gruppierungen aus dem Wald herausschimmern. Der **Basalt-Lehrpfad** (3 km) erläutert deren Entstehung und die heimische Natur. Die Akademie der Geowissenschaften zu Hannover wählte im Jahr 2006 den Scheibenberg zu einem der 77 bedeutendsten nationalen Geotope in Deutschland.

Die Erzgebirgische Aussichtsbahn

69 Minuten Ein Jahrhundert lang war sie Alltag, heute ist sie ein Volksfest, die Eisenbahnfahrt **zwischen Annaberg-Buchholz und Schwarzenberg.** Zwischen den Tal-Bahnlinien an Zschopau und Schwarzwasser verkehrt sie quer über die Berge – aber nur noch **an fünf Wochenenden im Jahr.** Immerhin, sollte man sagen, denn nach der Stillegung der 1889 eröffneten Bahnlinie im Jahr 1999 haben sich die DB-Tochter Erzgebirgsbahn, Kommunen und private Enthusiasten für den Fortbestand des Bahnverkehrs engagiert. Deshalb kann man heute diese einzigartige Bahnstrecke noch immer genießen. Die Reise führt von den drei Bahnhöfen in Annaberg-Buchholz über Walthersdorf (Museum), Schlettau und Scheibenberg, Markersbach, Raschau und Grünstädtel nach Schwarzenberg – 69 Minuten durch schönste erzgebirgische Landschaft, an den Fahrtwochenenden täglich und zweistündlich in drei Zugpaaren. Somit lassen sich das Mitfahren, Besichtigen und Wandern bequem miteinander verbinden.

Streichholzbrücke Hohepunkt der Bahnreise für Fahr- und Zaungäste gleichermaßen ist die Überquerung des Viadukts **in Markersbach.** Die Streichholzbrücke, wie die **236,5 Meter lange Stahlkonstruktion** auch heißt, wurde 1887 bis 1889 erbaut. Bevor die Bahn auf den Viadukt fährt, gibt sie ein Pfeifsignal, das hilft auch den Fotografen, die am Hang gegenüber auf ihr Motiv warten. Der Fotostandort ist an der B101 zu finden, neben der Betonbrücke der Ortsumgehung (Parkplatz). Wer mit dem Linienbus anreist, fährt bis Markersbach Postamt und geht auf einer Dorfstraße den Hang hinauf.

erz052 Foto: dk

Pumpspeicherwerk

Sehenswert sind bei Markersbach das Ober- und das Unterbecken des Pumpspeicherwerkes. Das zweitgrößte Wasserkraftwerk in Deutschland wurde 1979 in Betrieb genommen und versorgt bis heute 196.000 Haushalte mit Strom. Vom **Oberbecken** auf 850 Höhenmetern bietet sich eine großartige Aussicht über das Erzgebirge. Das **Unterbecken** sowie Markersbach lassen sich von der Krone der Sperrmauer aus überblicken. Beide Becken erreicht man über Markersbach (Abzweig der B101) und Crottendorf. Beliebt ist die Skiloipe vom Oberbecken nach Tellerhäuser am Fichtelberg (Rundweg 23,5 km, Gaststätte nur in Tellerhäuser) sowie die Radtour vom Unter- über das Oberbecken bis zum Fichtelberg (22 km).

Basaltsäulen („Orgelpfeifen") auf dem Scheibenberg

Praktische Informationen

Anreise

- **Auto: B101**
- **Linienbus 210** Chemnitz – Annaberg-Buchholz

Info

- **Touristinformation Schlettau,** siehe Museum Schloß Schlettau
- **Touristinformation Raschau-Markersbach,** Markersbach, Annaberger Straße 80, Tel. (03774) 157222, Mo bis Fr 10–16 Uhr, Sa 9–11 Uhr, www.markersbach.de
- **Touristinformation Crottendorf,** August-Bebel-Straße 231, Tel. (037344) 7153

Wohnen und Essen

- €€€**Hotel „Sächsischer Hof",** Scheibenberg, Markt 6, Tel. (037349) 13480, tgl. 11.30–14 Uhr, ab 18 Uhr, www.hotel-saechsischerhof.de (traditionelles Familienhotel, mediterrane und regionale Küche)
- €**Begegnungs- und Bildungsstätte Scheibenberg,** Silberstraße 61, Tel. (037349) 8329, www.begegnungsstaette-scheibenberg.de (Einrichtung der ev.-meth. Kirche, Gästehaus, drei Ferienhäuser, Angebote für Familien und Alleinerziehende)

erz053 Foto: dk

●€**Anton-Günther-Schenke,** Gaststätte und Pension, Schönfeld, Tel. (03733) 53298, www.anton-guenther-schenke.com (nahe Annaberg-Buchholz, erzgebirgisches Ambiente und Erinnerungen an den Volksdichter, einfache, gemütliche Zimmer)

●€**Bürger- und Berggasthaus auf dem Scheibenberg,** Tel. (037349) 13344, Di bis So ab 11 Uhr, www.buerger-berggasthaus.de (Baude 804 m über NN, komfortable Zimmer für Wanderer, erzgebirgische Gaststätte)

●€**Wiesners Teichwirtschaft,** Scheibenberg, Elterleiner Straße 10, Tel. (037349) 8326, Mo u. Mi bis Sa ab 17 Uhr, So 11–20 Uhr, www.wiesners-teichwirtschaft.de (in Moorlandschaft gelegenes kleines Landhaus, DZ u. Ferienwohnung, Stellplätze für Wohnwagen u. Wohnmobile, Zeltplatz, Fischspezialitäten, Biergarten am Wasser)

Gastronomie

●**Restaurant und Café im Schloß Schlettau,** Tel. (03733) 66019, Di bis Do 11.30–20 Uhr, Fr bis So 11.30–22 Uhr (historische Räume, erzgebirgische Küche)

Museen

●**Schnapsmuseum (Grenzwald-Destillation Museum) Crottendorf,** Rathenaustraße 59c, Tel. (037344) 13616, Mo bis Fr 10–17 Uhr, Sa 9–12 Uhr, www.grenzwald.de (historische Likörfabrik als Museum, mit Verkostung und Verkauf)

●**Crottendorfer Räucherkerzen,** Verkaufsausstellung, Am Gewerbegebiet 11, Tel. (037344) 7234, www.crottendorfer-raeucherkerzen.de (Führungen für Gruppen)

●**Museumsbahnhof Walthersdorf,** Tel. (03725) 780455, mtl. 1. So 14–18 Uhr, www.bahnhof-walthersdorf.de (der original erhaltene Bahnhof der einstigen Strecke Annaberg – Schwarzenberg liegt am Ortsausgang des zu Crottendorf gehörenden Ortes; Ausstellung zur Geschichte der Eisenbahn in Sachsen)

●**Schloß Schlettau,** Schloßplatz 8, Tel. (03733) 66019, Di bis Fr 10–17 Uhr, Sa 14–17 Uhr, So u. Feiertage 13–17 Uhr, 4,50/1,50 Euro, www.schloss-schlettau.de (Touristinformation, Zentrum für Wald- und Wildgeschichte, Schauwerkstätten: Posamenten, Kräuterlikör; erzgebirgische Landschaftsmalerei- und -grafik, Rittersaal, Stadtbibliothek, Gefängnis)

Die Erzgebirgische Aussichtsbahn auf der „Streichholzbrücke" in Markersbach

- **Technisches Denkmal Heizhaus Waltersdorf,** Annaberger Straße 42–44, Tel. (03733) 555090, www.kulturmeile-geyer-tannenberg.de (Führung durch die technische Anlage, Himmelsblick durch den Schornstein, telefonisch anmelden)
- **Heimatmuseum Scheibenberg,** Markt, Tel. (037349) 8245, Mai bis Okt. Di bis Do 10–16 Uhr, Sa 15–16.30 Uhr, 1,50/0,50 Euro (barocke ehem. Apotheke, Handwerk und Gewerbe in Scheibenberg)

Kirche

- **Pfarramt Scheibenberg,** Tel. (037349) 8308 (Besichtigung der Kirche St. Johannis)

Turm

- **Aussichtsturm Scheibenberg,** Tel. (037349) 8911, tgl. 10–18 Uhr (Winter bis 17 Uhr), 1,60/0,70 Euro (Imbiss, Souvenirverkauf)

Greifensteine und Ehrenfriedersdorf

Geyer

Geyerscher Wald

In einem der größten Waldgebiete des westlichen Erzgebirges liegt die Bergstadt Geyer (3800 Ew.). Der Geyersche Wald zeichnet sich durch **zahlreiche Wanderwege** aus, den 23 Hektar großen Greifenbachstauweiher mit Badestrand und Campingplatz sowie die Granitklippen der Greifensteine, die als Wanderziel, Naturtheater und Kletterfelsen einladen. Am Fuß der Greifensteine gibt es auch ein modernes Freizeitbad mit allen Rafinessen.

Binge

Geyer wurde 1381 erstmals urkundlich erwähnt, seine Gründungsgeschichte ist mit dem Bergbau verbunden. In den Jahren 1704 und 1803 brach das Abbaugebiet großflächig ein, die dabei entstandene Binge (Pinge, siehe bei Altenberg) ist heute ein **Bergbau- und Naturdenkmal.** Die Binge hat bis zu 250 Meter Durchmesser und ist bis zu 60 Meter tief. Ein **Lehrpfad** führt durch den Krater, und es werden geologische Führungen angeboten.

Sehenswertes

Das **Rathaus,** 1920 im Art-déco-Stil erbaut, beherbergt auch das Haus des Gastes mit Gaststätte sowie die Touristinformation. Vor der **Kirche St. Laurentius** (1506) ragt der das Stadtbild prägende **Wachtturm** (1395) auf, dem man seine schützende Funktion sofort glaubt, aber wahrscheinlich diente er auch als Anläutturm für die nahe gelegenen Bergwerke. Seit 1952 lädt im Turm auf sieben Etagen das **Städtische Museum** zur Exkursion durch mehr als sechs Jahrhunderte Bergbau- und Stadtgeschichte ein.

Am ehemaligen Schmalspurbahnhof (Bahnhofstraße) steht eine **stillgelegte Dampflok** mit Personen- und Packwagen, die man jederzeit besichtigen kann. Ältestes architektonisches Zeugnis der Geyerschen Bergbaugeschichte ist der **Schützhofturm,** Straße der Freundschaft 24. Er war Teil einer Bergarbeiterunterkunft sowie Münzstätte.

Lotterhof

Die Zukunft des Lotterhofes, benannt nach dem Renaissancebaumeister *Hieronymus Lotter* (1497–1580), der auch das Leipziger Alte Rathaus erbaut hat, ist zwar in guten Händen, aber noch nicht gesichert. Ein Förderverein sowie Bürger der Stadt Geyer engagieren sich für die Restaurierung und sinnvolle Nutzung des **Renaissancebauwerkes.** Führungen durch das Haus, das im 20. Jahrhundert auch mal einer Waschbrettfirma und einem Kleinmöbelbetrieb als Produktionsort diente, werden zum Tag des offenen Denkmals und zu Veranstaltungen angeboten.

Greifensteine

Kletter- und Wandergebiet

Eines der bekanntesten Ausflugsziele im Erzgebirge sind die Greifensteine. Das liegt wohl an den vielfältigen Möglichkeiten, inmitten dieser Granitklippen, darauf und drum herum etwas zu erleben. Für Bergsteiger ist es das wichtigste Klettergebiet im Erzgebirge. Wanderer und Naturfreunde sind hier sowieso zu Hause, es gibt viele markierte Wege und schöne Aussichten rund um diese Felsgebilde, die an aufgetürmte Säcke erinnern.

Naturtheater

Es begann mit der Stülpner-Legende (siehe entsprechenden Exkurs): Schon 1846 wurden im Halbrund der Greifensteinfelsen Theaterstücke aufgeführt, ab den 1930er Jahren folgten regelmäßige Vorstellungen. Das Naturtheater Greifensteine wird seit 1952 vom heutigen Eduard-von-Winterstein-Theater Annaberg-Buchholz bespielt, und Stülpner-Carl ist noch immer einer der Publikumslieblinge. Auf **einer der schönsten Felsenbühnen Europas** gibt es Märchen und andere Theaterstücke, Opern und Operetten, Konzerte und Sachsens größtes Countryfestival zu erleben.

Greifenbachstauweiher

An den Greifensteinen befinden sich eine Touristinformation und ein Berghotel. Die **„Stülpnerhöhle“** ist ein nahe gelegenes Ziel für Spaziergänge, die sich bequem mit einem Theaterbesuch verbinden lassen. So auch der Greifenbachstauweiher. Er gilt als **einer der ältesten deutschen Stauseen.** Schon im 14. Jahrhundert wurde hier das Rote Wasser gestaut, um es für den Bergbau vorrätig zu halten. Heute ist der See mit seiner hervorragenden Wasserqualität ein beliebtes Erholungsgebiet für Badegäste, Surfer, Segler und Taucher. Man kann sich ein Ruder- oder Tretboot leihen und die Stille des Wassers genießen, oder auch rundherum jede Menge Spaß und Sport erleben.

erz102 Foto: dik

Wanderweg Ein schöner Wanderweg (12 km) führt als **Bergbaulehrpfad** vom Turmmuseum Geyer in das Greifenbachtal und zum Schaubergwerk Ehrenfriedersdorf.

Kulturmeile **Zwischen Geyer und Tannenberg** verbindet die Kulturmeile (4 km) 30 Zeitzeugen regionaler Geschichte, vor allem des Bergbaus. In Geyer gehören dazu das Huthaus als Sitz des Erzgebirgsvereins, Wachtturm, Kirche und Rathaus; in Tannenberg führt die Kulturmeile zur ehemaligen Ölmühle (Obere Dorfstraße 4), wo der Maler, Grafiker und Naturschützer *Carl-Heinz Westenburger* (1924–2008) lebte, einer der bekanntesten erzgebirgischen Künstler, am Ende zum Paßklausenturm und zum Heizhaus (siehe dazu „Am oberen Lauf der Zschopau und am Scheibenberg").

Ehrenfriedersdorf und der Sauberg

Besucherbergwerk Tief durchatmen: Im Besucherbergwerk **Zinngrube Ehrenfriedersdorf auf dem Sauberg** gibt es einen **Heilstollen** mit besonderer Wirkung bei asthmatischen Erkrankungen. Die reine Luft in 100 Meter Tiefe, bei 7 Grad Celsius und einer relativen Luftfeuchtigkeit von 100 Prozent – da jubeln die Atemorgane.

Sächsisches Industriemuseum Das Bergwerk bietet als Sächsisches Industriemuseum aber vor allem einen authentischen Einblick in die **750-jährige Geschichte des Zinn- und Silberbergbaus.** Mit der Seilbahn geht es 100 Meter tief in den Sauberg hinein, ehemalige Bergleute führen durch die Stollen. Sogar die Grubenbahn fährt noch. Die Mineralogische Sammlung umfasst über 1000 Fundstücke aus der Ehrenfriedersdorfer Gegend. Im 15. Jahrhundert war Ehrenfriedersdorf eine der reichsten Bergstädte des Erzgebirges.

Ehrenfriedersdorf Ehrenfriedersdorf (5000 Ew.) liegt **am Ostrand des Greifensteingebietes,** fünf Kilometer von Geyer entfernt, und ist damit ebenfalls ein günstiger Ausgangsort für Wanderungen und Ausflüge. Für den Winterspaß gibt es einen Skihang, Rodelberge und gespurte Loipen.

Theater auf der Naturbühne Greifensteine

In der gotischen **Kirche St. Niklas** steht ein spätgotischer Schrankaltar aus Holz, den der aus Braunschweig stammende Bildhauer *Hans Witten* (1470/80–1522) geschaffen hat, von dem auch die Tulpenkanzel im Freiberger Dom sowie die Schöne Tür der St.-Annen-Kirche in Annaberg stammen.

Ehrenfriedersdorf war zeitlebens Wohnort der Grafikerin **Elisabeth Ahnert** (1885–1966), einer Klassikerin der Moderne in der sächsischen Kunst, die mit dem ebenso bedeutenden Dresdner Zeichner und Collagisten *Albert Wigand* (1890–1978) eine langjährige Künstlerfreundschaft verband.

Praktische Informationen

Anreise

- **Auto: B95**
- **Linienbus 210** Chemnitz – Annaberg-Buchholz, **Linienbus 415** Annaberg-Buchholz – Scheibenberg

Info

- **Touristinformation Geyer,** Altmarkt 1, Tel. (037346) 10521, www.stadt-geyer.de
- **Touristinformation im Berghaus auf den Greifensteinen,** Greifensteinstraße 44, Tel. (037346) 6870, www.greifensteine.de

Wohnen und Essen

- €€**Berghotel Greifensteine,** Ehrenfriedersdorf, Greifensteinstraße 42, Tel. (037346) 1234, www.berghotel-greifensteine.de (im Wald direkt an den Greifensteinen, im Restaurant erzgebirgische Küche)
- €**Campingpark Greifensteine,** Geyer, Thumer Straße 65, Tel. (037364) 1454, www.campingpark-greifensteine.de (mitten im Wald am Stausee, 300 Stellplätze für Wohnmobile und Wohnwagen, Ferienhäuser)
- €**Gasthaus und Pension Waldhaus,** Geyer, Zwönitzer Straße 16, Tel. (037346) 1204, Mo bis Do u. Sa 11–20 Uhr, So 11–19 Uhr, www.waldhaus-geyer.de (historisches Lokal im Wald zwischen Geyer und Zwönitz, DZ und Ferienhaus für 4 Personen)
- €**Schanzenbaude,** Geyer, Greifenbachtal 1, Tel. (037364) 69830, www.schanzenbaude-geyer.de (Zimmer und Baude, ideal für Schulklassen und andere Gruppen)
- €**Jugendherberge Geyer,** Anton-Günther-Weg 3, Tel. (037364) 1364, www.fitundvital-herberge.de (am Waldrand gelegen, DJH-Mitgliedschaft erforderlich)

Gastronomie

•€**Sauberg-Klause,** Ehrenfriedersdorf, Am Sauberg 1a, Tel. (037341) 493964, Di bis Do 11–18 Uhr, Fr bis So u. Feiertage 11–22 Uhr, www.sau-berg.de (zünftige Bergarbeiterwirtschaft direkt neben dem Besucherbergwerk, erzgebirgische Küche, schöner Panoramablick auf die Stadt)

Museum

•**Turmmuseum Geyer,** Am Lotterhof 10, Tel. (037346) 1244, Di bis Fr 10–15 Uhr, Sa 10–16 Uhr, 3,50/1,50 Euro, www.stadt-geyer.de (7 Etagen Bergbau- und Stadtgeschichte in einem 42 m hohen Wehr- und Wachtturm aus dem 14. Jh.)

Bergbau

•**Besucherbergwerk und Mineralogisches Museum Zinngrube Ehrenfriedersdorf,** Am Sauberg 1, Tel. (037341) 2557; Erlebnisführung im Besucherbergwerk, 2½ Std., Mindestalter 10 Jahre: Di bis So 10/14 Uhr, 17/11 Euro; Touristikführung, 1½ Stunden, Mindestalter 6 Jahre: Sa, So, Feiertage, Schulferien 11/13/15 Uhr, 11/7 Euro; Mineralogisches Museum: Di bis So 10–17 Uhr; Edelsteinschleiferei: Besichtigung nach Anmeldung; www.zinngrube.de (erzgebirgischer Gangerzbergbau vom Mittelalter bis ins 20. Jh., Einfahrt über Seilfahrtanlage in 100 m Tiefe, Fahrt mit der Grubenbahn)

Sport und Spiel

•**Freizeitbad Greifensteine,** Geyer, Badstraße 2, Tel. (037346) 106100, tgl. ab 10 Uhr, www.ana-mare.de (zwischen Geyer und Greifenbachstauweiher, Baden unter Palmen)

Theater

•**Naturtheater Greifensteine,** Tageskasse Tel. (037346) 1318, Servicekasse Annaberg-Buchholz, Buchholzer Straße 65, Tel. (03733) 1407131, www.winterstein-theater.de (Anreise: B95 bis Ehrenfriedersdorf, Wegweiser zum Theater, Parkplatz; Bus Linie 210 Chemnitz – Oberwiesenthal bis zum Weg zu den Greifensteinen)

erz055 Foto: dk

Westerzgebirge

Überblick

Zwischen dem schier endlosen Wald um den **Auersberg** (1019 m) mit seinen drei Talsperren und malerisch gelegenen Dörfern, der Bergstadt **Johanngeorgenstadt** und dem Städtedreieck **Aue, Bad Schlema** und **Schneeberg,** bis zur Grenze des Vogtlandes erstreckt sich die umfangreichste Region des Erzgebirges. Wanderwege werden in diesem Kapitel empfohlen und hochrangige Stätten der Kulturgeschichte, wie das Schaubergwerk „Glöckl“ und der Bergmannsdom in Schneeberg, vorgestellt. Ein Stadtrundgang „zwischen Berg und tiefem tiefem Tal“ erschließt die „Perle des Erzgebirges“, **Schwarzenberg.** Entdeckt werden Schwarzes Gold in Oelsnitz, Vogelbeeren in Lauter, Rentners Ruh' in Thalheim und ein Reiter ohne Kopf in Zwönitz. Ein Exkurs schaut auf das Erzgebirge in vorweihnachtlich freudiger Erwartung. Berichtet wird die Geschichte des Uranbergbaus durch die SDAG Wismut; schließlich wird nach Heilung und Verderben durch das Radon in der Bergbauregion gefragt.

Rund um den Auersberg

Auersberg

Waldreiche Gegend

Wälder und Seen, einsame Wege und einladende Orte, was will man mehr von einem Berg. Der von einem trutzigen Aussichtsturm (1901) bekrönte Auersberg (1019 m) und seine in Grün gebettete Umgebung mit drei Trinkwassertalsperren, schier unzähligen Wanderwegen und den sehenswerten Bergstädten Johanngeorgenstadt und Eibenstock ist eines der schönsten Eckchen des Erzgebirges. Die Auersbergregion gilt als das **größte geschlossene Waldareal Sachsens.** Zu den Wanderwegen gehört der grenzüberschreitende „Anton-Günther-Pfad“, der nach dem erzgebirgischen Heimatdichter benannt ist (siehe entsprechenden Exkurs). Das Naturschutzgebiet Steinbachtal und das Hochmoor „Kleiner Kranichsee“ sind erlebbare Naturparadiese.

Impressionen aus dem Westerzgebirge – oben: Schloß Schwarzenberg, unten: am Kammweg bei Rittersgrün

Vorherige Seiten: Blick vom Auersberg

erz088 Foto: dk

erz089 Foto: dk

erz056 Foto: dk

Der von Fichten und Ebereschen bewaldete Auersberg fügt sich, typisch erzgebirgisch, sanft in die hügelige Landschaft ein. Sein nächster Nachbar, der **Brückenberg,** erreicht immerhin auch 964 Meter über dem Meer. Aufgebaut ist der Auersberg vorwiegend aus Granit. Die Vorkommen an Silber-, Zinn- und Eisenerzen wurden bereits im 16. Jahrhundert abgebaut.

Auf dem Gipfel

Vom **Aussichtsturm** bietet sich ein großartiger Panoramablick über das sächsisch-böhmische Erzgebirge und das Vogtland. Bei klarer Luft sollen sogar das Völkerschlachtdenkmal und das Universitätshochhaus in Leipzig sowie der Thüringer Wald zu sehen sein. Der **Berggasthof** (1907) und ein Kiosk gewährleisten die Versorgung der Wanderer, die seit der Eröffnung des **Kammwanderweges Erzgebirge – Vogtland** in noch größerer Zahl auf den zweithöchsten Berg Sachsens steigen. Zum Beispiel von Johanngeorgenstadt (13 km), Eibenstock (7 km) oder, am kürzesten, über den „Schlangenweg" von **Wildenthal** aus, einem reizenden und traditionsreichen Erholungsort im Tal der Großen Bockau.

Johanngeorgenstadt

Schwibbogen

Der größte Ort im Umkreis des Auersberges ist Johanngeorgenstadt (4800 Ew.) – die Stadt des Schwibbogens. Diese **weihnachtlichen Lichterbogen** zieren längst nicht mehr allein im Erzgebirge die Fenster und Plätze, doch der älteste bekannte wurde eben hier gefertigt, aus Metall, im Jahr 1740 (siehe dazu den Exkurs „Weihnachten im Erzgebirge").

Johann Georg I.

Den Namen hat Johanngeorgenstadt vom sächsischen Kurfürsten *Johann Georg I.,* der am 23. Februar 1654 in Annaburg bei Wittenberg den aus der nahen Bergstadt Platten vertriebenen böhmischen Exulanten die Gründung einer Stadt direkt an der sächsisch-böhmischen Grenze genehmigte. Damit bestimmte von Anfang an der Bergbau die Geschicke des Ortes. Um 1715 erreichte der Abbau von **Silber- und Zinnerz** seinen Höhepunkt.

Aussichtsturm auf dem Auersberg

Uran – das „dritte Berggeschrei“

Ohne Uran aus dem Erzgebirge keine sowjetische Atombombe. Das atomare „Gleichgewicht des Schreckens“ in der Zeit des Wettrüstens konnte auf sowjetischer Seite nur durch die überraschend umfangreichen Uranerzvorkommen im Erzgebirge und in Ostthüringen durchgesetzt werden. Zu diesem Fazit kamen deutsche und russische Historiker, die an der TU Chemnitz die Geschichte des Uranerzbergbaus in der Sowjetischen Besatzungszone und der DDR erforscht haben. Die Ergebnisse wurden im Juni 2011 auf einer Tagung in Chemnitz vorgestellt.

Im Jahr 1950 waren bei der SAG Wismut **200.000 Menschen beschäftigt:** Kriegsheimkehrer aus dem Erzgebirge, Vertriebene, Zwangsverpflichtete, Abenteurer. Sie wurden in den Städtchen des Reviers in Massenquartieren untergebracht oder zwangseinquartiert. Anfangs arbeiteten auch Frauen unter Tage, es gab zu wenige Männer für die Bedürfnisse des Giganten.

Die **SAG (Sowjetische Staatliche Aktiengesellschaft) Wismut** mit Sitz in Moskau wurde 1947 gegründet, nachdem die sowjetischen Organe auf Grundlage früherer deutscher Studien im Erzgebirge vielversprechende Standorterkundungen vorgenommen hatten. Verwaltungssitz war Aue, dann Chemnitz (Karl-Marx-Stadt).

Wismut, ein chemisches Element, das im Erzgebirge ebenfalls seit langem abgebaut wurde, war der Tarnname für Uranerz. Das Unternehmen wurde anfangs nach dem **Kriegsrecht** geführt, mussten doch Tausende Arbeiter des besiegten und besetzten Landes für das streng geheime Atomwaffenprogramm *Stalins* beschäftigt werden. 67 Wismutarbeiter wurden unter dem Vorwurf der Sabotage oder Spionage hingerichtet, so die Erkenntnis des Dresdner Hanna-Ahrendt-Instituts. 40 Getötete wurden nach 1990 rehabilitiert.

„Die **Uranhauptstadt der Welt** in den 50er Jahren war nicht Mop in New Mexico, sondern **Johanngeorgenstadt**“, erklärte der Wirtschaftshistoriker *Rainer Karlsch,* Autor des Standardwerkes „Uran für Moskau“ (Berlin 2008), im Deutschlandfunk. Innerhalb kurzer Zeit hatte Johanngeorgenstadt nicht mehr 10.000, sondern 35.000 Einwohner. Angesichts des fragilen politischen Kräfteverhältnisses setzte der sowjetische Generalissimus auf Tempo in der größten Uranerzlagerstätte seines Herrschaftsbereiches.

Erst nach der Zündung der sowjetischen Atombombe am 29. August 1949 nahm die Tätigkeit der Wismut zivilere Formen an. Die Historikerin *Juliane Schütterle* sieht darin auch ein Verdienst mutiger deutscher Wismut-Gewerkschafter und Bergleute, die sich gegen GULAG-Methoden zur Wehr setzten. **Bessere Arbeitsbedingungen** und Verpflegung, mehr Lohn wurden den hart arbeitenden Kumpeln gewährt. Kulturhäuser und Betriebskrankenhäuser entstanden, auch Betriebsverkaufsstellen, in denen Waren angeboten wurden, die man sonst in der DDR kaum zu Gesicht bekam. Legendär ist der **„Kumpeltod“,** ein steuerfreier Trinkbranntwein (32 Vol.-%), auf den jeder Bergmann in der DDR Anspruch hatte – monatlich einen Liter – und der sich als Zweitwährung auf dem Schwarzmarkt bewährte.

Zwischen 1949 und 1955 starben mehr als 900 Bergleute bei **Unfällen.** Unzählige erkrankten an **Lungenkrebs,** weil sich radioaktiv belasteter Staub in den Lungen festsetzte. In der DDR wurden 5000 Fälle als Berufskrankheit anerkannt, Tausende weitere nach dem politischen Umbruch.

1954 wurde das Unternehmen in die **Sowjetisch-Deutsche Aktiengesellschaft (SDAG) Wismut** umgewandelt. Mit rund 45.000 Beschäftigten bestand sie bis 1991 und hatte ihren Hauptsitz in Karl-Marx-Stadt (Chemnitz). Betriebsstätten zum Erzabbau bestanden auch in Gera/Ronneburg (Thüringen), in Königstein (Sächsische Schweiz) und in Freital/Dresden-Gittersee. Insgesamt wurden 231.400 Tonnen Uran produziert. Das vom Bundestag beschlossene Wismut-Gesetz regelte die Umwandlung des Unternehmens in eine bundeseigene GmbH, die seit 1991 als Sanierungsunternehmen im einstigen Revier tätig ist.

Zu den bedeutendsten **Wismut-Erinnerungsorten** gehören das Schaubergwerk „Frisch Glück“ („Glöckl“, Schacht 1 der Wismut) in Johanngeorgenstadt, in Bad Schlema das Schaubergwerk „Markus-Semmler-Stolln“ und das Museum Uranerzbergbau (mit eigener Schriftenreihe) im Kulturhaus „Aktivist“ sowie das Besucherbergwerk Zinnkammern Pöhla – und wer mag, das Erzgebirgsstadion der einstigen Betriebssportgemeinschaft Wismut Aue, heute der Fußballclub Erzgebirge Aue.

Die Wismut GmbH und die Stadt Chemnitz bemühen sich derzeit um einen geeigneten Präsentationsraum für Bildende Kunst aus der über 4000 Arbeiten, größtenteils Auftragswerke und Ankäufe, umfassenden **Wismut-Kunstsammlung.**

Uran

Gleich nach 1945 begann die **SAG Wismut** in Johanngeorgenstadt mit dem Uranbergbau. Die Stadt wuchs rasant. Wohnbauten wurden hochgezogen, zugleich mussten aufgrund von Bergschäden große Teile der Altstadt abgerissen werden. Der **Defa-Film „Sonnensucher"** von *Konrad Wolf* wurde 1957 in Johanngeorgenstadt rund um den Bahnhof gedreht. Er erzählt vom Beginn des Uranbergbaus im Erzgebirge und von den Konflikten zwischen der sowjetischen Betriebsleitung und den deutschen Arbeitern und wurde sofort verboten. Der Schriftsteller *Werner Bräunig* (1934–1976) arbeitete als Fördermann bei der Wismut in Johanngeorgenstadt und verfasste über diese Zeit seinen **Roman „Rummelplatz"** (1961), für den er auf dem berüchtigten 11. Plenum des ZK der SED scharf kritisiert wurde. Auch der Schriftsteller *Martin Viertel* (1925–2005) arbeitete bei der Wismut in Johanngeorgenstadt.

Wintersport

Die **Umgebung der Stadt** ist ein sicheres Wintersportgebiet. Kein Wunder, dass von hier viele Wintersportler kommen; der Skispringer *Sven Hannawald* wurde hier geboren.

Popmusik

Bekannt für ihren „Arzgebirgspop" sind **„De Randfichten",** die mit ihrem „Holzmichl" deutschlandweit die Bühnen entern.

In der Stadt

Reisende, die mit der **Erzgebirgsbahn** auf dem Bahnhof eintreffen (einige Züge fahren weiter bis Karlovy Vary/Karlsbad), sollten den davor haltenden Stadtbus nehmen, um in die Stadt zu gelangen. Zu Fuß zu gehen ist in der weit auseinandergezogenen Bergstadt nicht zu empfehlen. Drei bergige Kilometer sind es über die Schwarzenberger Straße und den Kirchplatz mit der neogotischen **Stadtkirche** (1872) sowie die Eibenstocker Straße bis zum **Platz des Bergmanns,** wo der Weihnachtsmarkt aufgebaut wird. Ein paar Schritte weiter steht der **Pferdegöpel,** ein rekonstruiertes Denkmal der Bergbaugeschichte. Dort kann man erleben, wie zwei Pferde im pyramidenförmigen Göpelstuhl die Göpelspindel bewegen, an der wiederum die Förderseile mit den Fördertonnen hängen. Ein Schwibbogen vor dem Pferdegöpel erinnert ebenfalls an die Geschichte des Ortes.

Schaubergwerk

Über die Eibenstocker Straße, aber am Kirchplatz nach rechts auf die Karlsbader Straße, führt der Fahrweg zum Schaubergwerk **„Glöckl"** (2,5 km). Bahnreisende, die gleich zum Glöckl wollen, gehen vor dem Bahnhof nach links entlang der Bahnlinie auf der

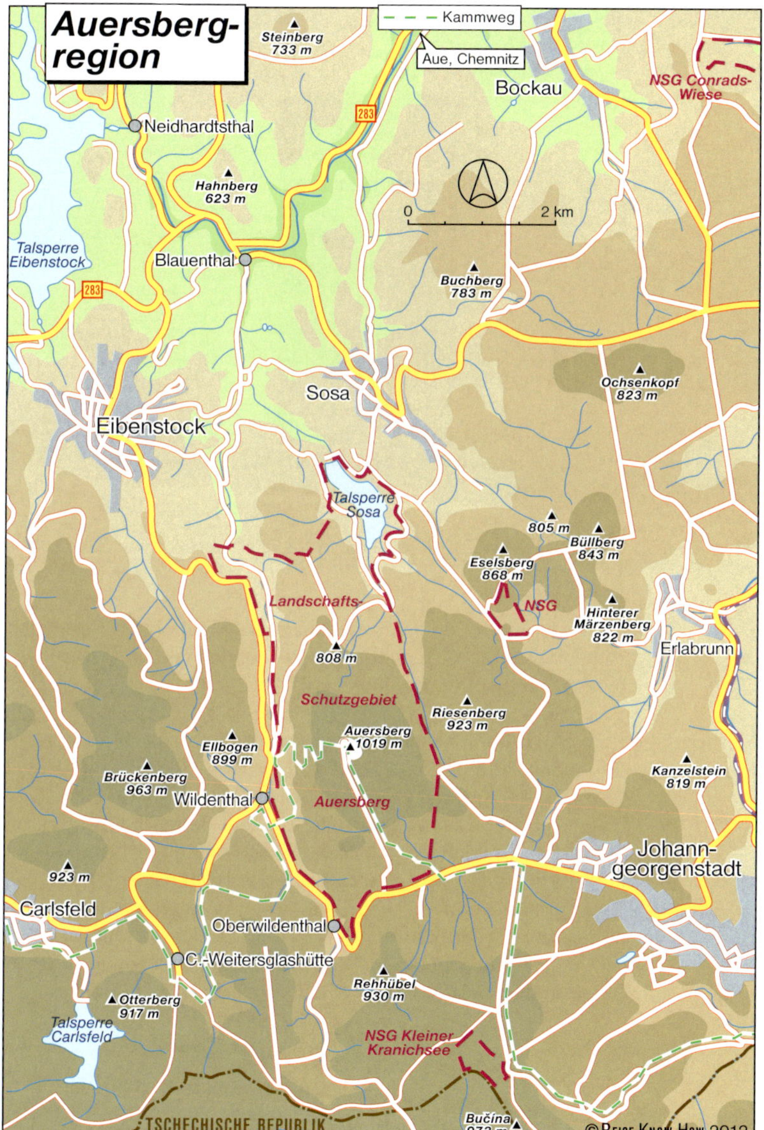

Westerzgebirge

erz057 Foto: dk

Pachthausstraße und dann auf der zum Grenzübergang führenden Wittigthalstraße bis kurz vor die Grenze, dann rechts bergauf abbiegen (Wegweiser, 15 Min.).

Kleiner Kranichsee

Zum **Hochmoor** Kleiner Kranichsee gelangt man vom Platz des Bergmanns/Pferdegöpel auf dem Forstweg Henneberger Flügel (gelb); an der Kreuzung Eisenstraße links halten. Für den Rückweg bietet sich der Kammweg an, der bis zum Bahnhof führt (8 km). Der Kleine Kranichsee ist eines der wertvollsten Hochmoore im Erzgebirge. Er liegt auf 930 Meter Höhe beiderseits der Grenze. Sein Name ist vermutlich vom slawischen Wort *granica* für Grenze abgeleitet. Ein **Holzbohlendamm** führt durch das unter Naturschutz stehende Hochmoor, wo Bergkiefern gedeihen und seltene Pflanzen und Tiere leben, es gibt auch ein Aussichtstürmchen.

Schacht 1 der SAG Wismut im Schaubergwerk „Glöckl" in Johanngeorgenstadt

Platten

Bergstadt

Am Gebirgskamm südlich von Johanngeorgenstadt (8 km) liegt auf 902 Höhenmetern die im 16. Jahrhundert von Schneeberger Bergleuten gegründete Bergstadt Platten (Horní Blatná). In ihrer schachbrettartigen Anlage folgt sie dem Vorbild Marienberg. Bis zum Beginn des Dreißigjährigen Krieges wurde hier **Zinn** geschürft. Platten gilt als besterhaltene Bergstadtanlage des 16. Jahrhunderts im böhmischen Erzgebirge. Das **Stadtzentrum** mit der barocken Laurentiuskirche steht **unter Denkmalschutz.** Heute ist die Stadt (600 Ew.) vor allem ein Zentrum des Wintersports.

Plattner Kunstgraben

Der Plattner Kunstgraben (Blatenský vodní příkop) wurde im 16. Jahrhundert angelegt, um die Zinngruben der Stadt mit Wasser zu versorgen. Er beginnt in einem Hochmoor bei Gottesgab (Boží Dar) und ist 12,9 Kilometer lang. Ein markierter **Wanderweg** entlang des sanierten Grabens verbindet die beiden Bergbauorte.

Plattenberg

Vom **Aussichtsturm** auf dem Plattenberg (Blatenský vrch, 1043 m) bietet sich ein schöner Rundblick über das westliche und südliche Erzgebirge bis zum Egergraben. Über den Gipfel führen der Anton-Günther-Weg sowie Wanderwege von Johanngeorgenstadt/ Potůčky (8 km, grün/gelb) und Boží Dar (15 km, rot).

Drei Talsperren

Drei-Talsperren-Wanderweg

Im schier endlosen Auersberger Wald liegen drei Trinkwassertalsperren – **Eibenstock, Sosa und Carlsfeld** –, die jeweils von **reizvollen Wandergebieten** umgeben und untereinander durch den Drei-Talsperren-Wanderweg (38 km) verbunden sind.

Talsperre Eibenstock

Die Talsperre Eibenstock ist mit 82,9 Millionen Kubikmeter Stauraum das **größte Trinkwasserreservoir in Sachsen.** Gestaut wird in dem 1974 bis 1984 errichteten Bauwerk die **Zwickauer Mulde.** Baden und Wassersport sind, wie in den beiden benachbarten Stauseen, natürlich nicht möglich. Mehrere Wanderwege im Umfeld der Talsperre sind von Eibenstock, Schöneiche und Hundshübel aus zu erreichen. Von **Hundshübel,** nördlich der Talsperre auf 600 Meter gelegen, hat man einen sehr schönen Blick über die Talsperre und die umliegenden Wälder sowie zum Auersberg.

erz058 Foto: dk

Wandern

Der familienfreundliche **Rundweg um den Gerstenberg** (8 km) beginnt in Eibenstock Badegärten (Erlebnisbad, Parkplatz). Am selben Weg liegt der sehenswerte **Bergbaulehrpfad** (2,5 km), der in das Eibenstocker Revier des 16. bis 18. Jahrhunderts führt. Beide Wege lassen sich miteinander kombinieren und sind nicht besonders anstrengend.

Allerheiligen Binge

Von den Badegärten geht man zunächst über den Parkplatz, dann links an der Pferdekoppel vorbei und gelangt so in den Wald. Bald schon wird die Allerheiligen Binge erreicht. Hier wie an den anderen Stationen des Bergbaulehrpfades wurden die im Wald noch erkennbaren **Spuren des Zinnbergbaus ergänzt um originalgetreu rekonstruierte Anlagen,** wie sie im 15./16. Jahrhundert benutzt wurden. Als Vorlage dienten historische Stiche, so aus „De re metallica", dem Standardwerk von *Georgius Agricola*. In dem einst 400 Meter langen Bingenzug (Restloch) wurde unter anderem ein Wismutschmelzofen an historischer Stelle wieder aufgebaut. Die Besucherwege in der einstigen Bergbauflur sind durch Bohlen und Geländer abgesichert und führen auch mal über Leitern. Freies Umherklettern außerhalb der Wege aber ist im Altbergbau lebensgefährlich!

Bergbaulehrpfad

Nach dem Überqueren der ihrer bergigen Kurven wegen gern von Bikern befahrenen B283 (Parkplatz) führt der Wanderweg wieder in den Wald. Gleich darauf zweigt rechts der Lehrpfad ab, zunächst zu den **Grüner Seifen** – einem Zinntagebau mit nachgebildeten Anlagen zum Zinnseifen (Zinnwäsche), einer Köhlerei und dem Beschieden-Glück-Kunstschacht, alles 16. Jahrhundert – in die **Schramm.** Das sind klammartige Spalten im Waldboden und Fels, in denen die Erzgänge abgebaut wurden; hier kann man selbst mal in die Erde klettern, den Duft der Tiefe kennenlernen und durch ein Lichtloch in den Himmel schauen. Die **Schwarze Binge** ist wieder ein Restloch des Zinnbergbaus, wo ein Pochwerk nachgebaut wurde, das einst dazu diente, das abgebaute Gestein zu zerkleinern. Zu erkennen sind noch Abschnitte des **Grünen Grabens,** der auf einer Länge von acht Kilometer künstlich angelegt wurde, um Wasser zum Seifen und zum Antreiben der Pochwerke heranzuführen.

Gerstenberg-Rundweg

Weiter geht es auf dem Gerstenberg-Rundweg, auf dem man zum ersten Mal die Talsperre zu sehen bekommt. Der **Talsperrenblick** (Schutzhütte) ist im Sommer zwar etwas zugewachsen, aber wenige Schritte weiter öffnet sich dann doch der freie Blick auf die Wasserfläche und die Staumauer.

Blauenthal

In Blauenthal (5 km von Eibenstock) rauscht **Sachsens größter Wasserfall:** Aus 30 Meter Höhe stürzt das Wasser über den Felsen. Es kommt aus einem vor rund 100 Jahren künstlich angelegten Wasserlauf, der dazu genutzt wurde, die Turbinen einer Papierfabrik anzutreiben.

Eibenstock

Die **Berg- und Stickereistadt** Eibenstock ist durch ihre Nähe zu den Talsperren und zum Auersberg ein Zentrum für Wanderer und Wintersporturlauber. Die beiden Beinamen weisen auf die wesentlichen Elemente ihrer Geschichte: 1560 wurde Eibenstock Sitz eines Bergamtes und damit Freie Bergstadt. Abgebaut wurden Zinn- und Eisenerze. Ende des 18. Jahrhunderts, nach einer Hungersnot infolge abnehmender Zinnvorkommen, rettete das Stickereihandwerk das Überleben der Stadt.

Die in Białystok (Polen) geborene sächsische Förstertochter **Clara Angermann** (1754–1809) hatte als Waisenkind in einem Kloster bei Toruń (Thorn) das Tambourieren – das Sticken mit der Häkelnadel – erlernt. Ab 1775 wohnte sie bei Verwandten in Eibenstock. Dort brachte sie diese alte Kunst den Frauen bei, die damit eine Erwerbsmöglichkeit fanden. 1780 heiratete *Clara Angermann* in Dresden. Die Stickereien wurden in die ganze Welt exportiert. Besonders in den USA fanden sie begeisterte Kunden. Im **Stickereimuseum** wird diese außergewöhnliche Wirtschafts- und Kulturgeschichte an originalen, funktionsfähigen Maschinen und mit vielen Zeitzeugnissen vorgeführt. Eibenstocker Stickerzeugnisse sind im Laden hinter dem Museum erhältlich.

Das **Rathaus** (1907) verbindet Elemente des Historismus an der Fassade und des Jugendstils im Inneren. Diese sind sehenswert, besonders die Bleiglasfenster im Treppenhaus, die nach Entwürfen des in Zwickau geborenen Malers und Grafikers **Max Pechstein** (1881–1955) gestaltet wurden. Das spätere Mitglied der Künstlergemeinschaft „Brücke" hatte hier einen frühen öffentlichen Auftrag erhalten. Zu besichtigen sind die Fenster während der üblichen Öffnungszeiten des Rathauses.

Eibenstock und das Erzgebirge waren die Wahlheimat des heute zu Unrecht weitgehend vergessenen Malers, Grafikers und Textilgestalters **Otto Müller-Eibenstock** (1898–1986). Er war nach dem Studium an der Königlichen Kunstschule für Textilindustrie in Plauen ab 1920 Gestalter in einer Textilfirma. Nach einer Begegnung mit *Herwarth Walden* in der „Sturm"-Galerie in Berlin und dem Besuch einer Bauhaus-Ausstellung in Weimar prägte das Bauhaus den Künstler. In den 1960er Jahren war er Lehrer an der Fachschule für Angewandte Kunst Schneeberg. Bis zu seinem Tod schuf er abseits des offiziellen Kunstbetriebes in Eibenstock ein geradliniges, fantasievolles konstruktivistisches Lebenswerk.

Über Eibenstock erhebt sich die neoromanische **Stadtkirche,** ein heller dreischiffiger Bau mit hohem Turm, errichtet im Jahre 1868. Zur Ausstattung gehören das aus dem brennenden Vorgängerbau gerettete Kruzifix (16. Jh.) und eine Skulptur des heiligen Oswald (um 1520).

Talsperre Carlsfeld

Die südwestlich des Auersberges, im Hochwald nahe der tschechischen Grenze gelegene Talsperre Carlsfeld (auch Weiterswiese oder Wilzschtalsperre genannt) ist mit 903 Meter die **höchstgelegene Talsperre Sachsens** und nach dem Schluchsee (Schwarzwald) an zweiter Stelle in Deutschland. Sie wurde 1926 bis 1929 erbaut und dient der Trinkwassergewinnung. Die Streusiedlung Weiterswiese wurde für den Stausee aufgegeben. **Wanderwege** führen um den Stausee herum (8,5 km) oder „Auf den Spuren der Schmuggler" (13 km) ebenfalls zum Wasser. Die aus Bruchsteinen errichtete **Staumauer** kann begangen werden, auch im Winter.

Carlsfeld

Der kleine Ort Carlsfeld (11 km von Eibenstock) entstand ab 1677 infolge der Anlage eines Hammerwerkes durch *Veit Hans Schnorr von Carolsfeld* (1644–1715), einen der wichtigsten Unternehmer im Erzgebirge. 1684 bis 1688 wurde die evangelische **Trinitatiskirche** erbaut. Nach dem Entwurf von *Wolf Caspar von Klengel* (1630–1691) entstand der erste Zentralbau in Sachsen und damit auch ein Vorbild für *George Bährs* Frauenkirche in Dresden. Es wird vermutet, dass *Bähr* als Zimmerergeselle an der Carlsfelder Kirche mitgearbeitet hat.

Carlsfeld liegt an der **Kammloipe** von Schöneck nach Johanngeorgenstadt (36 km), es gibt mehrere Anschlussloipen (90 km), einen Skihang und direkt daneben den Rodelhang.

Bahnfahrt

Zwischen Wilkau-Haßlau und Carlsfeld verkehrte ab 1881 die älteste, steilste und längste (42 km) **Schmalspurbahn** in Deutschland. Der Fahrbetrieb wurde zwischen 1966 und 1977 schrittweise eingestellt. Heute dampft an rund einem Dutzend Tagen die von einem Verein betriebene **Museumsbahn** auf der Strecke **Schönheide – Neuheide – Stützengrün-Neulehn.** Im Lokschuppen Schönheide hat der Verein ein kleines Museum eingerichtet.

Talsperre Sosa

Im ehemaligen Höllengrundtal östlich von Eibenstock liegt die Talsperre Sosa. Sie wurde zwischen 1949 und 1952 erbaut, also unmittelbar nach der Staatsgründung der DDR, im ersten Zweijahresplan. Deshalb hatte sie eine hohe symbolische Bedeutung: Als „Jugendobjekt der Freien Deutschen Jugend" erhielt sie den Namen **„Talsperre des Friedens".** Die 58 Meter hohe gekrümmte Staumauer ist die letzte in Deutschland, die aus Bruchstein errichtet wurde. Hinüberzulaufen ist Besuchern nicht möglich, aber es führt ein Wanderweg um den Stausee (10 km, gelb).

„Rundweg der Köhler“ Am Parkplatz neben der Talsperre beginnt der informative und landschaftlich reizvolle „Rundweg der Köhler“ (17 km, grün), der auch zum Blauenthaler Wasserfall führt. Die **Köhlerei** war über sieben Jahrhunderte eines der wichtigsten Gewerbe in Sosa, denn sie versorgte die Zinn- und Eisenhütten und die Bergschmieden mit Holzkohle. Überall auf den Waldlichtungen rauchten die Meiler. Seine Blütezeit erlebte der Erzbergbau um Sosa im 17./18. Jahrhundert. Auf dem **Lehrpfad** erreicht man mehrere lohnende Aussichtspunkte, die historische Klug-Köhlerei sowie die beiden heute noch tätigen Sosaer Köhlereien.

Sosa Das an einem Bachufer gelegene Waldhufendorf Sosa wird durch **Fachwerkhäuser** und die barocke Dorfkirche (1617) geprägt.

Bockau

„Laborantendorf des Erzgebirges“ Die Buche steckt im Namen des idyllisch in einem dicht bewaldeten Seitental der Zwickauer Mulde gebetteten „Laborantendorfes des Erzgebirges“. Das ist vielversprechend für Natur- und Wanderfreunde, und dieses Versprechen wird mit den Wanderwegen in einladender Natur am Nordrand des Auersberggebietes durchaus gehalten. Doch ist es gar nicht der Wald, der Bockau berühmt gemacht hat. Es sind die vielen **Kräuter** in der bergigen Flur, ihre kundigen Sammler und eben die Laboranten. Die wussten daraus **Arzneien, Tinkturen und Kräuterliköre** zu fertigen, die sie ab dem 15. Jahrhundert europaweit verkaufen konnten.

Alles rund um Kräuter In Wurzelbucke werden seit 500 Jahren aus den Wurzeln der **Angelika,** auch Engelwurz genannt, und aus anderen heimischen Kräutern die feinsten Tropfen destilliert, auch alkoholfreie. Das **1. Spirituosenmuseum Sachsens** serviert liebevoll und einladend die ganze Geschichte und den einzelnen Tropfen der Bockauer Laboranten. Der **Laborantenlehrpfad** und der **Dorferlebnispfad** verbinden das Angenehme der Landschaft mit dem Wissenswerten zur Geschichte. Immer im August wählen sich die Bockauer beim Wurzelfest ihre schöne **Wurzelkönigin.** Angelika aber bleibt die Königin des **Laborantengartens,** wo überschaubar alles wächst, woraus die Bockauer Wundermittel laboriert werden.

Vitriol Ihre Kenntnisse der Chemie machten sich die Bockauer Laboranten zwischen 1750 und 1830 auch mit einem dem Bergbau nahestehenden Gewerke zunutze, der **Vitriolölbrennerei.** Das ist die Herstellung von konzentrierter Schwefelsäure aus Vitriol, einem Schwefelsalz, das durch Auslaugen kiesiger Erze gewonnen wird. Benötigt wird die Säure unter anderem in der Medizin. Am Auer Weg ist eine Vitriolölbrennerei als Technisches Denkmal erhalten geblieben.

Orientierung

Zur Orientierung: Weder die **Große Bockau** als Nebenfluss der Zwickauer Mulde noch deren Zubringer **Kleine Bockau** fließen durch den gleichnamigen Ort. Während die Große Bockau sich in Wildenthal am Auersberg in schönster Landschaft zeigen darf, wird die Kleine in der Talsperre Sosa gestaut, bevor beide sich in Blauenthal vereinen.

Im Steinbachtal zum Schwarzwasser

Steinbachtal

Am Waldrand südlich des Auersberges stehen die einsamen Häuser der Orte **Steinbach** und **Sauschwemme.** 1604 wurde hier an einem Bach ein Seifenbergwerk gegründet, das den Namen Sauschwemme erhielt. Seit über 100 Jahren gibt es das gleichnamige Ausflugslokal. Von den **vielen Wanderwegen** in diesem Auersberggebiet ist besonders der abwechslungsreiche durch das Steinbachtal nach Erlabrunn zu empfehlen (Rundweg, 11 km, grün/blau). Der Steinbach plätschert munter über bemooste Steine, und dabei passiert er die **Teufelssteine,** eine Felsgruppe aus grobkörnigem Granit, die Bergsteiger als Kletterfelsen zu schätzen wissen.

Erlabrunn

Erlabrunn ist für das **Klinikum** bekannt, das aus dem 1950 eröffneten neoklassizistischen Bergarbeiterkrankenhaus der SDAG Wismut hervorgegangen ist. Der Haltepunkt der Erzgebirgsbahn liegt idyllisch direkt am Schwarzwasser. Unweit der Brücke steht am anderen Ufer des Schwarzwassers ein Wegweiser zum **Heuschuppenweg** nach Breitenbrunn (8 km, blau) und Johanngeorgenstadt (6 km, blau/gelb). Wanderwege führen über den **Rabenberg** (913 m) und sind auch im Winter begehbar (dann aber vom Haltepunkt Erlabrunn bis zur Brücke 250 m Hauptstraße ohne Fußweg). Gleich zu Beginn des Wanderweges erhebt sich der **Nonnenfelsen.** Er ist mit der Sage verbunden, dass sich dort die Nonne *Isa* auf der Flucht vor den Knechten des Klosters Grünhain mit einem Sprung vom Felsen gerettet haben soll. Kein Kloster ohne Jung-

erz059 Foto: dk

fernsprung. Für den Weg aufwärts gibt es heute einen **Klettersteig:** Auf 350 Meter Kletterstrecke geht es 50 Meter in die Höhe; das Begehen ist nur mit Klettersteigset möglich – des Öfteren ist viel Luft unter dem Hintern!

Schwarzwasser bei Erlabrunn

Breitenbrunn

Andere Orte im Erzgebirge haben Kirchen mit Silbermannorgeln, auf denen *Johann Sebastian Bach* erklingt. In Breitenbrunn am Schwarzwasser aber stand die **Papiermühle,** in der die Notenblätter für den Meister hergestellt wurden. Die Geschichte der Mühle begann 1642, sie endete im 19. Jahrhundert. Die Bergbaugeschichte von Breitenbrunn wird im **Besucherbergwerk St. Christoph** und in der **Silberwäsche in Antonsthal** lebendig gehalten. Beide Bergbaustätten befinden sich unweit der Haltepunkte der Erzgebirgsbahn.

Die vom Bahnhaltepunkt in den Ort führende ruhige Straße ist als Wanderweg markiert, sie passiert das Besucherbergwerk St. Christoph. In der 1559 erbauten und in der Barockzeit erweiterten **St.-Christophorus-Kirche** von Breitenbrunn erklingt eine Orgel von *Johann Gotthilf Bärmig* (1815–1899) aus Werdau bei Zwickau. In einem kleinen **Park** steht die Ruine des **Jagdhauses,** das im 16. Jahrhundert als Quartier für die kurfürstlichen Jäger erbaut wurde.

Rittersgrün

Der markierte **Klöppelsteig** nach Rittersgrün präsentiert das Erzgebirge wie eine Visitenkarte. Zunächst entlang der von Bikern gefeierten Bergstraße bis zum Rastplatz, dann bergab durch den Wald bis zum **Balkonplatz** nach Rittersgrün, das sich allein schon mit diesem Anblick vom Waldhang aus als einer der schönsten Orte des Erzgebirges auszeichnet.

Eisenbahnfreunde und Familien mit Kindern sollten das **Sächsische Schmalspurbahn-Museum** in Rittersgrün besuchen, das heißt, den Endbahnhof der am 1. Juli 1889 eröffneten Strecke Grünstädtel – Oberrittersgrün. Dort lassen sich Dampfloks und Wagen der bis 1971 betriebenen Pöhlwassertalbahn bewundern. Fahrgäste nannten sie liebevoll das „Pöhler Pussel". Mit der Parkbahn kann man auf 600-mm-Gleis ein Viertelstündchen durch die liebliche Landschaft zuckeln.

erz060 Foto: dk

Praktische Informationen

Anreise

- **Auto: B101, B283,** weiter auf Staatsstraßen (S272)
- **Erzgebirgsbahn** Zwickau - Schwarzenberg - Breitenbrunn - Erlabrunn - Johanngeorgenstadt

Info

- **Touristinformation Johanngeorgenstadt,** Eibenstocker Straße 67, Tel. (03773) 888222, Mo bis Fr 10–16 Uhr, Sa 10–13 Uhr, www.johanngeorgenstadt.de
- **Touristinformation Carlsfeld,** Hauptstraße 68, Tel. (037752) 69734, Mo bis Do 7.30–12.30 u. 13–16 Uhr, Fr 7.30–12.30 Uhr, www.carlsfeld.com
- **Touristinformation Eibenstock,** Dr.-Leidholdt-Straße 2, Tel. (037752) 2244, Mo bis Fr 9–18 Uhr, Sa 9–12 Uhr, www.eibenstock.de

Wohnen und Essen

- €€**Hotel Am Bühl,** Eibenstock, Am Bühl 1, Tel. (037752) 560, www.hotel-blaues-wunder.de (zertifiziertes familienfreundliches Hotel am Stadtrand, Zugang zu den Badegärten, Küche für Babyspeisen)
- €€**Gasthaus und Pension Talsperre,** Carlsfeld, Talsperrenstraße 45, Tel. (037752) 3460, Mi bis Mo ab 11 Uhr (historische Ausflugsstätte, Blick auf Carlsfeld, 10 Min. Weg zur Talsperre, Fahrrad- und Schlittenverleih)
- €**Gaststätte und Pension Hammerschänke,** Wildenthal, Alte Poststraße 9, Tel. (037752) 5310, www.hammerschaenke.de (am Fuß des Auersberges, erzgebirgische Küche)

Gastronomie

- €/€€**Berggasthof auf dem Auersberg,** Tel. (037752) 55920, tgl. 11–19 Uhr (historisches Ausflugslokal auf Sachsens zweithöchstem Berg, sächsische Küche, daneben Imbisskiosk, Kinderspielplatz, Aussichtsturm 1/0,50 Euro)
- €**Gasthaus „Sauschwemme“,** Johanngeorgenstadt, Sauschwemme 11, Tel. (03773) 882591, tgl. ab 11 Uhr (historisches Ausflugslokal am Fuß des Auersberges, erzgebirgische Hausmannskost, Biergarten)

●€€**Gasthof Rechenhaus,** Albernau, Schindlerswerk 1, Tel. (03771) 478715, Mo, Di, Do, Fr, So, Feiertage 11–22 Uhr, Sa 11–24 Uhr, www.rechenhaus.de (eines der ältesten Gasthäuser Sachsens, erzgebirgische Küche, Fischgerichte, schöne Lage am Wanderweg im Floßgraben)

●€**Gaststätte Zum Meiler,** Sosa, An der Talsperre 3, Tel. (037752) 61600, tgl. ab 11 Uhr, www.meiler-sosa.de (Ausflugslokal im Wald, in der Tradition der Köhlerei, erzgebirgische und gutbürgerliche Küche)

Museen

●**Erzgebirgische Destillerie und Liqueurmanufaktur Bockau,** Zechenhausweg 6, Tel. (03771) 454121, Di bis Fr 10–16 Uhr, Sa/So/Feiertage 13–17 Uhr, 3 Euro, www.bockauer-likoerfabrik.de (im romantisch gelegenen „Laborantendorf" Bockau lebt die uralte Tradition der Herstellung von Kräuterlikören fort; Bockauer „Wurzelstube": Museum, Verkostung, Werksverkauf)

●**Stickereimuseum Eibenstock,** Bürgermeister-Hesse-Straße 7/9, Tel. (037752) 2141, Di bis So 10–12 u. 13–17 Uhr, 2,50/1,50 Euro, www.stickereimuseum.de (Geschichte der Eibenstocker Stickerei-Industrie, historische Strickmaschinen, Stadtgeschichte)

●**Museumsbahn Schönheide,** Strecke Schönheide – Neuheide – Stützengrün, 1881 eröffnete, älteste sächsische Schmalspurbahn, Fahrbetrieb an mehr als einem Dutzend Wochenenden im Jahr, Fahrzeit ca. 25 Min., www.museumsbahn-schoenheide.de

●**Sächsisches Schmalspurbahnmuseum Rittersgrün,** Kirchstraße 4, Tel. (037757) 7440, Di bis Fr 10–14 Uhr, Sa/So 10–16 Uhr, 3,50/1,50 Euro, www.ssmo.de (Endbahnhof Oberrittersgrün der 1889 eröffneten Schmalspurstrecke nach Grünstädtel, Dampfloks, Güterwagen und andere Fahrzeuge, 15 Min. Parkbahnfahrt auf Feldbahngleisen durch das Pöhlatal 2/1 Euro, im Juni Bahnhofsfest, Gaststätte „Museumskeller", Souvenirladen)

●**Heimatstube Erlabrunn,** Schulstraße 9, Do 14–18 Uhr (in der ehemaligen Schule)

Bergbau

●**Schaubergwerk „Glöckl",** Johanngeorgenstadt, Wittigsthalstraße 13–15, Tel. (03773) 882140, Führungen Di bis So 9/10.30/12/13.30/15 Uhr, Sa/So/Feiertage ab 10.30 Uhr, 4,70/3,30 Euro, www.frisch-glueck.de (90 Min. Führung vom Silberbergbau bis zur SDAG Wismut, mind. 5 Pers., 13.30 Uhr auch für Einzelbesucher)

●**Pferdegöpel Johanngeorgenstadt,** Am Pferdegöpel (Nähe Platz des Bergmanns), Tel. (03773) 883168, Di bis So 13–16 Uhr, www.

pferdegoepel.de (Rekonstruktion einer historischen Förderanlage für den Bergbau, Führungen sowie Vorführungen mit Pferden)
- **Besucherbergwerk St. Christoph,** Breitenbrunn, Schachtstraße 65, Führungen durch den St.-Christoph-Stollen Mo bis Fr 10/12/14 Uhr, Sa/So 10/12 Uhr (1550 erstmals erwähnte Fundgrube, 700 m oberhalb des Bahnhofs, Bergbauausstellung)
- **Silberwäsche Antonsthal,** Jägerhäuser Straße 17, Tel. (03774) 25222, Mai bis Okt. Di bis So 10–17 Uhr, Nov. bis April Di bis So 10–15.30 Uhr (Pochwerk zur Erzaufbereitung Mitte 19. Jh., 500 m vom Bahnhaltepunkt Antonsthal)

Sport

!

- **Wurzelrudis Erlebniswelt/Skiarena Eibenstock,** Bergstraße 7, Tel. (0172) 7536970, Winter: Mo bis Do 10–20 Uhr, Fr 10–21 Uhr, Sa 9–21 Uhr, So 9–17 Uhr, Sommer: tgl. 10–18 Uhr (Pisten, Skischule, Rodelbahn, Allwetterbobbahn auch im Sommer, Spielplatz, schönste Aussicht auf Stadt und Talsperre Eibenstock)

Schwarzenberg

„Perle des Erzgebirges“

„Zwischen Berg und tiefem tiefem Tal“ erstreckt sich die altehrwürdige Stadt Schwarzenberg. Die bekannte Volksliedzeile beschreibt anschaulich ihre malerische Lage auf einem Felsriegel und an den Ufern des Schwarzwassers. Im Jahr 2011 wurde sie deshalb als Motto für den von der Stadt und der Kulturstiftung der Sparkasse Aue-Schwarzenberg gestifteten Kunstpreis „art figura“ ausgewählt, sie kann aber auch als ein Sinnbild für die wechselvolle Geschichte von Schwarzenberg gedeutet werden. Nicht nur den Einwohnern gilt die Bergstadt heute als „Perle des Erzgebirges“. Die **zentrale und verkehrsgünstige Lage** an der Silberstraße und die Nähe zu den Bergen und weiteren historischen Orten zeichnen Schwarzenberg als attraktives Reiseziel aus.

Geschichte

Schwarzenberg wurde erstmals 1282 als *civitas Swartzenberg* urkundlich erwähnt und ist aus einer Befestigungsanlage zum Schutz der Handelswege aus dem Leipzig-Hallenser Raum nach Böhmen entstanden. Man geht von dem **Gründungsjahr 1150** aus. Rund um die Burg entstanden Dörfer und spätere Stadtteile. Im heutigen Ortsteil Erla wurde 1380 ein Hammerwerk in Betrieb genommen. Im 16. Jahrhundert entwickelte sich Schwarzenberg zum

Verwaltungszentrum des kurfürstlichen Amtes inmitten eines umfangreichen Eisen- und Zinnbergbaureviers. 1709 wurden bei einem Brand große Teile der Stadt zerstört, nur das Schloss, die Kirche und wenige weitere Häuser blieben verschont. Deshalb wird die Altstadt heute besonders von Bauten des 18. und 19. Jahrhunderts geprägt. Die Eröffnung der **Eisenbahnstrecke Zwickau – Schwarzenberg** zog weitere vor allem metallverarbeitende Industrie ins Schwarzwassertal. Ihre wirtschaftliche und kulturelle Blütezeit erreichte die Stadt um 1900 bis zum Ersten Weltkrieg.

„Unbesetzte Zone"

Während des Zweiten Weltkrieges war Schwarzenberg nicht direkt von Kampfhandlungen betroffen. Eine einzigartige Lage erfuhr die Stadt **nach der Kapitulation des NS-Regimes,** als sie **weder von den Amerikanern noch von den Sowjets besetzt** wurde. Am 11. Mai 1945 übernahmen mehrere Bürger im „Antifaschistischen Aktionsausschuß" die Initiative, um für die Menschen in der Stadt überlebensnotwendige Entscheidungen zu treffen, vor allem, um die Versorgung sowie Sicherheit und Ordnung zu gewährleisten. Zu diesem Zweck wurden auch eigenes Geld, Briefmarken und eine Zeitung gedruckt. Die „Unbesetzte Zone" bestand 42 Tage, am 24. Juni 1945 löste der sowjetische Stadtkommandant die Aktionsausschüsse auf. Über die Gründe für die Zurückhaltung der Amerikaner und den verspäteten Einmarsch der sowjetischen Armee gibt es mehrere Theorien und Auffassungen. Der Begriff **„Freie Republik Schwarzenberg"** jedoch wurde erst durch den Roman von *Stefan Heym* (1913–2001) geprägt, der die Ereignisse literarisch überhöht. *Volker Braun* befasst sich in der Erzählung „Das unbesetzte Gebiet" ebenfalls mit Schwarzenberg 1945. Ein **Lehrpfad „Unbesetzte Zone"** verbindet Stätten jener sechs Nachkriegswochen in der Stadt. Vor dem Rathaus (Straße der Einheit 20) steht eine Stahlskulptur des Schwarzenberger Künstlers *Hartmut Rademann*. Sie zeigt in der Form eines aufgeschlagenen Buches ein Bildnis von *Stefan Heym* und ein Zitat aus seinem Roman „Schwarzenberg".

Obere Schloßstraße in Schwarzenberg

erz061 Foto: dk

erz062 Foto: dk

Tunnelportal der Wismut-Bahn am Eisenbahnlehrpfad

Große Kreisstadt

Die neben dem Bergbau bestehende lange Tradition der Metallverarbeitung in der Stadt – in Schwarzenberg war der größte Waschgeräteproduzent der DDR tätig – wird heute von einer Reihe mittelständischer Unternehmen fortgeführt. Schwarzenberg ist Große Kreisstadt im Erzgebirgskreis. Mit ihrer **historischen Altstadt,** den lebendigen erzgebirgischen Traditionen und den Geschichten um die „Freie Republik" glänzt die „Perle" als Reise- und Urlaubsziel.

Stadtrundgang

Zugang zur Altstadt

Ein Stadtrundgang beginnt am besten auf dem (kostenfreien) **Parkplatz am Hammerweg,** der über die Bahnhofstraße auch nach der Anreise mit der Erzgebirgsbahn gut zu erreichen ist. Von dort führen der **Kirchsteig** sowie seit 2010 ein **Schrägaufzug** 30

Meter hinauf und direkt in die Altstadt. Auch auf dem **Rittmeistersteig** erreicht man vom Ufer des Schwarzwassers aus die Altstadt sowie über die Bahnhofstraße direkt den Markt.

Schloss

Das mittelalterlich wehrhafte Schloss und die barocke St.-Georgen-Kirche mit ihren weiß leuchtenden Putzfassaden prägen das Bild der Bergstadt. Die Burg wurde **im 12. Jahrhundert als Wehranlage gegründet** und im 16. Jahrhundert zum kurfürstlichen Jagdschloss umgebaut. 1875/76 wurde anstelle der nördlichen Ringmauer ein neogotisches Verwaltungsgebäude errichtet. Wie aus dem Bilderbuch erscheinen der Bergfried mit seinem spitzen Kegeldach und der spätgotische Staffelgiebel vom Ende des 15. Jahrhunderts. Vom Schlosshof führt ein Wendelstein in die Obergeschosse. Im Schloss befindet sich seit 1954 das **Museum** mit Exponaten zur Stadtgeschichte und Handwerkskunst.

St.-Georgen-Kirche

Auf dem Gelände der Vorburg wurde **1690** der **Grundstein** für den Neubau der Kirche gelegt, die alte Stadtkirche war für den aufstrebenden Ort zu klein geworden. Nach neun Jahren Bauzeit wurde das Gotteshaus geweiht, erst 1728 erhielt die Kirche ihre filigran geschnitzte, freitragende Holzdecke mit goldenem Strahlenkranz. Die Orgel stammt aus der namhaften Bautzener Werkstatt Eule, sie wurde 1993 erbaut. In dem **lichtdurchfluteten Kirchsaal** sind der Altar (1699), der Taufstein (1699) aus Wildenfelser Marmor und das schmiedeeiserne Gitter (1709) zwischen Altarraum und Kirchenschiff besonders sehenswert. Im Vorraum der Kirche steht eine Christus darstellende Holzskulptur.

Bummel in der Altstadt

Von beiden Bauwerken geleitet die Obere Schloßstraße zum lang gestreckten Markt und in die umliegenden Gassen der Altstadt. Hier lohnt es sich, umherzustreifen, in der Unteren Schloßstraße, im Ratskellergäßchen, am Oberen Tor, und das **historische Flair** zu genießen. Reizvoll ist aber auch die über den Kirchsteig erreichbare Vorstadt am Schwarzwasser.

„art technica“

Auf dem **Industrielehrpfad** „art technica“ (15 km) sind 14 Stätten der Schwarzenberger Industriegeschichte und -gegenwart mit roten Stelen und Texttafeln markiert. Die 1. Stele steht in der Altstadt an der Stadtinformation. Durch das Untere Tor führt der Lehrpfad zur **Totensteinaussicht,** mit Blick auf die ehemalige Becherfabrik, heute Kaufland. Durch den Totensteinpark gelangt man zum Kutzscherberg mit dem Gebäude der ehemaligen **Kutzscherfabrik** (Bahnreisende können den Rundgang hier beginnen); danach durch den Hofgarten zum **Industriegebiet Neuwelt,** wo neu etablierte Firmen ihren Sitz haben. Im **Gewerbepark Neuwelt** wird an ehemalige Emaillier- und Blechfabriken erinnert, heute sind dort Handwerksbetriebe und Dienstleistungsunternehmen zu Hause.

Weitere Stationen sind die ehemaligen Krauß-Werke, aus denen zu DDR-Zeiten der **VEB Waschgerätewerk** hervorging. Dem in Neuwelt geborenen Klempner *Karl Louis Krauß* (1862–1927) war 1902 die Erfindung der ersten Dampf-Waschmaschine der Welt in Ganzmetallausführung gelungen. Im VEB Waschgerätewerk Schwarzenberg wurden zuletzt über 500.000 Geräte jährlich für den gesamten Ostblock gefertigt.

Nach Stationen am Industriestandort Wildenau, der ehemaligen Becherfabrik und dem Standort der abgerissenen Eisengießerei Voigtmann erreicht man am Parkplatz Hammerweg vor dem **Schloßbergtunnel** – gegraben wurde er für die 1883 eröffnete Eisenbahnstrecke nach Johanngeorgenstadt – eine gekippte Werkslok. Sie markiert den **Eisenbahnlehrpfad,** der auch daran erinnert, dass die Bahnstrecke Schwarzenberg – Johanngeorgenstadt von 1946 bis 1952 einer der wichtigsten Verkehrswege für den Berufsverkehr des Uranbergbaus und für den Abtransport der in Johanngeorgenstadt geförderten Uranerze war. Letzte Station ist das vor über sieben Jahrhunderten aus einem der ältesten Hammerwerke des Erzgebirges hervorgegangene **Eisenwerk Erla** (Haltepunkt Erzgebirgsbahn), das heute als Lohngießerei tätig ist.

Spiegelwald und Zinnkammern

Spiegelwald

Zwischen Schwarzenberg und dem einstigen Klosterort **Grünhain,** der nun Stadtteil von Grünhain-Beierfeld ist, liegt der Spiegelwald (728 m, 6 km von Schwarzenberg). Seiner schönen Aussichtsplätze wegen ist dieser Berg eines der beliebtesten Ausflugsziele des Westerzgebirges. Auf dem bequem zu erreichenden Gipfel laden der moderne **Aussichtsturm** (1999) – für die 40 Meter gibt's sogar einen Lift, die Aussicht ist bezaubernd – und die **Spiegelwaldbaude** ein.

Zinnkammern

Südlich von Schwarzenberg, am Ufer des Pöhlwassers, liegt das Waldhufendorf **Pöhla** (6 km von Schwarzenberg). Die SDAG Wismut entdeckte hier 1967 große Lagerstätten von **Uranerz** und trieb einen acht Kilometer langen Hauptstollen bis zum Fuß des Fichtelberges. 1979 begann man bei Tellerhäuser mit dem Abbau von Uranerz. Bei den Erkundungsarbeiten wurde nach rund drei Kilometer die Zinnerzlagerstätte „Hämmerlein" aufgefahren. Die dabei entstandenen **Zinnkammern** – 45 Meter lang, 12 Meter hoch und 10 Meter breit – zählen zweifellos zu den großartigsten Bergbaustätten des Erzgebirges, die als die größten Zinnkammern Europas gelten. Der Besuch des Bergwerkes beginnt mit der drei Kilometer langen Fahrt in der **Grubenbahn zur Lagerstätte „Hämmerlein"**, wo die Arbeit der Bergleute vorgeführt wird. In den Zinnkammern werden Konzerte aufgeführt, Bergvespern, Mettenschichten gefeiert, Bergmannsblasorchester und Chöre treten auf; die Akustik ist unbeschreiblich.

Praktische Informationen

Anreise

- **Auto: B101**
- **Erzgebirgsbahn** Chemnitz – Zwickau – Bad Schlema – Aue – Schwarzenberg – Johanngeorgenstadt
- **Schrägaufzug** vom Parkplatz am Hammerweg (Bus, Pkw; WC mit Wickelplatz) **zur Altstadt,** tgl. 7–22 Uhr, 0,50 Euro (fast 30 m Höhenunterschied in 42 Sek., Ankunft zwischen Schloss und Georgenkirche)

Info

- **Schwarzenberg-Information,** Oberes Tor 5, Tel. (03774) 22540, Mo bis Fr 9–18 Uhr, Sa/So 9–12 Uhr, www.schwarzenberg.de

Wohnen und Essen

- €€**Hotel Erzgebirge,** Schwarzenberg, Straße der Einheit 130, Tel. (03774) 16160, tgl. ab 17 Uhr, www.hotel-erzgebirge.de (am Stadtrand, 3 km von der Altstadt)
- €€**Parkhotel Schwarzenberg,** Klempnerweg 13, Tel. (03774) 25708, www.parkhotel-schwarzenberg.de (auf einem Hügel im Grünen, 15 Gehminuten von der Altstadt entfernt, Restaurant mit Veranda und Garten)
- €€**Landgasthof Neitsch,** Grünstädtel, Alte Bahnhofstraße 7, Tel. (03774) 86035, Di bis So ab 11 Uhr, www.landgasthof-neitsch.de (ruhig im Grünen, 4 km von der Schwarzenberger Altstadt)
- €€**Landgasthof und Hotel „Vugelbeerschänk",** Pöhla, Hauptstraße 32, Tel. (03774) 86012, Di ab 17 Uhr, Mi bis Fr 11–14 u. 17–23 Uhr, Sa 11–24 Uhr, So 11–21 Uhr, www.vugelbeerschaenk.de (typisch erzgebirgisches, kleines Haus am Wald)

erz063 Foto: zp

●€€**Hotel und Restaurant Köhlerhütte,** Waschleithe (Grünhain-Beierfeld), Am Fürstenberg 7, Tel. (03774) 15980, tgl. 11–23 Uhr, www.koehlerhuette.com (traditionsreiches Haus am Waldrand, geräumige, helle Zimmer, Wellness-Angebote, Prinzen-Suite)
●€**Gasthaus „Zur Sonne“,** Markt 8, Tel. (03774) 329689, www.gasthaus-sonne-schwarzenberg.de (ältestes Gasthaus der Stadt, erzgebirgische Küche, zwei Ferienwohnungen)
●€**Alte Klosterschmiede,** Gasthaus und Pension, Grünhain, Burgstraße 20, Tel. (03774) 35177, www.alte-klosterschmiede.de (erzgebirgischer Landgasthof, tschechische Küche)

Gastronomie

●€**Spiegelwaldbaude,** Alte Bernsbacher Straße 1, Tel. (03774) 509199, Di bis So 10.30–21 Uhr, www.spiegelwald.de (schöne Ausflugswirtschaft mit regionaler Küche, Terrasse mit Aussicht)

Die Zinnkammern Pöhla werden auch für Musikdarbietungen genutzt

Museen

- **Schloß Schwarzenberg,** Obere Schloßstraße 36, Tel. (03774) 23389, Di bis So 10–17 Uhr, 3/1,50 Euro, www.schwarzenberg.de (Städtische Sammlungen, Stadtgeschichte, erzgebirgische Spitzenkunst, Aussicht vom 36 m hohen Bergfried)
- **Eisenbahnmuseum,** Schneeberger Straße 60, Tel. (03774) 760760, Mo bis Fr 10–14 Uhr, April bis Okt. Sa/So/Feiertage 10–17 Uhr, Nov. bis März Sa/So/Feiertage 10–16 Uhr, 2,50/1 Euro, www.vse-eisenbahnmuseum-schwarzenberg.de (historische Loks und Wagen im Bahnbetriebswerk)

Bergbau

- **Besucherbergwerk Zinnkammern Pöhla,** Luchsbachtal 12, Tel. (03774) 81078, Führungen tgl. 10/14 Uhr, Dauer 3 Std., 13/8 Euro, www.zinnkammern.de (die größten Zinnkammern Europas, 3 km Fahrt mit der Grubenbahn in die Geschichte des Wismut-Bergbaus ab 1967, 8 km vom Bhf. Schwarzenberg)
- **Luchsbachtal Pöhla,** Führungen im Besucherstollen „Morgenstern" (90 m, 45 Min.), Tel. (03774) 29994, Mo bis Fr 11.30–15.30 Uhr, Sa 10–16 Uhr, So 13–17 Uhr (Freizeitzentrum mit mittelalterlichem Stollen, Goldwäsche, Kneippanlage, Zeltplatz, Ziegengehege, nach Anmeldung Grill- und Lagerfeuerabende)
- **Schaubergwerk „Herkules-Frisch-Glück", Waschleithe** (Grünhain-Beierfeld), Am Fürstenberg 6, Tel. (03774) 24252, April bis Okt. Di bis So 10–17 Uhr, Nov. bis März Di bis So 11–16 Uhr, 6/2,50 Euro, www.schaubergwerk-waschleithe.de (ältestes Schaubergwerk Sachsens, stillgelegtes Erz- und Marmorbergwerk aus dem 18. Jh.)

Aue

Bergbau und Industrie

Im Talkessel der Zwickauer Mulde, am Zusammenfluss mit dem Schwarzwasser, sowie an der historischen Silberstraße liegt die Bergarbeiter- und Industriestadt Aue (18.000 Ew.). Als Ursprung der Stadt gilt die Gründung einer Augustiner-Chorherren-Probstei, die in einer kaiserlichen Urkunde auf den 7. Mai 1173 datiert wird. Im 16. und 17. Jahrhundert wurden hier **Eisen-, Silber- und Zinnerze,** später auch Nickel abgebaut. Im 19. Jahrhundert siedelten sich metall- und textilverarbeitende Betriebe an. Die Weißerdenzeche St. Andreas war bis ins 19. Jahrhundert Hauptlieferant von **Kaolin** („Weiße Erde") für die Porzellanmanufaktur Meissen.

Nach dem Zweiten Weltkrieg wurde Aue mit dem benachbarten Schlema eines der Zentren der **Urangewinnung** durch die SDAG Wismut. In der Industrietradition der Stadt steht neben anderen das Unternehmen Nickelhütte Aue, das aus dem 1635 gegründeten Blaufarbenwerk Niederpfannenstiel hervorging und heute zu den weltweit führenden Lieferanten von **Nickel** gehört.

Fußball

Deutschlandweit bekannt ist zweifellos der Fußballverein **Erzgebirge Aue,** der als Wismut Aue mehrfach DDR-Meister war und seit 2010 in der 2. Bundesliga spielt. Zu Hause ist der veilchenfarbene Verein im **Erzgebirgsstadion** im Nordosten der Stadt, in dem 16.000 Zuschauer Platz finden.

Stadtbild

Auffallend im Stadtbild sind die zahlreichen **Brücken** verschiedener Baujahre und Bauart sowie die zumeist prächtigen **Bürgerhäuser** aus der Gründerzeit im historischen Zentrum rund um Altmarkt und Postplatz. Im Neorenaissancebau des Rathauses (1890) in der Lessingstraße befindet sich die Stadtinformation. Am Stadtgarten hinter dem **Rathaus** (1909, Goethestraße) steht das **Kulturzentrum des Erzgebirgskreises,** das 1953 bis 1958 als Betriebskulturhaus der SDAG Wismut errichtet worden ist.

Stadtmuseum

Das sehenswerte Stadtmuseum befindet sich in einem Huthaus aus dem 17. Jahrhundert an der Bergfreiheit/Bockauer Straße (die Bockauer Straße zweigt an der neogotischen Nikolaikirche ab). In einem Schaustollen sowie mit Exponaten zur Bergbaugeschichte und zur Wohnkultur im 18./19. Jahrhundert wird der historische Alltag in Aue vor Augen geführt. Am Museum beginnt ein **Bergbau-Lehrpfad** (2,5 km), der ins einstige Zinnrevier auf dem Heidelsberg (511 m) führt. In über 200 Gruben wurde hier Zinn gefördert. Der Lehrpfad endet an der **Weißerdenzeche,** die dem Kaolinabbau diente. Von der Terrasse des Ausflugslokals „Parkwarte" bietet sich eine schöne Aussicht in den Talkessel um Aue.

Stadtnaher Wanderweg

Ein bequemer stadtnaher Wanderweg ist der **Naturlehrpfad am Floßgraben.** Zum Transport von Grubenholz wurde dieser Graben im 16. Jahrhundert angelegt, heute ist er ein Technisches Denkmal. Zwischen dem Rechenhaus in Albernau (Ausflugslokal, siehe „Rund um den Auersberg") und dem Kurpark Oberschlema zieht er sich über 16 Kilometer durch die Ortschaften und in einem Bogen um die bewaldete Seite des Brünlasberges (514 m).

Lauter/ Sachsen

Zwischen Aue und Schwarzenberg liegt, ebenfalls an den Gleisen der Erzgebirgsbahn und an der Silberstraße (B101), die Stadt Lauter/Sachsen (4800 Ew.). Sie ist von Bergen und Waldwiesen umgeben, wo gut gedeiht, was dann als „Jeder Tropfen Lautergold köstlich durch die Kehle rollt". Mit diesem zeitlosen Spruch wirbt die traditionsreiche Firma „Lautergold" für ihre Liköre. Im **Spirituosenmuseum „Alte Laborantenkunst"** zeigt sie, wie aus den erzgebirgischen Kräutern Lautertropfen werden, die in der Probierstube auch gleich mal durch die Kehle geschickt werden dürfen.

Die beste Zeit dafür ist Ende September, Anfang Oktober; nicht nur, weil es dann nicht mehr zu heiß ist zum Probieren, sondern vor allem, weil das dreitägige **„Vugelbeerfast"** mit der Wahl der „Vugelbeerkönigin" gefeiert wird. Ebereschen wachsen nämlich reichlich rund um Lauter, und natürlich gibt's die auch als köstliche Tropfen.

Praktische Informationen

Anreise

- **Auto: B101**
- **Erzgebirgsbahn** Zwickau – Bad Schlema – Aue – Schwarzenberg – Johanngeorgenstadt

Info

- **Stadtinformation Lauter,** Herrmann-Uhlig-Platz 1, Tel. (03771) 703130, Mo/Do 13–16 Uhr, Di 9–12 u. 13–18 Uhr, www.lauter-sachsen.de
- **Stadtinformation Thalheim,** Hauptstraße 5, Tel. (03721) 26226, Di/Do 9–12 u. 13–18 Uhr, Fr 9–12 Uhr, www.thalheim-erzgeb.de

Wohnen und Essen

- €€/€€€**Hotel Blauer Engel,** Aue, Am Altmarkt 1, Tel. (03771) 5920, Mo bis Sa ab 11 Uhr, So/Feiertage 11–15 Uhr, www.hotel-blauer-engel.de (traditionsreiches Haus mit Feinschmeckerrestaurant, hauseigene Brauerei „Lotters Wirtschaft" und Biermuseum)
- €**Gaststätte und Pension „Waldfrieden",** Aue, Ricarda-Huch-Straße 103, Tel. (03771) 22002, www.waldfrieden-aue.de (auf einem Berg über Aue gelegene ehemalige Sommerfrische)

Gastronomie

- €**Parkwarte auf dem Heidelsberg,** Tel. (03771) 722615, Mai bis Okt. Mi bis Fr 11–14 Uhr, ab 17 Uhr, Sa/So/Feiertage ab 11 Uhr, Okt. bis April Mi bis Fr ab 17 Uhr, Sa/So/Feiertage ab 11 Uhr, www.parkwarte.de (historisches Ausflugslokal auf dem Hausberg von Aue, Terrasse mit schöner Aussicht, erzgebirgische Küche)

Museen

- **Stadtmuseum Aue,** Bergfreiheit 1, Tel. (03771) 23654, Di bis Fr u. Sa 10–18 Uhr, So 13–18 Uhr, 1,50/0,50 Euro, www.aue.de (Ausstellung zur Lokalgeschichte und zum Bergbau in Aue, ehem. Huthaus aus dem 17. Jh.)
- **Spirituosenmuseum „Alte Laborantenkunst", Lauter,** August-Bebel-Straße 5, Tel. (03771) 256391, Mo bis Fr 10–16.30 Uhr, www.lautergold.de (Museum der Lautergold Paul Schubert GmbH – alles über den Tropfen, der köstlich durch die Kehle rollt, mit Laborantenstübl zum Probieren)
- **„Spakorbstub", Lauter,** Fa. SIBA, Schwarzenberger Straße 15, Tel. (03771) 553627, www.spakoerble.de (Nachlass des letzten Lauterer Spankorbmachers, *Walter Thiemer,* und Erinnerungsstücke Lauterer Heimatdichter)

Bergbau

- **Schaubergwerk St. Anna am Freudenstein, Zschorlau,** Talstraße 1, Tel. (03771) 478874, Führungen Mi/Sa 16 Uhr, 6/4 Euro, www.freudenstein-fundgrube.de (mittelalterliche Fundgrube am unteren Rand von Zschorlau, 5 km südwestlich von Aue; unterirdische Spielstätte für Wandermarionettentheater, Spielplan auf der Internetseite)

Bad Schlema

Radon-Kur

Acht Jahrhunderte Bergbau, das größte Blaufarbenwerk der Welt – wo aus Kobalterz blaue Glasfarbe erzeugt wurde – und das **stärkste Radiumbad der Welt** prägten die Geschichte von Nieder- und Oberschlema, die 1958 zu Schlema zusammengelegt wurden, seit 2005 mit dem Zusatz „Bad". In der Zeit der Weimarer Republik gehörte Schlema mit seinem Radiumbad zu den bedeutendsten deutschen Kurorten. Für den Uranabbau ab 1946 wurde der Kurbetrieb auf sowjetische Weisung hin eingestellt. Der gesamte Ortskern fiel der Devastierung zum Opfer und die Radonquellen versiegten. 1998 wurde das neue Kurhaus eröffnet, die Radonquellen wurden neu erschlossen und der Badebetrieb wieder aufgenommen. Heute ist Bad Schlema (5000 Ew.) erneut ein beliebter Kurort, insbesondere für Menschen mit chronischen Erkrankungen des Bewegungsapparates. Jährlich im September treffen sich in Bad Schlema Blasmusikorchester zum **Internationalen Blasmusikfestival.**

Heilung oder Lungenkrebs? Radon in Bad Schlema

Das farb- und geruchlose Edelgas Radon ist ein radioaktives Zerfallsprodukt des Metalls Radium. Der Kurort Bad Schlema wirbt mit seinen Radonquellen um Kurpatienten, die zum Beispiel an Rheuma oder an Erkrankungen der Atemwege leiden. Radon gilt als eines der wirksamsten Heilmittel der Bäderheilkunde. Radon und seine Zerfallsprodukte gelten aber auch als Verursacher der berüchtigten „Schneeberger Krankheit", einer Form des Lungenkrebses. Sie ist der häufigste berufsbedingte Strahlenschaden bei Bergleuten – seit dem 15. Jahrhundert bekannt, aber erst seit kurzem erklärbar. Ein Widerspruch?

Zunächst muss gesagt werden, dass Radon als **natürliches Vorkommen** und in regional unterschiedlichem Maße in der Erdrinde und in der Luft enthalten ist, besonders dort, wo es viel uranhaltiges Gestein gibt, also auch im Erzgebirge oder etwa im Bayerischen Wald. Der Verein Europäischer Radonheilbäder mit Sitz in Bad Schlema stellt auf seiner Website eine Patienteninformation bereit, aus der hier zitiert werden soll. Dort erklärt der Präsident i.R. des Bundesamtes für Strahlenschutz, *Alexander Kaul:* Neben der Heilwirkung der natürlichen Radioaktivität seien „strahlenbedingte unerwünschte Wirkungen nicht grundsätzlich auszuschließen, aber äußerst unwahrscheinlich. Radon hat zwar bei Uran-Bergarbeitern und bei lebenslangem Wohnen in Gebäuden mit geologisch bedingtem hohem Radongehalt Lungenkrebs mit einer Wahrscheinlichkeit im Prozentbereich verursacht. Bei einer therapeutischen Radonanwendung ist die Wahrscheinlichkeit einer solchen Wirkung jedoch ein überaus kleiner Bruchteil davon, wenn überhaupt vorhanden." Die **Strahlendosis einer Radon-Kur** sei „höchstens gleich oder deutlich kleiner als die natürliche Strahlendosis und deren Schwankungsbreite". Die gesamte Radon-Exposition durch mehrere Kuren betrage „wegen der vergleichsweise kurzen Aufenthaltsdauer im Heilstollen oder in der Wanne höchstens ein Zehntel derjenigen, die im Mittel jeder von uns durch Radon in Wohnungen und im Freien während eines durchschnittlichen Lebens von 75 Jahren erfährt." Quelle: www.euradon.de. Vor Beginn einer Radon-Kur verlangt das Kurbad in Bad Schlema eine ärztliche Unbedenklichkeitserklärung über den Patienten.

Parks

Der **Richard-Friedrich-Park** am Kurhaus trägt den Namen des Begründers des historischen Radiumbades und lädt am Rande der Kurpromenade zum beschaulichen Spaziergang ein. Ebenso der großzügige **Kur- und Landschaftspark,** dessen Wege zumeist behindertengerecht angelegt wurden. Es gibt eine Aussichtsplattform mit Sonnensegel, einen Ruhegarten, ein Damwildgehege, einen Spielplatz, viele Teiche und eine Kaskade sowie den erzgebirgischen Heilpflanzengarten.

Bergbau- und Sanierungspfad

Durch den Kurort und zu den sanierten und renaturierten Halden führt ein dreistündiger Bergbau- und Sanierungspfad, an dem die Bergbaugeschichte und die Revitalisierung der Region exemplarisch vorgeführt werden. Man kann den **Rundweg** am Besucherbergwerk, am Kurpark oder am Kulturhaus Aktivist beginnen. Bahnreisende kommen vom **Haltepunkt Bad Schlema Unterer Bahnhof** der Erzgebirgsbahn über die Hauptstraße in den Kurort und finden dort die Markierung des Bergbaulehrpfades. Die erste Station aus dieser Richtung ist schon von Weitem zu sehen, ein halbiertes Förderrad auf einer sanierten Halde. Von dort oben bietet sich ein eindrucksvoller Blick über Bad Schlema, die sanierten Halden und das Gebirge. Der weitere Weg führt auf der Höhe zum Rand des Golfplatzes, der ebenfalls auf sanierten Halden angelegt wurde, über einen Wiesenweg mit vielen Ruhebänken zum **Aussichtspunkt** mit Blick über den Kurort und nach Schneeberg, das mit dem majestätischen Wolfgangsdom ein malerisches Bild bietet. Am Waldrand geht es dann bergab zur **Eichhörnchenquelle** und (auf der Straße nach rechts) am Silberbach entlang zum Besucherbergwerk.

Besucherbergwerk

Das Besucherbergwerk **Markus-Semmler-Stolln** befindet sich im einstigen Schacht 15IIb der SDAG Wismut. Er wurde 1946 wieder in Betrieb genommen, nachdem er Jahrhunderte zuvor dem Silbererzabbau gedient hatte. Mit einer Seilfahrtanlage per Förderkorb geht's in Bergmannskleidung über 40 Meter in die Erde, unten befindet sich das Steigerbüro, wo man auch mit bergmännischer Zeremonie heiraten kann. Ehemalige Bergleute führen die

Rekultivierte Halde in Bad Schlema

Besucher sachkundig durch den Stollen. Dort, wo Silbererz abgebaut wurde, sind kleinere und schlanke Besucher klar im Vorteil, Platzangst sollte man ohnehin nicht haben.

Kulturhaus „Aktivist"

Der Bergbaupfad wendet sich zum neu angelegten Zentrum des Kurortes, wo man flanieren, am Brunnen sitzen, durch den Park spazieren oder einkaufen kann. Nach 1,5 Kilometer erreicht er **am Waldrand** das Kulturhaus „Aktivist". Hier wird die Erinnerung an den Uranerzbergbau im Erzgebirge lebendig gehalten. 1952 bis 1954 für die Wismut-Bergleute erbaut, bietet dieses Kulturhaus heute die authentische Heimstatt für ein höchst spannendes und anschauliches **Museum** sowie für die Festsäle des Kurortes. An einen Bergwerksstollen erinnert die **Traditionsgaststätte „Zum Füllort".** Sie ist mit unzähligen Erinnerungsstücken ehemaliger Bergleute ausgestattet, und nicht nur die Stammgäste werden mit einem herzlichen „Glück Auf" begrüßt und mit einem Glückauf-Pils bewirtet.

erz064 Foto: dk

Niederschlema

Im Ehrenhain auf dem Gelände des ehemaligen Schachts 250 an der Lößnitzer Straße in Niederschlema erinnert eine halbierte Förderscheibe mit **Gedenktafel** an die im Juli 1955 beim schwersten Grubenunglück im Uranbergbau der DDR tödlich verunglückten 33 Bergleute.

Oberschlema

In Oberschlema (Sandstraße, 10 Min. Fußweg vom Kurpark) wurde 1953 die **Auferstehungskirche** im zeitgemäßen Stil errichtet und mit einer Kreuzbachorgel aus dem Jahr 1830 sowie gotischen Skulpturen ausgestattet. Das Bergmannsblasorchester Kurbad Schlema gibt dort Weihnachtskonzerte.

Planetenwanderweg

Zwischen Bad Schlema und Schneeberg passt unser gesamtes Sonnensystem: Auf dem im Kurpark mit der Sonne beginnenden Planetenwanderweg beschreiben **Informationssäulen** – maßstabsgerecht in ihrer Entfernung zueinander – die Sonne sowie ihre wichtigsten Planeten: Merkur, Venus, Erde, Mars und Jupiter stehen im Kurpark, Saturn am Hang des Hammersberges, der Uranus im Silberbachtal, Neptun im Stadtpark Schneeberg und der Pluto an der Sternwarte.

Praktische Informationen

Anreise

- **Auto: B169**
- **Erzgebirgsbahn** Zwickau – Bad Schlema – Aue – Schwarzenberg – Johanngeorgenstadt; bis Bad Schlema, Unterer Bahnhof oder Aue; jeweils 3,3 km Fußweg bis zum Kurpark

Info

- **Gästeinformation Bad Schlema,** Richard-Friedrich-Straße 18, Tel. (03772) 380450, Mo bis Fr 10–18 Uhr, Sa/So 10–16 Uhr, www.kurort-schlema.de

Wohnen und Essen

- €€€**Kurhotel Bad Schlema,** Markus-Semmler-Straße 73, Tel. (03771) 215000, www.kur-schlema.de (schöne Lage am Hang in einem Park, hoteleigener Therapiebereich, Wohnmobil- und Caravanstellplätze)
- €€**Haus Schlematal,** Hauptstraße 48, Tel. (03772) 395300, tgl. ab 11 Uhr, www.haus-schlematal.de (historischer Fremdenhof, modern saniert, Biergarten, erzgebirgische Küche)
- €**Gaststätte und Pension Huthaus,** Bad Schlema, Zechenplatz 5, Tel. (03772) 3589490, Fr bis Mi ab 11 Uhr, www.huthaus-bad-

schlema.de (traditionsreiches Gasthaus mitten im historischen Schlemaer Bergbaugebiet, wenige Meter vom Besucherbergwerk entfernt, gutbürgerliche und erzgebirgische Küche, Biergarten)

- €**Kulturhaus „Aktivist“,** Bergstraße 22, Tel. (03771) 29020, tgl. 11–22 Uhr, www.kur-schlema.de (authentische Stätte der SDAG-Wismut-Geschichte, ruhig gelegene Ferienzimmer, Gaststätte „Zum Füllort“ u.a. mit Gerichten aus der Wismut-Kantine, Biergarten, Museum zum Uranbergbau)

Museum

- **Museum Uranbergbau,** Traditionsstätte des sächsisch-thüringischen Uranerzbergbaus, Schlema, Kulturhaus „Aktivist“, Bergstraße 22, Tel. (03771) 290223, Di bis Fr 9–17 Uhr, Sa/So 10–16 Uhr, 3/1,50 Euro, www.uranerzbergbau.de (einzigartiges Museum zum Uranerzbergbau in der DDR, Grubentechnik, Grubenwehr, Mineralien, Gemälde aus der Kunstsammlung der Wismut GmbH, Fotografien)

Bergbau

- **Besucherbergwerk „Markus-Semmler-Stolln“,** Schlema, Richard-Friedrich-Straße 2, Tel. (03771) 212223, zweistündige Führungen Sa/So/Feiertage 10/13 Uhr, 13/5 Euro, www.besucherbergwerke-westerzgebirge.de (ab 10 Jahre, Führungen nur nach Anmeldung)

Sport und Erholung

- **Actinion,** Gesundheitsbad und Wellnessoase, Richard-Friedrich-Straße 7, Tel. (03771) 215500, tgl. 9–23 Uhr, Bad und Sauna ab 9 Euro, www.kur-schlema.de (im Kurbereich ambulante Therapien, keine Kurklinik, Unterkunft in den Hotels des Badeortes)

Schneeberg

Schöner Weihnachtsmarkt

Drei stolze Beinamen pflegt die über 500 Jahre alte Stadt Schneeberg zu tragen: „Barockstadt des Erzgebirges“, „Weihnachtsstadt des Erzgebirges“ und „Silbernes Herz Sachsens“. Von der **reichen Geschichte** der Bergstadt kündet weithin die mächtige spätgotische Hallenkirche St. Wolfgang, der „Bergmannsdom“. In der barocken Altstadt leuchtet und duftet zur Adventszeit einer der zweifellos schönsten erzgebirgischen Weihnachtsmärkte. Am 2. Advent wird das **Lichtelfest** gefeiert. Das „Silberne Herz“ schufen die Schneeberger Knappen von 1453 an, als auf dem Schneeberg das erste Bergwerk eröffnet wurde. 1471 wurde die Stadt gegründet, schon 1481 erhielt sie die Privilegien einer **„Freien Bergstadt".** 1477 wurde eine Erzstufe freigelegt – zwei Meter lang, zwei Meter breit, einen Meter hoch –, die als **„Silbertisch"** in die Geschichte einging. Herzog *Albrecht* soll an diesem Tisch gespeist haben.

Bergstreittag

Alljährlich **am 22. Juli** wird in Schneeberg der Bergstreittag begangen. Er erinnert an den erfolgreichen **Aufstand der Bergleute** im Jahr 1498 gegen den wiederholten Versuch der Gewerke, den Wochenlohn zu kürzen. Als die Bergleute mit der Knappschaftsfahne vornweg den Wolfsberg besetzt hatten, mussten die Gewerke das „Brechen um einen Groschen" zurücknehmen. Der Erfolg wurde mit einem Dankgottesdienst im Bergmannsdom gewürdigt und der Bergstreittag zum arbeitsfreien Tag erklärt. Heute wird er mit einer Bergparade, dem Berggottesdienst und einem **vielfältigen Programm in der Altstadt** gefeiert.

Schneeberger Krankheit

Den glanzvollen Jahrhunderten Schneeberger Bergbaus folgte nach dem Ende des Zweiten Weltkrieges das tragische Jahrzehnt der **Uranförderung** durch die SDAG Wismut. Der Name der Stadt ist auch mit der Schneeberger Krankheit verbunden, einer durch Zerfallsprodukte des Urans hervorgerufenen **Form des Lungenkrebses.** Sie trat schon im 16. Jahrhundert auf, freilich ohne dass die Ursachen der „Bergsucht" bekannt waren. 1878 begannen die beiden Ärzte *Friedrich H. Härting* aus Schneeberg und *Walter Hesse* aus Schwarzenberg mit der systematischen Erforschung dieser Bergmannskrankheit.

Hochschule

An der Fakultät für **Angewandte Kunst** der Westsächsischen Hochschule Zwickau studieren in Schneeberg künftige Holzgestalter, Mode- und Textildesigner.

Stadtrundgang

Fürstenplatz

Ein Rundgang durch die **Altstadt** beginnt am besten am Fürstenplatz oberhalb des weithin sichtbaren Rathauses. Das Haus **„Goldne Sonne"** wurde 1708 als Gasthof erbaut und – wie viele barocke Häuser in der Schneeberger Altstadt – nach dem Stadtbrand 1719 erneuert. Heute dient es als Kulturzentrum. Hier sind Vereine zu Hause, es gibt eine Gaststätte und ein Veranstaltungsprogramm. Weitere barocke Bauten sind die **Alte Hauptwache**

erz066 Foto: dk

(1708) an der Stirnseite des Platzes und, neben der „Sonne", das **Fürstenhaus** (1721), wo der sächsische Hof abzusteigen pflegte. Heute hat dort die Sparkasse ihren Sitz. Stolzes Rokoko ziert das **Schmeilhaus** (1719), das aus einem Renaissancebau hervorgegangen ist.

Markt

Der **Bergmannsbrunnen „Neuer Anbruch"** (1935) markiert den Übergang vom Fürstenplatz zum trapezförmigen Markt. Dominantes Bauwerk ist natürlich das **Rathaus.** Zwei Vorgängerbauten sind bei Stadtbränden vernichtet worden, das heutige entstand 1852. Hier befindet sich auch die Touristinformation. Ein Relief aus Sandstein über dem Portal stellt den legendären ersten Silberfund auf dem Schneeberg dar.

Auf dem Marktplatz der Stadt

Weihnachten im Erzgebirge

„Wenn is Raachermannel naabelt", dann ist Weihnachten im Erzgebirge: die schönste Zeit. Zum räucherkerzelnden Räuchermännchen gesellen sich der Bergmann und der Engel, der Nussknacker, der Schwibbogen und die Pyramide. **Holzfiguren** einer lebendigen Volkskultur, die am 1. Advent an ihren Stammplätzen in den Stuben und Fensterläden aufgestellt werden. Schneedecken verkleiden die Berglandschaft. Die Wege, wann immer es geht, werden kürzer gehalten, besinnlicher die Lieder. Die Traditionen rücken näher heran an das alltägliche Leben. Es ist eine **lebendige Tradition,** davon sprechen auch die weihnachtlichen Einträge junger Erzgebirger in den sozialen Netzwerken des Internets. „Wenn is Raachermannel naabelt", werden auch bei 20-Jährigen fern der Heimat Gefühle geweckt, die bereits ihre Großeltern kannten.

Die Weihnachtstraditionen sind direkt mit der Bergbaugeschichte des Erzgebirges verbunden. Das Licht als existenzieller Begleiter und als Symbol der Hoffnung des Bergmannes macht die geschnitzten und gedrechselten Holzfiguren lebendig. Der **Bergmann** mit dem Grubenlicht und der lichtertragende **Engel** symbolisieren die harte Arbeit unter Tage und die Hoffnung auf Rückkehr unter die Sonne. Der **Nussknacker** trägt die Uniform der Obrigkeit und macht sich nützlich, mit grimmiger Miene – Volkskunst kann auch ironisch sein. Anheimelnde Düfte verbreitet das **Räuchermännchen** (heute auch das Räucherweibchen) mit den Kerzchen aus Crottendorf oder Mohorn. Auch diese Figur wurde im Erzgebirge geschaffen und hat sich vielgestaltig über ganz Europa verbreitet.

Die in der christlichen Kultur verbreitete Weihnachtskrippe erhält ihre erzgebirgische Note durch Bergmannsfiguren und in den von Bergleuten geschaffenen **Weihnachtsbergen,** diesen fantasievoll beweglichen Nachbildungen bergbaulichen Alltags und biblischer Geschichte.

Die **Seiffener Kurrende** symbolisiert einen Knabenchor, der in der Adventszeit von Haus zu Haus zog (lat. *currere* = laufen) und den Menschen ein gesegnetes Weihnachtsfest wünschte. Es gibt holzgeschnitzte Kurrendechöre, zu denen jeweils auch die Seiffener Kirche sowie Spanbäume gehören.

Weihnachtliche Traditionen werden im Erzgebirge in vielfältiger Form gepflegt. Zu den Erlebnissen, die Besucher wie Einheimische gleichermaßen begeistern, gehören Besuche der **Weihnachtsmärkte** in den Bergstädten, wie Annaberg-Buchholz, Freiberg, Schneeberg oder Marienberg, und die **Bergparaden** in diesen und weiteren Orten. Am **„Hutznobnd"** (Hutzenabend) rückte man in der dunklen Jahreszeit in der Guten Stube zusammen, um gemeinsam zu singen, zu lichteln und einen zu trinken. Vielerorts werden Hutzenabende heute auch als Abendprogramm für Besucher angeboten.

Ein bergmännischer Brauch ist die **Mettenschicht,** die letzte Schicht vor Weihnachten. Sie endete ursprünglich mit einem Klopfzeichen des Steigers, worauf die Bergleute im Huthaus zusammenkamen und gemeinsam beteten, sangen, der Verstorbenen gedachten und am Festmahl speisten. Heute ist die Mettenschicht ein Angebot vieler Besucherbergwerke.

Höhepunkt eines jeden Weihnachtsfestes ist das gemeinsame Essen. Im Erzgebirge ist es das **„Neinerlaa"** (Neunerlei). Zu diesem **traditonellen Festessen,** das auch von Restaurants angeboten wird, gehören neunerlei Köstlichkeiten. Die Rezepte sind örtlich verschieden, wobei den Speisen eine bestimmte Bedeutung zukommt: Bratwurst, Sauerkraut, Linsen oder Bohnen, Klöße oder Fisch (Karpfen oder Hering), Gans oder Schweinebraten, Nüsse oder Mandeln, Pilze oder Rüben, Semmel- oder Buttermilch, Kompott.

Weihnachtlich wird einem ums Gemüt bei einer gemütlichen Fahrt mit der Bahn oder dem Bus zur Adventszeit durch das **abendliche Erzgebirge,** wenn in den tief verschneiten Städtchen und Dörfern die Schwibbogen in den Fenstern schimmern und Pyramiden und Weihnachtsfiguren auf den Marktplätzen aufgebaut sind.

erz065 Foto: dk

Das Eckhaus Markt 27 ist die 1698 gegründete **Adler-Apotheke.** Der **„Schnupperich"** an der Fassade erinnert an den Schneeberger Schnupftabak, der hier nach überliefertem Rezept noch immer hergestellt und vertrieben wird.

Vom barocken **Brotmännelhaus,** Markt 2, wird die Geschichte erzählt, dass es in der Hungersnot 1771/72 für zwei Brote verkauft worden sei. Es gibt dafür keine Belege, aber damals verhungerten in Schneeberg über 1000 Menschen.

Gegenüber steht das imposante barocke **Freytag-Haus** (Markt 6), benannt nach dem ersten Geschäftsinhaber. Der **Goldene Hirsch** (1543) am Markt 11 war zunächst Herberge, dann Wohnhaus des Bürgermeisters; heute befindet sich darin ein asiatisches Restaurant. Das Haus Markt 10 hat auf der Hofseite einen **Wendelstein,** der um 1500 erbaut wurde.

Museum

In einem der wertvollsten barocken Bürgerhäuser der Stadt, auf der Oberen Zobelgasse 1, befindet sich das einzigartige **Museum für bergmännische Volkskunst.** Erbaut wurde es 1724 bis 1727 als Wohn- und Geschäftshaus des Unternehmers *Friedrich Bortenreuther,* nach dem es bis heute auch benannt wird. Gegenüber steht das repräsentative **Zobel-Haus** (Obere Zobelgasse 12), erbaut im Jahr 1681. Heute lädt dort das reizende Café Incognito ein. In den Nebengebäuden haben die Städtische Schnitzschule und der Schnitzverein „Schlägel und Eisen" ihren Sitz.

Uhlmannsches Haus

Robert Schumann (1810–1856), dessen älterem Bruder *Carl* (1801–1849) als Verleger und Buchdrucker die Schillsche Druckerei in der Kirchgasse 4 gehörte, spielte seiner Frau *Clara* (1819–1898) im Uhlmannschen Haus, Obere Zobelgasse 4, im Jahr 1839 erstmals die „Kinderszenen" vor. In der Oberen Zobelgasse 2 wurde 1805 die erste **Buntpapierfabrik** Deutschlands eröffnet.

Kirche St. Wolfgang

Die spätgotische Kirche St. Wolfgang, der **„Bergmannsdom",** ist **eine der größten Hallenkirchen Sachsens.** Der Türklopfer am Turmportal stammt noch von der 1478 erbauten Felssteinkirche, die für den Neubau abgetragen wurde. Während der Bauzeit ab 1516 hatte sich der Protestantismus in Sachsen durchgesetzt, so-

Turmportal zum „Bergmannsdom"

dass die Kirche 1540 evangelisch geweiht wurde. Im 17. und 18. Jahrhundert erhielt sie eine barocke Ausstattung, 1670 wurde der Turm auf 72 Meter erhöht. Am 19. April 1945 beschossen US-amerikanische Tiefflieger das Schneeberger Stadtgebiet mit Brandmunition. Auch der Dachstuhl der Kirche wurde getroffen. Es gelang zwar nicht, den Brand zu löschen, aber der Altar aus der Werkstatt der Künstlerfamilie *Cranach,* viele Bände der Kirchenbibliothek und der Taufstein (16. Jh.) konnten von herbeigeeilten Bürgern gerettet werden. Vom Bergmannsdom blieb ein Schutthaufen. Ab 1952 wurde das Bauwerk schrittweise rekonstruiert, nachdem bereits 1946 in der Ruine unter freiem Himmel eine Messe gefeiert worden war. Die Arbeiten dauerten an bis zur Weihe des restaurierten Altars 1996. Im Sommer erklingen Orgelkonzerte. In der Kirche stehen Holzskulpturen des Bildhauers *Hans Brockhage* (1925–2009) aus Schwarzenberg. Über 200 Stufen führen auf die **Aussichtsplattform** des Turmes. Ein Posaunenchor in bergmännischer Kleidung bläst an den Adventssonntagen vom Turm herab Bergmannslieder.

Kirche Hl. Pius X.

Am Zobelplatz steht die Katholische Kirche Hl. Pius X., ein **Holzbauwerk** aus dem Jahr 1956 für die vielen Vertriebenen katholischen Glaubens, die sich in Schneeberg angesiedelt hatten.

Stadtteil Neustädtel

Der Schneeberger Stadtteil Neustädtel war vier Jahrhunderte lang, bis 1939, selbstständige Bergstadt. Hier sind zahlreiche oberirdische Zeugnisse der Bergbaugeschichte zu sehen. Sie sind durch den **Lehrpfad „Schneeberg-Neustädteler Bergbaulandschaft"** (8,5 km) verbunden. Die Geschichtsexkursion beginnt am **Siebenschlehener Pochwerk,** dem Besucherbergwerk an der Lindenauer Straße, und endet nach zwei Dutzend Stationen an der **Fundgrube Weißer Hirsch,** einem Besucherbergwerk auf dem Gelände der Bergsicherung Schneeberg GmbH.

Praktische Informationen

Anreise

- **Auto: B93**
- **Linienbus 362** Aue – Schneeberg

Info

- **Touristinformation Bergstadt Schneeberg,** Markt 1, Tel. (03772) 20314, Mo, Mi, Fr 9–12.15 u. 12.45–16 Uhr, Di/Do 9–12.15 u. 12.45–18 Uhr, Feiertage 11–14 Uhr, www.schneeberg.de

Wohnen und Essen

●€€/€€€**Hotel Büttner,** Markt 3, Tel. (03772) 3530, Mi bis So 11.30–14 Uhr, ab 18 Uhr, www.hotel-buettner.de (kleines Barockhaus, Feinschmeckeradresse, mediterrane Terrasse)

●€**Pension Sauschwart,** Schneeberg-Neustädtel, Fundgrube Sauschwart 1, Tel. (03772) 358883, www.pension-sauschwart.de (restauriertes Huthaus der Fundgrube, schöne Aussicht, zwei Wohnungen für 6/8 Personen)

Gastronomie

●€€**Gaststätte im Kulturzentrum „Goldne Sonne",** Fürstenplatz 5, Tel. (03772) 370911, tgl. 11–14 Uhr, ab 18 Uhr, www.goldne-sonne.de (gutbürgerliche und erzgebirgische Küche, Tagesessen um 4 Euro)

●€**Café Bar Incognito,** Obere Zobelgasse 12, Tel. (03772) 3730160, Di bis Do 11–19 Uhr, Fr 11–21 Uhr, Sa 14–21 Uhr, So 14–20 Uhr (modernes, stilvolles Café in barockem Haus, hausgebackener Kuchen, Gartenplätze)

Museum

●**Museum für bergmännische Volkskunst,** Obere Zobelgasse 1, Tel. (03772) 22446, Di bis Do, Sa/So 9.30–17 Uhr, Fr 13–17 Uhr, 3 Euro, www.schneeberg.de (erzgebirgische Volkskunst, Vorführung der „Erzgebirgischen Dorfkirmes" an Adventssonntagen und am Internationalen Museumstag)

Kirche

●**„Bergmannsdom" St. Wolfgang,** Kirchgasse 7, Tel. (03772) 39120, Mo bis Fr 10–12 u. 14–16 Uhr, Sa 10–12 u. 13–16 Uhr, So u. Feiertage 14–16 Uhr, April bis Okt. jeweils bis 17 Uhr, Adventszeit bis 18 Uhr, Turmbesteigung Mo bis Sa 11–15 Uhr, So 14–16 Uhr, 2/1 Euro, www.st-wolfgang-schneeberg.de

Bergbau

●**Siebenschlehener Pochwerk,** Schneeberg-Neustädtel, Lindenauer Str. 22, Tel. (03772) 22636, 22446, 8.4.–31.10. Do bis Sa 10–16 Uhr, www.schneeberg.de (Kobaltbergbau im Schneeberger Revier ab dem 16. Jh., nach Anmeldung Führungen auf dem Bergbaulehrpfad)

●**Besucherbergwerk Fundgrube Weißer Hirsch,** Schneeberg-Neustädtel, Kobaltstraße 4, Tel. (03772) 290, Führungen am Tag des Bergmanns (1. Sa. im Juli), Bergstreittag (22. Juli), Tag des offenen Denkmals (2. So. im Sept.), Schneeberger Lichtelfest (2. Adventswochenende), jeweils 9–15.30 Uhr, 8/5 Euro, www.bergbauverein-weisser-hirsch.de (zweistündige Führung, Einfahrt mit Seilfahrt, zum Tag des Bergmanns Mineralienbörse)

Hartenstein

Burg Stein

Die im Vogtland in 770 Meter Höhe entspringende **Zwickauer Mulde** hat bereits die Talsperren Muldenberg und Eibenstock passiert und in Aue das Schwarzwasser aufgenommen, bevor sie beim Städtchen Hartenstein (4800 Ew.) ein felsiges Ufer erreicht, auf dem sich die Burg Stein erhebt. An der Oberburg ist noch romanische Architektur zu entdecken, das märchenhaft wirkende heutige Antlitz wurde im 16. und 17. Jahrhundert geschaffen. Burg Stein ist in Privatbesitz, das **Museum zur erzgebirgischen Feudalgeschichte** kann mit Führungen besichtigt werden. Zwischen Ostern und Herbst gibt es ein **Konzertprogramm** klassischer und romantischer Musik. Von der Burg nur wenige Schritte entfernt, hält die Erzgebirgsbahn (Zwickau – Johanngeorgenstadt).

Kultur

In Hartenstein wurde **Paul Fleming** (1609–1640) geboren, einer der bedeutendsten Lyriker des Barock. Sein Geburtshaus und ein Denkmal am Marktplatz der Stadt erinnern an den Dichter und Arzt. Die Geschichte der berühmten **Hohnsteiner Puppenspiele** nahm in Hartenstein ihren Anfang: *Max Jacob* (1888–1967) begründete 1921 zunächst die Hartensteiner Puppenspiele, bevor er samt Puppen nach Hohnstein in der Sächsischen Schweiz zog.

Isenburg

In **Wildbach,** zwischen Hartenstein und Bad Schlema, ragt auf einem Felssporn über der Zwickauer Mulde die Ruine der mittelalterlichen Isenburg auf. Schon im 14. Jahrhundert wurde diese in ihrer Geschichte weitgehend rätselhafte **„Eisenburg“** zerstört. Heute wirken die sanierten Rudimente der Burg im Wald romantisch. Man erreicht sie auf einem Wanderweg vom Haltepunkt Hartenstein über die Kirche von Wildbach (2,5 km). Das Burggelände ist frei zugänglich.

Radwanderung

Eine Radwanderung **zu vielen reizvollen Aussichtsplätzen** führt von Burg Stein zum Schloß Wildenfels, in das Steinbruchgebiet des Wildenfelser Zwischengebirges (hier grüne Lehrpfad-Markierung) und weiter über Schönau, Friedrichsgrün und Vielau nach Wilkau-Haßlau, wo wiederum die Bahn hält.

Schloß Wildenfels

Schloß Wildenfels war über 300 Jahre lang Sitz der Grafen *von Solms*. Die stattliche, weithin sichtbare Anlage entstand vor allem im 17. Jahrhundert, nachdem Vorgängerbauten aus der bis ins 12.

Jahrhundert zurückreichenden Geschichte abgebrannt waren. Heute ist das Schloss mit seinem **idyllischen Park** ein beliebtes Ausflugsziel, ein Kulturzentrum mit Konzertsaal, der Kreismusikschule „Clara Wieck", Bibliothek und Museum, aber auch Wohnort. Es wird von einem Verein verwaltet.

Rosenfest Alle zwei Jahre (2012, 2014) wird Ende Juni auf dem Schloss ein dreitägiges **Rosenfest** gefeiert, eine Augenweide nicht nur für Rosenzüchter. In der „Nacht der Rosenromantik" erhält die Rosenprinzessin ihre Krone und die von den Besuchern ausgewählten schönsten Rosen werden getauft. Wildenfels ist die „Stadt der Rose", denn diese zierte das gräfliche Wappen.

Lehrpfad Am Schloss beginnt der Lehrpad **„Museum in der Landschaft".** Er führt in das **Wildenfelser Zwischengebirge,** eine kleine, aber ökologisch sehr wertvolle Naturschönheit, die sich vor allem durch einzigartige Biotope in den ehemaligen Kalksteinbrüchen auszeichnet.

Praktische Informationen

Anreise

- **Auto: B169**
- **Erzgebirgsbahn** Zwickau - Bad Schlema - Aue - Schwarzenberg - Johanngeorgenstadt

Info

- **Touristinformation Hartenstein,** Marktplatz 9, Tel. (037605) 7640, Mo/Di 8–12 u. 13–18 Uhr, Do 8–12 u. 13–16 Uhr, Fr 8–12 Uhr, www.stadthartenstein.de

Wohnen und Essen

- €€€**Gästehaus Wolfsbrunn,** Hartenstein, Stein 8, Tel. (037605) 760, Mo bis Fr ab 17 Uhr, Sa/So ab 12 Uhr, www.schloss-wolfsbrunn.com (1912 errichtetes Anwesen in einer 6 Hektar großen Parkanlage, mediterrane und erzgebirgische Küche)

Museen

- **Museum zur erzgebirgischen Feudalgeschichte,** Hartenstein, Burg Stein, Tel. (037605) 6296, April bis Okt. Di bis Do, Sa/So 10–16 Uhr stündlich Führungen, Nov., Feb./März letzte Führung 15 Uhr, Dez./Jan. geschlossen, 3/1,50 Euro, www.burg-stein.de (Burg- und Heimatmuseum, Konzertprogramm)
- **Schloß Wildenfels,** Tel. (037603) 58569 (Freundeskreis, Anm. v. Gruppenführungen), Mo 10–14 Uhr, Di/Do 14–18 Uhr, Mai bis

Okt. monatl. jeder letzte Sa 13–17 Uhr, 2/1 Euro, www.schloss-wildenfels.de (Schlossbesichtigung, Ausstellung zur Stadtgeschichte, Konzerte, Galerie, Rosenfest)

Burg

- **Burgruine Isenburg, Wildbach,** www.dieisenburg.de (mittelalterliche Burganlage, frei zugänglich)

Oelsnitz im Erzgebirge

2015 Landesgartenschau

Zwischen Zwickau und Stollberg, nahe der A72, liegt die kleine Stadt Oelsnitz (12.000 Ew.), die zur Unterscheidung von der gleichnamigen Stadt im Vogtland den Zusatz „im Erzgebirge" trägt. Im Jahr 2012 feiert sie ihr 800-jähriges Bestehen, und 2015 richtet sie die Sächsische Landesgartenschau aus. In Oelsnitz wurde am 16. August 1933 **Reiner Kunze** geboren, einer der bedeutendsten deutschsprachigen Lyriker und Übersetzer der Gegenwart sowie ein engagierter Kritiker der Rechtschreibreform. Ihm zu Ehren vergibt die Stadt gemeinsam mit der Sparkasse alle zwei Jahre den Reiner-Kunze-Preis für Literatur. Ebenfalls in Oelsnitz geboren wurde der Bergmann und Maler *Willybald Mayerl* (1896–1977), dessen „derbe Realistik" *(Lothar Lang)* das Leben der Bergleute zum Gegenstand hatte.

Bergbau

Die jüngere Geschichte und auch das Antlitz der aus einem Rittergut hervorgegangenen Stadt sind mit dem Steinkohlebergbau verbunden. 1831 wurde durch einen Forstbeamten zufällig **Steinkohle** entdeckt, 1844 begann der weiträumige Abbau, der bis 1971 dauerte. Daher auch das bis heute als etwas zerrissen empfundene Stadtbild rund um die noch erkennbare Dorfstruktur.

Bergbaumuseum

Höchst spannend, anschaulich und authentisch wird die Suche nach dem Schwarzen Gold im Bergbaumuseum Oelsnitz dargestellt, einem der größten seiner Art in Deutschland. Das Museum befindet sich in den historischen Anlagen des 1971 stillgelegten **„Karl-Liebknecht-Schachtes",** der bis 1946 „Kaiserin-Augusta-Schacht" hieß. In diesem Schacht fuhr am 13. Oktober 1948 der Bergmann *Adolf Hennecke* (1905–1975) eine Hochleistungsschicht, mit der er im Auftrag der SED die „Aktivistenbewegung" zur Normübererfüllung in der DDR eröffnete. Originale Innenein-

erz067 Foto: bo

richtungen wurden in das Museum einbezogen und ein **Schaubergwerk** originalgetreu nachgebaut. Auf dem **Außengelände** stehen bergbauliche Großgeräte und ein aus der Region hierher versetztes Sägewerk, das den enormen Holzbedarf des Kohlebergbaus veranschaulicht.

Die Museumskasse befindet sich in der einstigen **Pförtnerloge.** Über den Treppenturm und die Brücke für die Werksbahn geht's in den **„Rundbau“,** das frühere Verwaltungsgebäude. Dort sind die Ausstellungen zur Geschichte des Sächsischen Steinkohlebergbaus und zur Geologie der Steinkohle zu sehen. Hier kann man durch einen **Steinkohlewald** laufen, wie es ihn vor 300 Millionen Jahren gegeben haben könnte. In der **Lohnschalterhalle** blieb der Stil der 1920er Jahre erhalten, hier wird die Bergbaulandschaft vorgestellt. Imposant ist der Blick in die **Umformerhalle** auf den Umformer aus dem Jahr 1923 mit seinem 20 Tonnen schweren Schwungrad. Andere Maschinen und Anlagen sind als Modelle zu besichtigen. Das Gezähe – Werkzeug des Bergmanns –, Geleucht und Festkleid liegen in der **Lampenstube** aus. Die Ausstellung dort ist den sozialgeschichtlichen Aspekten des Steinkohlebergbaus gewidmet. Vom Museum führen mehrere **Bergbaulehrpfade** in das Revier um Oelsnitz. Dazu gibt es an der Museumskasse Begleitbroschüren.

Stollberg

Auf der östlichen Seite der A72 liegt Stollberg (12.000 Ew.), das traurige Berühmtheit erlangt hat mit dem größten **Frauengefängnis** der DDR. Die monströse **Burg Hoheneck** auf den Fundamenten der mittelalterlichen Staleburg bestimmt das Bild der Stadt schon aus der Ferne. Es wird geschätzt, dass mehrere tausend Frauen dort inhaftiert waren, davon mindestens 40 Prozent aus politischen Gründen; exakte Zahlen sind nicht bekannt. Seit 2001 steht das Gefängnis leer, die künftige Nutzung ist noch ungeklärt. Die Anlage kann von angemeldeten Gruppen im Rahmen von Führungen besichtigt werden.

Stollberg hat einen schick herausgeputzten **Kultur-Bahnhof,** der seinem Namen voll gerecht wird: Hier halten die Züge der Regionalstadtbahnlinie aus Chemnitz. Im Reise-Café-Point gibt es Auskünfte für Besucher der Stadt und des Westerzgebirges und ein kleines Café. Der Modelleisenbahnclub und der Schnitz- und Klöppelverein teilen sich die Flügel des Bahnhofs und freuen sich auch über Besucher. Schließlich gibt es auch ein Kulturprogramm neben dem Fahrplan.

Heimateck „Rentners Ruh'"

Fünf Kilometer östlich und ebenfalls an der Bahnlinie, diesmal der Erzgebirgsbahn Chemnitz – Aue, wird es noch beschaulicher. Dort liegt, nicht weit vom Bahnhof der Stadt **Thalheim,** das Heimateck „Rentners Ruh'". Sehr ruhig ist es dort; idyllisch im Grünen, an einem Bach, stehen Erzgebirgsszenerien im Miniaturformat. Bier und Brause werden in der Blockhütte ausgeschenkt, handgemachte Musik ist des Öfteren dabei. Ruhelose Rentner und die jüngeren Enthusiasten des Erzgebirgischen Heimatvereins Thalheim pflegen und betreuen die Anlage, die man auch aufsuchen kann, um zur Wanderung auf dem **Naturlehrpfad Pionierweg** aufzubrechen.

Praktische Informationen

Anreise

- **Auto: A72** bis Ausfahrt Stollberg West
- **Citybahn: Linie 522/523** aus Chemnitz/Zwickau bis Neuoelsnitz Bahnhof
- **Bus: Linie 262** ab Chemnitz, **Linie 139** ab Zwickau bis Bergbaumuseum, **Grüne Linie 2** zwischen Stollberg – Oelsnitz – Lugau (stündl.) bis Bergbaumuseum

Info

- **Bürgerservice der Stadt Stollberg,** Hauptmarkt 1, Tel. (037296) 240, Di/Mi 8.30–18 Uhr, Do 8.30–19 Uhr, Fr 8.30–13 Uhr, Sa 8.30–11 Uhr, www.stollberg-erzgebirge.de

Wohnen und Essen

- €**Gasthof und Pension Gablenz,** Stollberg-Gablenz, August-Bebel-Straße 67, Tel. (037296) 3307 (historischer Landgasthof, Hausschlachtetes, Wild)

Museen

- **Ehemaliges Frauengefängnis Hoheneck, Stollberg,** Führungen in Gruppen bis 30 Pers., Tel. (0371) 48183380, www.hoheneck.com (die einstige Stahleburg und „Weiberzuchtanstalt" war das größte Frauengefängnis in der DDR)
- **Heimateck „Rentners Ruh'", Thalheim,** Pionierweg 1, Tel. (03721) 30771, Mai bis Okt. Mo bis Do 14.30–19.30 Uhr, Sa/So/Feiertage 10–22 Uhr, www.rentnersruh.de (Miniaturenausstellung am Naturlehrpfad Pionierweg, unweit des Bahnhofes, Imbiss in der Blockhütte und im Freien)

Bergbau

- **Bergbaumuseum Oelsnitz,** Pflockenstraße, Tel. (037298) 93940, Di bis So 9.30–16 Uhr, 4,80/2,40 Euro, www.bergbaumuseum-oelsnitz.de (eines der größten deutschen Bergbaumuseen, Schaubergwerk und Ausstellungen barrierefrei, auch für Rollstuhl geeignet, Bergmannstube mit Café Mo 8–14 Uhr, Di bis Fr 8–16 Uhr, Sa/So/Feiertage 11–16 Uhr, umfangreiches Programm für Familien; Anreise mit der Citybahn Zwickau – Stollberg bis Neuoelsnitz Bahnhof, mit Bus aus Richtung Chemnitz Linie 262, aus Zwickau Linie 139, aus Stollberg mit Grüner Linie 2, jeweils bis Bergbaumuseum)

Zwönitz

Bergstadt

Westlich des Geyerschen Waldes liegt die Bergstadt Zwönitz (12.000 Ew.). Sie hat einen lebhaften Marktplatz mit historischen Bauten, vier Kirchen und immerhin drei Museen. Zwönitz liegt mit den Haltepunkten Zwönitz, Niederzwönitz und Dorfchemnitz an der **Bahnstrecke Chemnitz – Aue.** Die Stadt ist aus einer slawischen Siedlung hervorgegangen und erhielt 1300 das Stadtrecht. Schon um 1320 sowie ab 1450 wurde Bergbau betrieben, vor allem Eisenerz geschürft.

Am Markt

Das stattliche **Rathaus** am Markt wurde 1878 erbaut. 1997 erhielt es ein Glockenspiel, bei dem mehrfach täglich von erzgebirgischen Bildhauern geschnitzte Holzfiguren auftreten: Bergmann, Mönch, Bauersfrau und Schusterjunge stehen sinnbildlich für die tragenden Säulen der Stadtgeschichte. Die im fränkischen Fachwerkstil erbaute **Gaststätte „Roß"** gilt als eines der ältesten Gasthäuser Sachsens. Vor über 460 Jahren entstand es aus einer Herberge für Fuhrleute an der Böhmischen Salzstraße. Von den damaligen Reisezeiten erzählt die **Postmeilensäule** (1727).

Kirche und Papiermühle

Die barocke **St.-Trinitatis-Kirche** (Kirchstraße) ist schon vom Markt aus zu sehen, sie wurde 1692 eingeweiht und erinnert etwas an eine Burg. Das kulturhistorisch wertvollste Bauwerk der Stadt steht im Ortsteil Niederzwönitz: **Die älteste noch funktionsfähige Papiermühle Deutschlands** wurde 1568 erstmals urkundlich erwähnt. Bis ins 19. Jahrhundert hinein wurde in diesem Fachwerkbau am Zwönitzbach aus Hadern und Lumpen handgeschöpftes Bütten hergestellt, von 1847 bis 1973 produzierte man Pappen. Seit 1984 ist die ehemalige Fabrik mit ihren originalen Maschinen ein Technisches Museum. 1991 wurde eine nachgestaltete Handpapiermacherwerkstatt eröffnet.

Museum

Ein ebenso interessantes Museum ist die **Knochenstampfe in Dorfchemnitz** (das zu Zwönitz gehört). Vom Haltepunkt Dorfchemnitz der Bahnlinie Chemnitz – Aue sind es knapp 500 Meter bis zu dem denkmalgeschützten Bauernhof. Die wasserradbetrie-

Weihnachtsmarkt in Zwönitz

erz068 Foto: te

bene Anlage zur Zerkleinerung von Tierknochen für Dünger ist noch betriebsfähig. Einen Steinbackofen aus dem Jahr 1585 gibt es zu sehen, der schon im Märchen von Frau *Holle* seine Rolle gespielt haben könnte, sowie Exponate zur Ortsgeschichte. In Dorfchemnitz wurde der Rechtsgelehrte und Historiker *Samuel Freiherr von Pufendorf* (1632–1694) geboren, auch ihm widmet sich das Museum.

Weihnachtsbergsammlung

In der Weihnachtsbergsammlung ist **einer der ältesten funktionsfähigen mechanischen Weihnachtsberge Sachsens** zu bewundern. Der kleine Garten um das Museum ist ein beliebtes Ausflugsziel.

Austelpark

Zum Spaziergang lädt auch der Austelpark unweit des Zwönitzer Marktes ein. Er ist im englischen Stil gehalten und beheimatet wertvolle Gehölze. Idyllisch sind der Austelteich, die kleinen Pavillons und die bei Kindern beliebte „Bärenhöhle“. Der Zugang zum **„Neues-Glück“-Stollen** im Park wird gelegentlich vom Bergbauverein zu Führungen geöffnet.

Austelvilla

Am Eingang der lang gestreckten Parkanlage steht die nach ihren früheren Besitzern benannte Austelvilla (1886). Sie beherbergt die **Raritätensammlung** des Zwönitzer Ehrenbürgers und leidenschaftlichen Sammlers *Bruno Gebhardt* (1894–1974). Auf über 60 Gebieten war der Bauernsohn und Dekorationsmaler umtriebig. So trug er Fossilien, Mineralien, Uhren, Waffen, Orden und Medaillen, Münzen, Briefmarken, Porzellanfiguren, Pfeifen, Mobiliar und andere Schätze zusammen. Das festliche Gründerzeitambiente der Villa gibt der Sammlung einen angemessenen Rahmen.

Ausflüge

Ausflugsziele in der näheren Umgebung sind der **Aussichtsturm beim Ortsteil Kühnhaide,** der **Ziegenberg** mit dem „Reiter ohne Kopf“, einer Holzskulptur nach einer Zwönitzer Sage, und die Zwönitzquelle. Das **Zwönitztal** eignet sich für entspannte Radtouren und zu allen Jahrszeiten für Wanderungen.

Praktische Informationen

Anreise

- **Auto: B169, B180**
- **Erzgebirgsbahn** Chemnitz - Thalheim - Zwönitz - Aue

Info

• **Stadtinformation Zwönitz,** Markt 3a, Tel. (037754) 35159, www.zwoenitz.de

Gastronomie

• €€**Parkcafé „Austelvilla“,** Zwönitz, Rathausstraße 14, Tel. (037754) 2930, Mo bis Fr 17–23 Uhr, Sa 11–23 Uhr, So u. Feiertage 11–21 Uhr, www.austelvilla.de (portugiesische Weine)

• €**Gaststätte „Zur Knochenstampfe“,** Dorfchemnitz, Am Anger 1, Tel. (037754) 2122, Sa bis Do ab 11 Uhr, www.knochenstampfe.de (erzgebirgisch gemütliche Schenke, sächsische Hauskost)

Museen

• **Technisches Museum Papiermühle Niederzwönitz,** Köhlerberg 1, Tel. (037754) 2690, Mi bis Sa 10–12 u. 13–17 Uhr, So 12–17 Uhr, Winterpause Mitte Dez. bis Mitte Jan., 3/1,50 Euro, www.zwoenitz.de (die älteste noch funktionsfähige Papiermühle Deutschlands, erstmals erwähnt 1568, komplette Ausrüstung einer Pappenfabrik, Ausstellung zur Zwönitzer Handwerks- und Industriegeschichte, Schenke „Zur alten Mühle“)

• **Knochenstampfe Dorfchemnitz,** Am Anger 1, Tel. (037754) 2866, Mi bis Sa 10–12 u. 13–17 Uhr, So 12–17 Uhr, 3/1,50 Euro, www.zwoenitz.de (wasserradgetriebenes Stampfenwerk zur Zerkleinerung von Tierknochen für Dünger, Steinbackofen von 1585, ornithologische Sammlung, erzgebirgische Weihnachtsberge)

• **Raritätensammlung Bruno Gebhardt,** Zwönitz, Rathausstraße 14, Tel. (037754) 2323, Mi bis Fr 10–12 u. 13–17 Uhr, Sa/So 13–17 Uhr, www.zwoenitz.de (entomologische Sammlung, Fossilien, Mineralien, mechanische Musikgeräte, erzgebirgische Volkskunst, Numismatik, Philatelie, Zinn- und Porzellanfiguren u.a.)

erz070 Foto: dk

Zwickau und Umgebung

Überblick

Die westsächsische Industriestadt **Zwickau** und ihre Umgebung im Erzgebirgsvorland sind als Reiseziel vor allem durch außergewöhnliche Kulturstätten und sympathische historische Altstädte erlebenswert. Nach einem Rundgang durch die reizvolle Zwickauer Innenstadt wird die Reise in der Karl-May-Stadt **Hohenstein-Ernstthal** fortgesetzt und in der traditionsreichen Textilarbeiterstadt **Crimmitschau** mit dem Besuch zweier bedeutender Museen zur sächsischen Wirtschaftsgeschichte und Alltagskultur abgeschlossen. Ein Exkurs stellt die von Zwickau nach Dresden führende **Sächsische Silberstraße** vor, Sachsens erste Ferienstraße.

Zwickau

Viertgrößte Stadt Sachsens

Nicht nur Träumerei: Ein Spaziergang durch Zwickau, der viertgrößten Stadt Sachsens (93.700 Ew.), verbindet Stätten der Reformation und der Romantik, des Expressionismus und der Geschichte des Automobilbaus. Die westsächsische Industriestadt in der Talaue der Zwickauer Mulde wird geprägt von Bauten der Gründerzeit und des Jugendstils, aber auch durch eine **feine Altstadt und weitläufige Parks.** Verkehrsberuhigte Boulevards mit vielen Geschäften und gemütlichen Kneipen zeichnen die überschaubare Innenstadt aus.

Reformation

In Zwickau wirkten als Rektor der Ratsschule der Universalgelehrte *Georgius Agricola,* als Prediger an den beiden Stadtkirchen **Martin Luther** (1483–1546) und **Thomas Müntzer** (1489–1525). Die Stadt, damals eine der gewichtigsten im Kurfürstentum Sachsen, war nach Wittenberg die zweite weltweit, in der sich die Reformation durchsetzte.

Vorherige Seiten: Auf dem Domhof vor dem Dom St. Marien

Peter Breuer

Ein Schüler von *Tilman Riemenschneider* (1460–1531) war der in Zwickau gebürtige *Peter Breuer* (1472–1541), einer der bedeutendsten sächsischen **Bildschnitzer der Spätgotik.** Sein Hauptwerk, die „Beweinung Christi", ist in der Zwickauer Marienkirche zu sehen. Weitere Arbeiten befinden sich im Stadtmuseum und in erzgebirgischen Dorfkirchen.

Robert Schumann

Zwickau ist die Geburtsstadt von *Robert Schumann* (1810–1856), der in den „Kinderszenen", deren bekannteste wohl die „Träumerei" ist, eine für die Romantik charakteristische Idealisierung seiner Kindheit, die „Rückspiegelung eines Älteren für Ältere", komponiert hat. Sein **Geburtshaus** inmitten der Altstadt ist **Museum** und Zentrum der Pflege und Erforschung des kulturellen Erbes von *Robert* und *Clara Schumann.*

Maler

In Zwickau geboren wurden der impressionistische Maler und sächsische Kavallerieoffizier **Fritz von Uhde** (1848–1911), dessen Bilder ein naturnaher, aber auch derber Realismus auszeichnet, der Mitbegründer der expressionistischen Künstlergemeinschaft „Die Brücke", **Fritz Bleyl** (1880–1966), und der expressionistische

Sächsische Silberstraße

Vom westsächsischen Zwickau über Aue, Schwarzenberg, Annaberg-Buchholz, Ehrenfriedersdorf, Wolkenstein, Marienberg, Lengefeld, Sayda, Brand-Erbisdorf und Freiberg **bis nach Dresden** führt die Sächsische Silberstraße, die erste Ferienstraße in Sachsen. Über 140 Kilometer verbindet sie einige der schönsten Gegenden des Erzgebirges. An ihrem Weg liegen Schaubergwerke („Reiche Zeche" und „Alte Elisabeth", Freiberg), Hammerwerke (Frohnauer Hammer, Eisenhammer Dorfchemnitz), Meisterwerke der Architektur (spätgotische Hallenkirchen, Dorfkirchen) und Stätten bergbaulicher Tradition. **Sie folgt den historischen Transportwegen des Bergbaus** und verbindet Abbaustätten, die Zulieferer und die darauf aufbauenden Gewerke. Die Sächsische Silberstraße ist mit einem silbernen „S" gekennzeichnet und weitgehend mit den Strecken der B93, B169, B101, B171 und B172 sowie der S194 identisch.

Maler und Grafiker **Max Pechstein** (1881–1955), der ebenfalls für einige Zeit der „Brücke" angehörte und auf einer Südseereise sowie in Pommern eines der bedeutendsten Lebenswerke des Expressionismus schuf.

Automobilbau

Zwickau stilsicher zu besuchen, könnte heißen, sich in einen **Trabant** zu setzen. Jedenfalls wurde auf der Leipziger Frühjahrsmesse 1955 der erste in Serie mit Kunststoffkarosserie ausgestattete Pkw der Welt vorgestellt und ab 1957 durch den VEB Sachsenring Automobilwerke Zwickau als „Trabbi" gefertigt – bis 1991: die einzigartige Karriere eines kleinen Autos, das wohl wie kein zweites mit Sehnsüchten, Abenteuern und Witzen verbunden war, für Millionen Menschen aber einfach zum täglichen Leben gehörte.

Schon 1903 begann in Zwickau die Geschichte der sächsischen Automobilindustrie mit der Gründung des Sächsisch-Thüringischen Automobilclubs. Ihm gehörte auch der Ingenieur **August Horch** (1868–1951) an, der 1904 die August Horch & Cie. Motorwagenwerke AG mitbegründete. Nach vorstandsinternem Streit baute er die August Horch Automobilwerke GmbH auf, die ab 1910 aus markenrechtlichen Gründen als Audi Automobilwerke GmbH Zwickau firmierte. Aus ihr ging die Audiwerke AG Zwickau hervor. Ab 1932 bestanden die Marken Horch und Audi im Konzernverbund **Auto Union,** der ab 1940 auch in die Rüstungsproduktion eingebunden war. Heute werden im **Volkswagenwerk** Zwickau die Modelle „Golf" und „Passat" produziert. Die über 100-jährige Zwickauer Automobilbaugeschichte wird im **August-Horch-Museum** erzählt und zum Beispiel bei der Oldtimerrallye „Sachsen Classic" oder dem Internationalen Trabantfahrertreffen gepflegt.

Stadtrundgang

Dom St. Marien

Die ältesten Gebäude der Stadt stehen am **Domhof.** Der evangelische Dom St. Marien ist aus einer um 1180 erbauten romanischen Saalkirche hervorgegangen. Seine Gestalt als spätgotische dreischiffige Hallenkirche erhielt er zwischen 1453 und 1563. In barocker Form wurde 1672 der weithin sichtbare Turmaufsatz erbaut. In der Marienkirche predigten 1520 *Thomas Müntzer* und 1522 *Martin Luther.* 25 lebensgroße Skulpturen an der Nordfassade des Doms (1891) stellen die führenden Persönlichkeiten der Reformation in Zwickau dar.

Priesterhäuser

Die dem Dom gegenüberliegenden vier Priesterhäuser aus dem 13. Jahrhundert **zählen zu den ältesten städtischen Wohnbauten Deutschlands.** Deckenbalken im Haus Domhof 7 zeigen die Jahreszahl 1264. Seit 1466 besteht das Bauensemble weitgehend unverändert. Das Zwickauer Stadtmuseum zeigt hier eine kulturhistorische Ausstellung. Ein dahinterliegender moderner Anbau ist in das Museum einbezogen, dort lädt zudem eine **Gasthausbrauerei und -brennerei** ein.

Galerie im Domhof

Das **neoklassizistische Gebäude** Domhof 2 wurde 1876 als Ausstellungsstätte des Zwickauer Kunstvereins errichtet. Seit 1977 beherbergt es die Galerie im Domhof, wo Künstler aus der Stadt und des Erzgebirges ausstellen. Auch mehrere städtische Vereine haben in dem Haus ihre Heimstätte.

Hauptmarkt

Nur wenige Schritte sind es, am Dom vorbei, bis zum Hauptmarkt. Die erste Begegnung dort gilt dem Komponisten der Romantik, **Robert Schumann.** In dem Eckhaus, der väterlichen Buch- und Verlagshandlung, wurde er am 8. Juni 1810 geboren. Seit 1956 ist es **Museum** für das Erbe von *Robert* und *Clara Schumann* sowie die Musikkultur im 19. Jahrhundert, aber auch ein hervorragender **Konzertsaal** und eine weltweit beachtete Forschungsstätte.

Rathaus

Das Antlitz des Hauptmarktes wird geprägt vom breit ausladenden neogotischen Rathaus und dem benachbarten Gewandhaus, einem Kleinod der Spätgotik. Das Rathaus wurde **1403 erbaut,** nach einem Stadtbrand, und 1866/67 umgestaltet.

Gewandhaus

Architektonisches Wahrzeichen Zwickaus ist das Gewandhaus mit seinem prächtigen spätgotischen Staffelgiebel. Es wurde als Zunfthaus der Tuchmacher in den Jahren 1522 bis 1525 erbaut und ist seit 1883 Spielstätte des **Stadttheaters,** heute des Theaters Plauen-Zwickau.

Zwei Perlen der Architektur

Nördlich des Zentrums liegt ein Gründerzeit- und Jugendstilquartier mit zwei Perlen der Architektur, dem **neogotischen Stadtbad** (1904) und dem **Jugendstilbau** des **Konzert- und Ballhauses „Neue Welt“.** Beide heißen ihre Besucher auch heute noch willkommen und sind herausragende Stätten stilvoller Erholung.

Praktische Informationen

Anreise

- **Auto: A72, B93, B173, B175**
- **Bahn: IRE** Dresden – Nürnberg, **RE** Dresden – Zwickau
- **Erzgebirgsbahn** Zwickau – Johanngeorgenstadt

Info

- **Touristinformation Zwickau,** Hauptstraße 6, Tel. (0375) 2713240, Mo bis Fr 9–18.30 Uhr, Sa 10–16 Uhr, www.kultour-z.de

Wohnen und Essen

- €€**Brauhaus Zwickau,** Hotel, Peter-Breuer-Straße 12–20, Tel. (0375) 3032032, tgl. ab 10 Uhr, Destille tgl. ab 17 Uhr, www.brauhaus-zwickau.de (gemütlicher Brauereigasthof in den Priesterhäusern und einem Anbau mit Blick auf den Dom, Zimmer in historischem Ambiente)
- €**Gaststätte und Pension „Zur Waldschänke",** Königswalder Straße 12, Tel. (0375) 523798, Di bis Sa 11–23 Uhr, So 10–22 Uhr, www.waldschaenke-zwickau.de (Ausflugsgaststätte am Stadtwald, deutsche Küche, 2 kleine Gästezimmer für je 2 Personen, 6 km zur Altstadt)

Gastronomie

- €€**Philines,** Klosterstraße 1, Tel. (0375) 2714895, Mo bis Sa 11.30–14.30 u. 17.30–24 Uhr, www.philines.de (Klosterstube, Wintergarten und mediterraner Brasseriegarten mitten in der Altstadt)
- €€**Restaurant und Bar Nr. 9,** Kornmarkt 9, Tel. (0375) 2792735, tgl. ab 11 Uhr, www.nummer9-zwickau.de (deutsche und internationale Küche, Terrasse, Mo bis Fr 11.11–14.14 Uhr „Quick Lunch" 6,66/7,77 Euro)
- €**Traditionsgaststätte „Glück auf",** Schumannplatz 5–7, Tel. (0375) 3031900, Mo bis Sa 11–23 Uhr, So 10–22 Uhr, www.glueckauf-zwickau.de (gemütliche Kneipe, erinnert an einen Bergwerksschacht, ausgestattet mit Gerät und Andenken der Bergbaugeschichte, Hauskost und erzgebirgische Küche, Tagesgericht ab 4,50 Euro)

Museen

- **Priesterhäuser – Stadtgeschichtliche Sammlung Zwickau,** Domhof 6, Tel. (0375) 834551, Di bis So 13–18 Uhr, 4/2 Euro, Familienkarte 9 Euro, www.priesterhaeuser-zwickau.de (Häusergruppe aus dem 13. Jh., Stadt- und Kulturgeschichte)
- **Robert-Schumann-Haus,** Hauptmarkt 5, Tel. (0375) 215269, Di bis Fr 10–17 Uhr, Sa/So 13–17 Uhr, 4/2 Euro, Familienkarte 9 Euro, www.schumann-zwickau.de (weltweit größte Schumann-Samm-

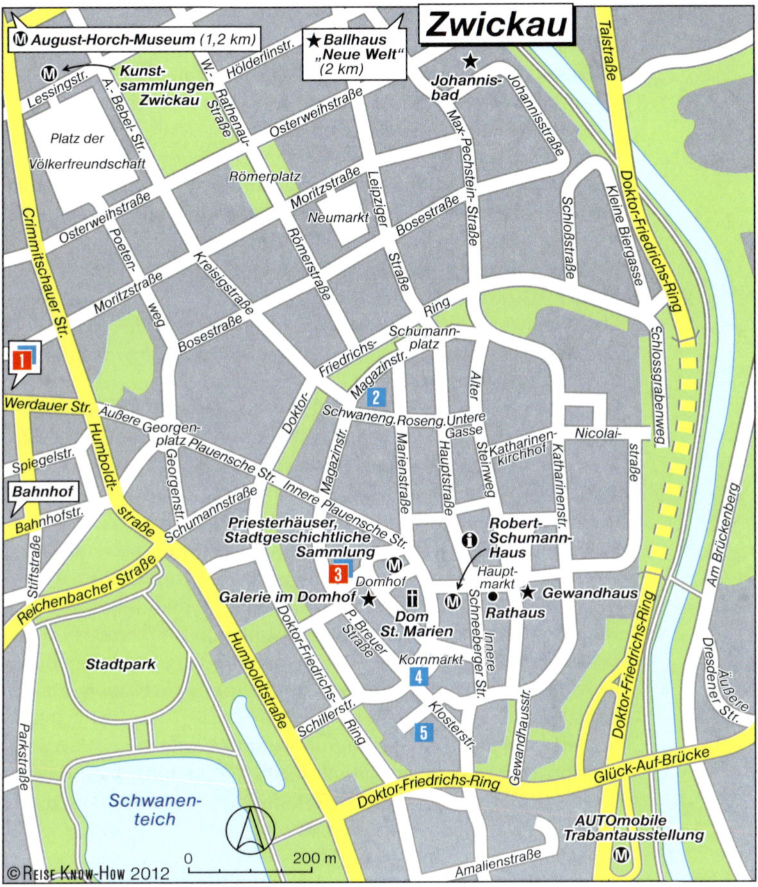

Übernachtung
1 Zur Waldschänke
3 Brauhaus

Essen und Trinken
1 Zur Waldschänke
2 Traditionsgaststätte „Glück Auf“
3 Brauhaus
4 Restaurant und Bar Nr. 9
5 Philines

lung, Geburtszimmer *Robert Schumanns,* Kunstwerke, Musikinstrumente, Handschriften, Erinnerungsstücke)

- **Kunstsammlungen Zwickau,** Lessingstraße 1, Tel. (0375) 834510, Di bis So 13–18 Uhr, 4/2 Euro, www.kunstsammlungen-zwickau.de (europäische und sächsische Kunst des 15. Jh. bis zur Gegenwart, darunter Skulpturen von *Peter Breuer,* aus der Schneeberger Werkstatt Böhme, von *Alfred Hrdlicka,* Dresdner Romantik um 1800, *Max Pechstein* und die Expressionisten, *Carlfriedrich Claus;* Mineralogisch-Geologische Sammlung)
- **August-Horch-Museum,** Audistraße 7, Tel. (0375) 27173812, Di bis So 9.30–17 Uhr, mtl. 1. Do. bis 21 Uhr, 5/3,50 Euro, www.horch-museum.de (Kraftfahrtpionier *Horch* und die Geschichte des Automobilbaus in Zwickau, Modelle und Prototypen der jüngeren Vergangenheit)
- **AUTOmobile Trabantausstellung,** Uhdestraße 11, Tel. (0375) 3035912, Mai bis Okt. Di/Sa 10–17 Uhr, www.intertrab.com (alles über das Kulturgut Trabant)

In der Umgebung:

- **Tetzner-Museum, Kultur- und Kunstzentrum „Hessenmühle“, Gersdorf** (ca. 15 km östlich von Zwickau), Hauptstraße 193, Tel. (037203) 65614, 2,50/1,25 Euro, www.gemeinde-gersdorf.de, www.heinz-tetzner.de (Dauerausstellung von Werken des expressionistischen Malers *Heinz Tetzner,* der 1920 in Gersdorf geboren wurde und 2007 dort gestorben ist; Sonderausstellungen von Künstlern der Region)
- **Stadt- und Dampfmaschinenmuseum, Werdau** (ca. 7 km westlich von Zwickau), Holzstraße 2, Tel. (03761) 75031, Mo bis Do u. So 10–16 Uhr, www.werdau.de (Stadtmodell von 1628, Fraureuth-Porzellan, Dampfmaschine von 1899)

Kirche

- **Dom St. Marien,** April bis Dez. tgl. 10–18 Uhr, Jan. bis März tgl. 13–17 Uhr, Turmbesteigungen April bis Sept. Di/Do 15 Uhr

Baden

- **Johannisbad Zwickau,** Johannisstraße 16, tgl. bis 22 Uhr, Fr bis 23 Uhr geöffnet, 4,50/3,50 Euro, www.johannisbad.de (neogotisches Schwimmbad aus dem Jahr 1904)

Hohenstein-Ernstthal

Karl May und der Sachsenring, das ist Hohenstein-Ernstthal (15.700 Ew.). Die Stadt liegt nördlich des Erzgebirges, 20 Kilometer westlich von Chemnitz. Sie wurde im 15. Jahrhundert als Bergbausiedlung auf dem „Hohen Stein", dem Pfaffenberg (479 m), gegründet.

Karl May

Der Schöpfer von *Winnetou* und *Old Shatterhand* kam aber nicht auf dem Hohen Stein zur Welt, sondern im damals selbstständigen Städtchen Ernstthal. *Karl May* (1842–1912) war der Sohn armer Weber. „... Drei schmale Fenster breit und sehr aus Holz gebaut, dafür war es aber drei Stockwerke hoch und hatte ganz oben unter dem First einen Taubenschlag", so beschrieb er sein **Geburtshaus.** Seit 1985 ist es **Museum.** Alljährlich zwischen *Karl Mays* Geburtstag (25.2.) und seinem Todestag (30.3.) werden im Dachgeschoss Sonderausstellungen zum Leben und Schaffen des Abenteuerschriftstellers gezeigt. Vor dem Geburtshaus beginnt ein markierter **Wanderweg** zu mehr als zwei Dutzend Stätten, die mit *Karl May* in Verbindung stehen. Eine interessante Adresse für Karl-May-Leser ist die gegenüberliegende **Begegnungsstätte.** Dort wird aus seinem Werk gelesen, Sonderausstellungen sind zu sehen, und weitere Veranstaltungen stehen auf dem Programm.

Altes Postgut

In dem Fachwerkgebäude des Alten Postgutes am Markt wird **erzgebirgische Volkskunst** aus den letzten 50 Jahren gezeigt. Die Leihgabe einer privaten Sammlung zählt über 10.000 Exponate.

Textil- und Rennsportmuseum

Eine Viertelstunde Fußweg vom Markt entfernt, gleich beim Bahnhof, befindet sich das Textil- und Rennsportmuseum. Auf Jacquard-Webstühlen speziell für gobelinartige Textilien, wie sie für die wirtschaftliche Entwicklung der Stadt bestimmend waren, werden dort **historische Wandbilder** reproduziert und neue gefertigt. Diese Bildweberei kann nur noch hier erlebt werden. Außerdem erzählt das Museum die **Geschichte des Sachsenringes** und der Karl-May-Stadt.

Huthaus St. Lampertus

An die **Bergbaugeschichte** von Hohenstein-Ernstthal erinnert das Huthaus St. Lampertus am Lampertusweg. Die letzte Schicht im Erzbergwerk wurde 1910 gefahren. Ein Freundeskreis Geologie und Bergbau hat dort eine kleine Ausstellung eingerichtet.

Sachsenring

Seit dem 26. Mai 1927 gehen in Hohenstein-Ernstthal Motorrad-Rennsportler an den Start. Die erste **Rennstrecke** war 8,7 Kilometer lang und führte zum Teil mitten durch die Stadt. 1937 erhielt sie den Namen „Sachsenring", der seitdem für internationale Wettkämpfe und die große Begeisterung des fachkundigen Publikums steht. Den Sachsenring-Rekord stellten 400.000 Zuschauer auf, die am 27. August 1950 die einzige gesamtdeutsche Meisterschaft verfolgten. 1990 musste wegen Sicherheitsbedenken gegen die bisherige Strecke eine Interimslösung geschaffen werden. Der neue Sachsenring stand 1996 und wurde 2001 erweitert. Die Rennen auf der neuen, nunmehr 3704 Meter langen Strecke westlich der Innenstadt werden längst wieder international ausgetragen und als **Volksfeste** gefeiert. Es gibt Campingplätze, Gaststätten und ein buntes Rahmenprogramm.

Praktische Informationen

Anreise

- **Auto: A4, B173, B180**
- **Bahn: IRE** Dresden – Nürnberg, **RE** Dresden – Zwickau
- **Erzgebirgsbahn** Zwickau – Johanngeorgenstadt

Info

- **Stadt- und Regionalinformation,** Altmarkt 41, Tel. (03723) 449400, Mo/Mi 9–17 Uhr, Di/Do 9–18 Uhr, Sa 9–11 Uhr, www.hohenstein-ernstthal.de

Wohnen und Essen

- €€€**Hotel und Restaurant „Drei Schwanen",** Hohenstein-Ernstthal, Altmarkt 19, Tel. (03723) 6590, tgl. ab 6.30 Uhr, www.drei-schwanen.de (traditionsreiches 4-Sterne-Haus im Zentrum der Stadt)
- €€€**Hotel und Restaurant „Goldener Helm",** Lichtenstein, Innere Zwickauer Straße 6, Tel. (037204) 9440, www.goldener-helm.de (4-Sterne-Haus, 5 km vom Sachsenring)
- €**Weinschenke Lindner,** Hohenstein-Ernstthal, Immanuel-Kant-Straße 24, Tel. (03723) 680535, Di bis Sa ab 15 Uhr, www.weinschenke-lindner.de (in der Nähe des Sachsenrings, Ferienwohnung unter dem Dach, Ferienhaus, Weinproben)

erz100 Foto: dk

●€**Schwalbenhof,** Hermsdorf, Obere Hauptstraße 15, Tel. (03723) 629743, www.schwalbenhof-hermsdorf.de (denkmalgeschütztes Bauernhaus aus dem 17. Jh., Betten in offenen Schlafnischen für Gruppen bis 8 Personen, Aufbettung möglich, Loft-Ferienwohnung, 2 km vom Sachsenring)

●€**Haus am Sachsenring,** Hohenstein-Ernstthal, Goldbachstraße 16, Tel. (03723) 628735, Mo bis Fr 6–21 Uhr, www.haus-am-sachsenring.de (Pension und Imbiss am Sachsenring)

Museen

●**Karl-May-Haus,** Karl-May-Straße 54, Tel. (03723) 42159, Di bis So 10–17 Uhr, 3/1 Euro, www.karl-may-haus.de (Geburtshaus des Abenteuerschriftstellers mit umfangreicher Schau zu Leben und Werk; Karl-May-Begegnungsstätte: Karl-May-Straße 51)

●**Textil- und Rennsportmuseum,** Antonstraße 6, Tel. (03723) 47711, Di bis So 13–17 Uhr, 3/1,50 Euro, www.trm-hot.de (historische Schauwerkstatt mit funktionstüchtigen Jacquard-Webmaschinen, Webstoffe und gewebte Bilder, Geschichte des Sachsenringes, heimatgeschichtliche Sammlung)

●**Erzgebirgische Volkskunstsammlung Museum „Buntes Holz“,** Friedrich-Engels-Straße 1, Tel. (03723) 402415, Mi 11–17 Uhr, Sa/So 13–17 Uhr

Crimmitschau

Zwei bedeutende Museen

Die **Textilarbeiterstadt** Crimmitschau (20.900 Ew.) liegt im nordwestlichen Vorland des Erzgebirges und an der Grenze zu Thüringen. Sehenswert sind neben der kleinen Altstadt am Ufer der Pleiße vor allem zwei überregional bedeutende Museen: das Westsächsische Textilmuseum Crimmitschau und das Deutsche Landwirtschaftsmuseum Schloß Blankenhain.

Arbeitskampf

In die deutsche Geschichte eingegangen ist der **Crimmitschauer Textilarbeiterstreik.** Er währte vom 22. August 1903 bis zum 18. Januar 1904 und war einer der längsten und mächtigsten Streiks der Kaiserzeit. Fast 8000 Arbeiter und vor allem Arbeiterinnen hatten in der „Stadt der hundert Schornsteine“ die Arbeit niedergelegt. Sie forderten den Zehnstunden-Arbeitstag. Doch der Streik endete mit einer Niederlage, als die Gewerkschaftsführer nach 21 Wochen eine Fortsetzung für aussichtslos erklärten. Erst 1908 beschloss der Reichstag die Einführung des Zehnstundentages.

Stadtrundgang

Rathaus

Am weitläufigen Markt steht das stattliche neobarocke Rathaus. Es wurde 1772 erbaut, im 19. Jahrhundert erweitert und ist das fünfte Rathaus an dieser Stelle. Das erste zerstörten die Hussiten, das zweite wurde im Sächsischen Bruderkrieg eingeäschert, das dritte durch einen Steinbau ersetzt, nachdem es baufällig geworden war – das alles passierte im 15. Jahrhundert. Das vierte Rathaus musste 1771 abgebrochen und durch einen Neubau ersetzt werden, weil es zu klein geworden war für die Stadtverwaltung. Im Rathaus befindet sich die Touristinformation.

Zwei Skulpturen

Zwei Skulpturen auf dem Markt symbolisieren Crimmitschauer Geschichte. Der **Roland** auf dem Rathausdach steht für das im Jahr 1414 verliehene Stadtrecht. Die Originalfigur wurde 1942 für die Rüstung eingeschmolzen. 1994 leisteten sich die Crimmitschauer Bürger eine Nachbildung, die seitdem den historischen Standort ziert.

Auch die Figur des Marktbrunnens, die den städtischen Gewerbefleiß dargestellt hatte, wurde durch die Nationalsozialisten in den Hochofen der Rüstung gesteckt. Ihre Nachfolgerin ist die **„Spinnerin“**, eine Bronzeskulptur von *Hans Eickworth*. Sie wurde 1967 aufgestellt als Sinnbild für die werktätige Frau in der Textilindustrie und ihren Kampf um Gleichberechtigung.

Vereinshaus

An der Nordostecke des Marktes, gegenüber dem Rathaus, steht der **prächtige Gründerzeitbau** des Vereinshauses (1883), früher das Vergnügungszentrum der städtischen Gesellschaft, später größtes Hotel der Stadt. 1950 wurde im Ballsaal des Hauses auf der „Theaterseite“ das **Theater Crimmitschau** eröffnet, das heute als städtisches Kulturzentrum für Theater- und Konzertaufführungen fortbesteht. Das **Traditionslokal „Vereinshof“** auf der „Marktseite“ erinnert in seinem Ambiente an die Geschichte der Textilindustriestadt.

St. Laurentiuskirche

Die spätgotische St. Laurentiuskirche (1513) am Kirchplatz ist die **älteste Kirche der Stadt.** Sie enthält barocke Deckengemälde (1675) und eine Jehmlich-Orgel von 1896. Ihr neogotisches Westportal bekam sie 1896, ebenso die Glasbilder von *Fritz Geiger* aus Freiburg im Breisgau.

Textilmuseum

Ein Technisches Denkmal von europäischem Rang steht an der Leipziger Straße im Norden der Stadt. Im Jahr 1885 wurden hier die ersten Gebäude der **Tuchfabrik Gebr. Pfau** errichtet. Ab 1972 gehörte die Fabrik zum VEB Volltuchwerke Crimmitschau. Sie produzierte bis 1990 Streichgarne für Mantel- und Kostümstoffe. Erhalten geblieben sind in den Baudenkmalen der Industriearchitektur des 19. und frühen 20. Jahrhunderts funktionstüchtige Textilmaschinen vor allem aus der ersten Hälfte des 20. Jahrhunderts in einer Fülle und Qualität wie nirgendwo sonst in Deutschland. Die gesamte Anlage wird nun zum **Westsächsischen Textilmuseum Crimmitschau** ausgebaut. Bei geführten Rundgängen durch die Produktionsgebäude ist bereits heute der technologische Weg von der Rohwolle bis zum Endprodukt erlebbar, und zwar in seiner ganzen sinnlichen Dimension: die Geräuschfülle der Maschinen, der Geruch nach Öl und Wolle, das Licht in den Produktionshallen, das Vibrieren der Böden.

Landwirtschaftsmuseum

Das Bau- und Landschaftsensemble eines Rittergutes mit Schloss, Vorschloss sowie Ställen, Brauerei, Brennerei und anderen Wirtschaftsgebäuden bildet das Zentrum des **Deutschen Landwirtschaftsmuseums Schloß Blankenhain** (10 km von Crimmitschau). Es ist umgeben vom Dreiseithof der Dorfbäckerei, der Dorfschule und der Landarztpraxis, der Dorfbibliothek, dem Dorfkonsum, einem Vierseitbauernhof und einem Landarbeiterhaus, dem Feuerwehrhaus und anderen Gebäuden aus der Zeit vom 18. bis zum 20. Jahrhundert. Das Originaldorf wird ergänzt durch Bauten, die für das Museum hierhin versetzt worden sind: die Bockwindmühle, ein Müllerhaus, ein Umgebindehaus und andere. Dabei ist eine einzigartige Schau der Landwirtschaftsgeschichte und des ländlichen Alltags in Mittel- und Ostdeutschland entstanden. Die Kulturlandschaft des ländlichen Raumes hat hier ein umfassendes Gedächtnis erhalten, das auf Spaziergängen, Wanderungen und Museumsrundgängen erkundet werden kann. Technikfreaks, Nostalgiker und Kinder werden sich am alljährlichen **Traktorentreffen** im September erfreuen.

Praktische Informationen

Anreise

- **Auto: A4, B175**
- **Bahn: RE/RB** Zwickau - Altenburg - Leipzig

Info

- **Touristinformation,** Markt 1, Tel. (03762) 908002, Mo/Fr 9-12.30 Uhr, Di 9-12.30 u. 13-18 Uhr, Do 9-12.30 u. 13-16 Uhr, www.crimmitschau.de

Gastronomie

- €€**Vereinshof,** Markt 9, Tel. (03762) 705995, tgl. ab 11 Uhr, www.vereinshof.de (Traditionslokal, regionale, deutsche und internationale Küche, Biergarten am Markt)

Museen

- **Westsächsisches Textilmuseum Crimmitschau,** Leipziger Straße 125, Tel. (03762) 931939, Führung mit Vorführung der Textilmaschinen Di bis So 14 Uhr, Sonderausstellung Di bis Fr 10-16 Uhr, Sa/So/Feiertage 13-17 Uhr, 4/2 Euro, www.saechsisches-industriemuseum.de (die historische Tuchfabrik wird zum Industriemuseum ausgebaut, Technisches Denkmal von europäischem Rang, Sonderausstellungen zur regionalen Textilindustrie, zur Mode und Textilkunst; Anfahrt: A4 Ausfahrt Schmölln/Meerane oder vom Bhf. Crimmitschau Bus Linie T-160 oder 20 Min. Fußweg; 15 Min. vom Markt)
- **Deutsches Landwirtschaftsmuseum Schloß Blankenhain,** Tel. (036608) 2321, Feb. bis April u. Okt. bis Nov. Di bis So 9-17 Uhr, Mai bis Okt. tgl. 9-18 Uhr, 16.11.-9.2. geschlossen, 5/2,50 Euro, www.deutsches-landwirtschaftsmuseum.de (ländliche Arbeits- und Lebenswelt vom 18. Jh. bis zur Gegenwart: Landwirtschaft und Landtechnik, Handwerk und Technik, Zeitgeschichte und Alltagskultur, Naturkunde; Ausstellung in 80 Gebäuden und im Freien, im Sept. Traktorentreffen; im Ortsteil Blankenhain ca. 10 km westlich von Crimmitschau, B175)

erz074 Foto: dk

Chemnitz
ESPRIT

Überblick

Stadt der Moderne

Die **drittgrößte Stadt Sachsens** (243.000 Ew.) liegt im Erzgebirgsbecken nördlich des Gebirges am Fluss Chemnitz, einem Nebenfluss der Zwickauer Mulde. Chemnitz profiliert sich neben der Landeshauptstadt Dresden und der Messestadt Leipzig als „Stadt der Moderne" und traditionsreiche Industriestadt. Die **sehr lebendige Chemnitzer Innenstadt** ist ein einzigartiges Ensemble von Bauten der Klassischen Moderne, der Nachkriegs- und DDR-Architektur sowie spektakulären Neubauten, dem sich weitläufige Grünanlagen anschließen und der Kaßberg, ein Wohnquartier der Gründerzeit, des Jugendstils und der Neuen Sachlichkeit, das zu den größten seiner Art in Deutschland zählt. Als Stadt der Moderne bringt Chemnitz sich auch mit sensationellen Kunstausstellungen zwischen Impressionismus und Gegenwart, mit den Tagen der Industriekultur am ersten September-Wochenende und einer **vielfältigen Alltags- und Festkultur** immer wieder überregional ins Gespräch. Für die TU Chemnitz mit ihren 10.300 Studenten und 2000 Mitarbeitern entsteht am Brühl-Boulevard rund um die Alte Aktienspinnerei (1860) unter Federführung des Büros Albert Speer und Partner ein innerstädtischer Campus.

Geschichte

1136

Die Geschichte der Stadt begann mit der **Gründung des Benediktinerklosters St. Marien** im Jahr 1136, das 1143 Marktrecht erhielt. Bereits im Mittelalter war die Stadt an der Chemnitz ein Wirtschaftszentrum, vor allem der **Textilverarbeitung.** Das „sächsische Manchester" und „Ruß-Chemnitz" war im 19. Jahrhundert eine der bedeutendsten Industriestädte Deutschlands.

2. Weltkrieg und Wiederaufbau

Am Ende des Zweiten Weltkrieges wurde Chemnitz mehrfach **Ziel alliierter Luftangriffe.** Die Bombardements im Februar und am 5. März 1945 legten weite Teile der Innenstadt in Trümmer. Der Wiederaufbau nach dem Krieg erfolgte in der damals zeitge-

Das Karl-Marx-Monument des sowjetischen Bildhauers Lew Kerbel

Vorherige Seiten: Am Neumarkt (links „Galerie Roter Turm", rechts „Galeria Kaufhof")

mäßen Form als **großzügige Stadtanlage** mit Wohnbauten und Einkaufsstraßen; weite Flächen der Innenstadt blieben bis in die 1990er Jahre unbebaut.

Karl-Marx-Stadt

Nachdem Chemnitz 1952 Bezirkssitz geworden war, erhielt die Stadt am **10. Mai 1953** einen neuen Namen: Karl-Marx-Stadt. Bei einer Volksabstimmung am **23. April 1990** entschied sich eine deutliche Mehrheit für die Rückbenennung der Stadt zu ihrem historischen Namen.

Neue Innenstadt

Von der Mitte der 1990er Jahre an bis 2010 erhielt Chemnitz **im historischen Zentrum** rund um das Alte und Neue Rathaus eine neue Innenstadt. International renommierte Architekten und die Partnerstadt Düsseldorf waren an der Umsetzung des städtebaulichen Projektes beteiligt. Dabei wurden neben den wenigen erhalten gebliebenen Vorkriegsbauten auch exemplarisch stadtbildprägende Bauwerke der Nachkriegsmoderne aus der DDR-Zeit einbezogen.

erz103 Foto: dk

Chemnitz zu Fuß

Markt und Neumarkt

Das **Herz der Stadt** sind der Markt und Neumarkt vor dem Alten und Neuen Rathaus: an Sommertagen ein einziges Freiluftrestaurant, das ganze Jahr über Treffpunkt der Chemnitzer und ihrer Gäste und Kreuzungspunkt innerstädtischer Fußwege. Im Neuen Rathaus befindet sich die Touristinformation, dort gibt es auch In-

Übernachtung

1 Gasthaus und Pension Ausspanne

2 Günnewig-Hotel Chemnitzer Hof

Essen und Trinken

3 Schalom

4 Café Moskau

5 City Pub Chemnitz

Einkaufen

6 Galerie Roter Turm, Galeria Kaufhof

7 Markthalle

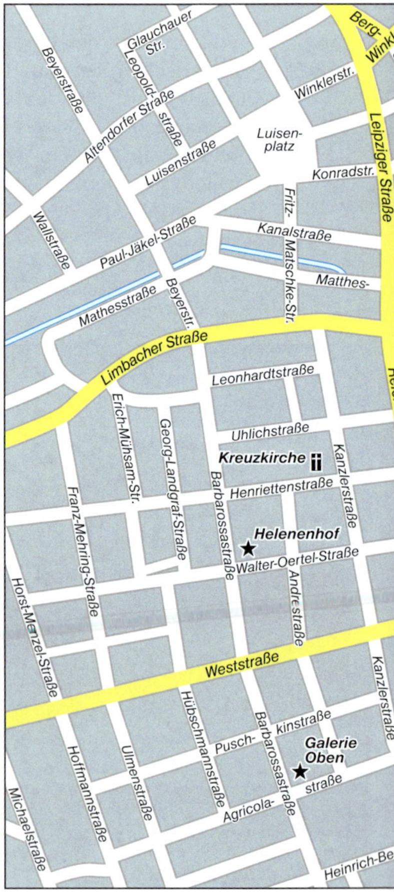

formationsmaterial für den individuellen Stadtrundgang sowie Angebote für allgemeine sowie thematische Führungen.

Rathäuser und Kaufhäuser

Das **Alte Rathaus** entstand Ende des 15. Jahrhunderts. Es hat ein schönes Renaissanceportal und ein figürliches Glockenspiel. Daran schließt sich überraschend harmonisch das Anfang des 20. Jahrhunderts im Jugendstil errichtete **Neue Rathaus** an. An der

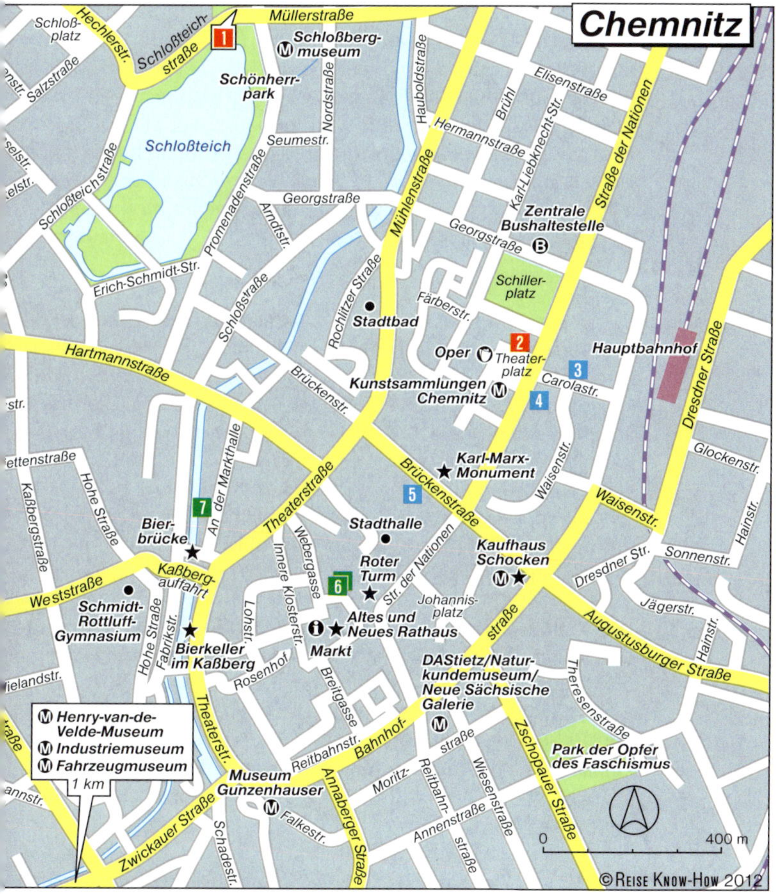

Ecke zum Markt hin steht eine Rolandfigur. Dem Neuen Rathaus gegenüber zieht die sonnenhelle Klinkerfassade der **„Galerie Roter Turm"** die Blicke auf sich. Der international renommierte Architekt *Hans Kollhoff* hat für dieses außergewöhnliche Einkaufszentrum Tradition und Moderne verbunden. In spannungsvoller Harmonie zu dem filigranen Klinkerbau steht daneben die glastransparente **„Galeria Kaufhof"** des aus Deutschland stammenden US-amerikanischen Architekten *Helmut Jahn.*

Roter Turm und Innere Klosterstraße

Zwischen den beiden Warenhäusern des 21. Jahrhunderts ragt der Rote Turm auf, das **älteste Wahrzeichen der Stadt.** Im 12. Jahrhundert als Bergfried errichtet, war er später Teil der Stadtbefestigung. In der frühen Stadtgeschichte bewegt man sich auch auf der Inneren Klosterstraße hinter dem Rathaus. Hier stehen das barocke **Siegertsche Haus** und die gotische **Jakobikirche.** Den spätgotischen Altar schuf der Zwickauer *Peter Breuer.* Sehenswert ist auch der Maßwerkfries im Chorraum. Im Hof der Wohnhäuser Innere Klosterstraße 19/21 stehen **Skulpturen** von Bildhauern der 1970er und -80er Jahre.

Bierbrücke

Die Gassen und Passagen der Innenstadt werden hier von der Theaterstraße umschlossen, über die hinweg nun der Stadtspaziergang über die Chemnitz zum Kaßberg führt, der vornehmsten Chemnitzer Wohngegend. Zunächst ist die neben der Bierbrücke liegende **Markthalle** (1891) bemerkenswert, ein neobarocker Klinkerbau mit Stahlskelett. Die steinerne Brücke (1869) hat ihren Namen von den im Kaßberg gelegenen **Bierkellern** aus dem 16. Jahrhundert, die auch im Rahmen von Führungen besichtigt werden können. Dazu läuft man auf der Fabrikstraße unter der Kaßbergauffahrt (Brücke) hindurch bis zum Pfortensteg.

Kaßberg

Der Kaßberg war das Wohnviertel der Industriellen, Kaufleute und Künstler. Hier sollte man sich verlocken lassen zum Flanieren und Umherschauen zwischen prächtigen Gründerzeit- und Jugendstilwohnbauten sowie Wohnanlagen des Neuen Bauens in den 1920er Jahren. Schön grün ist das Viertel auch noch. Manche Häuser sind mit **berühmten Namen** der deutschen Kulturge-

Die Markthalle aus dem Jahr 1891

schichte verbunden, so das **Karl-Schmidt-Rottluff-Gymnasium** (1872), wo der „Brücke"-Mitbegründer, aber auch die Schriftsteller *Stephan Heym* und *Stefan Hermlin* zur Schule gingen; die Wohnhäuser Kaßbergstraße 28, wo der Schriftsteller und Kunstsammler *Lothar Günther Buchheim* seine Jugend verbrachte, und Hoffmannstraße 58–60, wo *Stefan Heym* einige Jahre lebte. Die Bauhaus-Formgestalterin *Marianne Brandt* lebte von 1954 an rund zwei Jahrzehnte in der Wohnung ihrer Eltern auf der Heinrich-Beck-Straße 22, einem Neorenaissancebau. Jugendstil zeigen die Majolikahäuser (1898), Barbarossastraße 48–52. In der Reihenhausvilla Agricolastraße 25 hat die legendäre **„Galerie Oben"** ihren neuen Sitz; zu DDR-Zeiten war sie in der Inneren Klosterstraße Ort außergewöhnlicher Ausstellungen und Begegnungen von Künstlern und einer der wichtigsten Treffpunkte der unangepassten Kunstszene des Landes.

erz071 Foto: dk

erz072 Foto: dk

Bauten der Moderne Bemerkenswerte Bauten der Moderne sind der **Helenenhof** (1919) an der Walter-Oertel-Straße/Erich-Mühsam-Straße, das **Hauboldhaus** (1929), Hoffmannstraße 45, und die **Kreuzkirche** (1936), Henriettenstraße 34. Eine Gedenkstele auf dem Stephansplatz erinnert an die von den Nationalsozialisten 1938 zerstörte Synagoge (1899).

DDR-Architektur Wieder in der Innenstadt angekommen, führt der Spaziergang über den Boulevard abermals zum Roten Turm und von dort zum bedeutendsten Architekturensemble der Stadt aus der DDR-Zeit. Die **Stadthalle** und das **Hotel Mercure** wurden 1974 eröffnet und gehörten zum architektonisch Besten, was damals in diesem Land gebaut wurde. Die Stadthalle ist bis heute ein Zentrum Chemnitzer Kulturlebens. Von dort nicht zu übersehen ist der bekannteste Chemnitzer Kopf, das **Karl-Marx-Monument,** oder auch der „Ni-

Moderne Architektur aus DDR-Zeiten: die Stadthalle

schel", wie die Chemnitzer ihn sächsisch liebevoll nennen. Den Bronzekopf des Philosophen schuf 1971 der sowjetische Bildhauer *Lew Kerbel*. Die Wandgestaltung an der dahinterliegenden achtgeschossigen Hauszeile (damals SED-Bezirksleitung) enthält in vier Sprachen die Worte „Proletarier aller Länder vereinigt euch" aus dem Kommunistischen Manifest.

Theaterplatz

Die Architektur der 1960er Jahre wird in der **Straße der Nationen** mit Ladenzeilen und dazu kammartig angeordneten Wohnhäusern erlebbar. Der sich anschließende Theaterplatz ist einer der schönsten Chemnitzer Stadträume. Er wird eingerahmt vom neobarocken **Opernhaus** und **König-Albert-Museum** (beide 1909), heute Sitz der Kunstsammlungen Chemnitz mit ihrem großartigen Bestand an Werken des 19. und 20. Jahrhunderts, sowie der neogotischen **Petrikirche** und dem **Hotel Chemnitzer Hof,** das 1930 im Stil des Neuen Bauens errichtet wurde. Nur ein kleiner Abstecher ist es von hier bis zum **Stadtbad** (Mühlenstraße 27, 10 Min.), das 1928 bis 1935 ebenfalls im Geiste des Bauhauses errichtet wurde und hervorragend erhalten ist. (Rückweg über Mühlenstraße Richtung Mercure.)

Kaufhaus Schocken

Einen **Glanzpunkt der Klassischen Moderne** setzt das Kaufhaus Schocken an der Ecke Brückenstraße/Bahnhofstraße. Es wurde durch den Berliner Architekten *Erich Mendelsohn* (1887–1953) für den aus Zwickau stammenden Einzelhandelskonzern Schocken Söhne erbaut und 1930 eröffnet. Es ist ein siebengeschossiger Stahlbetonbau mit konvex gekrümmter Fassade und stufenartig zurückgesetztem Dachgeschoss. Im Jahr 2012 wird in diesem Haus das **Museum für Archäologie und Geschichte Sachsens** eröffnet. Auch Cafés, Restaurants und Shops werden dann in dieses berühmte Zeugnis der Bauhausarchitektur einladen.

Zwei weitere Museen von internationalem Rang haben ihren Platz bereits wenige hundert Meter vom „Schocken" entfernt erhalten. Zunächst führt der Weg auf die andere Seite der Bahnhofstraße, gegenüber der Innenstadt.

Naturkundemuseum

Das **Kaufhaus Tietz,** 1912 im Sezessionsstil erbaut, wurde 1945 schwer zerstört. Nach der Wiederherstellung diente es erneut als Warenhaus. Im Jahr 2004 wurde es als kommunales **Kulturkaufhaus DAStietz** eröffnet. Es beherbergt die Stadtbibliothek, die

Volkshochschule, Neue Sächsische Galerie und das Naturkundemuseum mit dem weltweit einzigartigen, 291 Millionen Jahre alten **Steinernen Wald.** Der durch einen Vulkanausbruch konservierte urzeitliche Wald ist hinsichtlich Alter, Artenvielfalt und Erhaltungszustand einmalig. Diese Attraktion wurde im Lichthof aufgebaut und ist also frei zugänglich. Sensationell sind aber auch die Sammlung versteinerter Kieselhölzer und die Ausstellung zum Erdzeitalter Perm sowie das Insektarium.

Museum Gunzenhauser

Nach dem Überqueren der Annaberger Straße erreicht man nach wenigen Schritten den ehemaligen Hauptsitz der Sparkasse Chemnitz, erbaut 1928 bis 1930 als eines der ersten Hochhäuser der Stadt im Stil der Neuen Sachlichkeit. Seit dem Jahr 2007 ist es Heimstatt des Museums Gunzenhauser. Diese private Sammlung deutscher Kunst des 20. Jahrhunderts ist einer der wichtigsten Standorte für die **Kunst des deutschen Expressionismus.** Sie enthält zudem **Hauptwerke der Neuen Sachlichkeit,** darunter ein ganzes Stockwerk mit 290 Arbeiten von *Otto Dix*. Gezeigt werden zudem Werke von Künstlern aus der Bundesrepublik und der DDR (unter anderem von *Gerhard Altenbourg, Strawalde, Max Uhlig* und *Albert Ebert*).

Schloßbergmuseun

Ein abschließender Spaziergang ins Grüne könnte vom Museum Gunzenhauser entlang der Chemnitz zum Park am Schlossteich führen (15 Min.). Neben der spätgotischen Schlosskirche befindet sich dort in einem Renaissancebau des einstigen Benediktinerklosters das Schloßbergmuseum. Es zeigt Sammlungen zur **Stadtgeschichte und sakrale Kunst.** Vom Schloßberg bietet sich ein reizvoller Blick über die Stadt.

Steinerner Wald im Kulturkaufhaus DAStietz

Praktische Informationen

Anreise

- **Auto: A4, A72, B95, B169**
- **Bahn: IRE** Dresden - Chemnitz - Nürnberg, **RE, RB** Dresden - Chemnitz - Zwickau, **RE** Leipzig - Chemnitz
- **Erzgebirgsbahn** Chemnitz - Annaberg-Buchholz - Vejprty

Info

- **Tourist-Information,** Markt 1, Tel. (0371) 690680, Mo bis Fr 9–19 Uhr, Sa 9–16 Uhr, So/Feiertage 11–16 Uhr, www.chemnitz-tourismus.de

Wohnen und Essen

- €€€**Günnewig-Hotel Chemnitzer Hof,** Theaterplatz 4, Tel. (0371) 6840, So bis Do 11.30–23 Uhr, www.guennewig.de (4-Sterne-Superior-Haus, das Gebäude von 1930 im Bauhausstil)
- €€**Gasthaus und Pension Ausspanne,** Schloßberg 4, Tel. (0371) 3300225, Mo bis Sa 11.30–24 Uhr, So/Feiertage 11.30–21 Uhr, www.pension-ausspanne.de (schön gelegenes Fachwerkhaus im Stadtzentrum, authentisches Fachwerk auch in den Zimmern)
- €**Erlebnisbauernhof Lehm,** Chemnitz-Ebersdorf, Mittweidaer Straße 137, Tel. (0371) 413510, www.erlebnisbauernhof-lehm.de (Ferienwohnungen und -zimmer auf einem Bauernhof in Familienbesitz; vom Hbf Chemnitz 6 km, Bus 21)

Gastronomie

- €€**Schalom,** Carolastraße 5, Tel. (0371) 6957769, Sa bis Do 17–23 Uhr, www.schalom-chemnitz.de (jüdisches Restaurant mit koscherer Küche, Wein und Bier aus Israel, jüdische Musik, 3 Min. vom Hauptbahnhof)
- €**Café Moskau,** Straße der Nationen 56, Tel. (0371) 440297, Mo bis Do 11–3 Uhr, Sa/So 11–4 Uhr, So 9.30–24 Uhr, www.cafe-moskau-chemnitz.de (Restaurant/Café in 1960er-Jahre-Haus mit Blick auf den Theaterplatz, Pasta, Burger, trad. Küche, Cocktailbar, sonntags Brunch, eines der beliebtesten Chemnitzer Lokale)
- €**City Pub Chemnitz,** Brückenstraße 17 (Terminal 3), Tel. (0371) 6664013, tgl. ab 17 Uhr (*Marx* hat's im Blick, Mi irischer Abend, Fr/Sa Live-Musik, Terrasse mit roter Telefonzelle)

Helenenhof (1919) auf dem Kaßberg

●€**Bräustübl, Brauerei Reichenbrand,** Zwickauer Straße 478, Tel. (0371) 858041, tgl. 11–24 Uhr, www.brauerei-reichenbrand.de (gemütliche Gaststätte in traditionsreicher Privatbrauerei, vier hausgebraute Biere, Hausmannskost; beim Bahnhof Chemnitz-Siegmar, 8 km vom Zentrum)

Museen

●**Kunstsammlungen Chemnitz,** Theaterplatz 1, Tel. (0371) 4884424, Di bis So u. Feiertage 11–18 Uhr, 6/4 Euro, www.kunstsammlungen-chemnitz.de (Gemälde des 19./20. Jh., darunter 278 Werke von *Karl Schmidt-Rottluff,* Skulpturensammlung, Grafik-Kabinett, Stiftung Carlfriedrich-Claus-Archiv, Textil- und Kunstgewerbesammlung, Sonderausstellungen)

erz075 Foto: dk

- **Museum Gunzenhauser,** Falkeplatz, Tel. (0371) 4887024, Di bis So u. Feiertage 11–18 Uhr, 6/4 Euro, www.kunstsammlungen-chemnitz.de (private Sammlung deutscher Kunst des 20. Jh., untergebracht im 1930 erbauten ehem. Sparkassengebäude, Grafik an der Wende 19./20. Jh., Expressionismus, Neue Sachlichkeit, v.a. *Conrad Felixmüller, Otto Dix,* abstrakte und gegenständliche Kunst nach dem Zweiten Weltkrieg, Sonderausstellungen)
- **Schloßbergmuseum,** Schloßberg 12, Tel. (0371) 4884501, Di bis So u. Feiertage 11–18 Uhr, 6/4 Euro, www.schlossbergmuseum.de (im ehem. Kurfürstlichen Jagdschloss, Stadtgeschichte)
- **Henry-van-de-Velde-Museum, Villa Esche,** Parkstraße 1, Tel. (0371) 4884424, Mi u. Fr bis So 11–18 Uhr, www.kunstsammlungen-chemnitz.de (originales Interieur, Leben und Werk des belgischen Architekten)
- **Neue Sächsische Galerie,** Moritzstraße 20, Tel. (0371) 3676680, Do bis Mo 10–18 Uhr, Di 10–20 Uhr, 3 Euro, www.neue-saechsische-galerie.de (rund 100 Werke sächsischer Kunst nach 1945 aus einem Fundus von 12.000 Arbeiten; die Sammlung ist hervorgegangen aus der einstigen Bezirkskunstgalerie Karl-Marx-Stadt)
- **Museum für Naturkunde,** Moritzstraße 20, Tel. (0371) 4884366, Mo/Di/Do/Fr 10–20 Uhr, Mi Führung 15 Uhr, Sa/So/Feiertage 10–18 Uhr, 4/2,50 Euro, www.naturkunde-chemnitz.de (einzigartige Sammlung von Kieselhölzern aus dem Perm, Versteinerter Wald, Insektarium)
- **Industriemuseum Chemnitz,** Zwickauer Straße 119, Tel. (0371) 3676140, Mo bis Do 9–17 Uhr, Sa/So/Feiertage 10–17 Uhr, Maschinenvorführungen tgl. außer Fr 10.30–16.30 Uhr, Fahrten mit der Handhebeldraisine April bis Sept. Sa/So/Feiertage 14–16 Uhr (bei trockenem Wetter), 7/2,50 Euro, www.saechsisches-industriemuseum.de (denkmalgeschütztes Ensemble einstiger Gießereien und Maschinenbauunternehmen, zuletzt VEB Vereinigte Chemnitzer Gießereien; Themen: Sachsen – „In Chemnitz wird gearbeitet ...", Unternehmer – Die Pioniere der Industrialisierung und ihre Nachfolger, Familie – zwischen gestern und heute, Arbeiter – Sachsens Arbeitskräfte durchqueren das Industriezeitalter, Karl-Marx-Städter – „Plane mit, arbeite mit, regiere mit", Kreative – Kreativität fällt nicht vom Himmel, Konsumenten – „Ich kauf mir was, kaufen macht so viel Spaß", Europäer – Sachsen international und in der Mitte Europas; Sonderausstellungen)
- **Museum für sächsische Fahrzeuge,** Zwickauer Straße 77, Tel. (0371) 2601196, April bis Sept. Di bis Fr 10–17 Uhr, Sa/So/Feier-

tage 10–18 Uhr, Okt. bis März Di bis So 10–17 Uhr, 4/2,50 Euro, www.fahrzeugmuseum-chemnitz.de (200 Exponate von mehr als 70 Herstellern, sächsische Fahrzeuggeschichte ab dem späten 19. Jh. in einer der ersten Hochgaragen Deutschlands)

- **Sächsisches Eisenbahnmuseum,** Chemnitz-Hilbersdorf, An der Dresdner Bahnlinie 130c, Tel. (0371) 4932765, April bis Okt. Di bis So 9–17 Uhr, Nov. bis März Di bis Sa 9–16 Uhr, Jan. nur So 9–16 Uhr, 5/2 Euro, Familienkarte 11 Euro, www.sem-chemnitz.de (einer der größten Rangierbahnhöfe Deutschlands, entstanden 1900, größtes noch funktionstüchtiges Dampflok-Bahnbetriebswerk Europas, Baudenkmale, technische Anlagen, historische Fahrzeuge; mit der Bahn bis Haltepunkt Chemnitz-Hilbersdorf, mit Auto über Frankenberger Straße, Wegweiser)
- **Deutsches Spiele-Museum,** Neefestraße 78a, Tel. (0371) 306565, Mi bis Fr 13–18 Uhr, in den Schulferien Di bis Fr 11–18 Uhr, Sa/So/Feiertage 13–19 Uhr, 4/2 Euro, www.deutsches-spielemuseum.de (historische Spiele aus aller Welt, moderne Spiele zum Mitmachen)
- **Chemnitzer Gewölbegänge am Kaßberg,** Fabrikstraße 6, Tel. (0371) 3346056, Mi bis Sa 14–17 Uhr, www.chemnitzer-gewoelbegaenge.de (ein vor 500 Jahren für die Lagerung des Bieres angelegtes Kellersystem im Kaßberg, später auch als Gemüselager genutzt, während der Bombardements der Stadt 1944/1945 Luftschutzkeller; einstündige Führung, Kabarett- und andere Kleinbühnenabende, für Kinder: Spuk im Keller; vom Neumarkt 5 Min. Fußweg)

Chemnitz

Bergbau

- **Felsendome Rabenstein,** Weg nach dem Kalkwerk 4, Tel. (0371) 8080037 (Gaststätte), Führungen tgl./stündl. ab 10 Uhr, 5/3 Euro, www.felsendome.de (Kalkbergwerk, Besichtigung rund 45 Min., Bergseen und riesige Säle aus Kalkstein, am Berg Restaurant mit Biergarten, Konzerte, Veranstaltungen)

erz079 Foto: dk

Sächsisches Vogtland

Überblick

Liebliche Ferienlandschaft

Sanfthügelige Berge und Wiesen, weitgestreute Dörfer, kleine Städte – fast unmerklich geht die Landschaft vom Erzgebirge nach Westen über in das Vogtland. Die kleine Region im grünen **Grenzgebiet der Bundesländer Sachsen, Thüringen und Bayern** ist eine liebliche Ferienlandschaft für Wanderer, Wasserratten, Wintersportler und Kulturtouristen. In diesem Buch soll nun eine kurze Reise durch das Sächsische Vogtland unternommen werden – von Plauen, der Stadt der Plauener Spitze, zu den beiden größten Ziegelbrücken der Welt, in das obere Göltzschtal um Auerbach, in den Musikwinkel und zu den Sächsischen Staatsbädern.

Ortsnamen

Das Grün des Vogtlandes findet sich schon **in zahlreichen Ortsnamen,** mehr als 60 Orte des Ländchens enden auf „-grün“: Wernesgrün kennt man als Biermarke in ganz Deutschland, aber es gibt auch Heinersgrün an der bayerischen Grenze, mit der Wallfahrtskapelle Santa Clara, Helmsgrün an der Talsperre Pöhl, Kottengrün im Kuhberggebiet, Rebesgrün im Waldpark Grünheide mit der längsten Wasserrutsche des Vogtlands usw. Natur reichlich für den Urlaub in einem abwechslungsreichen Mittelgebirge, nur sollte man immer auch etwas Wetterfestes dabeihaben, denn es regnet gar nicht so selten zwischen Aschberg (936 m) und Göltzschtal.

Vögte

Das Vogtland hat diesen **Namen,** weil es vom 12. Jahrhundert an durch die Vögte von Weida, Gera, Plauen und Greiz verwaltet wurde, vom 14. Jahrhundert an kann der Name urkundlich nachgewiesen werden. Im 17. Jahrhundert brachten böhmische Exulanten ein Gewerbe mit, das bis heute für die Weltbekanntheit des Vogtlandes steht. Es begann mit dem Geigenbau, aus dem die vielfältige Tradition des **Musikinstrumentebaus** gewachsen ist. Für das Leben im Lande sorgten auch verschiedene Textilgewerbe. Die edle **Plauener Spitze** genießt Weltruhm und ist eine geschützte Handelsmarke.

Im Stadtzentrum von Plauen

Vorherige Seiten: Kurhaus in Bad Brambach

erz076 Foto: dk

Persönlichkeiten

Berühmte Vogtlandkinder sind **Johann Andreas Schubert** aus Wernesgrün, der Konstrukteur der Göltzschtalbrücke und der ersten deutschen Dampflok, die Theaterreformerin **Caroline Neubert** aus Reichenbach, **Sigmund Jähn** aus Morgenröthe-Rautenkranz, der erste Deutsche im Weltall, und, ja doch, Volksmusikstar **Stefanie Hertel** und der Kabarettist **Jürgen Hart** („Sing mei' Sachse, sing").

Plauen

Spitzen-Stadt

Die **größte Stadt des Vogtlands** ist Plauen (68.000 Ew.), das zwischen dem Boulevard auf der Bahnhofstraße und dem Altmarkt, der Guten Stube der Stadt, als **lebendiges Zentrum** mit sehenswerten Bauwerken, einladenden Gassen, vielen Läden und Restaurants zum Schlendern verführt. Die Stadt **im Tal der Weißen Elster** wurde 1122 erstmals urkundlich erwähnt. Ein Kleinod aus jener Zeit ist die Elstertalbrücke. Nachdem Plauen bereits durch die Musselinproduktion (besonders feine Baumwolle) bekannt geworden war, gewann Mitte des 19. Jahrhundert die Stickerei immer mehr an Bedeutung. Plauener Spitze wurde zum Markenzeichen der Stadt.

Nach schweren Zerstörungen durch Bombenangriffe 1944/45 erfolgte der Neuaufbau im Stil der damaligen Zeit. Mit **Massenprotesten** gegen die Zustände in der DDR am 7. Oktober **1989** wurde Plauen zu einem Ausgangsort der friedlichen Revolution.

Plauener Spaziergang

Orientierung

Zahlreiche Wegweiser zu den sehenswerten Orten erleichtern die Orientierung in der kleinen Stadt, sodass ein Stadtplan nicht unbedingt nötig ist. Vom **Oberen Bahnhof** läuft man bis zum Altmarkt eine Viertelstunde, doch der Einkaufsboulevard Bahnhofstraße beginnt schon nach fünf Minuten. Auf dem Bärenstein (432 m) direkt vor dem Bahnhof gibt es einen **Aussichtsturm,** der frei zugänglich ist und einen schönen Rundblick bietet.

erz077 Foto: dk

Am Altmarkt

Ein Stadtspaziergang beginnt am besten vor dem **Alten Rathaus** am Altmarkt. Die Geschichte des Bauwerkes reicht zurück bis 1382, den prächtigen Renaissancegiebel erhielt es 1548. Das dahinter befindliche **Neue Rathaus** entstand Anfang des 20. Jahrhunderts. Sein 64 Meter hoher Turm bietet eine tolle Aussicht auf die Stadt. Im Neuen Rathaus befindet sich auch die Stadtinformation. Das **Plauener Spitzenmuseum** in den Renaissanceräumen des Alten Rathauses zeigt eine einzigartige Schau zur Geschichte der Textil- und Spitzenindustrie in Plauen und im Vogtland.

Nobelstraße

In der parallel zum Markt liegenden Nobelstraße mit ihren barocken Bürgerhäusern ist das historische Plauen in besonderer Weise erlebbar. Hier erwarten **„die Matsch"**, die älteste Gastwirtschaft der Stadt, das in drei benachbarten Bürgerhäusern eingerichtete **Vogtlandmuseum** mit Ausstellungen zur Zeit-, Kunst- und Kulturgeschichte, sowie die **Galerie e.o. Plauen** mit einer Ausstellung über Leben und Schaffen des in Plauen geborenen Karikaturisten *Erich Ohser* (1903–1944) ihre Besucher.

Malzhaus und Brauhaus

Zwei Straßenecken weiter, **am Alten Teich vor der Stadtmauer,** bilden das Malzhaus und Brauhaus eines der ältesten Bauensembles der Stadt. In den 1970er Jahren war hier ein Zentrum der Folkbewegung in der DDR. *Rio Reiser* gab auf dem romantischen Malzhaushof im Mai 1996 sein letztes öffentliches Konzert. Das Malzhaus heute ist **Kulturzentrum** und **Gaststätte.** Die beiden Biergärten, auf dem Hof und oberhalb der Stadtmauer, gehören ohne Zweifel zu den besten Argumenten für einen langen Plauener Abend.

Johanniskirche

Das Stadtbild prägend ist die doppeltürmige Johanniskirche, ein spätgotisches Bauwerk mit barocken Turmhauben. Sie weist den Weg hinunter zur Weißen Elster und zur 1244 erbauten **Elsterbrücke** (1244). Einer der schönsten Plauener Wege führt am Mühlgraben entlang zu den Weberhäusern und zum **Weisbachschen Haus** (1778), einem barocken Manufakturgebäude. In den **Weberhäusern** aus der Zeit der Renaissance haben Kunsthandwerker ihre Werkstätten und Läden eingerichtet.

Altes (links) und Neues Rathaus am Altmarkt

Postplatz

Unweit des Postplatzes – vom Altmarkt ist also in Richtung Bahnhofstraße zu laufen – steht der **Nonnenturm,** der einzige noch erhaltene Eckturm der Stadtbefestigung. Heute steht dieses bleistiftspitze weiße Türmchen inmitten des Plauener Shoppingtrubels. An der vom Postplatz abzweigenden Theaterstraße wurde 1898 mit *Friedrich Schillers* Schauspiel „Die Jungfrau von Orleans" das **Vogtlandtheater** eröffnet, heute Heimstatt des Theaters Plauen-Zwickau.

Praktische Informationen

Anreise

- **Auto: A72, B173**
- **Bahn: IRE** Dresden – Chemnitz – Plauen/Vogtl. ob. Bhf. – Hof – Nürnberg; **RE** Leipzig – Plauen/Vogtl. ob Bhf. – Hof

Info

- **Touristinformation Plauen,** Unterer Graben 1, Tel. (03741) 2911027, Mai bis Sept. Mo bis Fr 10–18 Uhr, Sa 10–13 Uhr, www.plauen.de (im Neuen Rathaus, Infoterminal rund um die Uhr verfügbar)

Wohnen und Essen

- €€/€€€**Hotel Alexandra,** Bahnhofstraße 17, Tel. (03741) 71951, www.hotel-alexandra-plauen.de (4-Sterne-Hotel in der Fußgängerzone, Wellnessangebote)
- €€€**Schloßhotel Jößnitz,** Schloßstraße 2, Tel. (03741) 521289, Di bis Do ab 18 Uhr, Fr/Sa 11.30–23 Uhr, So 11.30–21 Uhr, www.schlosshotel-joessnitz.de (ehem. Ritterburg, idyllisch auf einer Anhöhe gelegen, 5 km nördlich der Plauener Innenstadt, regionale und internationale Spezialitäten, Wellnessangebote)
- €€**City-Hotel,** Neundorfer Straße 23, Tel. (03741) 15230, www.cityhotel-plauen.de (verkehrsgünstig im Zentrum gelegen, in modernem Design ausgestattete Zimmer)
- €**Restaurant und Pension Lochbauer,** Jößnitz, Pfaffengutstraße 30, Tel. (03741) 526641, www.lochbauer.de (Mai bis Okt., Dreiseithof aus dem 17. Jh. nahe der Talsperre Poehl, Biergarten, Spielplatz mit Hasengehege, Etagen-WC/-Dusche aufgrund Denkmalschutz)
- **Jugendherberge „Alte Feuerwache",** Neundorfer Straße 3, Tel. (03741) 148376, www.djh.de (im Stadtzentrum, über die Rutschstange in den Speiseraum, DJH-Ausweis erforderlich)

Gastronomie

●€**Gasthaus Matsch,** Nobelstraße 1, Tel. (03741) 204807, tgl. 11–22 Uhr, www.matsch-plauen.com (1503 erstmals erwähntes, ältestes Gasthaus Plauens)

●€**Malzhaus,** Alter Teich 7–9, Tel. (03741) 153222, Mo bis Sa ab 18 Uhr, www.malzhaus.de (Café, Restaurant, zwei stimmungsvolle Biergärten, auch Malzkaffee gibt's; Kulturzentrum, Galerie)

Museen

●**Plauener Spitzenmuseum,** Altmarkt, Tel. (03741) 222355, Di bis Fr 10–17 Uhr, Sa/So 10–16 Uhr, 3/1 Euro, www.plauenerspitze.de (im Alten Rathaus, Geschichte, Technologie und Moden – alles über die Plauener Spitze)

●**Schaustickerei Plauener Spitze,** Obstgartenweg 1, Tel. (03741) 443187, Mo bis Sa 10–17 Uhr, 4/1 Euro, www.schaustickerei-plauen.de (in einem Stickereigebäude von 1902 zuschauen, wie die Plauener Spitze entsteht)

●**Vogtlandmuseum Plauen,** Nobelstraße 9/13, Tel. (03741) 2912410, Di bis So u. Feiertage 11–17 Uhr, www.plauen.de/vogtlandmuseum (vogtländische Malerei, Waffen und Militaria)

●**Städtische Galerie e.o. plauen,** Nobelstraße 7/13, Tel. (03741) 2912344, Di bis So u. Feiertage 11–17 Uhr, 2,50 Euro, www.galerie.e.o.plauen.de (Arbeiten des Plauener Karikaturisten *Erich Ohser,* Kunstausstellungen)

Bergbau

●**Besucherbergwerk Ewiges Leben,** Bonhoefferstraße 140, Tel. (03741) 5294, 3/2 Euro, www.alaunbergwerk-plauen.de (Abbau, Gewinnung und Nutzung des Alaunschiefers, Führungen nach Vereinbarung, 2 km nördlich der Altstadt gelegen)

Die größten Ziegelbrücken der Welt

Reichenbach (Vogtl.)

Am Nordrand der Vogtländischen Schweiz liegt die **Industriestadt** Reichenbach (Vogtl.) (20.000 Ew.). Kammgarn- und Streichgarnspinnereien prägten im 19. Jahrhundert ihr Antlitz. Reichenberg ist Geburtsort der Bühnenreformerin *Caroline Neuber* (1697–1760), der ein Museum gewidmet ist, des langjährigen Direktors des Berliner Tierparks, *Heinrich Dathe* (1910–1991) und des Malers und Grafikers *Wolfgang Mattheuer* (1927–2004). Nach dem in Reichenbach geborenen Schriftsteller und Bürgerrechtler *Jürgen Fuchs* (1950–1999) ist die Stadtbibliothek benannt.

erz078 Foto: dk

Sehenswert sind der Wasserturm (1926) mit Aussichtsplattform, die barocke Kirche St. Peter und Paul mit Silbermannorgel, der Park der Nationen (Sächsische Landesgartenschau 2009) und die Tropfsteingrotte Alaunwerk. Von 1691 bis 1826 wurde im Tal der Göltzsch Alaunschiefer gefördert.

574 m lang, 78 m hoch: die Göltzschtalbrücke (hier während der Sanierung 2011)

Göltzschtalbrücke

Bahnreisende auf der Sachsen-Franken-Magistrale überqueren sie zwischen Reichenbach (Vogtl.) und Plauen (Vogtl.), im Nahverkehrszug zwischen Reichenbach (Vogtl.) und Netzschkau: die Göltzschtalbrücke. Sie ist die **größte Ziegelbrücke der Welt** und wurde 1846 bis 1851 erbaut, damals war sie auch die weltweit höchste Eisenbahnbrücke. Konstruiert wurde sie von dem vogtländischen Tagelöhnersohn und Professor an der Königlich-Technischen Bildungsanstalt Dresden, *Johann Andreas Schubert* (1808–1870), der auch die erste deutsche Dampflok entwickelte. Ingenieurtechnisch und ästhetisch ein Meisterwerk, überspannt die Bogenbrücke das Göltzschtal nahe der sächsisch-thüringischen Landesgrenze auf einer **Länge von 574 Meter** und in **78 Meter Höhe.** Im Sprachgebrauch wird die Netzschkauer und die Greizer Seite der Brücke unterschieden; bis ins thüringische Greiz sind es nur sieben Kilometer. Mit dem Auto erreicht man die Brücke über die B173 in Netzschkau und Mylau oder eben von Greiz. Vom Bahnhof **Netzschkau** gelangt man zur Brücke ebenfalls am einfachsten über die B173 (Bahnhofstraße/Markt/Mylauer Straße), ein Abstecher zum spätgotischen **Schloss** und Schlosspark ist markiert (gelb).

Rund um die Brücke

Vor der Brücke auf der Netzschkauer Seite lädt ein **Freizeitpark** ein, es gibt auch eine Bühne sowie ein Rondell und einen Fesselballon als Aussichtspunkte. Die besten Panoramasichten erhält man allerdings auf dem **Rundweg** (rot/blau) um die Brücke; Fotografen sollten sich (jeweils rund 3 km) vormittags auf die Netzschkauer Seite begeben (Obermylau), nachmittags auf die Greizer Seite (Hermann-Löns-Straße in Netzschkau). Direkt an die Brücke heran und unter die Bögen hindurch führt der **Brückenrundweg** (3 km, grün). Vor **Ketzels Mühle** an der Brücke gibt es eine Informationstafel über die Wege rund um die Brücke. Die 1904 erbaute und bis 1991 betriebene Getreidemühle steht buchstäblich im Schatten der Brücke, ist aber ebenfalls sehenswert. Neben der museal dargebotenen Mühlentechnik gibt es ein Museum zum Bau der Brücke, ein kleines Lokal lädt ein und ein Laden mit vogtländischen Andenken.

Elstertalbrücke

Die **zweithöchste Ziegelbrücke der Welt** steht unweit der nur neun Meter höheren Göltzschtalbrücke, die Elstertalbrücke **bei Jocketa.** Sie wird von der Sachsen-Franken-Magistrale zwischen Reichenbach/Vogtl. und Plauen/Vogtl. und der Bahnstrecke Leipzig – Hof überquert, unter der Brücke fährt die sächsisch-thüringische Elstertalbahn Gera – Greiz – Plauen/Vogtl. Am Fuß der zweiten Bogenetage führt ein Wanderweg über die Brücke.

Kuhberg

Zahlreiche markierte **Wanderwege** gibt es rund um den Kuhberg (510 m), der von einem 1902 errichteten **Bismarckturm** gekrönt wird. Von dort bietet sich ein schöner Blick auf das nördliche Vogtland.

Praktische Informationen

Anreise

- **Auto: B94, B173**
- **Bahn: IRE** Dresden – Chemnitz – Plauen/Vogtl. – Reichenbach/Vogtl. – Hof – Nürnberg
- **Vogtlandbahn** Zwickau – Reichenbach/Vogtl. – Netzschkau – Plauen/Vogtl.

Info

- **Fremdenverkehrsverein Nördliches Vogtland,** Mylau, Burg 1, Tel. (03765) 392808, www.goeltzschtalbruecke.de
- **Touristinformation Talsperre Pöhl,** Möschwitz, Hauptstraße 51, Tel. (037439) 6778, www.talsperre-poehl.de

Camping

- **Campingplatz Gunzenberg,** an der Talsperre Pöhl, März bis Okt., 5/2,50 Euro pro Person/Nacht, Stellplatz Wohnmobil 6 Euro, Zelt 4,50 Euro (4-Sterne-Campingplatz, separates Jugendcamping)

Gastronomie

- €**Felsenschänke,** Mylau, Obermylauer Berg 25, Tel. (03765) 34161, Mo u. Mi bis Fr 11–14 u. 17–22 Uhr, Di 11–14 Uhr, Sa 11–23 Uhr, So 11–21 Uhr, www.felsenschaenke.de (uriges Lokal, regionale Küche)
- €**Kuhbergbaude,** Netzschkau, Tel. (03765) 34125, Mo bis Do 11–18 Uhr, Fr/Sa 11–23 Uhr, So 11–20 Uhr, www.kuhberg-netzschkau.de (Ausflugslokal auf dem höchsten Berg des nördlichen Vogtlandes, Karpfengerichte, Aussichtsturm)

Museen

- **Neuberin-Museum Reichenbach,** Johannisplatz 3, Tel. (03765) 21131, Di bis Fr 10–16 Uhr, So 13–16 Uhr (Geburtshaus der Bühnenreformerin *Caroline Neuber*)
- **Burg Mylau,** Tel. (03765) 34247, Feb. bis Okt. Di bis Do, Sa/So 10–16.30 Uhr, 3,50/2 Euro, www.burg-mylau.de (sehr gut erhaltene mittelalterliche Burganlage auf einem Felssporn, naturkundliche Sammlung, Barocksaal, Ratssaal)
- **Schloß Netzschkau,** Tel. (03765) 390136, April bis Okt. Sa/So/Feiertage 13–17 Uhr, www.schloss-netzschkau.de (spätgotisches Schloss, Sonderausstellungen im historischen Ambiente, Weihnachtsmarkt)
- **Tropfsteingrotte Alaunwerk Mühlwand-Reichenbach,** Alaunwerk 6, Tel. (03765) 13986, Sa/So 13–16 Uhr, 3/1,50 Euro, www.alaunwerk.de (Alaunbergbau des 18. Jh. in einem halbstündigen Rundgang)

Ausflüge

- **Talsperre Pöhl,** Schiffsanlegestelle bei Jocketa (Nähe Sperrmauer), Tel. (037439) 6372, einstündige Rundfahrten mit „MS Pöhl" und „MS Plauen", April bis Okt. Mo bis Fr 9.30–16.45 Uhr 6 Fahrten, Sa/So/Feiertage 9.30–16.45 Uhr 12 Fahrten, 6/3,50 Euro, nach Anmeldung Linienfahrten zur Schlosshalbinsel, Liegewiese Gansgrün, Vorsperre Neuensalz; Dixielandfahrt, Piratenfahrt und andere Sonderfahrten nach Jahresplan; www.talsperre-poehl.de
- **Brückenwanderweg,** 17 km, markiert mit Brückensymbol sowie rot/grün/rot; Elstertalbrücke bei Jocketa – Barthmühle – Elsterweg Richtung Rentzschmühle – NSG Steinicht – Kuhberg (Aussichtsturm, Gasthaus) – Netzschkau, Hermann-Löns-Straße (Fotopunkt für Göltzschtalbrücke) – Göltzschtalbrücke (Rückfahrt mit Bahn ab Haltepunkt Netzschkau möglich)

erz081 Foto: dk

Auerbach und das obere Göltzschtal

Östliches Vogtland

Das Zentrum des östlichen Vogtlandes ist **Auerbach** (21.000 Ew.) mit seinen drei Türmen: Schlossturm, Katholische Kirche und Kirche St. Laurentius. Rund um den Alt- und Neumarkt stehen Bürgerhäuser des Klassizismus und Jugendstils. Beliebtes Erholungsgebiet ist der **Waldpark Grünheide** mit Freibad in **Rebesgrün** (www.waldpark.de). In **Rodewisch** (7500 Ew.) stehen auf der Schlossinsel in der Göltzsch ein reizendes **Schlösschen** (15. Jh.), wo im Sommer Kammermusikkonzerte aufgeführt werden, und die 1450 erstmals erwähnte **Wasserburg,** die besterhaltene des Vogtlandes. In der Burg befindet sich das **Museum Göltzsch,** das besonders für seine aufwendigen Weihnachtsausstellungen bekannt ist.

Praktische Informationen

Anreise

- **Auto: B94, B169**
- **Vogtlandbahn:** Zwickau – Rodewisch – Auerbach/Vogtl. unt. Bhf. – Klingenthal – Kraslice; Falkenstein – Auerbach/Vogtl. ob. Bhf. – Hof

Info

- **Fremdenverkehrsamt Auerbach,** Schloßstraße 10, Tel. (03744) 81450, Mo bis Fr 9–18 Uhr, www.stadt-auerbach.de, www.erholung-im-vogtland.de, www.goeltzschtal.de
- **Touristinformation Rodewisch,** siehe Museum Göltzsch

Wohnen und Essen

- €**Restaurant Zum Kerkermeister,** Kirchplatz 1, Tel. (03744) 213782, tgl. 11–14 Uhr, ab 17 Uhr, www.zum-kerkermeister.de (gemütliche Gastwirtschaft mit Pension in der Altstadt)

Museen/ Galerie

- **Museum Auerbach,** Schloßstraße 11, Tel. (03744) 835513, Di bis Fr 10–12 u. 13–17 Uhr, Sa/So/Feiertage 13–17 Uhr
- **Göltzschtalgalerie Nikolaikirche,** Alte Rodewischer Straße 2, Tel. (03744) 211815, Mi bis Fr 11–18 Uhr, Sa/So 14–18 Uhr, www.goeltzschtalgalerie-nikolaikirche.de (Galerie und Konzerthaus in der restaurierten Kirche, vielfältiges Programm)

- **Museum Göltzsch, Rodewisch,** Schloßstraße 2, Tel. (03744) 33186, April bis Aug. Di bis Do, Sa/So sowie in der Adventszeit und in den sächsischen Winterferien tgl. 10–12 u. 13–16.30 Uhr, 3/2,50 Euro, www.rodewisch.de (Burg, vogtländische Waldgewerbe, Mineralogie, Weihnachtsausstellungen, Touristinformation)

Oelsnitz/Vogtl. und die Talsperre Pirk

Westliches Vogtland

Das **Wanderrevier** um den **Burgstein** (541 m) und im **Elster- und Kemnitzbachtal** sowie das Erholungsgebiet an der Talsperre Pirk (s.u.) zeichnen die Gegend um Oelsnitz/Vogtl. im westlichen Vogtland aus.

Oelsnitz/Vogtl.

In Oelsnitz/Vogtl. (12.000 Ew.) ist das nach einem Stadtbrand 1859 entstandene **klassizistische Ensemble rund um den Marktplatz** sehenswert. Dazu gehört auch das spätklassizistische Rathaus (1864). Wahrzeichen der Stadt ist die spätgotische **Stadtkirche St. Jakobi** mit ihren beiden Türmen.

Schloß Voigtsberg

Auf einem Bergsporn über dem Hainbachtal am Stadtrand thront Schloß Voigtsberg, die **größte Burganlage des oberen Vogtlands.** Sie wurde 1317 erstmals erwähnt, um das Jahr 1900 im Stil der Neorenaissance erweitert und beherbergt heute ein **Teppichmuseum.**

Talsperre Pirk

Die 1939 fertiggestellte Talsperre Pirk (13 km südlich von Plauen) ist mit Badestrand und Campingplatz, als Ruder- und Motorbootrevier sowie für Segelsportler ein **beliebtes Ausflugsziel.**

Praktische Informationen

Anreise

- **Auto: A72, B92**
- **Vogtlandbahn** Reichenbach/Vogtl. – Plauen/Vogtl. – Oelsnitz/Vogtl. – Bad Elster – Cheb

Info

- **Touristinformation Oelsnitz/Vogtl.,** Grabenstraße 31, Tel. (037421) 20785, Mo bis Fr 9–16 Uhr, Sa 9–12 Uhr, www.oelsnitz-vogtland.de

Wohnen und Essen

●€€**Hotel Altdeutsche Bierstube,** Oeslnitz, Feldstraße 9, Tel. (037421) 22248, www.altdeutschebierstube.de (am Rande des Stadtzentrums ruhig gelegen)

●€**Talsperre Pirk,** Oelsnitz, Am Strand 4, Tel. (037421) 23547, www.naherholung-talsperrepirk.de (weitflächiger Stausee mit 60 Touristenstellplätzen unweit der A72)

Museen

●**Teppichmuseum auf Schloß Voigtsberg,** Oelsnitz, Tel. (037421) 420, Di bis So 11–17 Uhr, 3/2 Euro, www.teppichmuseum-oelsnitz.de (eingerichtet von der Halbmond Teppichwerke GmbH)

Im Musikwinkel: Klingenthal und Markneukirchen

Instrumentebau

Einige der schönsten Wanderreviere und das Wintersportzentrum des Vogtlandes liegen im Musikwinkel, der **südöstlichen Ecke des Vogtlandes,** wo seit über 300 Jahren und noch heute in über 100 Handwerksbetrieben der Musikinstrumentebau zu Hause ist. Mit dem Geigenbau in Markneukirchen begann diese klangvolle Kulturgeschichte, zu der auch zahlreiche Musikgruppen und Orchester bis heute beitragen. Auf Instrumenten aus dem vogtländischen Musikwinkel wird weltweit musiziert.

Klingenthal

In Klingenthal (9000 Ew.) wird im **Musik- und Wintersportmuseum** davon und von den Sportlern erzählt, die auf der legendären Aschbergschanze Weltrekorde gesprungen sind. Seit 2007, mit der Eröffnung der **Vogtland-Arena,** ist Klingenthal wieder ein Begriff für Weltklasseskispringer und ihre Bewunderer. Die modernste Großschanze Europas bietet aber auch Besuchern einen überwältigenden Blick von der Aussichtskapsel in 35 Meter Höhe.

Rundweg

Der Rundweg **Klingenthal/Zwota** ist ein 32 Kilometer langer Höhensteig über viele der schönsten Stellen des Oberen Vogtlandes. Der grün markierte Weg verläuft auf rund 800 bis über 900 Höhenmeter und bietet großartige Ausblicke und viel weiteres Sehenswertes. Vom Klingenthaler Marktplatz ist es nicht weit zur Dietrich-Bonhoeffer-Straße, von dort geht es über einen Wiesensteig hinauf zum Körnerberg. Weiter über den Kamerun, Dreihöf,

Gösselberg und Pudelmützhäuser wird der **Kammweg** erreicht. Linker Hand ist dabei immer wieder die Stadt zu sehen, rechter Hand reicht der Blick weit ins Böhmische. Auf dem Gipfel des **Aschberges** (936 m), direkt an der Grenze nach Böhmen, steht ein Aussichtsturm. Nächstes Ziel ist der Ortsteil **Mühlleithen,** wo es eine Sommerrodelbahn gibt. Südwärts geht es nun am Floßteich vorbei zum Floßgraben und dem Abzweig des Steinbachtales – ein romantischer Naturlehrpfad an der Radiumquelle – und über den Bergrücken zum Standort der einstigen **Aschbergschanze** (1959–1990), dem Austragungsort vieler DDR-Ausscheide und 1986 des internationalen Weltcups im Skispringen. Ein schöner Aussichtspunkt ist der Mittelberg, von dort geht es weiter zur modernen Vogtland-Arena.

Zwota

Von der **Alberthöhe** öffnet sich noch einmal ein besonders reizvoller Blick ins Tal. Am Tierpark vorbei wendet sich der Weg nach rechts zum Freibad und zum Campingplatz Dürrenbach. Nach dem Meiselteich wird ein Neubaugebiet gestreift, bevor der Weg das Klausenbachtal erreicht. Auf dem Knockweg geht es steil bergan zum Herrenberg, weiter über den Hammerplatz nach Zwota, wo das **Harmonikamuseum** mit einer Sammlung historischer Bandoneons und Harmonikas zum Besuch einlädt. Tango im Vogtland! Entlang des Friedhofes führt der Rundweg zum Nordhang des Döhlerwaldes, von dort aus rückt die Stadt wieder in die schönsten Bilder, besonders am Rastplatz nahe der tschechischen Grenze. Ein Wiesenpfad führt nun wieder in die Stadt zurück.

Markneukirchen

Markneukirchen (7200 Ew.) ist das **Zentrum des hiesigen Musikinstrumentebaus,** vor allem für Geigen, aber auch Zupf-, Metall- und Holzblasinstrumente. Zahlreiche namhafte Handwerksbetriebe sind hier tätig. Sehenswert sind die prächtigen Bürgerhäuser und Villen der grünen Stadt, die St.-Nikolai-Kirche (1848) und der Rundblick vom Bismarckturm. Das **Musikinstrumentemuseum** im spätbarocken Paulus-Schlösschen präsentiert eine einzigartige Sammlung von 1500 Instrumenten aus der ganzen Welt. Hier kann

Werkstatt für Metallblasinstrumente

man Instrumentemachern bei der Arbeit zuschauen. In einer Jugendstilvilla am westlichen Stadtrand (15 Min. Fußweg) sind Gitarren der legendären Markneukirchener Marke Framus zu sehen. Auf **Framus-Gitarren** spiel(t)en u.a. *Volker Kriegel, John Lennon, Charles Mingus* und *Bill Wyman*.

Adorf

Die älteste Stadt im oberen Vogtland ist Adorf (5300 Ew., 5 km von Markneukirchen), beurkundet 1293. Hier steht das **Freiberger Tor,** das einzige im Vogtland erhaltene Stadttor, das als Heimatmuseum genutzt wird und **Deutschlands größte Perlmuttausstellung** zeigt. Sehenswert ist der imposant große Marktplatz, an dessen unterer Flanke die im Jugendstil errichtete **Stiftskirche St. Michaelis** (1906) steht.

erz090 Foto: tv

Schöneck

Der **„Balkon des Vogtlands"** ist die zwischen 700 und 800 Meter über dem Meer liegende Stadt Schöneck (3600 Ew.), die höchstgelegene dieser Landschaft. Ein hervorragendes **Wandergebiet:** Durch Schöneck führt der Kammweg Erzgebirge/Vogtland, von hier bis Johanngeorgenstadt die schneesichere Kammloipe. Darüber hinaus gibt es rund um Schöneck weitere erlebenswerte, markierte Wanderwege sowie 40 Kilometer Loipen und in der **Skiwelt Schöneck** mehrere Pisten, auch für Anfänger und Familien. Ein Moosmännlein kennzeichnet 130 Kilometer **Radwege** in der Umgebung der Stadt.

Morgenröthe-Rautenkranz

Nördlich des Musikwinkels (15 km von Klingenthal), am Rande des Auersberggebietes im Westerzgebirge, liegt Morgenröthe-Rautenkranz. Aus diesem vogtländischen Dorf mit dem klangvollen Namen kommt der erste Deutsche, der im Weltall war, *Sigmund Jähn.* Die **Deutsche Raumfahrtausstellung** erzählt die Geschichte des Arbeitersohnes und Oberst der DDR-Luftstreitkräfte, der am 26. August 1978 mit *Walery Bykowski* in der Sojus 31 für sieben Tage ins All startete.

Praktische Informationen

Anreise

- **Auto: B283**
- **Vogtlandbahn** Zwickau – Auerbach/Vogtl. – Klingenthal – Kraslice
- **Bahn: RE** Leipzig – Adorf

Info

- **Touristinformation Klingenthal,** Schloßstraße 3, Tel. (037467) 64832, Mo 9–15 Uhr, Di bis Do 9–17 Uhr, Fr 9–16 Uhr, Sa 9–13 Uhr, www.klingenthal.de
- **Tourismusbüro Markneukirchen,** Trobitzschen 14, Tel. (037422) 40775, April bis Okt. Mo bis So 9.30–16.30 Uhr, Nov. bis März Mo bis So 9.30–16 Uhr, www.markneukirchen.de
- **Fremdenverkehrsamt Adorf,** Freiberger Straße 8, Tel. (037423) 78776, Feb. bis Nov. Di bis Fr 9–12 u. 13–17 Uhr, Sa 10–12 u. 13–16 Uhr, So/Feiertage 13–16 Uhr, www.museum-adorf.de (mit dem Heimatmuseum im Freiberger Tor)
- **Tourismusbüro Schöneck,** Bauhofstraße 1, Tel. (037464) 330011, Di/Do 14–17 Uhr, www.stadt-schoeneck.de (im selben Haus: Zigarren- und Heimatmuseum)

Wohnen und Essen

●€€**Hotel Zum Postillion,** Klingenthal, Auerbacher Straße 146, Tel. (037467) 5400, www.zum-postillion.de (traditionsreiches, typisch vogtländisches Gasthaus am Fuß des Aschberges)

●€€**Berggasthof Heiterer Blick,** Markneukirchen, Oberer Berg 54, Tel. (037422) 2695, www.heiterer-blick.de (kleines einladendes Haus mit fantastischer Aussicht)

Museen

●**Musik- und Wintersportmuseum Klingenthal,** Schloßstraße 3, Tel. (037467) 64827, Di bis Fr 10–16 Uhr, Sa/So/Feiertage 13–17 Uhr, www.klingenthal.de (die Weltmeister – Harmonikas und Wintersportler)

●**Harmonikamuseum Zwota,** Kirchstraße 2, Tel. (037467) 22262, Di bis Do 10–16 Uhr, www.harmonikamuseum-zwota.de (mehr als 1000 Mund- und Handharmonikas, Konzertinas und andere Zungeninstrumente)

●**Musikinstrumentenmuseum Markneukirchen,** Bienengarten 2, Tel. (037422) 2018, April bis Okt. Di bis So 10–17 Uhr, Nov. bis März 10–16 Uhr, 5/2 Euro, www.museum-markneukirchen.de (im spätbarocken Paulus-Schlösschen mehr als 3000 Musikinstrumente aus der ganzen Welt, am letzten So im August 10–15 Uhr: Instrumentenbauern über die Schulter geschaut)

●**Framus Werksmuseum,** Markneukirchen, Adorfer Straße 25, Tel. (037422) 5559000, Di bis Sa 10–17 Uhr, 5/3 Euro, www.framus-vintage.de (mehr als 200 Violinen und Gitarren aus der Produktion der Framus-Werke von 1946 bis in die 1970er Jahre)

●**Vogtländisches Freilichtmuseum Landwüst,** Rohrbacher Straße 4, Tel. (037422) 2136, April bis Nov. Di bis So u. Feiertage 10–17 Uhr, Dez. bis März Sa/So 10–16 Uhr, 3,50/1,50 Euro, Familienkarte 10 Euro, www.museum-landwuest.de (Alltag und Arbeit der vogtländischen Landbevölkerung vom 19. bis Mitte des 20. Jh., Einkehrstube mit vogtländischer Küche; Landwüst liegt einsam zwischen Markneukirchen und Bad Brambach)

●**Vogtländisches Freilichtmuseum Eubabrunn,** Waldstraße 2a, Tel. (037422) 6536, April bis Okt. Di bis So 10–17 Uhr, Nov. bis März Di bis So 10–16 Uhr, 3/1 Euro, www.freilichtmuseum-eubabrunn.de (historische Gebäude vogtländischer Architektur aus der Zeit 1720–1930 haben hier einen neuen Ort erhalten, Museum bäuerlichen Alltags, Restaurant mit vogtländischer Küche)

●**Zigarren- und Heimatmuseum Schöneck,** Bauhofstraße 1, Di/Do 14–17 Uhr, www.stadt-schoeneck.de (100 Jahre Zigarrenherstellung in Schöneck, Do Schauklöppeln)

- **Deutsche Raumfahrtausstellung, Morgenröthe-Rautenkranz,** Bahnhofstraße 8, Tel. (037465) 2538, tgl. 10–17 Uhr, www.deutsche-raumfahrtausstellung.de (originale Raumfahrtanzüge, deutsche Raumfahrtprojekte, naturgetreue Modelle)
- **Perlmutter- und Heimatmuseum Adorf,** 3/2 Euro, siehe Fremdenverkehrsamt Adorf (Deutschlands größte Sammlung zum Thema Flussperlmuschel und Perlmutt, Stadtgeschichte)

Sport und Wandern

- **Vogtland-Arena Klingenthal,** Sprungschanze, Falkensteiner Straße 133, Tel. (037467) 280860, Nov. bis April tgl. 10–16 Uhr, Mai bis Okt. Sa/So/Feiertage, Schulferien tgl. 10–18 Uhr, 1 Euro, mit Erlebnisbahn 6/3,50 Euro, Familienkarte 14 Euro, www.vogtland-arena.de (eine der modernsten Sprungschanzen der Welt, Aussichtskapsel)

Die Sächsischen Staatsbäder

Zwei traditionsreiche Kurorte liegen im Süden des Vogtlandes, der als lang gezogener Zipfel in den ihn umgebenden böhmischen Wald hineinragt und somit auch zu Ausflügen über die offene Grenze hinweg nach Tschechien einlädt. Von den Sächsischen Staatsbädern Bad Elster und Bad Brambach ist es nicht weit bis zum **böhmischen Bäderdreieck** mit Franzensbad (Františkovy Lázně), Marienbad (Mariánské Lázně) und Karlsbad (Karlovy Vary). Mit der Vogtlandbahn kann man über Franzensbad bis in die sehenswerte tausendjährige Stadt Eger (Cheb) fahren.

Bad Elster

Während im **mondänen** Bad Elster die Bäderarchitektur mit dem Ortszentrum verwachsen ist, liegt der Kurpark im beschaulich ländlichen Bad Brambach am Rande des Ortes. Bad Elster wurde 1848 zum Königlich-Sächsischen Staatsbad erklärt, aus der folgenden Zeit bis zur Jahrhundertwende stammen das am Badeplatz gelegene Gebäudeensemble und die drei Parks. Das **König-Albert-Theater** wurde 1914 als letztes sächsisches Hoftheater erbaut. Zur Attraktivität der Kurorte tragen die zahlreichen Konzerte bei, die dort und in Bad Brambach gegeben werden.

Bad Brambach

In Bad Brambach waren bereits im 17. Jahrhundert einige Mineralwasserquellen bekannt. Kurbetrieb gibt es seit 1912, nachdem dort 1910 die **stärkste Radonquelle der Welt** entdeckt wurde (siehe Exkurs zu Bad Schlema). Im **Kurpark** rund um das Kurhaus mit Wandelhalle und dem angeschlossenen Bad Aquadon kann man entspannt schlendern, auch ohne Kurgast zu sein – der Gesundheit dient es allemal.

Praktische Informationen

Anreise

- **Auto: B92**
- **Vogtlandbahn** Reichenbach/Vogtl. – Plauen/Vogtl. – Oelsnitz/Vogtl. – Bad Elster – Bad Brambach – Cheb (vom Haltepunkt Bad Elster bis zum Kurpark 3 km, vom Haltepunkt Bad Brambach bis zum Kurpark 1 km)

Info

- **Touristinformation Bad Elster,** Königliches Kurhaus, Tel. (037437) 71111, tgl. 10–12.30 u. 13.30–18 Uhr, www.bad-elster.de (mit Internetcafé und Lesesaal)
- **Touristinformation Bad Brambach,** Badstraße 47, Tel. (037438) 22422, tgl. 8.30–12.30 u. 13–16 Uhr, www.bad-brambach.de

Wohnen und Essen

- €/€€/€€€**Traditionsreiche Hotels und zahlreiche Pensionen** in Bad Elster und Bad Brambach, www.bad-elster.de, www.saechsische-staatsbaeder.de, siehe Touristinformation

Museen

- **Sächsisches Bademuseum Bad Elster,** Kunst-Wandelhalle, Tel. (037437) 53900, Di bis Fr 14–17 Uhr, Sa/So/Feiertage 9.30–12 u. 14–17 Uhr, 3,50/3 Euro, www.saechsisches-bademuseum.de (vom Weberdorf zum Weltbad, prominente Gäste, Architektur- und Kulturgeschichte, Wasser- und Moorwelt im Keller, Geologie, Wasser und Heilung)
- **Heimatmuseum Bad Brambach,** Zollstraße 6, Tel. (037438) 21765, Mi/Sa 14–17 Uhr, 3/1 Euro, www.heimatmuseum-bad-brambach.de (Sehenswertes aus Landwirtschaft, Handwerk und Gewerbe des Kurbades)

erz080 Foto: dk

Anhang

Literatur

Sachbücher

- *Martina Schattkowsky* (Hg.): **Erzgebirge** (Kulturlandschaften Sachsens, Band 3). Leipzig 2010
- *Manfred Günther, Lutz Walter:* **Anton Günther. Freiheit zwischen Grenzen.** Biografie, Altis Verlag 2011
- *Bernd Lahl* u.a.: **Alles kommt vom Bergbau her.** Das große Buch vom Bergbau im Erzgebirge. Chemnitzer Verlag 2005
- *Bernd Ernsting* (Hg.): **Georgius Agricola Bergwelten 1494–1994.** Deutsches Bergbau Museum Bochum, Städtische Kunstsammlungen Chemnitz 1994

Belletristik

- *Josef Haslinger:* **Jáchymov.** Roman, S. Fischer Verlag 2011
- *Anton Günther:* **Drham is drham,** Lieder aus dem Erzgebirge. Verlag Göbel 2008
- *Werner Bräunig:* **Rummelplatz.** Roman (1960–1966), Aufbau Verlag 2008
- *Dieter* und *Jost Nadolski:* **Wahre Geschichten aus dem Erzgebirge.** Tauchaer Verlag 2008
- *Sabine Ebert:* **Das Geheimnis der Hebamme, Die Spur der Hebamme, Die Entscheidung der Hebamme, Der Fluch der Hebamme, Der Traum der Hebamme; Blut und Silber;** historische Romane. Droemer Knauer 2006–2011
- *Stefan Heym:* **Schwarzenberg.** Roman, btb-Verlag 2004

Filme

- *Konrad Wolf* (Regie): **Sonnensucher.** Spielfilm (1958), Icestorm 2004
- *Walter Beck* (Regie): **Stülpner-Legende.** Spielfilm (1973), Icestorm 2010

Vorherige Seiten: Blick vom Mückenberg ins Böhmische Becken

Karten

- **Radwanderkarte Erzgebirge,** 1:100.000, Publicpress
- **Mittleres Erzgebirge,** 1:50.000, Kompaß
- **Westliches Erzgebirge,** 1:50.000, Kompaß
- **Rad- und Wanderkarte Erzgebirge (Fichtelberg),** 1:50.000, Publicpress
- **Naturpark Erzgebirge/Vogtland,** 6 Karten 1:50.000–1.25.000, Landesvermessungsamt Sachsen
- **Radwander-, Wander- und Skiwanderkarte Kammweg Erzgebirge/Vogtland,** 1:40.000, Barthel
- **Wander-, Ski- und Radwanderkarte Osterzgebirge,** 1:35.000, Barthel
- **Radwander- und Wanderkarte Obererzgebirge,** 1:35.000, Barthel
- **Wander-, Ski- und Radwanderkarte Vogtländische Musik- und Bäderregion,** 1:35.000, Barthel
- **Zentrales Erzgebirge,** 1:33.000, Sachsen Kartographie
- **Östliches Vogtland, Westliches Erzgebirge, Krušne hory,** 1:33.000, Sachsen Kartographie
- **Mittleres Erzgebirge zwischen Zschopau und Seiffen,** 1:33.000, Sachsen Karthographie
- **Osterzgebirge/Altenberg, Geising,** mit Biwak 8000er Tour, 1:25.000, Landesvermessungsamt Dresden
- **Wanderkarte Ferienregion Greifensteine,** 1:25.000, Publicpress

Register

A

B

C

L

M

N

O

Der Autor

Detlef Krell, geb. 1958, Journalist, lebt in Dresden und betreibt mit seiner Frau den Neisse Verlag (www.neisseverlag.de) für Geisteswissenschaften und Belletristik. Das Erzgebirge, die Oberlausitz und die Sächsische Schweiz sind ihm als Reiseziele und Arbeitsgebiete gut vertraut. Im REISE KNOW-HOW Verlag sind von ihm auch die Reiseführer „Sächsische Schweiz mit Dresden" und „Oberlausitz" erschienen.

HILFE!

Dieser Reiseführer ist gespickt mit unzähligen Adressen, Preisen, Tipps und Infos. Nur vor Ort kann überprüft werden, was noch stimmt, was sich verändert hat, ob Preise gestiegen oder gefallen sind, ob ein Hotel, ein Restaurant immer noch empfehlenswert ist oder nicht mehr, ob ein Ziel noch oder jetzt erreichbar ist, ob es eine lohnende Alternative gibt usw. Unsere Autoren sind zwar stetig unterwegs, aber auf die Mithilfe von Reisenden können sie nicht verzichten.

Darum: Schreiben Sie uns, was sich geändert hat, was besser sein könnte, was gestrichen bzw. ergänzt werden soll. Nur so bleibt dieses Buch aktuell und zuverlässig. Wenn sich die Infos direkt auf das Buch beziehen, würde die Seitenangabe uns die Arbeit sehr erleichtern. Gut verwertbare Informationen belohnt der Verlag mit einem Sprechführer Ihrer Wahl aus der Reihe „Kauderwelsch".

Bitte schreiben Sie an:

REISE KNOW-HOW Verlag Peter Rump GmbH, Pf 14 06 66
D-33626 Bielefeld, oder per e-mail an: info@reise-know-how.de

Danke!

Unterkunft:
Beherbergungen aller Art sind in diesem Reiseführer mit Euro-Zeichen klassifiziert, was aber mit dem offiziellen Sterne-System nicht identisch ist! Für Hotels, Pensionen, Jugendherbergen usw. gelten folgende **Preiskategorien:**
€ **bis 50 Euro,**
€€ **bis 80 Euro,**
€€€ **über 80 Euro** (jeweils Übernachtung und Frühstück in der Hauptsaison für zwei Personen im Doppelzimmer).

Die meisten Häuser bieten ihre Zimmer bei Belegung über mehrere Tage sowie saisonal oder bei diversen Pauschalbuchungen auch preisgünstiger an.

Gastronomie:
Preiskategorien für Restaurants, Lokale usw.:
€ Auswahl von Hauptgerichten **unter 10 Euro**
€€ Auswahl von Hauptgerichten **über 10 Euro**

Die nahezu ausnahmslos vorhandenen Web-Adressen der Hotels und Restaurants sind in diesem Buch verzeichnet. Dort sind in der Regel detaillierte Informationen über Angebote und Rabatte einsehbar.